Conquistadores e negociantes

Organizadores
João Luís Ribeiro Fragoso,
Carla Maria Carvalho de Almeida,
Antonio Carlos Jucá de Sampaio

Conquistadores e negociantes

Histórias de elites no Antigo Regime nos trópicos. América lusa, séculos XVI a XVIII

CIVILIZAÇÃO BRASILEIRA

Rio de Janeiro
2007

CAPA
Carolina Grumach

FOTO DE CAPA
Vista tomada da Igreja de São Bento, de Rugendas

PROJETO GRÁFICO
Evelyn Grumach e João de Souza Leite

CIP-BRASIL. CATALOGAÇÃO-NA-FONTE
SINDICATO NACIONAL DOS EDITORES DE LIVROS, RJ.

C763 Conquistadores e negociantes: Histórias de elites no Antigo Regime nos trópicos. América lusa, Séculos XVI a XVIII / João Luís Ribeiro Fragoso, Carla Maria Carvalho de Almeida, Antonio Carlos Jucá de Sampaio (organizadores). – Rio de Janeiro: Civilização Brasileira, 2007.

Inclui bibliografia
ISBN 978-85-200-0781-5

1. Nobreza – Brasil – História. 2. Elites (Ciências sociais) – Brasil – História. 3. Brasil – História – Período colonial, 1500-1822. I. Fragoso, João Luís Ribeiro. II. Almeida, Carla Maria Carvalho de. III. Sampaio, Antonio Carlos Jucá de.

CDD – 981
07-1382 CDU – 94(81)

Direitos desta edição adquiridos pela
EDITORA CIVILIZAÇÃO BRASILEIRA
Um selo da
EDITORA RECORD LTDA.
Rua Argentina 171 – 20921-380 – Rio de Janeiro, RJ – Tel.: 2585-2000

PEDIDOS PELO REEMBOLSO POSTAL
Caixa Postal 23.052 – Rio de Janeiro, RJ – 20922-970

Impresso no Brasil
2007

A Ciro Flamarion Cardoso
Às nossas meninas

Sumário

Abreviaturas

ABAPP	Anais da Biblioteca e Arquivo Público do Pará
ADPRG	Arquivo da Diocese Pastoral de Rio Grande
AEAM	Arquivo Eclesiástico da Arquidiocese de Mariana
AESP-DIHCSP	Arquivo do Estado de São Paulo, Documentos Interessantes
AGCRJ	Arquivo Geral da Cidade do Rio de Janeiro
AHCMM	Arquivo Histórico da Câmara Municipal de Mariana
AHCMPA	Arquivo Histórico da Cúria Metropolitana de Porto Alegre
AHU	Arquivo Histórico Ultramarino
AIP	Autos de Inventários e Partilhas
AMSB	Arquivo do Mosteiro de São Bento
AN	Arquivo Nacional (Rio de Janeiro)
ANTT	Arquivo Nacional da Torre do Tombo
APEB	Arquivo Público do Estado da Bahia
APM	Arquivo Público Mineiro
Ar.	Armário
arr.	Escritura Pública de Arrendamento
ASCM	Arquivo da Casa Setecentista de Mariana
av.	Documentos avulsos
BN	Biblioteca Nacional (Rio de Janeiro)
Ca.	Coleção Castro Almeida do AHU
Cat.	Catálogo
CC	Coleção Casa dos Contos
CCU	Correspondência do Conselho Ultramarino
CDA	Catálogo dos Documentos Avulsos do Rio de Janeiro no AHU
CG	Freguesia de Campo Grande
CMN	Cúria Metropolitana de Niterói

CMRJ	Cúria Metropolitana do Rio de Janeiro
cód.	Códice
cont.	Escritura pública de Contrato
CPON	Cartório do Primeiro Ofício de Notas
CQON	Cartório do Quarto Ofício de Notas
CSM	Casa Setecentista de Mariana
CSON	Cartório do Segundo Ofício de Notas
cv.	Escritura Pública de Compra e Venda
Cx.	Caixa
DGPEA	Diretoria Geral do Patrimônio, Estatística e Arquivo
DH	Documentos Históricos
EP	Escrituras Públicas
fl.	Folha
HOC	Habilitação da Ordem de Cristo
HSO	Habilitação do Santo Ofício
IHGB	Instituto Histórico e Geográfico Brasileiro
IO	Inventário Orfanológico
Ir	Freguesia de Irajá
Jac	Freguesia de Jacarepaguá
L	Livro
L. Bat	Livro de Batismos
LBE, RJ	Livro de Registro de Batismos de Escravos das freguesias do Rio de Janeiro
LBE, SG	Livro de Registro de Batismos de Escravos da freguesia de São Gonçalo
LBL, RJ	Livro de Registro de Batismos de Livres do Rio de Janeiro
LBL, SG	Livro de Registro de Batismos de Livres da freguesia de São Gonçalo
LN	Livro de Nota
LNPF	Lista Nominativa de Porto Feliz
M	Maço
MSB	Mosteiro de São Bento
obrig.	Escritura Pública de Obrigação
OF	Ordenações Filipinas

PFRRJ	Provedoria da Fazenda Real do Rio de Janeiro
PM	Processo Matrimonial
proc.	Escritura Pública de Procuração
RAPM	Revista do Arquivo Público Mineiro
Reg.	Registro Batismal
RG	Vila do Rio Grande
RIHGB	Revista do Instituto Histórico e Geográfico Brasileiro
RIHGRGS	Revista do Instituto Histórico e Geográfico do Rio Grande do Sul
RMAPRGS	Revista do Museu e Arquivo Público do Rio Grande do Sul
RPP	Relatório de presidente de província
SC	Seção Colonial
SG	Freguesia de São Gonçalo
v.	Volume

Prefácio

Ao abrir *Conquistadores e negociantes: histórias de elites no Antigo Regime nos trópicos. América lusa, séculos XVI a XVIII*, o leitor descerra um novo bom livro de história social do Brasil, em que mãos já comprovadamente afeitas à arte deslindam o entrançado da formação, transformação, estrutura e processos de legitimação das elites coloniais do Brasil centro-sul, notadamente do Rio de Janeiro.

Trata-se de um estudo de história social, fortemente apoiado em um minucioso trabalho prosopográfico realizado não só a partir do rico acervo arquivístico brasileiro e português, mas também de estudos anteriores sobre as populações da grande colônia, mesmo quando esses trabalhos apenas se preocupavam com a simples genealogia. Como pano de fundo, as transformações da economia do Brasil meridional e do Atlântico Sul, com a emergência do recôncavo da Guanabara, notória sobretudo a partir da descoberta das Minas, da construção da Estrada do Ouro — do interior para os portos da baía maravilhosa e para o de Parati — e da criação da colônia do Sacramento, nos finais do século XVII.

O livro tem muitas chaves de leitura. Nesta breve introdução, optei por aquela que mais atrai alguém que, como eu, se interesse pelos aspectos teóricos da história das sociedades coloniais. E essa é *a permanência na colônia dos modelos sociais conhecidos na metrópole e das representações a eles ligadas*.

Comecemos, logo, pela idéia de "conquista" e de "conquistadores", usuais nas fontes metropolitanas para descrever a origem do Reino e para definir a legitimação do mando. Nas sociedades de que o livro se ocupa, o que se trata é da conquista e da defesa da Guanabara contra franceses, tamoios hostis e piratas, e não "mouros" e castelhanos, como na Europa.

Ou, mais tarde e mais ao sul, da conquista e defesa militar do extremo-Sul brasileiro e da colônia do Sacramento. Mas a manipulação social do conceito é a mesma: estabelecer a *conquista* como a origem e os *conquistadores* como os prístinos servidores do rei e da república, sendo que, aqui, o serviço dessas repúblicas locais se visibiliza mais do que o serviço do rei, o que permite usar a legitimidade do grupo contra adventícios titulados com distinções régias ou com cargos conferidos pela coroa. Na zona de fronteira do Sul, o poder local adquirido por essa elite conquistadora era suficiente, mesmo já nos finais do século XVIII, para provocar a demissão, pela rainha, de um governador régio que se opusesse a um senhor da guerra (mas também reconhecido contrabandista...) pertencente ao grupo dos conquistadores. Mesmo nisso, nada de novo. Também no reino, se conhece essa oposição entre a nobreza de sangue — baseada na virtude ou no valor transmitidos por linhagem — e a nobreza política — conferida por graça régia ou por merecimento que, como as letras, são pessoais e intransmissíveis.

Depois a idéia de que a permanência diuturna e imemorial nos cargos da república — leia-se câmaras dos concelhos — confere (ou confirma) nobreza, o que gera a endogamia típica dos governos municipais das vilas e cidades importantes, seja Beja, seja o Rio. Essa idéia constitui um mecanismo autopoético porque, além de traduzir a exclusividade do mando de um grupo, o reforça pelo seu próprio exercício. Dessa maneira, transforma-se num instrumento decisivo para excluir os arrivistas, ainda que estes venham carregados de fortuna, de prerrogativas e de mercês. Em Portugal, diziam os transmontanos: "Para cá do Marão, mandam os que cá estão." Claro que, vistos de Lisboa, os que "cá estavam" eram uns rústicos labregos, pouco polidos e pouco políticos ("sem vestido de corte") e, por isso, pouco adequados a um governo moderno da república. Para além de mesquinhos e pobres; ou, como se diria na Guanabara, apenas "com um negrinho que lhes serve de plantar o sustento das suas famílias". Mas, para os que estavam nas rústicas comarcas de para lá dos montes, o governo da república não era nada de muito complicado: defender a terra, manter a ordem e as hierarquias antigas, distribuir os recursos e os cargos dos concelhos segundo a lógica do serviço e da amizade política e, sabemos hoje, operar essa combinação entre o bem comum e os interesses particulares, que caracterizava as sociedades políticas patrimonialistas, o que permitia reforçar as solidariedades da *casa* ou do *bando* dos que ocupavam o poder.

Casa e *bando* são também conceitos conhecidos da história européia moderna. A "casa" é essa grande unidade cimentada pelo poder doméstico ou *econômico*, encabeçada pelo pai de família — que, do ponto de vista da república, coincidia com o *cidadão* —, a qual se prolongava na sua mulher e filhos, na sua parentela (branca ou índia, como acontece nas elites paulistas ou gaúchas do Brasil), na sua criadagem, nos seus "servos" (na Europa centro-oriental; mas com expressão na linguagem, mesmo na Europa Ocidental, como equivalente a "criado") e, no Brasil, na sua "escravaria". Sendo o apadrinhamento o equivalente a uma paternização espiritual, os afilhados aproximam-se da casa, ficando obrigados às fidelidades, deveres, mas também aos benefícios que essa inclusão comporta. A estrutura do modelo da "casa" — européia ou tropical —, bem como o seu caldo ideológico — a constelação de sentimentos que embebiam a sua representação mental —, eram os mesmos. Nem a existência dos escravos parece modificar substancialmente o modelo. Os escravos — fora uma situação civil teoricamente mais dura (isto é, situação do ponto de vista do direito da república) — estavam, como os outros membros da família, sujeitos ao poder doméstico do *pater*, praticamente absoluto do poder civil, e apenas moderado pela *piedade* e pela *misericórdia* que, naturalmente, tinham gradações, distinguindo as várias categorias de pessoas dentro da casa. Nessa medida, como muito bem salientou Hebe Maria Matos, num modelar artigo, "A escravidão moderna nos quadros do império português", publicado em *Antigo Regime nos Trópicos*, de João Fragoso, Maria Fernanda Bicalho e Maria de Fátima Gouvêa (coords.), a escravidão apenas quantitativamente marca uma diferença, pois, no plano das representações da sociedade corporativa, encontrava já a justificação doutrinal e o lugar institucional.

Agregando casas, o *bando*, cimentado, não já pelos laços da *domestica potestas*, mas pela lógica combinada da graça e da gratidão, do serviço e da mercê. Tal como em Portugal, essas constelações sociais abundavam, dividindo entre si, freqüentemente, os lugares de poder dentro dos concelhos — câmara, misericórdia, patronato de igrejas ou conventos importantes, lugares de fazendas ou de milícia. Se, por vezes, a partilha desses lugares de poder era acomodável no seio de uma mesma república, outras vezes gerava situações de confronto que tornavam o equilíbrio instável, e desembocavam nos confrontos tão comuns também nas microssociedades modernas, os quais, quando havia força para isso, provocavam a intervenção (ou apenas a intenção) disciplinadora da Coroa.

Nesse mundo dominado por essa lógica particularista, "os que estão para lá do Marão" — os forâneos, os oficiais régios — são corpos estranhos, que suscitam uma reação natural, não apenas das elites no poder, mas também dos apaniguados que elas conseguem mobilizar por meio das idéias-força de "casa" e de "bando" ou "parcialidade". Excluídos das relações locais relevantes, eles se situam na margem da sociedade local, primeiro numa posição de discrição e de dispersão; mais tarde, se o seu poder econômico e a sua autoconsciência aumentam, numa atitude mais afirmativa, dando-se nome a si mesmos (por exemplo, "homens de negócio"). Mas a conjuntura muda — ou porque a economia seca as elites "da terra" (como acontece com o grupo dos conquistadores cariocas, agrários e senhores de engenhos pouco produtivos) e engrossa os cabedais dos grupos "forâneos" (reinóis, estrangeiros) ou porque se instaura uma nova idéia acerca do ofício de reinar e dos equilíbrios entre o centro e as periferias — como acontece na segunda metade do século XVIII, contemporaneamente com as antes referidas mudanças da conjuntura econômica. Então, bafejados pela fortuna e pela política, os cidadãos do reino, como grande república, partem em luta contra os cidadãos da pequena república. Os "naturais" da "pátria grande" invocam a sua natureza comum, contra a natureza mesquinha dos naturais das "pátrias chicas". Todos são vassalos do mesmo rei; e, nessa igualdade, hão-de preferir-se os méritos — os *novos* méritos, que são, agora, os de um bom governo distinto do antigo —, os cidadãos beneméritos da república, os que são capazes de a engrandecer como se engrandeceram a si mesmos, não pelo manejo das armas, mas pelo manejo das artes do comércio, do governo racional e disciplinado da coisa pública, até de uma "guerra moderna", concebida como uma arte metódica e despersonalizada. De Lisboa, a política ajuda, pois esse é um dos fios condutores da política social iluminista, ancorada num projecto de governo geométrico e racional e numa metodologia nova de governo — a *disciplina*. Dessa nova vaga de postulantes do poder trata o capítulo da mão de Antônio Carlos Jucá de Sampaio ("Famílias e negócios"), uma espécie de contraponto dos outros três primeiros, das mãos de João Fragoso, Carla Almeida e Carlos Mathias, dedicados todos eles ao universo político da "nobreza da terra".

No nível da macropolítica, as coisas também mudam. Agora — a partir dos meados do século XVIII (no Sul, porém, as elites conquistadoras dessas terras de fronteira mantêm-se até mais tarde, amparadas pelas tensões bélicas com a Espanha) —, Lisboa pode enfim tencionar mandar, embora essas pretensões ainda estejam longe de poder ser cabalmente cumpridas. Antes, porém, não. O que filtrava o poder da Coroa, aqui no Brasil, não era o Marão; era o Oceano, a distância, a diferença de modos de vida definidos, por exemplo, pela presença da escravidão num patamar quantitativo (mas quase só nesse) desconhecido na Europa, o enraizamento das solidariedades locais. Embora, afinal de contas, a estrutura ideológica e prática do filtro fosse praticamente a mesma. À escala do "Império", a lonjura dos mares equivalia à aspereza da serra, no contexto do Reino.

O Reino, porém, não se dissolvia, com essas impotências do centro, pois o modelo corporativo permitia que essa inanidade prática fosse dissimulada pelo poder simbólico da realeza, em nome de quem a justiça se proclamava — mesmo que contrariasse as leis e os interesses da Coroa — e em nome de quem o direito fluía — mesmo que fluísse mais ao sabor dos costumes e práticas locais do que segundo a razão do direito erudito. Paradoxalmente, a "periferização" do poder real transformava-se mesmo num reforço do poder simbólico do centro, do mesmo modo que a metáfora usual dos "maus ministros" acabava por fazer bons mesmo os reis mais maus...

O conjunto de estudos deste livro, denso de detalhes e rico de erudição útil, diversificado, mas convergente, decerto ajudará muito os leitores a entender melhor as relações sociais no Brasil colonial e, não menos, o modelo, francamente centrífugo, de relacionamento do mando local com o poder da metrópole.

António Manuel Hespanha
Lisboa, janeiro de 2007

Introdução
Cenas do Antigo Regime nos trópicos

> Nascer pequeno e morrer grande, é chegar a ser homem. Por isso nos deu Deus tão pouca terra para o nascimento, e tantas para a sepultura. Para nascer, pouca terra; para morrer, toda a terra: para nascer, Portugal; para morrer, o mundo. Perguntai a vossos avós quantos saíram e quão poucos tornaram? Mas estes são os ossos de que mais se deve prezar vosso sangue.
>
> (Antônio Vieira, *Sermão de Santo Antônio*)

O presente livro reúne temas e problemas discutidos pelo grupo de história econômica do Programa de Pós-Graduação em História Social da UFRJ, que integra o que por vezes se chama — para o bem ou para o mal — a escola do Rio. Trata-se de um conjunto de textos de trabalho que abordam as trajetórias daqueles que, da América lusa, controlavam ou pretendiam controlar as artérias da economia colonial. *Grosso modo*, podemos agregar esses senhores sob a rubrica de elites coloniais. Elite no plural, pois vários grupos, mesmo em graus diferentes, partilhavam aquele papel. Nosso interesse será analisar, inicialmente, a nobreza principal da terra e os negociantes de grosso trato. O primeiro segmento é entendido como o punhado de famílias que comandaram a conquista da América para a monarquia portuguesa e, entre outros agentes, foram os responsáveis pela organização da sua base produtiva (cana-de-açúcar, pecuária, lavras de ouro etc.) e do governo econômico da *res publica*. O segundo grupo compreende especialmente os empresários da mercancia estabelecidos na América, que combinavam a ascendência sobre rotas que podiam se estender do Mato Grosso ao Estado da Índia, com pretensões de hegemonia política sobre a sociedade. Esses sujeitos estavam envolvidos em ações que resultaram na geração de estratificações sociais e em acumulações de riqueza. Mais ainda, estavam envolvidos em um mercado que, por ser pré-industrial, não era regulado apenas pela oferta e procura, mas que se via continuamente influenciado por relações como as de parentesco e de matiz político. Assim, as trajetórias dos *fidalgos da terra* e dos negociantes são apenas o ponto de partida para o estudo de outros personagens atuantes na economia da chamada sociedade colonial.

Por seu turno, essas investigações têm por base pesquisas regionais: Rio de Janeiro, Minas Gerais, Rio Grande do Sul, São Paulo, Bahia e Pará. Porém, não se pode afirmar que se trata de uma coletânea sobre elites regionais. Trata-se antes de um conjunto de investigações que falam de personagens saídos da mesma sociedade, algo que em outro trabalho denominamos de Antigo Regime nos trópicos. Com este livro pretendemos entender um pouco mais os mecanismos de acumulação, as hierarquias sociais e a busca da hegemonia do exercício do poder político vividos nessa América informada pela dinâmica do império ultramarino português.

CENAS DO ANTIGO REGIME NOS TRÓPICOS

Em primeiro lugar, encontramos uma economia exportadora esquisita, pois sua sobrevivência dependia de injunções políticas que a protegessem dos humores do capital mercantil. Famílias que se arrogavam à condição de nobreza principal da terra achavam-se equivalentes aos fidalgos cavaleiros da casa real, embora seu estatuto aristocrático estivesse longe de ser plenamente reconhecido pela monarquia. Uma sociedade escravista na qual nem sempre prevaleciam soberbos magnatas de imensas escravarias e infindáveis terras, mas um punhado de míseros donos de engenhos de açúcar, aparentados com forros e pretos.

Essas estranhas imagens, apesar de distantes das que conhecemos quanto à sociedade colonial sustentada pela exportação e por escravos africanos, capturam cenas do Rio de Janeiro entre os séculos XVI e XVIII, assim como de outras paragens da América lusa, como as Minas do Ouro, Bahia,

São Pedro do Rio Grande e a longínqua Belém do Pará. Portanto, falam da geração de uma sociedade nos trópicos do império ultramarino português, ou melhor, dos jogos daqueles que pretendiam ser seus senhores.

Primeira cena: *uma economia esquisita*

Aquelas imagens falam, por exemplo, da resistência de Pernambuco, Bahia e Rio de Janeiro em adotarem a reforma monetária de 1689, ordenada por Lisboa, que acabava com salvaguardas de seus açúcares contra a ação do capital mercantil. Diante de tal insubordinação o Procurador da Fazenda Real, em parecer enviado ao Conselho Ultramarino, afirmava que na América prevaleciam "moradores sem lei e sem ordem [que] tinha[m] dado a moeda valor a seu arbítrio".[1] Entre esses moradores temos o capitão Tomé de Souza Correia, natural do Rio de Janeiro, cavaleiro da Ordem de Cristo, provedor da fazenda do Rio de Janeiro, depois vedor da Índia e governador de Moçambique. Um senhor com tal carreira nos ofícios de sua majestade (Poder Central), dificilmente poderia ser caracterizado como um vassalo "sem ordem".[2] Da mesma forma, dificilmente ele se encaixaria no papel de vítima do capital mercantil. Tomé e sua família estavam promiscuamente ligados a poderosos empresários, em negócios como a arrematação de impostos e o tráfico de escravos.

Outro *morador sem lei* foi Cristóvão Lopes Leitão. Ele e sua parentela nos ajudam a entender um pouco mais essa América "sem ordem". Esse potentado, provável ilhéu da Madeira, tivera uma experiência diferente daquela de Souza Correia. Ele não fizera carreira imperial e sua vida foi marcada pelos cargos honrosos da república, leia-se, poder local. Na verdade, Cristóvão compunha um bando adversário ao de Tomé. Entretanto, isto não o tornava menos leal a Lisboa. Quanto ao quesito capital mercantil, era negociante no ramo dos contratos de impostos, com passagem pelo tráfico de escravos angolanos.[3]

As trajetórias desses e de outros membros da nobreza da terra fluminense colocam por terra raciocínios binários, como a oposição Metrópole x Colônia ou a irredutível subordinação da produção colonial ao capital mercantil. Certamente aquelas passagens não eliminam as tensões existentes entre Centro e Periferia, mas permitem encarar de outra maneira a vida na sociedade colonial. Sobretudo, demonstram que a lealdade ao rei, expressa não só na ocupação de diversos cargos e ofícios públicos, mas também (e sobretudo) na participação na conquista de novos territórios, era uma importante moeda de troca nas relações entre essa nobreza e a Coroa. Além disso, apontam também para a absoluta indistinção entre as esferas da política e da economia, indistinção essa que é central para compreendermos tal sociedade.

Segunda cena: *uma nobreza sem estatuto aristocrático dado pela monarquia*

Era o fiel serviço à Coroa na conquista e manutenção de territórios que na opinião dessas famílias procedentes do braço popular ou da baixa nobreza[4] lhes dava o direito de se arrogarem o título de nobreza principal da terra e de compartilharem com a monarquia a autoridade sobre a *res publica*. Pretensão, aliás, que tinha base na concepção corporativa da sociedade em voga na Europa da época (Hespanha, 2002, p. 58-71). Vale ressaltar que tais famílias, ao produzirem para si a imagem de *bellatores*, buscavam se distanciar da noção de nobreza política e aproximar-se da experiência da nobreza portuguesa no processo da Reconquista (Rucquoi, 1995).

Porém, só isso não lhes bastava. Almejavam que a monarquia lhes atribuísse os direitos da nobreza titulada, o que ela jamais fez. *Grosso modo*, para o Poder Central a América era um imenso terceiro estado, onde no máximo existia uma nobreza civil formada, por exemplo, pelo exercício das funções camaristas e cujas fileiras estavam abertas aos de origem popular (desde que o fizessem por merecer); mesmo os cavaleiros das ordens militares existentes nos trópicos não deviam gozar de todas as prerrogativas de seus homólogos europeus, como a isenção de impostos.[5] Embora a Coroa portuguesa estivesse ciente de que para o pleno exercício da governabilidade era necessário legitimar as pretensões de ascensão hierárquica dessas elites locais, tal reconhecimento nunca ultrapassou os patamares das prerrogativas disponíveis ao chamado *estado do meio* (Hespanha, 1994, p. 312).

Contudo, mesmo não reconhecida pelo centro do Império, a nobreza da terra inventou sua própria condição de fidalguia e conseguiu, de uma maneira ou de outra, obter o reconhecimento da maioria, em vez de o impor aos demais habitantes da América lusa. Uma elite social ciosa de suas diferenças de estatuto havia sido criada, ou reinventada seguindo o modelo europeu e incorporando ingredientes africanos pelos seus ascendentes ao longo dos séculos XVI e XVII no Rio de Janeiro (cf. Capítulo 1). Mais do que isso, de alguma forma, tal sociedade foi implementada por paulistas, fluminenses e baianos na Morada do Ouro do setecentos: Minas Gerais.

Em outras palavras, mesmo não contando com o aval do príncipe, os avós e pais da nobreza principal da terra setecentista tinham iniciado no quinhentos a reinvenção de uma hierarquia social nos trópicos com ares estamentais. Reinvenção, pois ela possuía singelas diferenças diante das estruturas de tipo antigo presentes no Velho Mundo. Já de início, nesse lado do Atlântico havia a escravidão e multidões de pessoas com orientações valorativas vindas da África. Por outro lado, os que se diziam fidalgos no Novo Mundo dependiam do mercado em um grau infinitamente maior do que a velha aristocracia européia baseada nas aldeias camponesas. Para tanto, basta recordar que a principal produção americana, o açúcar, era destinada à exportação e tinha por base a escravidão mercantil, necessitando, assim, de crédito abundante. Esses detalhes concediam uma plasticidade especial à estratificação social tropical, pois sua produção e ampliação dependiam da acumulação mercantil, fenômeno que por si mesmo gerava para os plebeus a chance de enriquecimento via comércio. Provavelmente, nesse momento temos mais uma diferença diante do Antigo Regime europeu. Nos trópicos a possibilidade de enriquecimento e, portanto, também de empobrecimento, em função dos afazeres comerciais, ocorria numa velocidade maior do que a experimentada na Europa moderna. Daí não serem estranhas as levas de caixeiros e arrivistas que se dirigiam para essa América (cf. Capítulo 4).

Por outro lado, a sujeição ao capital mercantil fazia com que os fidalgos dos trópicos fossem cuidadosos nas negociações com as suas escravarias. Em tais paragens os engenhos eram verdadeiras aldeias coloniais povoadas por famílias estáveis de cativos e, ainda, por relações de compadrio entre livres e escravos. Tais negociações se traduziam também em processos de alforria mais freqüentes do que em outras sociedades escravistas. Porém, o que chama a atenção na conformação da hierarquia social considerada é a possibilidade de senhores de grandes escravarias, fidalgos ou não, manterem parentesco via compadrio com forros e, indiretamente, com cativos.

Para os fidalgos, essas e outras práticas como o serviço a Sua Majestade *à custa de suas fazendas*, a proteção a familiares desvalidos, o uso de escravos armados nas disputas políticas lhes dava identidade e legitimidade, porém representavam igualmente gastos, ou seja, o não-investimento de parte de seus rendimentos numa produção social que era mercantil.

Como conseqüência de certa cumplicidade entre o que poderíamos denominar dos dois extremos da escala social, vemos que em Porto Feliz, por exemplo, escravos e forros se valiam do comércio e do trabalho, assim como de alianças parentais (consangüíneas e rituais) e da deferência para com os senhores da região como estratégias de ascensão social. Essa última estratégia não aparece estranha nessa hierarquia social tropical, onde para sobreviver a fidalguia dependia de finas negociações com os chamados estratos sociais inferiores, de modo a lhes garantir legitimidade social. Nesse sentido, o uso habilidoso do comércio, do parentesco e da submissão clientelar pelo pardo Joaquim Barbosa Neves, entre outros recursos, lhe garantiu a promoção social e o acúmulo de bens, entre os quais um engenho com quarenta escravos. Dessa forma, Neves se transformava em um dos artífices da dita estratificação social ciosa de suas diferenças (cf. Capítulo 7).

Pelo que dissemos percebe-se que os trópicos redesenharam a hierarquia estamental do Antigo Regime, conferindo-lhe novas nuances ou, no mínimo, tornando-a mais plástica. Até finais do século XVII, de uma maneira ou de outra, os conquistadores influenciaram o governo econômico e o mercado da capitania do Rio de Janeiro e mantiveram tensas relações com os comerciantes, ainda que alguns tenham sido incorporados às suas famílias.

Terceira cena: *uma sociedade dominada por míseros senhores*

Entretanto, os ventos, ou melhor, as tempestades do século XVIII dariam novas direções ao processo generativo do Antigo Regime nos trópicos. Por essa época, a monarquia tendeu a organizar mais diretamente a sociedade, impondo-lhe uma ordem (Subtil, 1993, p. 160), e os negociantes fizeram o mesmo com a economia. Em cada região os pretendentes a ocuparem o topo da hierarquia social responderam de modos diversos a essa situação.

Encurralada por esses fenômenos, a nobreza quinhentista fluminense cerrou fileiras e evitou enquanto pôde o ingresso dos negociantes nas posições cimeiras da sociedade. Para tanto, alegava que tais cargos só poderiam ser ocupados por descendentes dos primeiros conquistadores daquela capitania (famílias que à custa de suas vidas e casas já serviam a Sua Majestade havia mais de duzentos anos) ou aqueles que detinham o estatuto de fidalgos da casa do rei. Para essa nobreza, os negociantes não se encaixavam em nenhum daqueles perfis, uma vez que tais empresários tinham origem plebéia e mecânica, e apenas por possuírem cabedais alguns conseguiam viver segundo a lei da nobreza.[6] Por algum tempo presenciamos cenas inusitadas na capitania fluminense. A essa altura o Rio de Janeiro já tinha se transformado numa das mais importantes praças do Atlântico Sul português. Os negócios da comunidade mercantil da cidade já ligavam Mato Grosso a Goa, passando pelo Reino e por Benguela. No entanto, e durante certo tempo, os negociantes foram alijados pelos naturais da terra do exercício do poder em favor de fidalgos miseráveis, donos de poucos negros. Em outras palavras, os cargos honrosos da referida sociedade escravista ficaram em mãos de senhores já decadentes, quase sem escravarias, porém detentores de alguns dos segredos da plasticidade daquela hierarquia social. Essa imagem esdrúxula adquire alguma importância, pois nos informa acerca das relações sociais e dos diversos grupos sociais (de escravos até *cidadãos*) que produziram tal situação.

Desse modo, a fidalguia dos trópicos escolheu um caminho diferente dos pares ingleses estudados por L. Stone que, em meio ao avanço do capital e do perigo de debacle econômica, optaram por se aliar a empresários enriquecidos (Stone, 1982, p. 284). Da mesma forma, a nobreza tapuia seguiu caminhos distintos dos Grandes de Portugal. Estes últimos, segundo Gonçalo Monteiro, após a restauração de 1640 enveredaram para a endogamia marital, afastando-se dos grandes negociantes, valendo-se do serviço à monarquia para sustentar suas casas (Monteiro, 1988). Quanto à primeira opção, embora sejam necessários mais estudos, ao que parece essa nobreza distinguia-se, por exemplo, da sua congênere baiana, cujas alianças freqüentes (via matrimônio) com a elite mercantil permitiram que ela mantivesse em grande medida sua posição social original (Flory, 1978; Lugar, 1980). No Rio de Janeiro setecentista tais alianças também ocorreram, mas foram mais a exceção do que a regra. Com relação à segunda, a Coroa não via a fidalguia dos trópicos como uma nobreza em sentido estrito, daí a impossibilidade de ela se manter exclusivamente por meio das mercês concedidas por Sua Majestade.

Desse conjunto de fatores resultará a falência de diversas famílias quinhentistas. De fato, as grandes transformações por que passava a sociedade fluminense setecentista, somadas à tendência endogâmica do grupo, acabaram por inviabilizar a permanência de boa parte desses conquistadores nas posições sociais cimeiras.

Outros, entretanto, conseguiram um futuro menos sombrio. Curiosamente, o expediente para tanto foi o mesmo utilizado por seus avós no século XVI, qual seja: a conquista. Para as Minas de Ouro deslocar-se-iam, em princípios do setecentos, potentados fluminenses com as suas hostes de parentes, clientes e escravos e aí encontrar-se-iam com outros *capi* vindos de São Paulo, como os Dias Paes e os Horta. Coube a eles, em nome de Sua Majestade, o início da organização do governo nessa nova capitania. E mais, uma vez arrogando-se o serviço prestado à Coroa, *à custa de suas vidas e casas*, reivindicariam, na prática, compartilhar a autoridade com a monarquia. Em realidade, seus negócios com o ouro e a apropriação do sobretrabalho escravo, tal qual ocorrera décadas antes em São Paulo e no Rio de Janeiro, estavam a serviço do engrandecimento de suas casas. No caso de Minas Gerais, uma sociedade ainda em formação, uma nobreza da terra que ainda se forjava conjugou diversas estratégias para a manutenção de sua posição. Ao mesmo tempo que praticava a endogamia visando a garantir a manutenção do seu patrimônio e reforçar suas alianças parentais, também abria espaço para ligações matrimoniais com negociantes vindos do reino, que de caixeiros e comboieiros de negros passaram a contratadores e grandes mineradores. Assim, a nobreza ampliava suas redes clientelares, dinamizava seus negócios e se projetava em direção ao Atlântico. Nesse contexto era freqüente encontrar homens *com muita mecânica* em sua trajetória alçando-se à condição de parentes dos principais da terra (cf. Capítulo 2).

Sob a tutela de alguns desses potentados e da hierarquia que eles levaram para as Minas temos o enriquecimento de caixeiros e demais plebeus vindos do reino que lograram recriar uma estratificação social aos moldes do Antigo Regime na mais nova região colonial. Esse foi o caso de Lourenço Carvalho, casado com uma filha mulata de Francisco do Amaral Coutinho — integrante da velha nobreza fluminense e governador interino de São Vicente em 1709 — que fizera fortuna no abastecimento para as Minas e em 1717 possuía trezentos escravos. História semelhante vivenciou Pascoal da Silva Guimarães, pobre em Portugal, caixeiro no Rio de Janeiro e, ao longo da década de 1710, superintendente da Justiça do distrito das Minas Gerais do Ouro Preto e mestre-de-campo das tropas auxiliares da mesma região. Uma estrutura social sem dúvida bastante plástica, dadas as possibilidades de mobilidade social existentes, mas nem por isso menos excludente (cf. Capítulo 3). Bem mais ao Sul da América lusa, no continente do Rio Grande de São Pedro do setecentos, a combinação entre conquista, organização da *res publica* e mercancia também faria a fortuna de potentados. Esta foi a história, por exemplo, do capitão Francisco Brito Peixoto, *capo* de uma parentela vinda de São Paulo e mais adiante de Rafael Pinto Bandeira (cf. Capítulo 5).

Na verdade, o Antigo Regime nos trópicos sobreviveu mesmo quando a sua primeira elite entrou em crise. Prova disso foi o comportamento dos próprios negociantes de grosso trato — leia-se: dos senhores do Atlântico Sul luso. O interesse em participar da Câmara, a busca de enobrecimento (via pertencimento às ordens militares ou à Inquisição), o investimento em bens agrários (ainda que não necessariamente em engenhos) e a defesa de seus interesses corporativos mostravam que eles não desejavam em nenhuma hipótese subverter a ordem social, mas sim ocupar as suas posições mais elevadas. Algo semelhante ocorreu na Bahia com Pedro Rodrigues Bandeira, um dos maiores traficantes de escravos na capitania em finais do século XVIII (cf. Capítulo 6). Da mesma maneira, a persistência de práticas do Antigo Regime, como a manutenção de redes clientelares disseminadas por vastos territórios, por famílias enfronhadas no comércio, é também percebida no Pará ao longo do século XIX (Capítulo 8).

Acompanhando as trajetórias desses empresários, cujos afazeres chegavam do outro lado da Terra, tem-se a impressão de estar diante do que escreveu J. Delumeau para a época do Renascimento, quanto à ascensão de grandes negociantes às fileiras da aristocracia européia. Esse movimento permitiu a renovação da velha hierarquia social agregando-se em um só grupo a concentração de riqueza e os privilégios sociais (Delumeau, 1978, p. 150-62).

Com certeza a chegada do oitocentos trouxe uma série de mudanças na América lusa. Para tanto, basta lembrar alguns de seus acontecimentos: o Rio de Janeiro, a partir de 1808 até 1822, acumulou a posição de centro dos negócios e de poder do Império português; a abertura dos portos às nações amigas, resguardando-se, porém, os negócios ultramarinos nas mãos dos vassalos de Sua Majestade; a Independência e o início da construção do Estado brasileiro; a rápida e gigantesca montagem da economia cafeeira no Vale do Paraíba do Sul pelo capital mercantil nas décadas de 1830 e 1840. Várias décadas separam esses acontecimentos da obstinação da nobreza fluminense em impedir o ingresso dos negociantes na Câmara do Rio de Janeiro. Entretanto, mesmo depois de 1822, entre os integrantes da elite política do país quando da montagem do Estado que devia dar ordem ao novo país independente, voltamos a encontrar algumas famílias dessa mesma *nobreza principal da terra*, tanto no Rio de Janeiro como em outras regiões do Brasil, assim como personagens ligados aos negociantes de grosso trato do setecentos. Não por acaso as famílias desses senhores permaneceram no núcleo duro do poder. Sem dúvida, souberam se adaptar com êxito às profundas mudanças ocorridas no setecentos (cf. Capítulo 9).

O pano de fundo das cenas apresentadas foram fragmentos da atuação de diferentes grupos sociais (de forros a fidalgos da terra) que em meio a diversas conjunturas, produziram o Antigo Regime nos trópicos. Tal opção não foi apenas uma escolha de estilo, mas a apresentação da metodologia de pesquisa adotada neste livro. Trata-se de entender o processo histórico como generativo, ou seja, como um movimento no qual os sujeitos interagem conforme seus valores, recursos e constrangimentos. Portanto, utiliza-se como arcabouço metodológico principal a micro-história italiana, dentro do possível, seguindo-se percursos de vários atores de distintos grupos sociais na longa duração. No caso, por trajetória entende-se a ação de tais sujeitos no tempo, ou seja, as opções assumidas ao longo de suas vidas e, portanto, em meio a confrontos. Dessa forma pretende-se identificar aqueles valores e recursos, assim como as mudanças neles verificadas diante de limites impostos por outros atores e demais fatores. A partir desse procedimento procuramos entender os grupos e hierarquias sociais como resultado de relações sociais recorrentes no tempo, porém continuamente submetidas a mudanças.

Os organizadores

Notas

1. AHU, RJ, Ca., doc. 1769. Autos dos embargos que os oficiais da câmara do Rio de Janeiro opuseram à execução da lei de agosto de 1688. Parecer do Procurador da Fazenda apresentado ao Conselho Ultramarino.
2. AHU, RJ, Ca., cx. 8, doc. 1427. Carta do governador Pedro Gomes sobre o curso e valor das patacas e meias patacas. Nesta correspondência está reproduzida a opinião do provedor da fazenda real da época contra a reforma monetária proposta por Lisboa. ANTT. Chancelaria de D. Pedro II, livro 18, rolo 1.514, p. 172 v. Serviços de Tomé de Souza Correia.
3. Arquivo Nacional, Cartório do Primeiro Ofício de Notas, Fiança — 1665. Entre os parentes de Cristóvão Lopes Leitão temos o negociante Baltasar Leitão, procurador do arrematador do contrato de Angola em 1652. Arquivo Nacional, Provedoria da Fazenda Real do Rio de Janeiro, códice 61, v. 1, p. 100.

4. Fragoso, 2005, *passim*. Um estudo clássico sobre a reivindicação de senhores de engenho do foro aristocrático, em razão dos serviços prestados à monarquia, é o de Evaldo Cabral de Mello para Pernambuco do século XVII. Mello, 1995, *passim*.
5. AHU, RJ, Av, cx. 2, doc. 57. Carta do Governador Francisco Soutomaior, de 1645, comentando a obrigação dos cavaleiros e comendadores da Ordem de Cristo pagarem na América os dízimos reais.
6. AHU, RJ, Ca., cx. 34, doc. 7.550, ano de 1732. Carta do procurador do Senado Julião Rangel de Sousa Coutinho contra a interferência dos ministros nas eleições do Senado.

PARTE I Conquistadores e arrivistas: uma aristocracia reinventada

CAPÍTULO 1

Fidalgos e parentes de pretos: notas sobre a nobreza principal da terra do Rio de Janeiro (1600-1750)

João Fragoso[1]

1. SENHORES DO ATLÂNTICO *VERSUS* SENHORES DE UM *NEGRINHO*

No ano da graça de Nosso Senhor Jesus Christo de 1746, o Conselho Ultramarino recebeu uma representação de alguns homens de negócios da Praça do Rio de Janeiro que manifestavam, num tom direto e incisivo, o descontentamento com o andamento dos *negócios da república* na capitania.[2] A principal queixa era dirigida contra *a maior parte dos naturais da dita cidade* (AHU, AV, cx. 36, doc. 4.048, ano de 1746). Em outras palavras, quando das eleições dos vereadores e dos juízes ordinários, os cidadãos ou homens bons resistiam a escolher pessoas citadas nas queixas para os cargos honrosos da governança da terra. Conforme os preteridos, isso ocorria em razão dos naturais considerarem o exercício dos cargos públicos atributo dos descendentes dos primeiros povoadores, pois a América era *Conquista* e não *Colônia*. Portanto, segundo tal lógica, o mando da *Conquista* cabia aos *conquistadores* (leia-se: aqueles que, ao longo de duzentos anos, *à custa de suas vidas e fazendas serviram à monarquia no domínio da América*) e não aos que vieram depois: os "filhos de Portugal". Assim, os "naturais" consideravam os negociantes, auto-intitulados filhos de Portugal, hierarquicamente inferiores; opinião, obviamente, não compartilhada pelos últimos.

Antes de continuar, para evitar confusões, tanto negociantes, como naturais e descendentes de conquistadores, todos se viam como leais súditos da monarquia portuguesa. Por conseguinte, salvo engano, aqueles desencontros não podem ser interpretados como produtos de destemperos protonacionalistas. Quando os negociantes sublinhavam o estatuto colonial da América, não reivindicavam a exclusividade do poder para os nascidos em Portugal. Na verdade, solicitavam, sim, à Sua Majestade, o acesso aos "cargos civis" no Rio de Janeiro. Afinal, "os homens de negócios com meios [...] nas demais vilas e cidades da América *não são impugnados* [grifos JF] para os cargos civis". Pouco mais à frente, lembravam o caso da Bahia: "Aonde V. Maj. tem mandado praticar sirvam huns [filhos de conquistadores] e outros [negociantes] em igual número, e o mesmo com os eleitores." Por seu turno, para os "cidadãos" acusados, a possibilidade de ingresso na governança não se resumia, simplesmente, em ter ou não nascido no Reino. Estes últimos lembravam, por exemplo, que recentemente tinham escolhido eleitores e vereadores nascidos no Reino (AHU, AV, cx. 36, doc. 4.048, ano de 1746).

Trata-se, na verdade, de uma discussão sobre os direitos e os privilégios de mando num ambiente de Antigo Regime. Qual estrato social devia ter a exclusividade do mando? Exercer, portanto, uma prerrogativa que, nas *repúblicas de tipo antigo*, consistia num direito subtraído da sociedade e, conseqüentemente, não compartilhado com os demais segmentos sociais. É a partir deste pano de fundo que se deve procurar analisar o significado aqui dado a noções como naturalidade (filho de Portugal ou da cidade), atividade socioprofissional (negociante, lavrador etc.) e antecedência social e familiar. Por exemplo, parece-me que os cidadãos não eram contrários ao comércio; afinal, muitos deles saíram dessa atividade. Da mesma forma, os negociantes reinóis querelantes reivindicavam o poder para si, ou seja, não para os mercadores em geral e, muito menos, para todos os filhos do reino. Eles faziam isso pois se viam como os *melhores* homens da cidade, portanto, acima dos demais residentes. Em suas palavras:

1. "tinham bens para servir desinteressadamente [na Câmara]";
2. eram "os mais cientes na economia" e, por isso, estavam plenamente habilitados para "administrar os povos", até porque o Rio de Janeiro consistia numa "praça".
3. "além de ser o seu negócio de mais de seis milhões de [cruzados], suprem com os seus cabedais aos presídios da Collonia e Rio Grande", concediam "avanços à Fazenda Real" e "haviam contribuído com a maior quantia dos seiscentos mil cruzados porque foi resgatada aos

> franceses", ou seja, os ditos signatários serviam e já tinham feito inestimáveis serviços, à custa de suas fortunas, à monarquia e ao bem comum (AHU, AV, cx. 36, doc. 4.048, ano de 1746).

Assim, as declarações dos ditos signatários estavam perfeitamente adequadas a uma sociedade como a do Rio de Janeiro, que vivia segundo os preceitos equitativos (Hespanha, 1984, p. 8-89; Hespanha, 2002, p. 58-71; Levi, 2000). Eles se viam como poucos e melhores, conseqüentemente, nada mais razoável que compartilharem a autoridade na *república* com os descendentes dos conquistadores ou mesmo de terem a preferência política diante dos últimos.

Da mesma forma, as ponderações dos negociantes tinham respaldo nas transformações econômicas e sociais pelas quais passava a capitania. De fato, a acumulação mercantil cada vez mais imprimia o ritmo à vida da cidade. Esta, aparentemente, tornara-se refém dos negociantes de grosso trato. Porém, considerando que eles eram repelidos do poder, não por determinação das leis do reino ou sugestão do monarca, mas por vontade de "a maioria dos naturais da dita cidade", isso nos leva a imaginar algumas situações. Antes de tudo, definitivamente, a hierarquia de poder da Praça não era um simples reflexo da sua vocação mercantil e atlântica. Ao lado da hierarquia de fortunas existiam outras. Entre elas, talvez, uma, de matiz costumeiro e clientelar, compartilhada pelos "naturais" e na qual se baseava a autoridade da antiga nobreza principal da terra. Hierarquia essa, diga-se, que tinha seus encantos sobre os próprios negociantes signatários de 1746. Ao lado desse cenário, cabe também perguntar sobre os expedientes utilizados pelos *fidalgos da terra* para conseguir crédito e escravos num ambiente dominado pelo capital mercantil; assim como sobre os entendimentos de frações da nobreza descendente dos conquistadores com segmentos dos negociantes setecentistas de grosso trato.[3] O capítulo a seguir consiste em notas de pesquisa sem a pretensão de responder a todas essas e a outras perguntas. O seu singelo objetivo é somente apresentar alguns dos traços de um dos personagens daquelas tramas: a nobreza principal da terra.

Por essa época, a cidade já estava no rol das mais importantes do comércio do Atlântico Sul (Sampaio, 2003; Fragoso, 2005, p. 135-173).[4] A partir de princípios do século XVIII, as mudanças precipitar-se-iam de maneira brutal sobre o Recôncavo da Guanabara. Baseado nas estimativas demográficas disponíveis, Francisco Carlos Teixeira da Silva calcula que a população do Rio de Janeiro tenha pulado de 12 mil habitantes em 1700 para 24.397 (só na cidade) em 1749 (Silva, 1990, p. 117). Conforme Nireu Cavalcante, na mesma época, o tráfico de escravos para a cidade mais do que duplicou, ultrapassando a casa de 6 mil pessoas por ano (Cavalcante, 2005, p. 63-64). A combinação destes dados fala sobre o crescimento da cidade, mas principalmente informa a sua transformação na principal praça do Atlântico luso e em centro redistribuidor de mercadorias, escravos para os diferentes mercados regionais americanos.

Em 1700, os tributos da cidade insinuavam a continuidade de uma economia ainda marcadamente seiscentista. Os dízimos reais, de acentuada origem agrícola, prevaleciam. Somavam 18:666$666 por ano ou 35,6% da arrecadação total, estimada em 57:304$569. A novidade ficou a cargo dos impostos ligados ao comércio marítimo, como os dos couros e os da alfândega. O primeiro tributava os negócios com a estremadura sul da América lusa. O segundo pode ser tomado como índice nas ligações entre o Rio e as rotas comerciais ultramarinas (entrada das frotas no porto). Nesse ano, a arrecadação do último foi de 14:968$273, o equivalente a cerca de 26% do total fiscal, e portanto inferior à dos dízimos. Estes números demonstram a continuidade de uma frágil economia exportadora de segunda classe (AHU, RJ, Ca., cx. 12, doc. 2.399; AHU, cód. 1.269).

Em 1734, teremos um outro quadro. Novos impostos surgiam, como o das passagens dos rios Paraíba e Paraibuna para as Minas, o dos direitos de escravos que iam para as Minas e o da guarda da costa (responsável pela proteção das frotas). Esses tributos informavam sobre o alargamento das rotas comerciais do Rio no interior da América e no Ultramar. Talvez mais significativo seja o desempenho dos dízimos da alfândega. Naquele ano, o fisco recolheu cerca de 270 contos de réis, dos quais 160 só na alfândega, ou quase 60% do total. Quanto aos dízimos reais, ficaram em doze contos, portanto, menos de 1/10 do arrecadado na alfândega. Desse modo, a cidade estava abandonando sua antiga base agrária para se converter num ponto de convergência dos fluxos comerciais do império português (Fragoso, 2005, p. 135-173). Mais do que isso: definitivamente, o controle dos nervos da economia escravista mercantil da capitania estava passando para as mãos dos negociantes de grosso trato, fossem eles residentes, comissários de reinóis ou ambos, simultaneamente.[5] Dominavam a crescente onda do tráfico de escravos africanos, a arrematação de contratos régios e o crédito. Ia longe a época em que a nobreza da terra, em aliança com comerciantes domiciliados no Rio, tinha tal ascendência.

Assim, o tipo de sociedade de Antigo Regime presente no recôncavo da Guanabara dependia, cada vez mais, dos negociantes. Sem estes, as plantações de açúcar e as roças de alimentos dos "naturais da dita cidade" sumiriam, como, aliás, atestam as diversas cartas enviadas por cidadãos e camaristas do Rio a Lisboa (CDA, 18/11/1722, cx. 13, doc. 115; AHU, RJ, Ca., cx. 40, doc. 9.406, ano de 1735; AHU, RJ, Ca., cx. 75, docs. 17.492-94, anos de 1751-54). Em outras palavras, era de se esperar que os cidadãos do Rio de Janeiro, particularmente os que viviam da lavoura, enredados em dívidas para o custeio de suas plantações e a aquisição de escravarias, fossem mais complacentes com seus credores nas eleições camaristas.

Afinal, os empresários preteridos, além de donos de uma acumulação mercantil que alcançava o Oriente, tinham as devidas credenciais hierárquicas concedidas pelo Poder Central. Por serem familiares do Santo Ofício e cavaleiros da Ordem de Cristo, tinham insígnias de autoridade, reconhecidas nos quatro cantos de um império ultramarino de Antigo Regime. Portanto, ao que parece, a Monarquia não colocava obstáculos aos ditos negociantes para assumirem a governança da cidade. Pelo contrário, nesses tempos setecentistas, o príncipe almejava enfaticamente reforçar sua autoridade no mando local e, conseqüentemente, diminuir a autonomia dos bandos dos fidalgos tropicais. Em suma, nesse contexto, os ditos empresários tinham por que se queixar da impertinência dos *naturais*. Eles possuíam os atributos necessários para ser *senhores da república*. Ocupavam posições cimeiras em distintas hierarquias do Antigo Regime, seja na de insígnias fidalgas, construída a partir do Centro, seja na derivada do mercado pré-industrial. No entanto, não ocupavam situação homóloga na estratificação social produzida pelas práticas costumeiras do Rio de Janeiro e de seu recôncavo: a exemplo das baseadas em relações clientelares, em que o desenho das posições hierárquicas dependia do acúmulo desses vínculos. Pelo menos é isso que dá a entender pela recusa dos cidadãos em escolher os negociantes para o mando da *república*.

Provavelmente, esta rejeição aos negociantes devia ter algum tipo de aquiescência da sociedade, ou seja, dos lavradores, dos forros e mesmo dos escravos. Algo bem diferente ocorria com a nobreza principal da terra, detentora, por mais de duzentos anos, das posições cimeiras da sociedade, exercendo os cargos camaristas; e, deste modo, tendo certa legitimidade diante daqueles mesmos lavradores, forros e escravos. Entretanto, para os preteridos empresários, a dita nobreza não passava de pobres coitados, sem "vestido de corte" e com apenas "um negrinho que lhes serve de plantar o sustento de suas família". Enfim, tal nobreza não possuía o foro de aristocrata dado pela monarquia e muito menos a riqueza daqueles queixosos, que, contudo, eram potentados na estratificação social costumeira do Recôncavo da Guanabara.

Antes de prosseguir, cabe lembrar que a teimosia dos negociantes em ingressar na Câmara, além de significar reconhecimento social, implicava adentrar em um dos *loci* de poder da república e, como tal, interferir no governo econômico da cidade. Apesar de ter perdido parte de sua autoridade seiscentista (Bicalho, 2003), o conselho da cidade continuava influindo no funcionamento do mercado. Em 1726, comissários de negociantes ultramarinos enviavam cartas a seus patrões, relatando as dificuldades de enviarem fazendas do Rio de Janeiro para as Minas e fora da barra, em razão das ordens emitidas pela Câmara da cidade (Lisante, 1973, t. III, p. 46). Em 1733, Domingos Martins de Brito é impedido pela Câmara de construir um cais, apesar de ter recebido a aprovação prévia de Lisboa e de ter feito uma estrada pública e uma trincheira militar, conforme as ordens do governador Luís Vahia Monteiro (AHU, RJ, Ca., cx. 34. doc. 7.892). Dois anos antes, os vereadores convocavam o provedor da Fazenda Real, os cidadãos e os homens de negócio para discutir a alta dos preços do sal e tomar as devidas providências em nome do bem comum (AHU,

RJ, Ca., cx. 29, docs. 6.756-57). A capacidade dos conselheiros de interferir no mercado era ainda atestada na sua defesa da agroexportação da capitania; foram exemplos disso: os pedidos a Lisboa para a prorrogação da lei contra a penhora dos engenhos e a insistência da Câmara de aparecer como mediadora na fixação do preço do açúcar (Fragoso, 2005). Em outras palavras, o mercado fluminense permanecia pré-industrial e, como tal, sofrendo pesada interferência da política.

Por seu turno, este ambiente de teimosias, dos negociantes e dos cidadãos, nos dá a chance de adentrar nos meandros do Antigo Regime nos trópicos. Antes de tudo, cabe observar que na América, segundo os padrões do Centro ou da monarquia lusa, prevalecia o terceiro estado e multidões de escravos. Assim, não devia existir um grupo que pleiteasse o privilégio do monopólio do poder local como exclusividade sua. No máximo, havia uma nobreza política ou civil, porém ela própria de origem popular (estado popular intermédio ou do meio). Desse modo, ela não se confundia com a dita nobreza de sangue e *de origem imemorial* (Xavier e Hespanha, *Antigo Regime*, 1994, p. 131) [grifos do autor]. A rigor, nos trópicos — fora alguns representantes da Igreja e da aristocracia com foro dado pela monarquia — não havia hierarquia estamental, à semelhança da Europa. Problema é que os *naturais* desta América, ao impedirem os negociantes de realizar seus sonhos de mando, na verdade, estavam discordando da aplicação automática daqueles padrões do Centro nos trópicos. Com suas atitudes, os ditos naturais pretendiam defender os *direitos estamentais* de uma auto-intitulada nobreza principal da terra. Este último grupo — por ser formado de conquistadores e ter servido, à custa de suas vidas e fazendas, à monarquia ao longo de duzentos anos — se via como *nobreza de origem imemorial*, ou seja, tal grupo se entendia como um estamento, pois se achava com prerrogativas exclusivas de mando. E, considerando a opinião dos *naturais* da capitania, parece que essa *nobreza tapuia* não estava sozinha. As idéias de autoridade desses tapuias não eram fruto de seus delírios.

Desse modo, aqueles embates pelo poder insinuam que os componentes do terceiro estado americano, em suas práticas costumeiras ao longo de duzentos anos, produziram uma hierarquia social com *algo de esta-*

mental,[6] a exemplo de uma *fidalguia dos trópicos*. Em outras palavras, tal estratificação foi o resultado de um longo processo generativo de interação das populações americanas, leia-se conquistadores, negociantes, lavradores, escravos etc. Correndo o risco de cair na obviedade, parece que a América foi criação dos americanos, estes informados, é claro, pelas orientações valorativas das sociedades de onde saíram (Antigo Regime luso, Costa da Mina, Angola etc.).[7]

Naqueles embates, temos também a oportunidade de ver, numa mesma sociedade, formas diferentes de mobilidade social. Uma delas foi a geração de um estamento sem o aval da monarquia, no caso da nobreza principal da terra. Algo experimentado por potentados, ao longo do quinhentos e do seiscentos, em meio à conquista militar e à organização da sociedade de tipo antigo (segundo os preceitos da concepção corporativa) no Rio de Janeiro.

Uma outra forma de ascensão social seria a via do comércio, como a experimentada pelos negociantes de grosso trato setecentista. Afinal, muitos deles começaram suas vidas na cidade como caixeiros de empresários reinóis. Porém, além de serem produtos da intensa dinâmica da acumulação mercantil do atlântico, tinham estratégias de ascensão política no Antigo Regime dos trópicos. Por exemplo, os manifestantes de 1746 declaravam que para tanto estavam "aparentados por alianças com os principais da terra". Enfim, estes reinóis (entendidos como estranhos às famílias vindas da conquista) possuíam um projeto de poder, se viam como um grupo (portanto, compartilhando de valores em comum) e almejavam legitimidade diante dos naturais da capitania.

Por conseguinte, ao que parece, a sociedade gerada pela ação da antiga nobreza principal da terra e outros grupos exercia seus atrativos sobre os negociantes. Para estes, definitivamente, os títulos do centro não eram suficientes. Assim como, na opinião de segmentos da população da Guanabara, as honrarias dos negociantes de grosso trato, as suas redes de comércio no Atlântico e os seus pactos com facções dos principais da terra não bastavam para ingressar no círculo de poder da capitania.

O curioso disso tudo é que poucas décadas antes de 1746 essa América, com a sua sociedade derivada da *Conquista*, possibilitava aos estrangeiros ousar galgar largos degraus naquela hierarquia ciosa de suas diferenças. Um bom exemplo de tal façanha fora o percurso de várias famílias da nobreza principal da terra. Algumas delas descendiam de um escrivão de nau: Antônio de Mariz. Nesse sentido, temos também o sucesso da família do Bispo-Conde D. Francisco de Lemos de Faria Pereira (bispo de Coimbra), procedente de um misto de emigrantes quinhentistas e seiscentistas de origem fidalga, no mínimo duvidosa, e cavaleiros portadores de fortunas constituídas pelas andanças no Ultramar. Pois bem, após tais périplos, os herdeiros dessa família, por terem na América vastas posses e extenso poder local, retornariam ao reino e ocupariam o desembargo do paço e o bispado de Coimbra, entre outros postos do poder central. Ao que parece, até finais do seiscentos os fidalgos tropicais tinham por política incorporar, via matrimônio, oficiais de Sua Majestade (civis e da infantaria) e negociantes estranhos à terra.[8] Portanto, por mais de cem anos, as suas estratégias de reprodução social, de algum modo, previam o ingresso de noviços estrangeiros no topo da hierarquia social, ou seja, no círculo de poder. Porém, no XVIII, diminuíram a freqüência de tal política e reforçaram a natureza estamental do grupo. Nas palavras de Julião Rangel, procurador da Câmara, integrante da velha nobreza da terra e eleito inimigo número um pelos negociantes signatários de 1746:

> O que ocorria, no Brasil, eram homens que neste reino são jornaleiros, caixeiros, trabalhadores, oficiais e outros semelhantes, em passando à América de tal sorte se esquecem da sua vileza, [e] querem ter igualdade às pessoas de maior distinção, [...] lograrem a *nobreza principal da terra* e servirem [n]os cargos honrosos da república [...]. (AHU, RJ, Ca., cx. 32, doc. 7.544) [grifos do autor].

Deste modo, a precedência da conquista passava, mais ainda, a ser a credencial de nobreza e, com ela, a chave para acesso aos cargos da governança da terra e às posições cimeiras da hierarquia social local, a que não se identificava apenas com a riqueza material. Obviamente, os negociantes não concordavam com isto e viam na América a chance de combinar o enriquecimento mercantil e a ascensão social com direito a privilégios estamentais.

Dito isto, vejamos um pouco mais da história daquela "pobre" nobreza principal da terra.

2. A NOBREZA PRINCIPAL DA TERRA

> São uns Tapuias criados nas brenhas dos seus engenhos e roças, chegam à cidade uma vez por ano, só se juntam todos nos dias das eleições, procurando com grande desvelo entrarem [na Câmara] a servir para naquele ano não serem executados pelo que devem comerem as propinas, venderem ou darem a seus parentes os ofícios da sua data (AHU, RJ, Ca., doc. 1.931).

Este foi o comentário do Antônio Paes Sande, governador do Rio de Janeiro de 1693 a 1694, diante da resistência dos camaristas em acatarem as suas ordens. Para ele, portanto, aqueles que se arrogavam a condição de nobreza principal da terra não passavam de tapuias grosseirões e aproveitadores, que se valiam do serviço à república em benefício próprio e de seus aliados.

Alguns anos antes, na Lisboa de 1689, o procurador da Fazenda Real enviava um parecer ao Conselho Ultramarino com teor semelhante. Seus comentários eram sobre as dificuldades de aplicação da lei do levantamento da moeda em razão da insubordinação dos camaristas de diferentes partes da América. Para o procurador, estes senhores consistiam em "moradores sem lei e sem ordem [que] tinha[m] dado à moeda valor a seu arbítrio" (AHU, RJ, Ca., doc. 1.769).

Voltando mais ainda no tempo, encontramos os comentários do governador Francisco Soutomaior sobre o caráter e a natureza, um pouco irrequieta, dos mesmos personagens. Trata-se de uma carta enviada a Lisboa, onde relata o seu assombro diante da situação do Rio de Janeiro, quando nele chegara, em 1645. Para começar, só pudera desembarcar na cidade em segurança porque vinha acompanhado de mais de 100 mosqueteiros de seu terço. Além disto, as eleições para o Senado eram dominadas por "bandos e parcialidades", cuja ação resultava em "tantas monstruosidades tão prejudiciais ao serviço de Deus e de Sua Majestade" (AHU, RJ, Av, cx. 2, doc. 57).

Por esses e outros entreveros talvez se entenda a desconfiança do procurador da Câmara, em 1732, Julião Rangel de Souza, em relação aos ministros de Sua Majestade que vão para América. Para o procurador, eles "têm [uma] natural oposição a toda a pessoa privilegiada, e tomam por empresa o desprezo dos homens de conhecida nobreza e o dar menos privilégios, que V.M. lhes tem concedido".

Essas palavras foram escritas por um daqueles tapuias sem lei e ordem ou, o que é o mesmo, um bandoleiro prejudicial ao serviço de Deus e de Sua Majestade. Obviamente, Julião Rangel não concordava com tais opiniões. Em sua visão, ele e os demais tapuias pertenciam à nobreza principal da terra, não por descenderem dos primeiros povoadores da capitania, mas sim por terem como antepassados conquistadores da dita capitania. Segundo Julião, seus avós foram os capitães da conquista, no quinhentos e no serviço de Sua Majestade, da Guanabara e de seu recôncavo. E desde esta época tais famílias, por gerações seguidas, continuavam servindo à monarquia e ao bem comum (AHU, Ca., RJ, cx. 34, doc. 7.550). Portanto, para Julião, a descendência dos capitães conquistadores era o que dava a identidade à nobreza principal da terra e não o fato de terem recebido dos governadores títulos de coronéis das ordenanças, possuírem títulos da Universidade de Coimbra e, muito menos, possuírem cabedais e com eles viverem segundo a lei da nobreza. Sendo mais preciso, conforme tal opinião, pertencer à nobreza da terra não se confundia com um estilo de vida, mas sim resultava da descendência. Essa concepção fica ainda mais clara quando Julião Rangel se refere ao exercício dos cargos da governança:

> No que respeita às pessoas que devem entrar na governança da república e exercer os cargos dela [...] *seja[m] filhos e netos dos cidadãos descendentes dos conquistadores daquela capitania, de conhecida e antiga nobreza, e de nenhuma sorte os netos e descendentes de oficiais mecânicos ou de avós de inferior condição, sem embargo de que alguns por possuírem cabedais estejam vivendo a lei da nobreza* (AHU, RJ, Ca., cx. 32, doc. 7.544) [*grifado* pelo autor].

Isso, porém, não implica que ele fosse contrário ao ingresso de reinóis: "Serem naturais deste reino, não era impedimento para entrarem nos cargos honrosos da república, se aliás tivessem as qualidades, que requer a ordenação, as provisões e o costume." Por qualidade, leia-se os portadores de

> [...] *foros de graduação da casa de V.M. com a moradia de moços fidalgos, fidalgos escudeiros e fidalgos cavaleiros e os criados de V.M.*, ou as pessoas de notória nobreza, conhecidas por tais e principais nas suas terras, sem contradição alguma dos cidadãos daquela cidade (AHU, RJ, Ca., cx. 32, doc. 7.544) [grifado pelo autor].

Os trechos destacados dos documentos da AHU, referidos anteriormente, nos sugerem diversas imagens sobre a sociedade do Rio de Janeiro no seiscentos e no setecentos. Entre elas, é claro, a tensa relação entre os que se diziam nobreza principal da terra e os ministros do rei. Na própria reiteração do tipo de tratamento, nada lisonjeiro ou cerimonioso, dispensado pelos ministros aos ditos *fidalgos dos trópicos*, percebe-se a dificuldade de designá-los enquanto nobreza de sangue ou natural, segundo as leis do reino. Apesar de Julião se referir aos privilégios outorgados pelo rei, com certeza neles não estavam incluídos os correspondentes aos dos titulares, fidalgos de solar, aos nobres por fama imemorial, àqueles, cujos pais eram nobres. O máximo que se podia dizer da nobreza de Julião e de seus pares era o de pertencerem a uma nobreza política pelo exercício de ofícios locais (Hespanha, 1993, p. 131). Provavelmente, não era bem este o significado dado por Julião à designação de nobreza principal da terra, até porque, para ele, tal título equivalia, como vimos, ao de fidalgo cavaleiro da casa real. Ele entendia por direitos e privilégios concedidos pelo rei à nobreza principal da terra a exclusividade dos cargos camaristas. Para Rangel, a nobreza tinha o direito de compartilhar com a monarquia o mando na república, e isso podia ser feito por meio da Câmara ou de outros *loci* do poder local, como o posto de capitão-mor regente.

Enfim, apesar da pretensão do procurador Rangel e de seus antecessores, o rei, peça-chave da ordem social analisada, não tinha agraciado o grupo com privilégios que lhe garantissem o exercício do poder. Eles tinham os Direitos do Porto (entre os quais o de serem tratados pela justiça como ricos-homens) desde 1642, porém não possuíam privilégios que os distinguissem como guia ou governador da gente comum (AHU, RJ, Ca., cx. 21, doc. 4.838). A chamada nobreza principal da terra não recebeu da monarquia um conjunto de privilégios estamentais, em sentido estrito, que garantissem um modo de vida por meio do qual fosse identificada sua posição de mando na hierarquia social. Por exemplo, ela pagava impostos como qualquer mortal e, da mesma forma, não possuía uma base material que lhe garantisse a manutenção de seu status na passagem das gerações, a exemplo do sistema de morgadio. A Coroa não lhe concedeu privilégios de mando e nem as condições materiais (exclusividade sobre bens e direitos) para exercê-lo.[9]

Entretanto, por mais de cem anos, famílias, como a de Julião Rangel de Souza, *não só* insistiram junto a Lisboa o direito de exercer o mando sobre a capitania alegando pertencerem à fidalguia da cidade, *mas como* de fato exerceram aquele mando. Por conseguinte, para elas, nada mais natural que a exclusividade sobre a governança. Isto derivava do próprio estatuto social daquelas famílias. Este fora o argumento, por exemplo, de Francisco Sodré Pereira e de Pedro Gago da Câmara, ambos camaristas em 1664: "Só se devia admitir na governança homens fidalgos" (AHU, RJ, Ca., cx. 6, doc. 974). Na linha de raciocínio destes senhores, a exclusividade do poder não decorria do fato de seus pais e avós terem sido camaristas. Suas parentelas, por gerações, exerciam aqueles postos em razão de serem fidalgos, de descenderem dos capitães da conquista. Da mesma forma, para eles os Direitos do Porto eram privilégios concedidos a uma nobreza preexistente na cidade. Em outras palavras, tal pergaminho não criara a nobreza da capitania (AHU, RJ, Ca., cx. 34, doc. 7.550).

Assim, para esses cavaleiros, a conquista militar do recôncavo da Guanabara pelos seus antepassados — frações de elites de diversas localidades da América e na melhor tradição dos *bellatores* (Duby, 1982, p. 319-334) — lhes teria dado o mando sobre a nova sociedade. Eles, em nome *del rey*, tinham conquistado o Rio de Janeiro e depois tornado viável a *república* naquelas paragens. Neste último caso, tinham organizado a provedoria da Fazenda Real, a ouvidoria e o governo militar da cidade, entre outras instituições indispensáveis para o *bem comum* dos povos.[10] E tudo isto fora sempre feito às expensas das vidas e das fazendas daqueles capitães e de seus descendentes, ou seja, ao longo de mais de cem anos as ditas famílias tinham lealmente servido à Sua Majestade. Daí, nada mais natural, segundo a concepção e a crença corporativa da sociedade, que compartilhar a autoridade da sociedade com a monarquia. E isto podia coincidir com os postos camaristas ou com outro *locus* de poder. Portanto, o processo de conquista do recôncavo da Guanabara e cercanias, no ambiente do Antigo Regime quinhentista, parece ser chave para o entendimento da sociedade considerada e dos que, portanto, se entendiam como nobreza principal.

2.1 *A conquista*

Como se sabe, a tomada do Rio de Janeiro pelos lusos e a posterior montagem da economia açucareira na região ocorreram numa época em que o Império Ultramarino luso e o Reino não se encontravam nos seus melhores momentos. Na virada do século XVI para o seguinte, o Ultramar estava sendo atacado militarmente em seus diferentes quadrantes. Quanto ao reino, ele passava por déficits orçamentários, crises de subsistência e de mortalidade (Godinho, 1978, p. 262-64; Subrahmanyam, 1995, p. 205-6; Bethencourt, 1998, p. 290; Magalhães, 1993, p. 93-98; Rodrigues, 1993, p. 218-22). Em outras palavras, aquelas operações no Rio de Janeiro, afirmação da autoridade de sua majestade e articulação da sociedade colonial na cidade, dificilmente poderiam ter sido feitas sob os auspícios de capitais provenientes de Portugal. Apesar disto, o fato é que, até finais dos anos de 1620, cerca de 66 engenhos de açúcar foram construídos, número que corresponde a quase a metade de todas as fábricas existentes na capitania, segundo estimativa da Câmara, em 1680, que era de 130 e tantos engenhos (Schwartz, 1988, p. 148; Lisboa, 1835, p. 295).

A solução encontrada para a conquista do Rio, nos anos de 1560 e 1570, das mãos dos franceses e dos tamoios, fora, de certo modo, a mesma utilizada, várias décadas depois, para a investida lusa em Angola, no ano de 1648, contra os holandeses, isto é, a coroa se valeu do bom e velho sistema de mercês para fazer frente às suas necessidades de homens e recursos. Dito de outra maneira: a conquista da Guanabara contou com recursos da própria América portuguesa.

Daí se entende o apelo do governador-geral da época, Mem de Sá, do capitão-mor Estácio de Sá e do capitão-mor Antônio Salema, comandantes da conquista do Rio, em relação aos oficiais, aos ministros lusos e aos potentados locais, situados nos trópicos, para concorrerem nas lutas contra os franceses e os tamoios. Tais senhores deveriam, como leais vassalos, no mínimo, contribuir para o custeio das expedições *del Rey* e dirigi-las. Talvez isto explique a presença do capitão-mor de São Vicente, entre 1573 e 1592, Jerônimo Leitão, comandando uma força militar paulista, composta por quatrocentos portugueses e setecentos índios, na Guanabara. Antes deste capitão, outros já haviam participado das operações militares. Da década de 1560, entre os capitães-mores paulistas, temos Brás Cubas e Jorge Ferreira. Este último, num pedido de sesmaria de 1573, declarava que

> [...] veio [ao Rio] por chamado do governador Mem de Sá a tomar a fortaleza do Virgalham aos franceses e tamoios com muita gente a sua custa: [...] sendo ele suplicante capitão em São Vicente estando esta cidade em guerra a pedimento do Capitão Salvador Correia de Sá o mandou socorrer com muita gente e mantimentos; e armas com seus filhos e netos e cunhados, e parentes e amigos (BN, Anais, 1935, v. LVII, 264 e 265).

Posteriormente, autoridades coloniais da mesma estirpe, vindas de outras áreas da América, seguiriam o mesmo destino, como o provedor da fazenda e depois capitão-mor Marcos de Azeredo, em 1605, do Espírito Santo. A estes se juntariam diferentes tipos de conquistadores, os não "funcionários", como Manuel Veloso Espinha, André de Leão e João Pereira de Souza Botafogo (Luís, 1956, p. 182-184; Franco, 1989, p. 49; Belchior, 1965).

Tanto um grupo como os outros aportaram no Rio não só com "suas pessoas", mas também com cabedais, parentes, criados, escravos e flecheiros. André de Leão declarava, em 1566, que viera ao Rio, sob as ordens de Estácio de Sá, *em uma canoa sua, equipada de índios as suas custas* [sic]. Manuel Veloso Espinha, acompanhando o mesmo capitão, afirmava que foi "com gente sua escravos, criados ajudando em todas as couzas necessárias para bem e povoação do dito Rio assim nas guerras q' sempre tiverão contínuas contra os Tamoios e Francezes, como em a fortificação da dita cidade, cercas e abaluartes [...] no que fez muitos gastos e despezas", daí a sua solicitação de sesmarias. Ainda nesta expedição, e também em um pedido de sesmaria, Antônio de Mariz — antigo vereador em São Paulo — escrevia, em 1565, que "ele veio povoar esta cidade de São Sebastião do Rio de Janeiro ajudando com sua pessoa, armas, escravos, as tomadas de aldeias, e mais coisas necessárias ao serviço de Deus e d'El-rei Nosso Senhor". Por conseguinte, a conquista do Rio contara, definitivamente, com a fazenda dos fidalgos errantes (Belchior, 1965, p. 174, 272 e 313; BN, Anais, 1962, v. 82, p. 270).

Para esses senhores, aquele apelo tinha, em tese, forte ressonância, conforme a lógica do Antigo Regime. Afinal, para eles, nobreza se definia por ter cabedais para servir ao rei; sendo isso válido para os que pretendiam tornar-se cavaleiros ou já o eram. Além disso, tal ajuda lhes facultaria solicitar futuras mercês régias e honrarias. Não é sem motivo que as citações anteriores associam a participação em operações militares na Guanabara a pedidos de sesmarias como recompensa por serviços prestados. Desse modo, explicam-se alguns traços recorrentes, presentes naqueles pedidos, quais sejam: eles enfrentaram franceses e tamoios a pedido da coroa e o fizeram à custa de sua fazenda; leia-se: com seus parentes, escravos, índios etc.

Em realidade, a maneira como o Rio de Janeiro fora conquistado deu margem a fenômenos que esclarecem alguns dos traços da sociedade colonial da região: formação de redes políticas entre segmentos das elites regionais e inter-regionais, constituição de uma nobreza da terra, interferência das parentelas dos conquistadores no governo da cidade e na montagem da economia da capitania.

Deste modo, as presas de guerra e os postos do governo da nova localidade foram distribuídos entre os conquistadores. Estes senhores participaram da conquista do Rio, receberam sesmarias e vinham das melhores famílias de outras vilas coloniais. Por seu turno, circulariam por duas esferas diferentes do poder: a Câmara e a administração periférica da Coroa (Hespanha, 1994, p. 195-226). Entre 1565 e 1620, tenho conhecimento de 107 oficiais da Câmara, dos quais pelo menos 62, ou aproximadamente 58%, ocuparam também cargos na administração periférica: foram provedores, capitães de fortaleza etc. (Fragoso, 2000, p. 63). Portanto, exerceram os postos-chave na gestão da nova sociedade, o que era facilitado pelas alianças, inclusive casamentos, entre tais famílias.

Cabia à Câmara garantir o bem-estar da república, e isso, entre outras coisas, significava fiscalizar o abastecimento da cidade: preços e qualidade dos gêneros. Suas atribuições podiam também estender-se ao comércio ultramarino, como o frete e o preço do açúcar, ou seja, ele, na prática, intervinha no chamado pacto colonial. Da mesma forma, como cabeça da república, distribuía monopólios sobre setores básicos da economia regional, como o trapiche do açúcar e o açougue público: ao primeiro, cabiam o peso e a exportação do açúcar da capitania; e o segundo era responsável pelo abate da carne de vaca consumida pelo povo (Fragoso, 2001, p. 82-89). Entre 1565 e 1620, dos 107 camaristas por mim conhecidos, ao menos, 39, ou 36,4%, pertenciam a famílias de conquistadores. Portanto, tinham parte do controle da economia em suas mãos.

Por seu turno, é desnecessário dizer que a ocupação dos postos da administração periférica da coroa dava ao seu titular a possibilidade de intervir em setores nevrálgicos da vida da cidade, desde a economia até a justiça.[11] Em outras palavras, não é de estranhar que a formação da nobreza principal da terra, suas famílias, coincida com a da sociedade de tipo antigo e sua economia esquisita. Por volta de 1568, Antônio de Mariz recebeu a incumbência da criação do ofício da Fazenda Real no Rio de Janeiro. Em 1583, Julião Rangel de Macedo seria provido no cargo de ouvidor da cidade e da capitania (Belchior, 1965, p. 285). O posto de provedor da fazenda, ao longo do seiscentos, era exercido em conjunto com o de juiz da alfândega.[12] A ele cabia a responsabilidade de resguardar os interesses da Fazenda Real e, em particular, supervisionar a arrecadação dos dízimos reais. Sob a tutela do juiz da alfândega caía a responsabilidade de intervir "em todas as causas, dúvidas, e demandas movidas entre os mareantes e mercadores sobre fretes, avaria, soldadas, entregas de mercadorias, cargas e descargas e de todo dano a mais de que conhece nesta cidade" (AHU, RJ, Ca., cx. 4, doc. 668). Quanto ao ouvidor, ele respondia pela administração da justiça da cidade. Coube, como afirmamos, aos capitães da conquista a viabilização de postos básicos para o funcionamento da república e de sua economia e, além disso, realizaram felizes núpcias entre si. Conforme a Figura 1.1, os filhos de Antônio de Mariz e de Julião Rangel, respectivamente Diogo de Mariz Loureiro (provedor da fazenda em 1606) e Paula Rangel de Macedo, casaram-se em 1593; com isto, duas famílias saídas das lutas contra os franceses e os responsáveis pela organização da cidade estabeleciam alianças parentais. As Figuras 1.1 a 1.3 reproduzem as ligações parentais de alguns camaristas descendentes de conquistadores.

Um dos informantes da Figura 1.1 foi o já conhecido D. Francisco de Lemos de Faria Pereira Coutinho, ilustre reformador da Universidade de Coimbra, descendente daqueles dois conquistadores. Na verdade, o Bispo-Conde procedia do casal Domingos de Azeredo Coutinho e de Antônia Tenreira da Cunha, unidos em matrimônio no ano de 1619, conforme a Figura 1.1. Domingos, capitão-mor dos descobrimentos por graça de Sua Majestade, descendia de Vasco Coutinho Fernandes, donatário do Espírito Santo e do seu genro, o citado capitão-mor Marcos de Azeredo (BN, SOR; Fragoso, 2005). Antônia Tenreira era filha do conquistador Crispim da Cunha Tenreiro, provedor da Fazenda Real em 1591 (Belchior, 1965, p. 154), e neta de Antônio de Mariz. Com a informação de Crispim da Cunha, temos, na segunda metade do quinhentos, ao menos, três integrantes em duas gerações dos Mariz à frente da Fazenda Real e da alfândega da cidade. Isto sem falar de outros honrosos cargos da administração, acessados pelo mesmo grupo. Voltando a Domingos e a Antônia, temos um dos casais fundadores dos Azeredo Coutinho, vasta parentela que

Figura 1.1
Antônio de Mariz e os seus

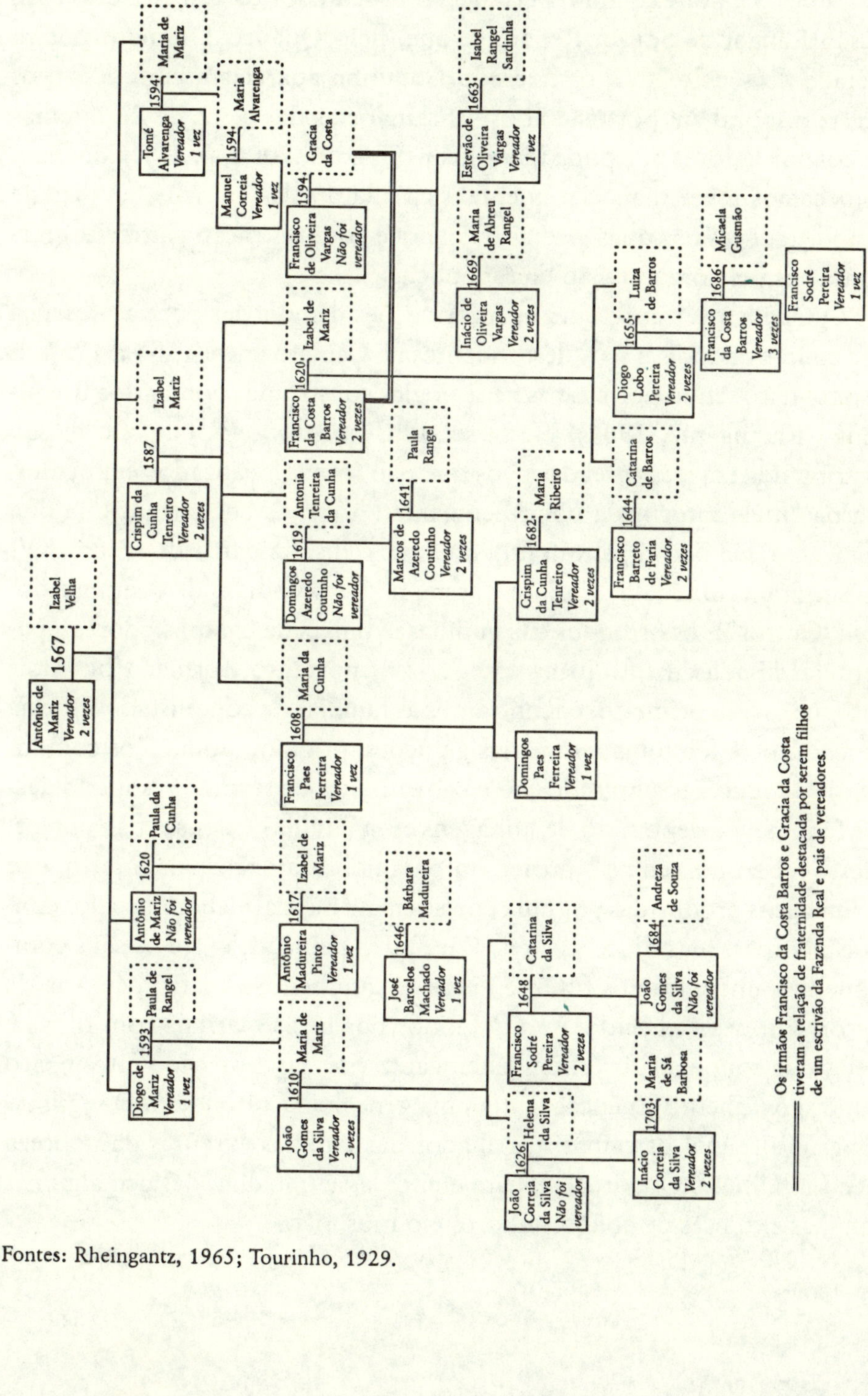

Fontes: Rheingantz, 1965; Tourinho, 1929.

dominaria o cenário político da cidade na primeira metade do século XVIII; a esta facção, por exemplo, pertencia o procurador da Câmara de 1732, Julião Rangel de Souza. Repare-se que, pelo Quadro 1.1, na primeira metade do século XVI, os Azeredo Coutinho apareciam com dois e os Mariz respondiam por cinco dos 40 camaristas das cerca de 26 famílias de conquistadores que pude identificar (Fragoso, 2000, p. 48). Com isto, começamos a ver mais claramente a circulação das mesmas famílias de conquistadores nas duas esferas (Câmara e administração periférica) responsáveis pela organização da república.

O Quadro 1.1 apresenta as informações disponíveis para a presença dos conquistadores e seus descendentes na Câmara entre 1565 a 1754. E isso foi feito tendo por base as genealogias construídas por Carlos Rheingantz (Rheingantz, 1965). Nesse sentido, *grosso modo*, tais oficiais são distribuídos em três categorias: os que não foram localizados em nenhuma parentela informada por Rheingantz ("s/i"); os encontrados na dita obra, mas que não constituíram famílias extensas a partir do século XVI ou surgiram no século seguinte e assim não descendiam de conquistadores ("Outros"); os oriundos das famílias extensas de conquistadores e parentelas aliadas. Esta última categoria é, portanto, formada por dois subgrupos. No primeiro, encontramos as famílias de conquistadores, cuja descendência feminina, em várias gerações, originou domicílios com fábricas de açúcar e representação na governança da terra; o resultado desses fenômenos denomino de linhagens e/ou famílias extensas da *nobreza*. Neste subgrupo, temos o núcleo duro da nobreza principal da terra, isto é, linhagens produzidas por uma política matrimonial elaborada pelos conquistadores e seus descendentes. Em outras palavras, entre os seus componentes, encontramos filhos e netos de quinhentistas e também varões de origem desconhecida, porém unidos por laços maritais com filhas e netas dos conquistadores; em Rheingantz esse casal (marido estrangeiro x moça quinhentista) encabeçaria uma genealogia autônoma. O segundo subgrupo reuniu os camaristas aliados das famílias extensas da nobreza ("A. Linh."). No Quadro 1.1, para efeito desse trabalho, destaco algumas famílias extensas de conquistadores e outras, não.

A Figura 1.1 apresenta também ligações dos Mariz com outros *bellatores* do quinhentos, como João Pereira de Souza Botafogo. Um de seus descendentes, Francisco da Costa Barros, proprietário do ofício de escrivão da fazenda e da matrícula da gente de guerra, tornou-se, em 1620, esposo de Isabel de Mariz, cunhada de Antônia Tenreira (ver Figura 1.1); portanto, nesta ocasião temos ligações entre os Mariz, os Azeredo Coutinho e os Souza Botafogo. Segundo o Quadro 1.1, os camaristas saídos destas famílias somavam 14, ou 35%, dos 40 conhecidos do quinhentos. O estabelecimento da última família no Rio de Janeiro ocorreu quando a cidade velha principiava e se fazia guerra a franceses e tamoios. Em meio a estes eventos, João Pereira, na condição de capitão de canoas de guerra, fora enviado a Cabo Frio, onde aprisionou Toussaint Gurgel, cabo de uma armada francesa (Belchior, 1965, p. 89). Em 1595, nosso herói aparecia em Santos como capitão-mor interino de São Vicente, em lugar de Jorge Correia (Franco, 1989, p. 77-78).

Com o tempo, outras linhagens de conquistadores aparecem na Figura 1.1, ou seja, os Mariz multiplicam as suas alianças. Por exemplo, José Barcelos Machado, vereador e provedor da fazenda, descendente dos Homem da Costa, em 1646 tomava por esposa Bárbara Madureira, neta de Antônio de Mariz. Segundo Carlos Rheingantz, os Homem da Costa resultaram da união de Jordão Homem da Costa com Apolônia Rodrigues. Infelizmente, não tenho maiores notícias sobre o casal, porém sei que um de seus genros, Aleixo Manuel, chegou à cidade na companhia de Estácio de Sá, foi capitão de infantaria e por diversas vezes camarista (Belchior, 1965, p. 306-7). Nos primeiros cinqüenta anos da cidade, tal linhagem forneceu ¼ dos camaristas, conforme se vê no Quadro 1.1. Entre 1601 e 1650, tenho conhecimento de 146 camaristas, dos quais 76, ou metade, pertenciam a linhagens vindas do século anterior. Os Mariz e os Homem da Costa somados forneceram 24 oficiais ou 31% daqueles 76 (ver Quadro 1.1).

Quadro 1.1
Número de integrantes das famílias de conquistadores e de seus aliados na Câmara: 1565-1754

	1565-1600	1601-1650	1651-1700	1701-1754
s/i*	45	63	53	59
Outros	1	10	11	8
Subtotal	46	73	64	67
A. Linh.**(a)	0	1	27	8
Linh. Conq.***(b)	40	72	134	109
(a) + (b)	40 (46,5% de d)	73 (50,0% de d)	161 (71,5% de d)	117 (63,5% de d)
Mariz	5	12 (16,4% de c)	17 (10,6% de c)	5 (4,3% de c)
Dias Bravo	0	1	5	0
Correia	0	0	2	2
Homem da Costa	10	12 (16,4% de c)	32 (19,9% de c)	16 (13,7% de c)
Gurgel	0	1	5	4
Viegas	0	3	6	6
Souza Pereira	9	3	4	6
Azeredo Coutinho	2	7 (9,6)	20 (12,4)	36 (30,8)
Pontes	1	5 (6,8% de c)	18 (11,2% de c)	19 (16,2% de c)
Subtotal (c)	40 (46,5 % de d)	73 (50,0% de d)	161 (71,5% de d)	117 (63,5% de d)
Total (d)	86	146	225	184

*camaristas sem informação;
**aliados políticos das linhagens abaixo apresentadas;
***conquistadores de suas linhagens.
Fontes: Rheingantz, 1965; AHU, RJ, Ca.; Tourinho, 1929; RJ, DGPEA 1935.

Passando para a Figura 1.2, verifica-se que, no mesmo ano de 1668, os filhos de José Barcelos e Bárbara Madureira, Inácio de Madureira Machado e Luis Barcelos Machado, casariam respectivamente com Agueda Faleira (dos quinhentistas Pontes) e com Catarina de Melo (dos Azeredo Coutinho). Chamei a linhagem de Agueda Faleira de Pontes, pois ela, no texto de Rheingantz, é encabeçada por Belchior Pontes Maciel e Inez Fernandez. Poucas notícias tenho deste casal de açorianos, conheço mais os seus genros, como o capitão Belchior de Andrade Araújo. Em 1621, os oficiais da Câmara atestavam que o dito capitão servia na cidade havia 23 anos, sendo "casado com uma mulher nobre das principais da terra e dos primeiros povoadores". Anos antes, Afonso de Albuquerque, governador do Rio de Janeiro (1608-13), declarava que Andrade de Araújo fora capitão de infantaria, com suas armas, escravos e canoas de guerra, estivera no governo político de juiz e vereador; e ainda combatera os franceses em Cabo Frio. A exemplo do avô Belchior, o pai de Agueda, Fernão Faleiro Homem, servira como capitão de Sua Majestade (tivera por anos a capitania da fortaleza de N. S. Bonsucesso) e na Câmara da cidade (AHU, RJ, Ca., cx. 5, docs. 789-826). O tio de Agueda, Manuel Homem Albernaz, continuou as atividades de conquista na década de 1620, época em que aparece associado a Manuel Preto, potentado paulista com cerca de mil índios. Na mesma década foi nomeado capitão-mor dos descobrimentos e sargento-mor de Santa Catarina (AHU, RJ, Ca., cx. 5, doc. 800; Franco, 1989, p. 22; Nazzari, 2001, p. 41). Através da trajetória do tio Albernaz, entende-se um pouco a possibilidade de a identidade da nobreza principal da terra ter sido construída por meio das práticas de conquista. Manuel Albernaz vivera, por exemplo, em um intervalo de quase cem anos, experiências semelhantes aos dos seus antepassados ao tomarem o Rio de Janeiro. O referido grupo, em diferentes gerações, instituiu a autoridade do rei em novas terras, nelas garantindo o governo político e militar. Portanto, para eles, mais importante do que pertencer à primeira leva de povoadores, era ser conquistador. Cabia, por exemplo, ao capitão-mor dos descobrimentos a atribuição do governo em nome da monarquia.

Figura 1.2
Antônio de Mariz, genros e descendentes

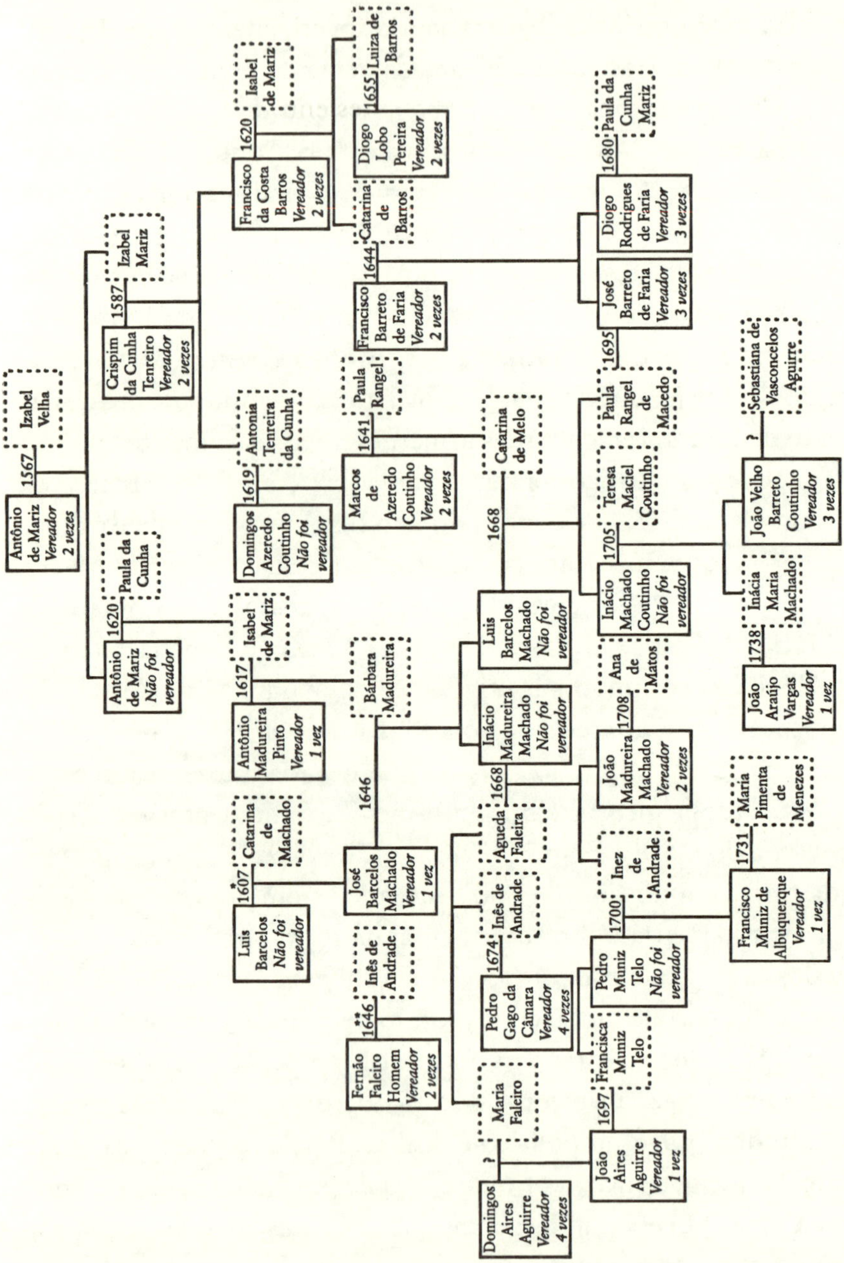

* A ascendência do casal Luis Barcelos e Catarina de Machado é explicitada a seguir na Figura 3.
** A ascendência do casal Fernão Faleiro Homem e Inês de Andrade é explicitada a seguir na Figura 5.

Fonte: Rheingantz, 1965; Tourinho, 1929.

Vimos que, por meio do feliz matrimônio dos rebentos de José Barcelos e de Bárbara Madureira, se fez união entre quatro linhagens: os Mariz, os Homem da Costa, os Pontes e os Azeredo Coutinho. Na segunda metade do seiscentos, conheço 225 camaristas, destes, 160, ou 71%, vinham das famílias quinhentistas. Aquelas quatro antes enumeradas forneceram 86, ou 53,7% (Quadro 1.1). A Figura 1.3 ilustra a entrada de outra família antiga nesta ciranda de alianças. Em 1648, Miguel de Azedias Machado, vereador e provedor interino da Fazenda Real, esposou Maria Viegas, bisneta de Francisco Viegas e de Joana Soberal. Segundo Paes Leme, um dos ramos dos Viegas veio de São Paulo, onde estavam ligados a João Pereira de Souza Botafogo e ao apresamento de índios (Paes Leme, 1980, t. II, p. 2).

Em realidade, quanto mais adentramos no seiscentos, como demonstram as Figuras de 1.1 a 1.3, mais se nota um intricado cruzamento marital entre diferentes famílias de conquistadores. O grupo começa a se fechar. A esta altura, o leitor deve ter percebido que as ditas Figuras retratam genealogias de camaristas descendentes de conquistadores, isto é, elas foram construídas tendo por base os enlaces matrimoniais dos filhos dos conquistadores transformados em camaristas e, em seguida, dos seus netos, desde que seguissem os passos paternos na governança da terra. Ou seja, a presença dos filhos dos camaristas nas Figuras teve como precondição o fato de serem também camaristas e, no caso das filhas, o requisito de esposarem conselheiros. Os demais personagens que aparecem nas Figuras servem de elos entre homens da governança. Por exemplo, João Gomes da Silva Pereira, casado com Andreza de Souza, não foi vereador, entretanto era filho e pai de camaristas e, nesta condição, entrou na Figura 1.1.

Deste modo, o Quadro 1.1 apresenta o domínio dos conquistadores sobre a Câmara. A hegemonia política sobre a república consistia, na prática, um traço de tal grupo. Na segunda metade do quinhentos, os integrantes das famílias dos conquistadores ocuparam cerca de 45% dos cargos conselhos. Um século depois, o mesmo conjunto de parentelas ocupava mais de 2/3. A partir desses números, não me parece absurdo falar que tais cargos se transformaram num privilégio do dito grupo e, portanto,

Figura 1.3
Jordão Homem da Costa e os seus

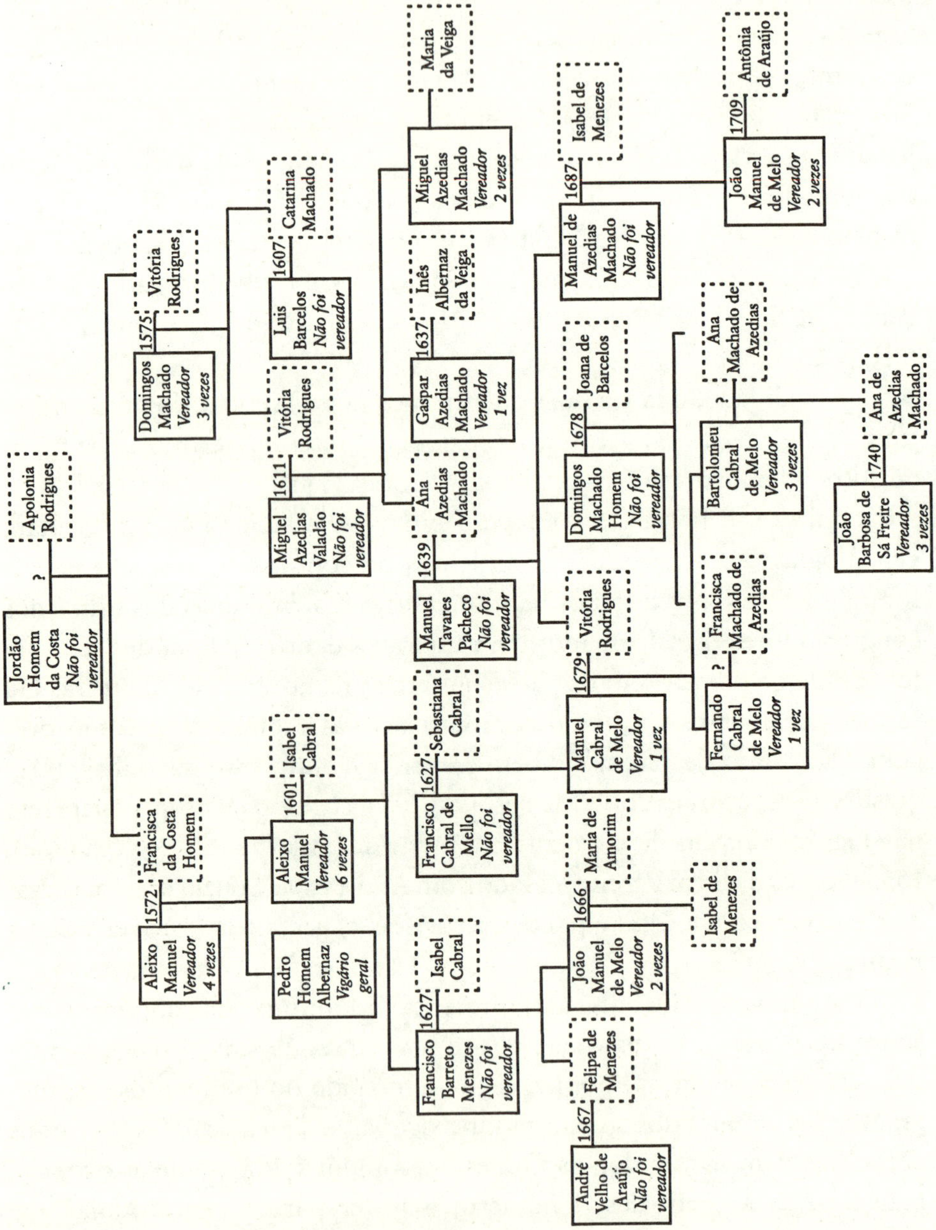

Fonte: Rheingantz, 1965; Tourinho, 1929.

algo não compartilhado com os demais na sociedade. Curiosamente, esse privilégio não fora concedido por sua majestade, mas resultara de práticas sociais realizadas pelos filhos da conquista em meio à sociedade americana.

Neste momento, não custa nada demorar um pouco mais nos mecanismos de acesso aos ofícios da Câmara. Como anteriormente afirmei, tais privilégios não eram concedidos pela monarquia, ou seja, ela não os distribuía como uma mercê entre os integrantes da população; na prática, a escolha dos vereadores fugia da alçada da coroa, sendo algo atinente ao poder local (Magalhães, 1988, p. 323-30). Nas Ordenações Filipinas, verifica-se que não há uma clara definição sobre os pré-requisitos necessários para a transformação de um sujeito em camarista, ou seja, em "homem bom" da terra. Segundo Cândido Mendes de Almeida, nessas leis, os homens bons eram considerados *os cidadãos que haviam ocupado os cargos das Municipalidades, ou governança* (OF, 1985, liv. 1, t. 67, 6, p. 155, nota 1).

Conforme Romero Magalhães, o acesso aos cargos conselhios ocorria, *grosso modo*, por duas vias: através da antecedência, o conselheiro tinha de ser filho e/ou neto de vereador; por meio da inclusão nas pautas fornecidas pelos informadores — eles próprios homens "dos mais antigos e nobres" da cidade — ao corregedor da comarca ou ao ouvidor (Magalhães, 1988, p. 323-30). Deste modo, considerando a primeira via, podemos explicar o monopólio dos Mariz, dos Homem da Costa, entre outros, sobre os assentos da Câmara. Na verdade, tal privilégio era algo observado em várias paragens do império, pois consistia numa prática costumeira vinda do reino. Em outras palavras, o que chamei de privilégio estamental, a transferência de pai para filho dos cargos da governança da terra, correspondia a um costume do poder local no Antigo Regime português: esta transferência criava uma oligarquia. Porém, isto não é tudo. Voltando a Cândido Mendes, ao que parece, as Ordenações não previam situações como "o começo ou criação de uma vila". Nestes casos, como os homens bons eram escolhidos? No Rio de Janeiro, segundo o Quadro 1.1, foram os conquistadores que se arvoraram à condição de homens bons.

Assim, na dita cidade, a qualidade de vereador não decorria tanto de ser filho ou neto de camarista, mas sim de descender da conquista.

Essa condição aparece ainda mais relevante quando lembramos que, com o passar do tempo, o predomínio dos rebentos dos conquistadores se tornaria maior. O crescimento econômico e demográfico da cidade, em especial ao longo da segunda metade do século XVIII, devia traduzir-se na entrada de novos agentes na Câmara. Entretanto, ocorreu o contrário: com o passar do tempo o número de estranhos às famílias quinhentistas tende a diminuir no conselho. Analisando o Quadro 1.1, observa-se que, na primeira metade do século XVII, os *sem informação* ("s/i") e *outros* correspondiam a 50% dos camaristas; de 1651 a 1700 essa porcentagem cai para menos de 30%, e, nos cinqüenta anos seguintes, aqueles dois grupos voltam a subir para mais de 35%. Entretanto, tal subida fora um dos efeitos das investidas orquestradas pelos negociantes, a exemplo da petição à coroa em 1746. Assim, se subtraímos tais acontecimentos e analisamos apenas o período entre 1700 e 1740, temos 120 vereadores, dos quais cerca de 93, ou 75%, saíram das fileiras dos conquistadores. Esses números mudam completamente de 1740 a 1754: de 64 vereadores, 32 — ou a metade — não pertenciam aos conquistadores, sendo 8 negociantes.

Por conseguinte, até pelo menos 1739, a produção de novos "homens bons" era devidamente controlada pelos quinhentistas. Ao que parece, estes dominavam as "pautas", lembradas por Romero Magalhães; ou seja, tinham condições para exercer tal controle, leia-se legitimidade social. Enfim, a presença daquele privilégio estamental, passado de geração a geração nas mesmas famílias, na verdade não informa a existência de uma oligarquia camarista, mas, sim, de um grupo social que se autodenominava de conquistadores e dominava o conselho. Na verdade, a Câmara era um dos *loci* de mando ciosamente guardados pelos rebentos do quinhentos. Ao lado dela existiam as tropas auxiliares (o governo militar local), os ofícios régios e o poder costumeiro, traduzido nas redes clientelares, estas últimas, baseadas no compadrio, espalhadas pelas freguesias e encabeçadas pelos potentados. Todos estes lugares de poder da república, em graus diferentes no século XVII, eram freqüentados pelos conquistadores.

Assim, as Figuras 1.1 a 1.3 informam não tanto políticas maritais implementadas por uma oligarquia camarista, no caso, a endogamia, mas sim uma das estratégias desenvolvidas pelos descendentes da conquista. Estes, em sucessivas gerações, ao casarem entre si criavam na prática um estamento portador de ao menos duas características identitárias: a existência de antepassados em comum e o domínio sobre o governo político local. No momento, interessa perceber que essas figuras informam a tendência de as linhagens quinhentistas estabelecerem entre si alianças maritais. Com isto, elas fechavam o acesso de estrangeiros à nobreza principal da terra e, conseqüentemente, às posições cimeiras da hierarquia social e da república.

Através dos Mariz, dos Homem da Costa, dos Azeredo Coutinho, dos Pontes e dos Pereira de Souza, podemos ver mais de perto as mudanças das estratégias matrimoniais dos descendentes dos conquistadores e um dos processos generativos da nobreza principal da terra. Estas cinco parentelas somadas tiveram 237 vereadores (entre parentes consangüíneos e afins) de 1565 a 1754, ou seja, 37% do total de oficiais (641) e 61% dos que vieram da conquista (391). Considerando estes 237 camaristas, 83 (35%) tomaram por esposas moças das mesmas parentelas e 55 (23%) celebraram núpcias com noivas sem informações em Rheingantz. Deste modo, contrariando a ênfase dada à política dos conquistadores de se reproduzirem como um estamento, temos um certo equilíbrio entre endogamia e exogamia nas suas práticas maritais, impressão que é mais reforçada quando lembramos a presença de estrangeiros na Câmara, esposos de filhas ou netas de conquistadores. Em outras palavras, tais estrangeiros, além de se casarem em lares da nobreza principal da terra, conseguiam ingressar nos cargos mais honrosos da república. Os ditos genros importavam em 53 casos ou 22,4% daqueles 237. Desse modo, o resultado da equação noivas + genros estrangeiros pode ser catastrófico para a tese da endogamia-estamento. Mas vejamos esses problemas com mais cautela.

O Quadro 1.2 e o Gráfico 1.1 apresentam as mudanças entre 1565 e 1754, nas escolhas das famílias quinhentistas quanto às noivas para os seus rebentos. As famílias consideradas foram as cinco acima apresentadas e os rebentos, aqueles que, mais adiante, foram camaristas. A maior preferência por noivas estrangeiras ocorreu na segunda metade do século XVI. Neste período, as ditas famílias tiveram 27 vereadores; para 14 de suas esposas não tenho informações. Fato que não deve causar surpresas, pois, por volta de 1583, a cidade tinha ao redor de 150 vizinhos e três engenhos de açúcar, ou seja, a região presenciava a instabilidade populacional, a chegada de novos povoadores e a sedimentação dos domicílios dos conquistadores. Portanto, o predomínio de noivas desconhecidas é perfeitamente justificável. Por exemplo, pouco conheço da vida das esposas dos conquistadores e dos vereadores Antônio de Mariz e Aleixo Manuel. Nos cinqüenta anos seguintes, a situação já era outra. O número de noivas desconhecidas cai para 11, ou 28% do total analisado. Trata-se da época de instalação da base da economia escravista açucareira no Rio de Janeiro, ultrapassada esta fase, tal tendência se alteraria completamente. Na segunda metade do século XVII, cerca de 60% das nubentes saíram dos conquistadores e 45% eram de uma daquelas cinco parentelas. Por esta época, a nobreza principal da terra já estava formada e suas práticas sociais enfatizavam a endogamia. Assim, no Gráfico 1.1, em meados do século XVII, a curva dos casamentos com noivas desconhecidas tem o comportamento oposto ao dos endogâmicos. Em realidade, o comportamento da curva *noivas desconhecidas* indica aspectos da história da sociedade considerada e de sua elite.

Quadro 1.2

Opções matrimoniais dos vereadores das famílias Mariz, Homem da Costa, Azeredo Coutinho, Pontes e Souza Pereira

Casamentos	1565-1600	1601-1650	1651-1700	1701-1754
Cinco famílias (a)	0	3 (8%)	40 (45%)	38 (46%)
Outros conq. (b)	1	0	12	5
a + b	1 (4%)	3 (8%)	52 (58%)	43 (52%)
Desconhecidos	14 (52%)	11 (28%)	16 (18%)	14 (17%)
Total Geral	27	39	89	82

Obs.: Porcentagens calculadas a partir do total geral.
Fontes: Rheingantz, 1965; AHU, RJ, Ca.; Tourinho, 1929; RJ, DGPEA 1935.

Gráfico 1.1
Mercado matrimonial dos vereadores das famílias Mariz, Homem da Costa, Azeredo Coutinho, Pontes e Souza Pereira

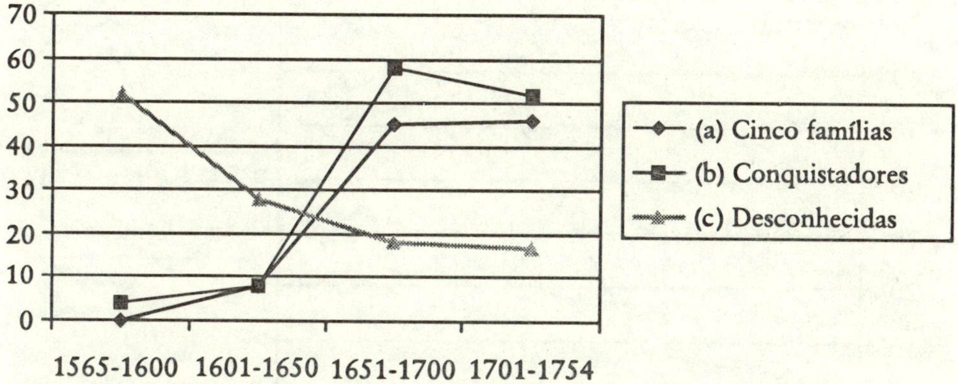

(a) noivas provenientes de uma das cinco famílias consideradas;
(b) noivas descendentes de conquistadores;
(c) noivas desconhecidas.
Fontes: Carlos Rheingantz, 1965; AHU, RJ, Ca.; Tourinho, 1929; RJ, DGPEA 1935.

Talvez mais reveladora do que a freqüência de noivas desconhecidas no século XVI como indicador da formação da elite local seja a análise dos genros estrangeiros. Conforme se vê no Gráfico 1.2, de 1565 a 1650, período de formação da economia considerada, os genros estranhos corresponderam de 44% a quase 60% dos vereadores saídos das parentelas dos conquistadores. Porém, uma vez constituída a economia exportadora açucareira e sua nobreza principal da terra, aquela porcentagem caiu para 18% e, finalmente, depois de 1701, sumiu. No último período estudado no Gráfico 1.2, praticamente todos os oficiais dos domicílios de conquistadores eram seus descendentes sangüíneos. Aqueles lares tenderam a fechar suas portas para os estranhos e seriam aceitos, preferencialmente, noivos com o mesmo passado na conquista quinhentista.

Gráfico 1.2
Porcentagem de descendentes de conquistadores e de genros estrangeiros nos vereadores das famílias Mariz, Homem da Costa, Azeredo Coutinho, Pontes e Souza Pereira

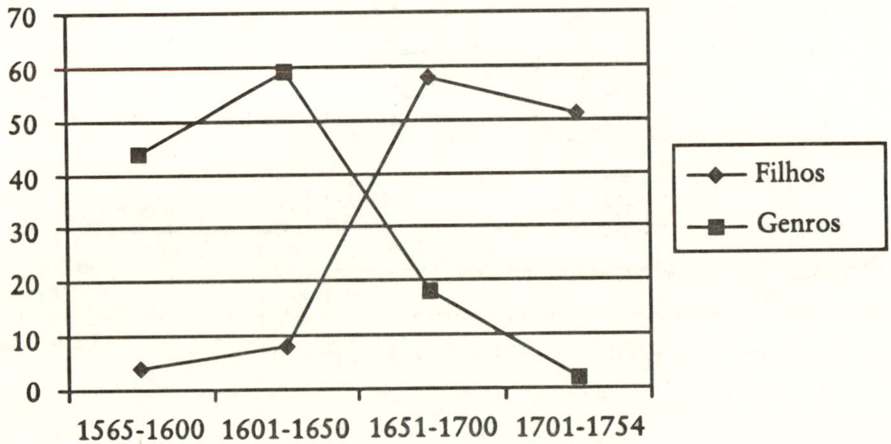

Fontes: Carlos Rheingantz, 1965; AHU, RJ, Ca.; Tourinho, 1929; RJ, DGPEA, 1935.

Os gráficos anteriores terminaram por reafirmar a endogamia como um dos traços daqueles que se intitulavam nobreza principal da terra, porém também nos informaram que este não era o único costume matrimonial conhecido pelos fidalgos da terra e, o mais importante, que houve uma época em que praticamente prevaleceu a exogamia. Em outras palavras, as famílias conquistadoras, conforme as circunstâncias, podiam mudar suas estratégias e escolhas; ou, ainda, a nobreza da terra como estamento é algo gerado no tempo e diversos de seus produtores foram os genros estranhos ao quinhentos. Deste modo, temos o feliz matrimônio, por volta de 1610, de Maria de Mariz, neta de Antônio de Mariz, com o capitão João Gomes da Silva, proveniente da Bahia, onde fora governador da Fortaleza de Santo Antônio. Por conseguinte, João Gomes chegara ao Rio tendo no currículo postos de comando na administração militar da Coroa, o que com certeza aumentava o valor de seu passe no mercado matrimonial da cidade, em especial diante dos olhos de um grupo que se pretendia nobreza. Na cidade, o nosso capitão ocupou a capitania da Fortaleza de São João e mais a provedoria da Fazenda Real da cidade (Rheingantz, 1965, v. 2, p. 277). No primeiro posto, Gomes da Silva, podia cobrar emolumentos sobre os navios que entravam no Rio de Janeiro e, no segundo, além de controlar a Fazenda Real, tinha a possibilidade de retirar *proés* e percalços na arrematação de impostos. Algo não muito diferente ocorreu no casamento de Beatriz Rangel, em princípios do século XVII, com Diogo Sá da Rocha.

Beatriz era filha do conquistador e ex-ouvidor Julião Rangel; já Diogo, por seus serviços prestados à coroa, foi nomeado pelo Rei, em 1637, para ser ouvidor-geral para as capitanias do Espírito Santo, Rio de Janeiro e São Vicente (Araújo, 1935, v. 7, p. 277). Tanto João Gomes como Diogo de Sá foram por mim incorporados como genros vereadores no Gráfico 1.2.

Desnecessário insistir que as famílias de conquistadores, ao abrigarem estrangeiros daquele naipe às suas fileiras, faziam com que isto representasse o acrescentamento do poder e da riqueza de suas casas. Nos dois exemplos, as famílias estudadas, provavelmente, puderam acessar postos de comando da administração periférica da Coroa, algo fundamental na época. Por estes tempos, o Recôncavo da Guanabara vivia a formação da economia exportadora e da hierarquia social de tipo antigo. Com certeza, isto deve ter contribuído para a sedimentação de ambas as casas nas posições cimeiras da sociedade considerada, inclusive como nobreza principal da terra.

A presença de genros estrangeiros permite um desenho mais preciso dos contornos do que estou chamando de nobreza principal da terra, ou seja, os descendentes dos capitães da conquista quinhentista. Antes de tudo, o grupo podia incorporar fulanos nascidos bem longe do Rio de Janeiro e bem depois das expedições de Estácio de Sá e de seus capitães. O fato de esses fulanos serem estrangeiros, quase sempre reinóis, não os impediu de se tornar *capi* da nobreza principal. Para tanto, basta lembrar que, no século XVI, quase todos os camaristas dos Homem da Costa, por mim conhecidos, eram genros reinóis e o mesmo ocorreu com os Mariz, na primeira metade do século seguinte. Quero insistir na tese de que a incorporação destes genros foi decisiva na constituição da nobreza da terra.

Não por acaso, os capitães conquistadores e seus filhos optaram por tais genros, leia-se seus predicados, no momento da sedimentação da economia e da república no Recôncavo da Guanabara.

Por seu turno, ainda na segunda metade do século XVII, os conquistadores continuavam a incorporar genros estrangeiros. Por exemplo, o capitão de infantaria Francisco Sodré Pereira, natural da Ilha da Madeira, provavelmente desembarcou na cidade na década de 1640, portanto quase um século depois das lutas contra a França Antártica. Porém, isto não foi impedimento para esposar Catarina da Silva Sandoval (Mariz), em 1648. Em 1654, Sodré Pereira aparecia na Câmara. Os Azeredo Coutinho e os Homem da Costa tinham genros estrangeiros mesmo no século XVIII. Deste modo, a idéia de descendência da conquista como substrato que daria acesso ao poder é algo construído por aquelas famílias. Como produto deste cenário, temos arranjos parentais que denominei de famílias extensas e ou de linhagens.

O que acabei de afirmar fica mais claro quando olhamos mais de perto os nossos personagens. Entre 1566 e 1700, 197 famílias, em algum momento de suas vidas, tiveram um ou mais engenhos de açúcar. Destas, 16 tinham algo a mais. Elas surgiram na capitania antes de 1600 e tinham por chefes capitães da conquista. Além destas particularidades, possuíam outro traço: suas filhas e netas se casaram com *estrangeiros* que conseguiram adquirir engenhos [grifo do autor]. Aquelas 16 famílias denominei de extensas.[13] Esta última expressão não possui nenhuma conotação antropológica, digamos, mais sofisticada. Ela não diz respeito, por exemplo, à co-residência de várias gerações de parentes em um mesmo domicílio (Lewin, 1993). Na verdade, com esta noção procurei tão-somente informar sobre a possibilidade de uma família, vinda da conquista, dar origem por linha feminina a outras famílias senhoriais. Estas últimas somaram 49 e todas se diziam conquistadoras. Entre elas, temos os Sodré Pereira e os Sá da Rocha. Em suma, não só a fidalguia dos trópicos é fruto de uma engenharia política, mas também o é a noção de conquistador.

A idéia da nobreza principal da terra como estamento, como algo provido de plasticidade — em que a presença de genros estrangeiros se combina com a endogamia — fica mais completa quando nos lembramos das tensões e dos conflitos nela presentes.

A imagem de estamento e de endogamia entre as famílias quinhentistas não deve dar a impressão de que a nobreza principal da terra agia como uma orquestra afinada. Em realidade, o grupo sempre foi atravessado por embates. As alianças maritais não impediam a multiplicação de entreveros armados entre facções, ou melhor, entre parentes. Na Figura 1.1 se vê que o ouvidor e camarista Tomé de Alvarenga se casou com Maria de Mariz, rebenta de Antônio de Mariz. Anos depois, a filha de ambos, Maria de Alvarenga, esposou o capitão-mor Manuel Correia, meio-irmão de Salvador Correia de Sá, governador da cidade. Da união de Manuel e Maria de Alvarenga saiu a família Correia Vasques (ver Figura 1.4, adiante), os leais parentes dos Correia de Sá e Benevides (depois, Viscondes de Asseca). Deste modo, conforme se vê nas Figuras 1.1 e 1.4, os Correia Vasques eram primos dos Souza Botafogo e dos Azeredo Coutinho. Pois bem, um dos traços marcantes da história política da cidade em meados do seiscentos serão os confrontos armados entre os Costa Barros (Souza Botafogo) e os Correia Vasques. No século seguinte, tais lutas ocorreriam principalmente entre os mesmos Vasques e os Azeredo Coutinho. Enfim, a nobreza vivia em bandos e, não raro, esgrimiam pelo poder e seus privilégios (Fragoso, 2003; 2005).

Foi com a palavra *bandos* que o governador Francisco Soutomaior, em 1645, designou as facções dos Manoel (segmento dos Homem da Costa) e dos Correia em suas lutas pelo controle da república. Uso a palavra bando para me referir à teia de alianças que as famílias da fidalguia tropical criavam entre si e com outros grupos sociais, tendo por objetivo a hegemonia política ou a sua manutenção. Esses pactos eram com senhores de engenho não nobres, oficiais do rei e comerciantes. Assim como um bando, podia falar de amplas redes de amizade que incorporavam elites de outras regiões coloniais, autoridades em Salvador e em Lisboa. Os bandos resultavam, ainda, de reciprocidades com segmentos subalternos da sociedade: lavradores, escravos, índios flecheiros etc.[14] Por meio dessas práticas, *as melhores famílias* adquiriam algo indispensável em suas disputas: a cumplicidade de outros estratos sociais. Mais do que isso, a composição dos bandos legitimava a própria hierarquia estamental.

Figura 1.4
Gonçalo Correia da Costa e os seus

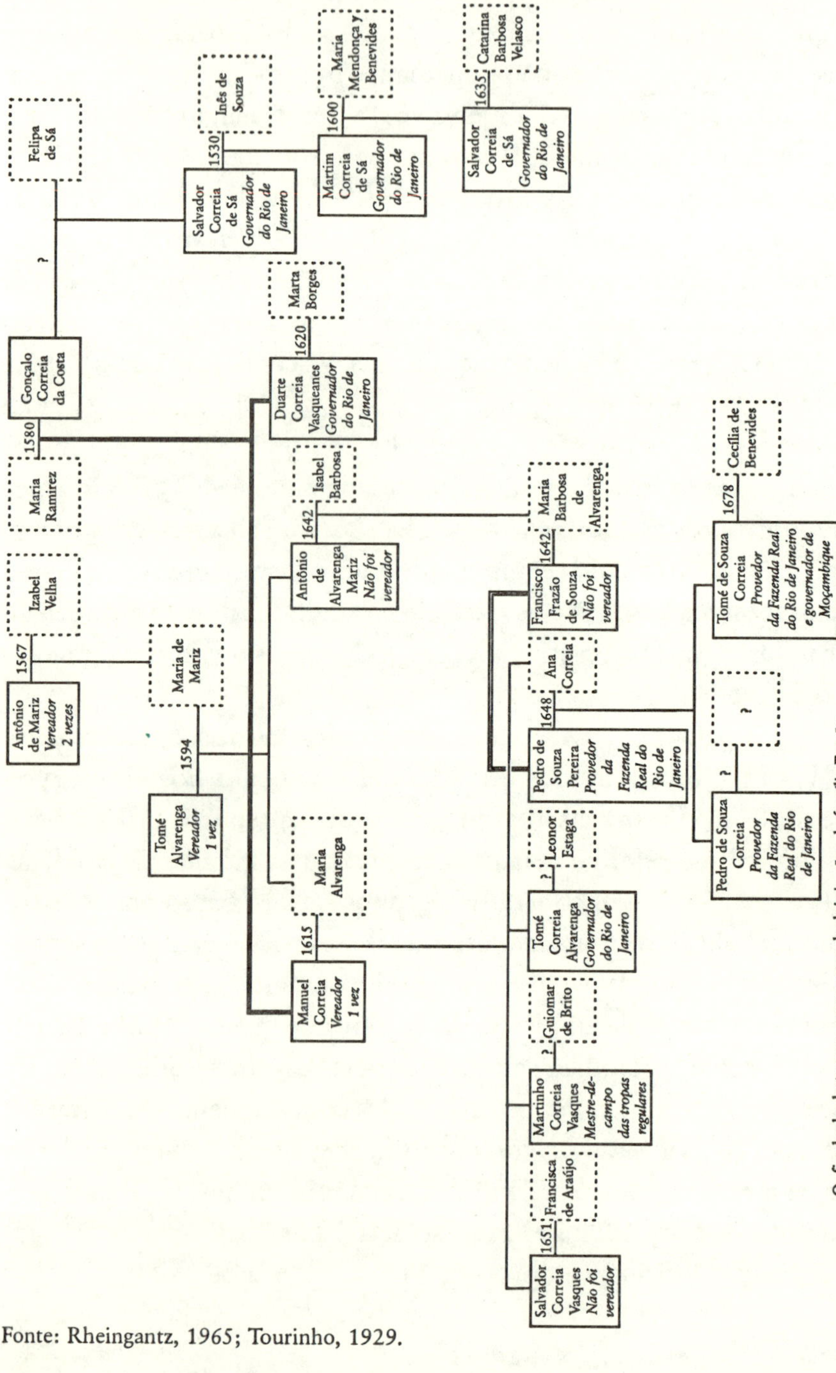

O fio duplo destaca os casamentos de dois irmãos da família Frazão com duas mulheres da família Alvarenga.

Obs.: As linhas mais espessas foram utilizadas para destacar a relação de parentesco entre o casal Maria Ramirez e Gonçalo Correia da Costa e seus filhos, que são: Manuel Correia e Duarte Correia Vasqueanes.

Fonte: Rheingantz, 1965; Tourinho, 1929.

A noção de bando, como rede de alianças, é essencial para entender as práticas políticas da nobreza principal. Como vimos, tal grupo não possuía um estatuto legal dado pela monarquia, portanto, a sua autoridade sobre a sociedade tinha de ser continuamente produzida e recriada. Nesta empresa, era fundamental ter o controle sobre postos vitais da república. Um conjunto de famílias era mais nobre se participasse de uma rede de alianças formada, por exemplo, pelo provedor da Fazenda Real, por capitães de fortaleza e camaristas. Tais famílias, no seiscentos, podiam arrogar ainda mais sua autoridade no Poder Local, caso tivessem cúmplices no Tribunal da Relação da Bahia e a boa vontade de conselheiros no Ultramarino. Assim, na prática, a nobreza de uma família dependia não só de seu passado na conquista quinhentista, mas também da eficiência da facção a que pertencia. Um bando implicava o acúmulo de recursos sociais, administrativos e políticos de seus integrantes. Quando havia entre os seus componentes os oficiais anteriormente listados, isso implicava ter acesso ao crédito via arca dos órfãos, às arrematações de impostos através da Fazenda Real e ao abastecimento da cidade por meio da Câmara. Um exemplo mais acabado de bando foi o dos Correia. Tal parcialidade tinha fortes conexões com o Poder Central, o que lhes garantiu influências nos tribunais palacianos de Lisboa e à mercê de ofícios da monarquia e, ao mesmo tempo, era constituído por famílias de potentados vindos da conquista quinhentista. Essas duas marcas continuariam mesmo após o retorno definitivo de Salvador Correia de Sá e Benevides a Lisboa, em princípios dos anos de 1660. Na década de 1670, por exemplo, os Silveira Vilasboas e os Correia Vasqueanes tinham fortes aliados em Salvador (no tribunal da relação e no governo militar do Estado do Brasil) e, em finais do século, faziam a ponte com Lisboa através dos netos de Benevides: os Viscondes de Asseca (cf. Fragoso, 2005, p. 93-105). Porém, com o passar do tempo, as ligações dos remanescentes deste bando com o núcleo duro do império tenderia a se esmaecer.

Pode-se pensar que um bando é produto da imaginação; entretanto, não foi esse o caso. Eles existiram e dominaram parte da vida política da capitania no seiscentos e no setecentos. Esse foi o caso das peripécias vividas pelo bando Teles & Correia, nas décadas de 1670 e 1680. Por essas décadas, os Correia Vasques, os Teles Barreto e os Silveira Vilasboas, as duas últimas parentelas derivadas de irmãos saídos da família extensa dos Pontes (cf. Figura 1.5), constituíam um bando que controlava diferentes segmentos de poder da república: desde a Câmara até a provedoria da Fazenda Real, passando pelo governo militar da capitania. Os Correia Vasques tinham em suas mãos o comando de parte da infantaria paga, através do mestre-de-campo Martinho Correia Vasques, e da Fazenda Real, ofício cuja propriedade pertencia ao cunhado do mesmo Martinho e, depois, a seus sobrinhos: os Souza Pereira Frazão (ver Figura 1.4). Os Pontes estavam presentes, como se vê no Quadro 1.1 e na Figura 1.5, na Câmara; controlavam o juízo dos órfãos, o ofício de escrivão da fazenda, além de um dos seus, Francisco da Silveira Vilasboas, ser desembargador no Tribunal da Bahia. Completando tal cenário, temos a figura de Salvador Correia de Sá e Benevides no Conselho Ultramarino, ou seja, localizado numa posição estratégica do poder central. Em trabalhos anteriores, fiz menção à atuação de tal bando; portanto, não vejo motivo para amolar o leitor com as mesmas histórias (Fragoso, 2003; 2005).

2.2 *O governo dos conquistadores*

Aos 18 dias do mês de dezembro de 1635, a Câmara, alegando "o bom governo desta cidade e república" concedia ao alcaide-mor Salvador Correia de Sá e Benevides o arrendamento da balança do açúcar, ou seja, um "paço e peso público no qual se pesem as caixas de açúcar que embarcam daqui para Portugal". Por este contrato, era dado ao alcaide de então o controle sobre as exportações daquele produto. Conforme tal contrato, a Câmara estipulava que "não haverá outro paço nem peso desta cidade senão o sobredito" e, ainda, que Benevides teria privilégios na renovação do aforamento (RJ, DGPEA, 1935, p. 8). Ao que parece, o mesmo privilégio fora concedido, duas décadas antes, a Aleixo Manuel, homem da governança da terra (Coaracy, 1965, p. 41) e chefe de uma imensa parentela: os Homem da Costa. Em 1645, o governador Francisco Soutomaior utilizou a palavra *Bandos* para designar as rivalidades entre a facção de Benevides e os Manuel. Em outras palavras, apesar de até, pelo menos,

Figura 1.5
Belchior Pontes e os seus

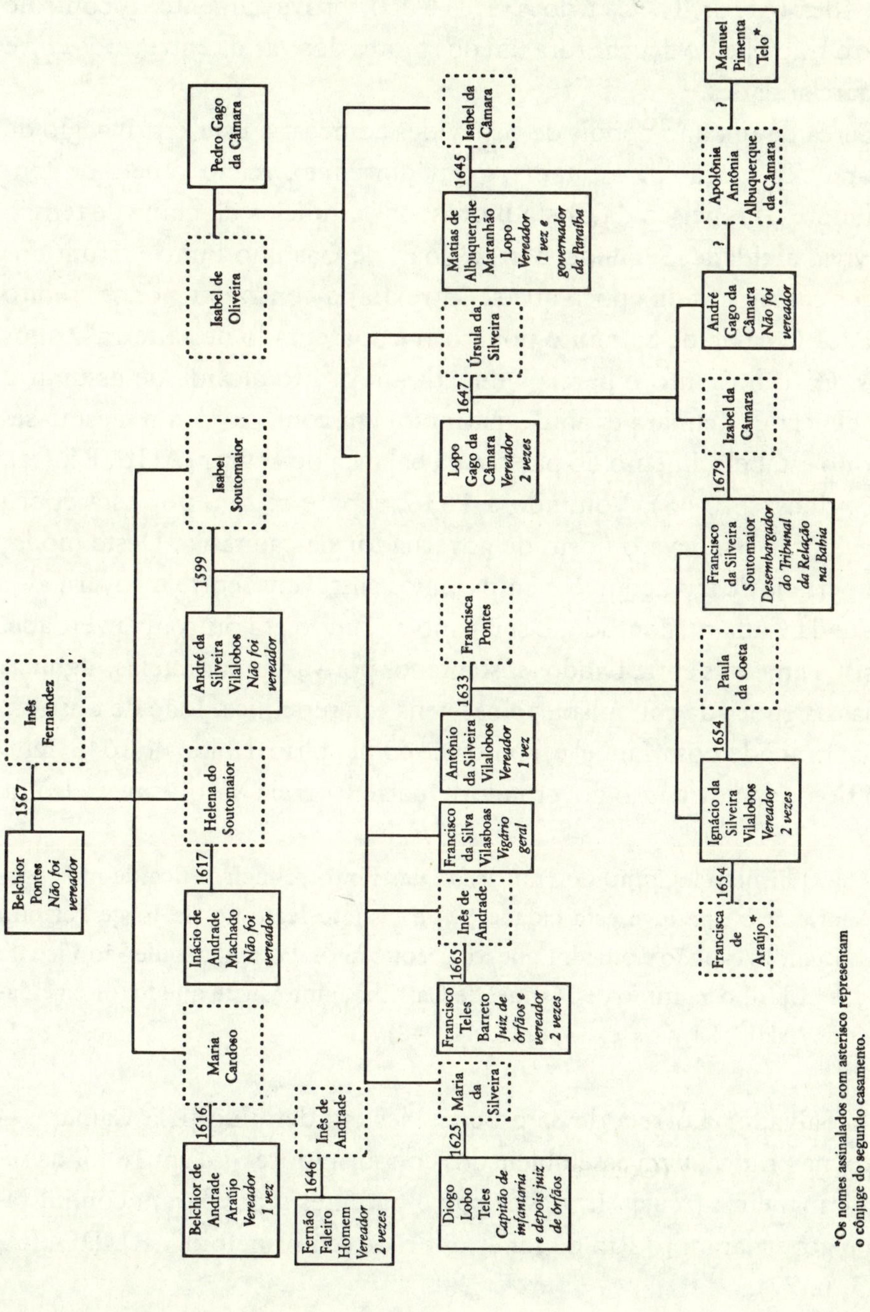

Fonte: Rheingantz, 1965; Tourinho, 1929..

finais do século, tal monopólio continuar nas mãos dos herdeiros de Benevides (AHU, RJ, Ca., docs. 1.814-19), provavelmente, o controle sobre o trapiche do açúcar fora um dos motes dos vários entreveros entre tais parcialidades.[15]

Cerca de um ano depois de Benevides começar a usar o privilégio de escoar a exportação da capitania, o ouvidor em exercício, o neto de conquistadores, Francisco da Costa Barros, dava indícios do clima de tensão que vivia a cidade. Segundo Barros, João de Castilho Pinto era um dos poucos camaristas da época que se "atrev[ia] a contrariar por ser o dito Salvador Correia de Sá muito poderoso e aparentado nesta terra". Anos antes, Castilho Pinto e parciais impediram o dito alcaide de assumir a presidência da Câmara e, ainda, entraram em conflito com o mesmo senhor no estabelecimento do passo e da balança do açúcar (AHU, RJ, Ca., cx. 3, docs. 440-48). Voltando a 1636, repare-se que por esta época Benevides já ocupava o posto de governador da capitania. Deste modo, na superfície de tais acontecimentos temos entreveros entre o governador e parte da Câmara, contudo, o seu pano de fundo era outro. Na verdade, consistia em lutas entre bandos sustentados por vastas parentelas, algumas vindas da época da conquista, pelos "bens" da república. João de Castilho Pinto era aliado dos Manuel e, conforme comentário datado de 1646, feito pelo tio de Benevides, o governador Duarte Correia Vasqueanes, ele era

> [...] bisneto legítimo de Francisco Dias Pinto primeiro Alcaide-mór proprietário que teve esta cidade [...] e bisneto legítimo de Jorge Ferreira Bulhões capitão e ouvidor que foi dezoito anos da capitania de São Vicente e [...] filho legítimo de Manuel de Castilho, almoxarife que foi desta cidade (AHU, RJ, Ca., cx. 3, docs. 440-48).

Já Salvador Correia de Sá e Benevides era definido pela Câmara — então, na prática, uma assembléia dos conquistadores —, em 1643, da seguinte maneira: [seus] "[...] avos pay e parentes a povoaram conquistaram e governaram [o Rio de Janeiro] desde seu princípio" (RJ, DGPEA, 1935, p. 77).

Voltando ao dito conflito. Em 1639, Benevides dava um lance decisivo: retirava de Domingos Correia, outro integrante dos Manuel, o ofício de provedor da Fazenda Real, passando-o para seu cliente Pedro de Souza Pereira (AHU, RJ, Ca., cx. 2, docs. 229-31). Este capitão de infantaria, por volta de 1648, esposava Ana Correia, na Figura 4, filha do capitão-mor Manuel Correia e descendente de Antônio de Mariz.

Nos primeiros anos da década de 1640, João de Castilho Pinto foi enviado pela Câmara a Lisboa, como procurador, para relatar o desgoverno de Benevides, do provedor da fazenda e dos oficiais da alfândega. Entre as acusações, temos a cobrança de taxas excessivas, desde 1636, sobre os navios que entravam no porto e dele saíam, ameaçando com isto a cidade que vivia do comércio (AHU, RJ, Av, cx. 2, doc. 23). Na mesma época, o ex-provedor Domingos Correia denunciava o capitão-mor da capitania, entre outras coisas, de ter em suas mãos o dinheiro do almoxarifado real e nisto teria como cúmplice o próprio titular de tal repartição: Simão de Abreu (AHU, RJ, Av, cx. 2, doc. 24). Pouco depois, a Câmara reafirmava as acusações acima e fazia outras: criação de fortalezas e de companhias de infantaria desnecessárias, desvios dos dízimos e dos auxílios à infantaria etc. (AHU, RJ, Ca., cx. 2, doc. 268).

Na passagem de 1641 para 1642, as coisas se complicavam mais para Benevides. A junta de governadores-gerais do Brasil o afastava do governo, em razão das denúncias que contra ele chegavam à Bahia, substituindo-o por seu tio Duarte Correia Vasqueanes.[16] A unidade do bando de Benevides era fraturada. Numa carta enviada a Lisboa, parte dos camaristas eleitos para 1642 se recusava a obedecer às ordens da junta dos governadores e, portanto, mantinham-se leais a Benevides. Foram eles o vereador Sebastião Correia de Faria e os juízes ordinários Frutuoso Pinheiro de Lemos e João Gomes Sardinha. A estes se juntaram os seis capitães da infantaria (entre eles, Diogo Lobo Teles), que compunham a guarnição do Rio, o provedor da fazenda, Pedro de Souza Pereira, e integrantes da nobreza quinhentista, entre eles: Braz Sardinha, Jorge Fernandes da Fonseca (Homem da Costa), Diogo Sá da Rocha (Azeredo Coutinho) e o capitão-mor da armada de canoas da cidade e descendente dos Souza Botafogo, Heliodoro Ébanos, desta cidade. Os vereadores que aceitaram a substituição do governador foram Aleixo Manuel e Jorge Ferreira Bulhões, este, irmão de Castilho Pinto (AHU, RJ, Ca., docs. 232-41). Numa carta escrita em Lisboa por Benevides, onde ele e seu aliado, Pedro de Souza Pereira (por ora destituído da provedoria da fazenda), se refugiaram, sublinhava os poderosos recursos de seus adversários: "Os ofícios de provedor da fazenda e de provedor dos defuntos e ausentes, e sendo com eles muito poderosos" (AHU, RJ, Ca., docs. 311-12).

Sob os auspícios do Marquês de Montalvão e de outros aliados em Lisboa, Benevides conseguira sair inocente da sindicância contra ele instaurada em 1642 e 1643. Em novembro do mesmo ano, o Conselho Ultramarino, presidido por Montalvão, lembrava os bons serviços prestados pelo acusado (AHU, RJ, Ca., docs. 269-70). No ano seguinte, o Conselho reconhecia um dos argumentos de defesa de Benevides: seus inimigos, Domingos Correia e João de Castilho Pinto, eram "dos mais poderosos homens que há no Rio de Janeiro, [...] por serem ricos e aparentados, em razão dos ofícios que ali servem" (AHU, RJ, Ca., docs. 311-12). Portanto, o Conselho Ultramarino constatava que, nos jogos políticos do Antigo Regime nos trópicos, no Rio de Janeiro, as parentelas conjugadas aos ofícios da monarquia consistiam em recursos vitais.

Os entreveros sumariamente narrados antes reafirmam a importância dos *bens públicos* — a exemplo da balança do açúcar — e dos *ofícios da monarquia* na economia escravista exportadora da capitania. E ainda informam sobre a interferência da Câmara na gestão econômica da cidade. Nessa época, talvez não seja exagero afirmar que tal conselho e, nele, a nobreza principal da terra compartilhavam com a monarquia o *governo econômico* da república. Em outras palavras, aqueles acontecimentos sugerem o controle de parcialidades da nobreza principal da terra sobre a economia e o mercado da capitania. Desse modo, o ritmo dos últimos era mediado pelas fricções políticas dos bandos. Correndo o claro risco de estar exagerando, parece-me que a economia era criatura da nobreza principal da terra — esta sempre entendida como vassalos de uma monarquia de Antigo Regime, onde prevalecia a concepção corporativa da sociedade. Os capitães da conquista (depois nobreza principal da terra) consideravam que, no serviço de sua majestade, tomaram a Guanabara e seu recôncavo, em seguida, organizaram a *república* na região. No século XVIII, essas afirmações foram usadas por aqueles autodenominados de nobreza principal da terra como argumentos para defender suas posições de mando na sociedade e, em particular, o monopólio sobre os cargos camaristas.

Voltando a meados do século XVII, para as lutas dos bandos da nobreza pelo mando do governo econômico da capitania, sublinhemos alguns de seus aspectos. Antes de tudo, elas ocorriam entre potentados locais. Apesar de Benevides ser um ministro do poder central, agia mais como um potentado. Estamos, assim, ainda longe da época (século XVIII) em que o príncipe, mais enfaticamente, tende a organizar a sociedade, impondo-lhe uma ordem (Subtil, 1993, p. 160). Ao que parece, nesse seiscentos colonial prevalece a idéia da monarquia como cabeça da república, porém ela não se confundia com a república, nela existiam outros poderes concorrentes (Hespanha, 1993, p. 122-23). Provavelmente, essa concepção corporativa ajude a entender a possibilidade de o próprio governador da época se apresentar nos jogos políticos da capitania — e, portanto, diante de sua sociedade — como um potentado local e descendente dos capitães conquistadores quinhentistas. Era assim, pelo menos, que, em 1643, a Câmara percebia Salvador Correia de Sá e Benevides: *sua parentela tinha conquistado a capitania e a governado desde o início*. Aliás, em função disso, naquele ano, ele recebeu da Câmara os chãos da marinha da cidade (RJ, DGPEA, 1935, p. 77). Em outras palavras, na condição de descendente de conquistador, adquiriu o benefício de ter o monopólio de escoar parcela das exportações da cidade para o Atlântico. Algo que, aliás, fora contestado pelo capitão Aleixo Manuel, na época o vereador mais velho (RJ, DGPEA, 1935, p. 75-77). Porém, antes de qualquer conclusão precipitada, cabe informar que, anos depois, João de Castilho Pinto, aliado de Manuel, solicitou a Lisboa a mercê do "hábito da ordem de Christo com tença de 30$000, a capitania da fortaleza de S. Sebastião" e ainda o ofício vital para a exportação da capitania, o de "Juiz da Balança do Açúcar" (AHU, RJ, Ca., cx. 3, docs. 440-48).

Por seu turno, a idéia da Câmara como *assembléia da nobreza principal da terra*, onde se discutia o governo econômico da capitania, é reforçada quando lembramos algumas passagens das vereanças ainda de meados do seiscentos (cf. Fragoso, 2005). Segundo o assento da Câmara de 7/2/1641: de costume, vinham do reino navios com mercadorias para venderem, em troca do açúcar, porém neste ano os mercadores reinóis não estavam aceitando o açúcar como pagamento das compras e dos créditos necessários para a cidade ou, quando o recebiam, o faziam por um preço muito baixo, o que os moradores não aceitavam — como resultado deste dilema, a frota estava, ainda, no porto. Diante de tal impasse, os camaristas, em nome do "bem comum", determinaram o preço do açúcar, obrigando os mercadores a aceitá-lo e, ainda, ordenavam que o comboio zarpasse quanto antes (RJ, DGPEA, 1935, p. 41-42). Em outras palavras, apesar de o preço do açúcar depender das conjunturas do mercado internacional, neste e em outros momentos a nobreza da terra criava o direito de negociar com o capital mercantil reinol.[17]

Em novembro de 1642, a Câmara, com o apoio do ouvidor-geral, enfrentava, novamente, as frotas vindas de Portugal. Dessa feita, em meio à falta de dinheiro na praça, os comerciantes reduziram os preços do açúcar e aumentaram os das mercadorias por eles vendidas. Diante disso, os camaristas, mais uma vez, interferiram no mercado, porém de uma maneira mais incisiva. "Os homens bons e pessoas nobres do governo da República" decidiram obrigar os comerciantes e os mestres dos navios a aceitar o açúcar como forma de pagamento (RJ, DGPEA, 1935, p. 61-63).

Uma outra maneira de perceber a interferência direta da Câmara no governo econômico da cidade é através da discussão sobre a renovação dos subsídios oferecidos pela capitania à Fazenda Real. Tais subsídios não consistiam num tributo devido à monarquia, mas sim numa contribuição voluntária e, deste modo, a sua renovação no tempo devia ser discutida pelo conselho da cidade.

No final de 1641, os camaristas ameaçaram recusar o pedido do governador Benevides de renovar o subsídio dos vinhos, alegando, *grosso modo*, os seguintes motivos: aumentava a penúria da cidade, pois o subsídio retirava dinheiro dos moradores e afugentava os navios mercantis do porto carioca; o donativo estava sendo desviado para outros fins que não a defesa da cidade; e os oficiais da Fazenda Real não prestavam contas de seus rendimentos (RJ, DGPEA, 1935, p. 50-53; AHU, RJ, Cód. 1.279,

p. 12). Em julho de 1643, o governador Luís Bezerra Barbalho conseguia que a Câmara aprovasse o subsídio dos vinhos e a vintena, porém isto seria feito segundo algumas condições. A contribuição ficaria sob a tutela da Câmara e só depois entregue ao almoxarife da Fazenda Real, assim como o dinheiro dos dois donativos deveria ser aplicado na defesa da cidade (AHU, RJ, Cód. 1.279, p. 14-15). Nos meses seguintes, esta matéria era completada por novos entendimentos com o governador. Temendo a redução dos navios de vinho, que compravam também o açúcar, foi acordado que houvesse uma diminuição na venda de aguardente da terra (a cachaça), produto que concorria com o vinho e, com isto, prejudicava as vendas de açúcar. Contudo, diante dos protestos dos fabricantes de cachaça, foi acertado um subsídio sobre o último produto; desta forma, os vinhos — e, indiretamente, o açúcar — não seriam tão sobrecarregados e nem totalmente prejudicada a cachaça. Junto a estas medidas, o valor extrínseco da pataca, por determinação real, era aumentado, o que dava mais alento à nobreza (RJ, DGPEA, 1935, p. 73-75).

Pode-se argumentar que a atuação da Câmara, como assembléia onde se discutiam e se decidiam matérias sobre o governo econômico da capitania, foi um fenômeno restrito à década de 1640, época declaradamente complicada para a monarquia lusa (basta lembrar os problemas com os espanhóis e os holandeses). Com certeza, em tal década, a combinação das difíceis conjunturas vividas pelo império com a posição estratégica ocupada pelo Rio de Janeiro no Atlântico Sul contribui com recursos extras à Câmara para seus jogos com a monarquia (Fragoso, 2002; 2003; 2005). Entretanto, em outras ocasiões — estas no último quartel do século XVII — voltaremos a observar a interferência da Câmara nos rumos da economia da capitania. Assim, em 1678, numa carta dirigida a Lisboa, a Câmara afirmava que mandara prender, por seu juiz ordinário, o capitão Inácio da Silveira Soutomaior (família dos Pontes e bando dos Correia), os mestres e os procuradores dos senhorios dos navios das frotas por estes terem procedido de forma incorreta no estabelecimento dos preços do açúcar e do frete (AHU, RJ, Av, cx. 4, doc. 107).

Na mesma época, em outro acontecimento, será observada a interferência dos fidalgos da terra no governo econômico da república. Através da lei de 1679, a monarquia procurava implementar uma reforma monetária que, entre outras medidas, tentava impedir a adulteração do valor das moedas (cerceio) e, com isto, a alteração de seu poder de compra, algo que ia contra os interesses da nobreza principal da terra da *Conquista*. Em 1681, Lisboa determinava ao governador interino, Pedro Gomes, que cumprisse aquelas determinações. Em sua resposta, Gomes afirmava que aplicaria a lei, porém observando as ponderações "das Câmaras e povos daquele estado" (AHU, RJ, Ca., doc. 1.427). Seis anos depois, a Corte seria mais categórica: ordenava que fossem tomadas medidas contra as moedas cerceadas. Entretanto, o governador de então, João Furtado de Mendonça, antes de executar qualquer decisão, achou prudente convocar uma junta, "com os homens mais desinteressados e zelosos desta República", para aconselhá-lo. Esta junta, formada por camaristas e principais pessoas da cidade, "uniformemente aconselharam que toda a alteração que houvesse na moeda seria em grande prejuízo desta capitania [em razão] de resultar [em] reduzir ao seu valor intrínseco". Em 1689, o conselheiro do rei para a fazenda, diante da resistência da nobreza principal da terra em seguir as ordens de Lisboa, afirmava que na América prevaleciam "[...] moradores sem lei e sem ordem [que] tinha[m] dado a moeda valor a seu arbítrio" (AHU, RJ, Ca., doc. 1.769).

Enfim, pode-se considerar que a possibilidade de a Câmara, como assembléia da nobreza principal da terra, interferir no governo econômico da capitania seria algo decorrente de conjunturas particulares, fossem da primeira ou da segunda metade do século XVII (nestas oportunidades, a fidalguia dos trópicos se valia de práticas costumeiras, baseadas na concepção corporativa da sociedade, para se intrometer no governo). Porém, mesmo para se aproveitar destas circunstâncias, a nobreza devia ter recursos para serem acionados nas ocasiões oportunas. Ela devia ter legitimidade social e isto lhe era dado, entre outras coisas, pelos bandos. Seja como for, tais experiências de exercício de mando no governo da capitania — em nome do bem comum e do serviço da monarquia — criaram uma cultura política ou orientações valorativas que guiariam as práticas do grupo no século XVIII. Em outras palavras, a nobreza principal da terra se via como um grupo com o privilégio de exercer o mando sobre a república, entre eles o monopólio dos cargos camaristas, e isto não simplesmente como resultado de um delírio de poder. O grupo tinha em seu passado vivido experiências nas quais tal privilégio fora de fato exercido, porém o século XVIII apresentava outra realidade. O príncipe, cada vez mais se sobrepunha à sociedade, impondo-lhe uma ordem. Em meados do setecentos, na época da administração de Gomes Freire, por exemplo, a formação de juntas de procuradores, escolhidas pela Câmara, para auxiliar o governador no exercício da autoridade sobre a capitania, já era algo ultrapassado. Por esta época, o governador, utilizando-se de prerrogativas inscritas como razão de estado, respondia pelo bem comum da capitania (Ribeiro, 2006, p. 149-153 e 194). No mesmo setecentos, a dinâmica econômica ligaria a "morada do ouro" (as *Minas do Ouro*) com o Atlântico e, com isto, a economia fugia do controle das parentelas da nobreza e novos personagens entravam em cena: os negociantes de grosso trato.

Porém, continuemos a composição do personagem *nobreza principal da terra*. Uma vez entendida a Guanabara como uma *Conquista*, não é difícil inferir que a organização de sua sociedade e economia, sempre à luz da concepção corporativa do Antigo Regime, passasse por lutas e alianças entre os seus capitães conquistadores. Na verdade, os confrontos entre parentelas pressupõem igualmente acordos entre elas. Ambos foram essenciais na conformação da economia e da hierarquia social da *Conquista*. Daí se entende a importância dos matrimônios (alguns vistos na Figura 1.4) e dos pactos entre os conquistadores, na conformação da economia da capitania. Assim, na década de 1610, as primas Maria Alvarenga e Isabel de Mariz casar-se-iam, respectivamente, com o futuro capitão-mor Manuel Correia e com Francisco da Costa Barros, proprietário do ofício de escrivão da Fazenda Real e, por vezes, ouvidor e provedor da Fazenda Real (cf. Figuras 1.1 e 1.4). Ao que parece, os laços entre os Costa Barros e os Correia[18] se estreitaram sob a tutela de Martim Correia de Sá. Em 1615, cumprindo ordens do último, Francisco da Costa Barros fora capitão de uma canoa contra os holandeses que atacavam a costa (AHU, RJ, Av, cx. 3, doc. 84). Conforme o governador Rodrigo Miranda Henriques, em 1634, durante a administração Martim de Sá, governador entre 1623 e 1632, alguns dos postos-chave da capitania eram assim distribuídos: as fortalezas da entrada da baía de Guanabara, Santa Cruz e São João, tinham por capitães, respectivamente, Pedro Gago da Câmara — substituindo Gonçalo Correia de Sá — e Duarte Correia Vasqueanes; e, na Fazenda Real, Francisco da Costa Barros, "homem inteligente e de grande préstimo [ao] governador passado" (AHU, RJ, Av., cx. 1, doc. 41). Cabe lembrar que Duarte Correia era irmão de Manuel e ambos, tios de Martim e Gonçalo (ver Figura 1.4). Deste modo, provavelmente, o poder na capitania nestes tempos era exercido por aliados e aparentados que dividiam entre si os postos da administração periférica e da Câmara. Mas, voltando a um dos prováveis pontos de partida deste governo de parentes: os casórios entre as primas-irmãs Mariz com um mancebo Correia e outro Souza Botafogo, supostamente, não foi simplesmente uma feliz coincidência, resultante de histórias de jovens apaixonados. Os personagens destas façanhas eram descendentes de capitães conquistadores e, como tal, pertenciam a famílias acostumadas, desde o quinhentos, com postos camaristas e da administração da coroa. Tratava-se de alianças entre potentados, leia-se entre famílias que chegaram à Guanabara com seus flecheiros e clientes. Deste modo, tais matrimônios contribuíram para a viabilização do governo de Martim de Sá, mas também para a organização econômica da *Conquista*.

Anos depois, esta harmonia parental seria quebrada. Desde o início de seu governo, Salvador Correia de Sá e Benevides entrou em atrito com Francisco da Costa Barros. Este último ficou ao lado de João Castilho Pinto e de Aleixo Manuel nos acontecimentos anteriormente vistos dos anos de 1630 e de 1640 (AHU, RJ, Ca., cx 3., doc. 383). Após a colaboração com o general Benevides na retomada de Angola, em 1648 (AHU, RJ, Av, cx. 3, doc. 78), os entreveros entre ambos continuariam na década de 1650. Costa Barros permaneceu alinhado com os Manuel e, em finais daquela década, foi assassinado, sendo os suspeitos o provedor da Fazenda Real, Pedro de Souza Pereira, e Tomé Correia de Alvarenga, por vezes governador interino (AHU, RJ, Ca., cx. 5, doc. 870). Tomé era filho de Manuel Correia e de Maria de Alvarenga, e Pedro, genro do casal, portanto a morte de Francisco da Costa Barros, aparentemente, dava um triste fim às bodas daquelas primas-irmãs Mariz. Disse aparentemente, pois em cerca de 1654 Inácio da Silveira Vilasboas (Figura 1.5) contraía núpcias com Paula da Costa, filha de Francisco da Costa Barros; aliás, o primeiro sucederia o segundo na propriedade do ofício de escrivão da Fazenda Real. Inácio era sobrinho postiço de Diogo Lobo Teles, cliente dos Correia desde os anos 1640, e possivelmente seguiu o caminho do tio (Figura 1.5). No último quartel do século XVII, Inácio surgia como um dos líderes do bando encabeçado pelos Correia; e, inclusive, viúvo, esposara Francisca de Araújo, viúva do mestre-de-campo Salvador Correia Vasques, filho de Manuel Correia. Com isto, adentramos mais no obscuro campo das relações políticas dos potentados seiscentistas, pois estas relações muitas vezes assumiam a forma de um idioma parental de difícil tradução. No caso de Inácio, temos uma situação em que o marido se volta contra a família da esposa, aliando-se com inimigos da última.

Um outro exemplo deste idioma é dado por Jorge Fernandes da Fonseca, cunhado de Aleixo Manuel (Rheingantz, 1965, p. 516), o arquiinimigo de Salvador Correia de Sá e Benevides. Nos acontecimentos de 1642, quando Benevides fugiu para Lisboa, Fonseca ficou como seu procurador no Rio de Janeiro (AHU, RJ, Ca., cx. 2, docs. 232-41). Por conseguinte, na época, cunhados pertenciam a bandos diferentes.

A presença da nobreza principal da terra seiscentista, simultaneamente na Câmara e nos ofícios de sua majestade, foi diversas vezes informada ao longo do texto. Com isto, tal grupo deixa de ser percebido apenas como oligarquia camarista para ser entendido como um segmento capaz de ocupar as posições cimeiras da hierarquia social e de compartilhar com a monarquia o mando no governo econômico e político da república. Obviamente que esta possibilidade de mando, mesmo apoiada na concepção corporativa da sociedade, dependia de circunstâncias conjunturais e, em especial, do grau de legitimidade social daqueles potentados vindos do quinhentos. Como observamos, tal fenômeno, por exemplo, foi comum nos primeiros tempos da capitania e nos ajuda a entender o papel decisivo dos potentados na montagem da república e sua economia na *Conquista*. Porém, a presença dos fidalgos dos trópicos no círculo de poder não se limitou a esta época. Ela continuou nos governos de Martim de Sá e de seu filho, e ainda as disputas do último com bandos de potentados adversários demonstram a interferência, de fato, destes na administração da república. Da mesma forma, ela persistira depois de 1660, leia-se após o afastamento de Salvador Correia de Sá e Benevides do governo da capitania.[19] Ao longo das décadas subseqüentes, em diferentes mandatos de governadores, os bandos da nobreza da terra permaneciam interferindo na gestão do Rio de Janeiro. A convocação das *juntas de procuradores de pessoas nobres*, feita pelos governadores, nas décadas de 1670 e 1680, foi um exemplo disso. Por essa época, os bandos da nobreza da terra estavam, ao mesmo tempo, situados na Câmara e em ofícios da monarquia. Isso é atestado pelos quadros subseqüentes. Neles se vê o rodízio, entre 1660 e 1700 de diferentes famílias de nobres na provedoria da fazenda, no juízo dos órfãos e no governo militar, insinuando que a governabilidade da capitania dependia de pactos entre potentados (do alto de suas redes clientelares, formadas por lavradores, forros e escravos, e unidas por relações parentais) e estes com os ministros da Coroa.

Para início de conversa, os ofícios de provedor da fazenda e dos órfãos pertenciam desde os anos de 1640, respectivamente, a Pedro de Souza Pereira e a Diogo Lobo Teles, ambos clientes dos Correia. Assim, a presença de outros fulanos nestes cargos demonstra a negociação entre aqueles proprietários e diferentes potentados; estas negociações tinham de ser, de algum modo, referendadas pela coroa e cabe recordar que os próprios titulares dos ditos ofícios eram potentados. Algo diferente ocorre no quadro de ouvidores, pois ele não fora concedido como propriedade, mas dependia de nomeação régia. Assim, a presença de fidalgos da terra e/ou de seus aliados na ouvidoria resultava de jogos políticos com a monarquia. Por exemplo, Pedro Unhão Castelo-Branco e Manuel de Carvalho Moutinho foram enviados, respectivamente nos anos de 1670 e 1690, ao Rio, e por diversos caminhos se tornaram aliados de uma parcialidade dos potentados locais; o casamento de uma filha de Unhão fora testemunhado por uma Gago da Câmara, família pertencente aos Correia, e Moutinho se casaria na mesma família. Já João Manuel de Melo, como vereador mais velho, assumiu na década de 1680 a ouvidoria, antes disto, era *capo* de um bando que fora capaz de defenestrar um governador provisório (AHU,

RJ, Ca., doc. 1.615). Na década seguinte, outro *capo* assumia a ouvidoria, Francisco da Silveira Soutomaior (AHU, RJ, Ca., doc. 1.745), de quem falarei adiante.

O Quadro 1.3 apresenta, entre 1644 e 1697, 17 nomes que, em diferentes circunstâncias, exerceram o ofício da provedoria da Fazenda Real. Daqueles nomes, quatro atuaram como proprietários do dito ofício. Foram eles: Pedro de Souza Pereira e seus dois filhos, Tomé de Souza Correia e Pedro de Souza Correia, e Luís Lopes Pegado. Os 12 demais tiveram a serventia do cargo. Desse último universo, ao menos oito procediam de casas de fidalgos tropicais, seis dos quais estiveram na Câmara na mesma época, ou seja, ocuparam simultaneamente posições no poder local e no central.

Quadro 1.3
A provedoria da Fazenda Real e a circularidade política entre as famílias de potentados: 1662-1697

Anos	Nome	C	P/S	Família extensa*	Fonte
1644-72	Pedro de Souza Pereira		P	Correia	AHU, RJ, Ca., cx. 3 doc. 295
1662	Antônio Sá da Rocha	1676	S	Azeredo Coutinho	AHU, RJ, Ca., docs. 927-928
1663	Diogo Carneiro da Fonseca		S		AHU, RJ, Ca., docs. 927-928
1672	José Barcelos Machado	1672-75	S	Homem da Costa	AN, cód. 60, v. 1, p. 17
1673	João Dias da Costa		S	Homem da Costa	AN, cód. 60, v. 1, p. 17
1674-83	Tomé de Souza Correia		P	Correia	TT, ch. Afonso IV, 1, 46, p. 201
1675	José Barcelos Machado	1672-75	S	Homem da Costa	AN, cód. 60, v. 1, p. 40
1677-78	Pedro de Souza Correia		S/P	Correia	AN, cód. 60, v. 1, p. 93

(*cont.*)

Quadro 1.3
A provedoria da Fazenda Real e a circularidade política entre as famílias de potentados: 1662-1697 (*cont.*)

Anos	Nome	C	P/S	Família extensa*	Fonte
1679	Miguel de Azedias Machado	1672-79	S	Homem da Costa	AN, cód. 61, v. 7, p. 361
1680	José Pereira Sarmento	1674	S	Pereira Sarmento	AN, cód. 60, v. 1, p. 192
1680	João da Rocha Pita		S	Correia	AHU, cód. 1.279, 25
1683-87	Pedro de Souza Pereira		P	Correia	AN, cód. 61, v. 7
1689	Antônio de Moura	1676	S	Souza Botafogo	AN, cód. 61, v. 6, p. 396
1689-92	Domingos Pereira Fortes		S		AN, cód. 61, vol. 6, p. 434
1693	Luís Lopes Pegado		S		AN, cód. 61, v. 10, p. 318
1695	Francisco Brito de Meireles	1677	S	Azeredo Coutinho	AHU, RJ, Ca., docs. 2.042-43
1696	Luís Lopes Pegado		S		AHU, RJ, Ca., cx. 10, docs. 2.042-43
1696?	Cláudio Gurgel do Amaral		S	Homem da Costa	AN, cód. 61, v. 11, p. 178
1697	João Monteiro da Fonseca		S	Homem da Costa	AN, cód. 61, v. 11, p. 179
1697	Luís Lopes Pegado		S		AN, cód. 61, v. 1, p. 126

* Na família extensa, incluem-se os aliados.
P = Propriedade do ofício.
S = Serventia do ofício.
C = Ano na Câmara.
S/P = Serventia ou propriedade do ofício.

No Quadro 1.4, temos 10 nomes que passaram pelo juízo de órfãos. Destes, dois foram seus titulares (Francisco e Luís Teles Barreto) e oito tiveram a serventia. Daqueles 10 nomes, cinco também foram camaristas.

Quadro 1.4
Circularidade do ofício de juiz de órfãos entre famílias extensas quinhentistas 1662-1697

Ano	Nome	C	P/S	Família extensa e aliados	Fonte
1662-81	Francisco Teles Barreto		P	Pontes	AHU, RJ, Ca., doc. 844
1674	Luís Machado Homem	1669	S	Homem da Costa	AGRJ, EP, 1674
1681	Antônio de Abreu de Lima		S	Velho Prego	AN, Pub. 11, p. 12
1682	Inácio da Silveira Vilasboas	1670-1677	S	Pontes	AN, Pub. 11, p. 15
1684	Diogo Lobo Pereira	1680	S	Lobo Pereira	AN, Pub. 11, p. 16
1685	Antônio Coutinho Figueira		S	Azeredo Coutinho	AN, Pub. 11, p. 16
1685	João Velho Barreto		S	Velho Prego	AN, Pub. 11, p. 16
1686	João Velho Barreto		S	Velho Prego	AN, Pub. 11, p. 20
1691- ?	Luís Teles Barreto		S	Teles Barreto	AN, Pub. 11, p. 32
1693	Manuel Faleiro Homem	1691-1697	S	Pontes	AN, Pub. 11, p. 50
1697	José Paes Muros	1685	S	Muros	AN, Pub. 11, p. 55

P = Propriedade do ofício.
S = Serventia do ofício.
C = Ano na Câmara.

Os Quadros 1.3 e 1.4 insinuam a influência exercida pelos Correia e pelos Pontes — leia-se: o bando dos Correia — sobre a capitania, no último quartel do século XVII. Integrantes do bando tinham a propriedade de dois ofícios, e, além disso, marcaram presença na ouvidoria. Completando a autoridade da facção, ela mantinha ainda uma forte base no governo militar, através da infantaria paga, em finais da década de 1670. Em realidade, tal presença no governo militar vinha de muito antes.

Em 1656, o sargento-mor era Martim Correia Vasques (AHU, RJ, Ca., cx. 8, docs. 1.487-89) e, na época, ao menos dois dos seis capitães de infantaria da cidade tinham afinidades com o bando. Um deles foi Alexandre de Castro. Capitão nomeado pelo rei em 1644, ainda em 1684 mantinha o seu comando (Arq. Nac., cód. 61, v. 1; AHU, RJ, Ca., cx. 8, docs. 1.487-89). Alexandre se casara, em 1639, na residência de Salvador Correia de Sá e Benevides, com uma sobrinha do último (C. Rheingantz, 1965, v. 1, p. 328). O outro capitão foi Garcia da Gama. Por carta régia, começou a exercer seu comando em 1651 (Arq. Nac., cód. 61, v. 1 e 15) e nele permaneceu por décadas. Seu genro, o senhor de engenho Francisco de Senra, foi procurador da Viscondessa de Asseca em 1692 (Arq. Nac., CPON, CV, ano de 1692). Até 1667, a fortaleza de São João esteve nas mãos de outro aliado da parcialidade: o capitão Ascenço Gonçalves Mattoso, esposo, desde 1655, de Serafina Correia de Sá (Arq. Nac., cód. 61, v. 1 e 4; AHU, RJ, Ca, cx. 6, doc. 976). Esses casos sugerem uma política do bando de atrair para suas fileiras, via parentesco e pactos de amizade, capitães reinóis enviados pela Coroa para o Rio. Algo diferente é retratado no Quadro 1.5, pois nele encontramos quatro fidalgos da dita parcialidade, nomeados por governadores para o exercício temporário de postos de comando na infantaria e em fortalezas da cidade. Desse modo, temos aqui um bom indicador da capacidade de negociação da dita parcialidade com os mais importantes representantes da monarquia na capitania

Quadro 1.5
Famílias extensas quinhentistas e o governo militar da capitania (serventias): 1662-1692

Ano	Nome	Família	C	Capitão	Governador	Fonte
1662	Diogo Cardoso de Mesquita	Gurgel	1674	Fort. Santa Cruz	Pedro de Mello	AN, Cód. 61, v. 4
1663	João Abreu Rangel	Azeredo Coutinho		Cavalos	Pedro de Mello	AN, Cód. 61, v. 4
1665	Gonçalo Morato Roma	Mariz	1689	Infantaria	Pedro de Mello	AN, Cód. 61, v. 4
1667	João Abreu Rangel	Azeredo Coutinho		Fort. S. João	Pedro Mascarenhas	AN, Cód. 61, v. 4
1667	Manuel Barbosa Pinto	Azeredo Coutinho	1669	Infantaria	Pedro Mascarenhas	AN, Cód. 61, v. 4
1668	Inácio da Silveira Vilasboas	Pontes	1670-1677	Fort. S. João	Pedro Mascarenhas	AN, Cód. 61, v. 4
1669	Gaspar Mariz de Almeida	Azeredo Coutinho		Infantaria	Rei	AN, Cód. 61, v. 5
1672	Bento Borges de Araújo	Viegas		Infantaria	João da Silva de Souza	AN, Cód. 61, v. 5
1673	Tomé de Souza Correia	Correia		Infantaria	João da Silva de Souza	AN, Cód. 61, v. 5
1675	Julião Rangel	Azeredo Coutinho		Infantaria	João da Silva de Souza	AN, Cód. 61, v. 5
1685	Henrique Muniz Barreto	Pontes	1689	Infantaria	Sebastião de Castro Almeida	AN, Pub. 11, p. 15
1692	Antônio Pereira Lobo	Pereira Lobo		Infantaria	Luís César de Menezes	AN, Cód. 61, v. 5
1694	João Manuel de Melo	Pontes		Fort. São Sebastião	?	AN, Cód. 61, v. 5
1695	José Barcelos Machado	Homem da Costa	1672-1675	Fort. São Sebastião	Sebastião Castro de Almeida	AN, Pub. 11

Nas Figuras 1.4 e 1.5 temos uma idéia mais precisa da arquitetura de poder do bando no período analisado, através de suas alianças parentais. Os juízes de órfãos Francisco e Luís Teles Barreto (respectivamente, pai e filho) eram primos dos irmãos Francisco e Inácio da Silveira Soutomaior. Francisco, desembargador do tribunal da relação da Bahia, servira como ouvidor no Rio de Janeiro, onde era casado desde 1679 com a prima Isabel da Câmara. Os Silveira Soutomaior, ramo dos Pontes, desde 1647, mantinham pactos com os Gago da Câmara. Nesta data, Lopo, filho do capitão de fortaleza Pedro Gago da Câmara, casou-se com Úrsula Silveira, tia de Francisco e Inácio Soutomaior. O capitão Inácio da Silveira, além do ofício de escrivão da fazenda, fora mais de uma vez camarista, ocupara por designação do governador Pedro Mascarenhas a capitania de uma fortaleza da cidade e servira como juiz de órfãos, ou seja, ao longo de sua vida, estivera em diferentes locais do círculo de poder da república: na fazenda, no governo militar e no político. E, como ainda veremos, participava de uma intricada rede clientelar de parentesco fictício, constituída por lavradores livres, forros e escravos, em Jacarepaguá. Outro *capo* da família foi João Manuel de Melo, primo por parte de pai, dos Teles Barreto.

Do lado dos Correia, temos os irmãos Pedro e Tomé. Este último, além de ocupar o posto de provedor da fazenda, deixado por seu pai, foi capitão de infantaria por indicação do governador João da Silva de Souza; anos depois, vedor do Estado da Índia e, na década de 1690, governador de Moçambique (Fragoso, 2005, p. 77).

Enfim, o bando dos Correia tinha recursos suficientes para interferir no ritmo político e econômico da capitania. Porém, para a realização de tal empreitada, eram necessários alguns entendimentos com outros bandos, algo particularmente verdadeiro depois da sublevação de diversas parcialidades da nobreza da terra contra o governador Salvador Correia de Sá e Benevides. Daí se entende a preocupação do bando em "distribuir como serventias" ofícios, dos quais eram proprietários, entre aliados ou para atrair antigos desafetos. Usei aspas há pouco com o objetivo de sublinhar a tênue fronteira desta distribuição com a ilegalidade. Segundo as Ordenações Filipinas, aquela prerrogativa não cabia ao proprietário do ofício, mas somente ao rei: "Qualquer Oficial, que poser outrem, perca o

Ofício [...] para o darmos a quem for nossa mercê." Somente com permissão especial da coroa algum "Official possa pôr outrem para servir em seu Ofício" (OF. L. I, t. XCVII, 1). Ainda segundo as leis do Reino, nos casos em que o titular não pudesse continuar a exercer o seu posto (por morte, doença ou suspensão) e para que o ofício não ficasse vago, o governador podia provisoriamente e por seis meses conceder o posto em serventia (OF. L. I, t. XCVII, 3), contudo, mais adiante tal atitude devia ser confirmada pelo Rei. Este último ponto pode ser comprovado pela provisão régia, de 1654, recebida pelo governador Luís de Almeida Portugal (Arq. Nac., cód. 61, v. 2, p. 172).

Entretanto, não eram bem tais regras as seguidas no Rio de Janeiro, no período considerado. De uma maneira ou de outra, os proprietários dos ofícios conseguiram dar serventias de seus cargos, transformando-os em benesses e, portanto, instrumentos políticos. Desse modo, por exemplo, Inácio da Silveira Vilasboas, em 1697, com o intuito de se dedicar mais às suas fazendas, deixava o seu ofício de escrivão nas mãos do parente Belchior de Andrade de Araújo, alegando a propriedade sob o dito ofício e, portanto, a faculdade de nomear serventuários (Arq. Nac., cód. 61, v. 2, p. 229). Nesse caso e em outros, o bando de Inácio tivera a cumplicidade dos governadores, pois eles ratificavam tais serventias.[20] Entretanto, na prática nem sempre as coisas ocorriam deste modo. Em 1676, o governador Mathias da Cunha denunciava a tensão existente entre ele e o bando dos Correia na designação das serventias. Conforme Mathias:

> [...] havendo ocorridos diferentes vagantes de ofícios, cujas serventias provira elle governador, em grave desacato de sua jurisdição, e superioridade, o Ouvidor [Pedro de Unhão Castelbranco] recolhera as ditas nomeações, e dera outras em seu nome, que pôs em exercício (AHU, RJ, Ca., doc. 1.290).

No início da década de 1680, José da Rocha Pitta, como ouvidor-geral da Repartição Sul, denunciava ao governador geral do Brasil, Roque da Costa Barreto, os abusos do desembargador Francisco da Silveira Soutomaior, que nomeava "alguns officiais das serventias do officios de escrivão dessa cidade [Rio de Janeiro] apadrinhados seus" (Arq. Nac., cód. 61, v. 7, p. 477-78). Por seu turno, em 1686, na carta de um dos prejudicados por tais práticas, o negociante Antônio Mendes fornece uma imagem acabada da distribuição de serventias pelos Correia. Segundo ele, tal distribuição não era apenas faculdade dos integrantes do bando proprietário de ofícios, mas também dos *capi* da parcialidade. Conforme Mendes de Almeida, o capitão Antônio de Abreu Lima (cf. Quadro 1.4) conseguira a serventia do juízo dos órfãos por indicação de Pedro de Souza Correia (AHU, RJ, Ca., docs. 1.621-22, 1.687).

Voltando ao que interessa, a distribuição de serventias pelos Correia, seja entre amigos e inimigos para selar armistícios, demonstra a sua dependência diante das demais parentelas de potentados da *Conquista*. Afinal, sem este diálogo, as conversas com os representantes do poder central seriam mais árduas e difíceis. Ao mesmo tempo, a possibilidade de manejar ofícios pertencentes à monarquia reafirma a interferência dos potentados no governo político e econômico da república. E também informa a experiência na qual se formou a cultura política da nobreza principal da terra no setecentos. Ela fora educada no costume de intervir nos negócios da república.

Ao analisar as amizades e os desafetos dos Correia, vejamos as demais parentelas de conquistadores envolvidas no jogo político e, portanto, no governo da capitania. Entre os amigos, temos o exemplo dos primos Luís Machado Homem e José Barcelos Machado. Eles saíram de duas famílias diferentes dos Homem da Costa e, provavelmente, como benesse pela lealdade, receberam dos Correia a serventia do juízo dos órfãos. O primeiro fora capitão de infantaria nomeado pelo general Benevides em 1660 (Arq. Nac., cód. 61, v. 3, p. 61) e o segundo, em 1691, juntaria os seus escravos armados com os de Martim Correia Vasques nos conflitos contra os Beneditinos em Campos (AHU, RJ, Ca., cx. 9, doc. 1.779). Outro aliado era o senhor de engenho João Pereira Sarmento, família formada no início do seiscentos.

Passemos para o rol das relações mais delicadas: as parentelas rivais dos Correia. Os rebelados de 1660 uma vez no poder, conforme o esperado, realizaram diversas mudanças no governo militar (IHGB, t. 88, v.

142, p. 557; AHU, RJ, Ca., doc. 879). Nas ordenanças, eles colocaram três homens da família extensa dos Viegas. Conforme Baltasar da Silva Lisboa, os camaristas de 1667 enviaram uma carta ao reino, reiterando queixas contra os desmandos do general Benevides (Lisboa, 1835, v. IV, p. 67-71), entre os vereadores constava o sargento-mor Francisco Macedo Freire, um dos chefes dos Viegas. Talvez para serenar estes ânimos, em 1679, Miguel de Azedias Valadão, um dos capitães nomeados pelos sublevados e genro dos Viegas, recebesse a serventia da provedoria da Fazenda Real. Da mesma forma, os Correia tentaram aproximar-se, depois de 1660, dos ramos dos Pontes, refratários à sua amizade. Na verdade, tal revolta tinha cindido a família. Os Teles Barreto e os Silveira Soutomaior optaram pelo lado do general; em contrapartida, outros da linhagem não fizeram o mesmo. Por exemplo, o capitão Fernão Faleiro Homem foi escolhido vereador no governo rebelde e o sargento-mor João Rodrigues Pestana recebeu o comando de uma das fortalezas da barra. Com Fernão, provavelmente, os entendimentos começaram em 1668, usando-se o idioma político do parentesco. Naquele ano, sua filha esposava o rebento de José Barcelos Machado. Em 1693, as conversas devem ter continuado através do acesso do filho Manuel Faleiro Homem ao juízo dos órfãos. Quanto a Rodrigues Pestana, a princípio, nenhum dos seus recebeu ofícios da monarquia das mãos dos Correia, contudo, a aproximação com o referido bando ocorreu seguindo o costumeiro idioma do parentesco. Sua filha Helena Soutomaior esposou Manuel Correia Araújo, sobrinho de Martim Correia Vasques, e dois dos seus varões se casaram com duas meninas de Luís Machado Homem.

Talvez um dos melhores exemplos de que o idioma do parentesco segue caminhos estranhos é dado por Francisco Brito de Meireles. Em 1656, ele se casou com Helena Ribeiro, moça de uma família próxima da dos quinhentistas Azeredo Coutinho, cujas relações com os Correia provavelmente nunca foram de amor eterno. Na revolta de 1660, Francisco participou das ordenanças dos revoltosos. Entretanto, algo de importante deve ter ocorrido nos anos seguintes nas relações entre Brito de Meireles e os Correia. Em 1676. Meireles foi eleito camarista juntamente com Inácio da Silveira Vilasboas e, no início da década seguinte, a filha do primeiro,

Micaela de Brito Meireles, casava com Manuel Correia de Araújo (na época, viúvo da filha de Rodrigues Pestana). Com esta cerimônia, Francisco Brito Meireles passava a ser aparentado dos Correia, ou seja, menos parente do Azeredo Coutinho.

Um outro capítulo desses jogos políticos entre potentados consiste nas serventias dadas a Cláudio Gurgel do Amaral, João Velho Barreto, Antônio de Abreu de Lima e Antônio Coutinho Figueira. Elas foram distribuídas nos anos de 1680 e provavelmente tinham por objetivo dirimir problemas entre os beneficiados e os Correia, ou seja, numa década em que o tempo voltara a esquentar no recôncavo. Em 1685, os Fonseca Varela, aparentados e aliados de Pedro de Souza Correia, registravam uma escritura de perdão no cartório da cidade com o seguinte teor:

> [...] capitão Fructuoso da Fonseca Varela e sua mulher, seus filhos Diogo da Fonseca Varela e Isabel e D. Mariana de Alvarenga viúva de Gaspar dos Reis, Natália Barbosa viúva de Frutuoso da Fonseca Varela davam perdão a Francisco Gurgel do Amaral pela morte de Manuel Fonseca Varela, irmão e cunhado dos signatários da escritura (AN, CPON, Escritura de Perdão, 1685).

Dois anos depois, o enfrentamento entre os Amaral e os Correias chegava ao clímax. Em 23 de setembro de 1687, o próprio Pedro de Souza Correia era assassinado

> [...] e os culpados nesta morte [conforme o ouvidor-geral Tomé de Almeida e Oliveira] são os Amaraes que se reduzem em Francisco de Amaral, Bento de Amaral e Cláudio Gurgel de Amaral principais cabeças da família com seus parentes e aliados como são João Velho Barreto, Antonio de Abreu Lima, João de Campos, D. Luiz Queixada, coronel Manuel Martins Quaresma e outros (AHU, RJ, Ca., cx. 9, docs. 1.670-78, 1688).

Acuados, os Amaral fugiram para São Paulo, onde tinham aliados, e daí retornaram para o Rio, acompanhados de trinta flecheiros e mais negros e mulatos, com os quais atacaram os engenhos dos Teles e dos Correias (AHU, RJ., av, cx. 5, doc. 98, ano de 1690). Esses conflitos continuariam na primeira década do século XVIII, sendo um de seus lances o também assassinato de Antônio Coutinho Figueira pelos Gago da Câmara, aliados dos Correia.

Tendo apresentado este cenário de pactos e embates entre facções da nobreza da terra, ou seja, além dos Correia existiam outras parentelas de potentados que interferiam no governo da capitania, podemos voltar ao Quadro 1.5. Nele, encontramos as nomeações dos governadores para o exercício temporário do comando de companhias de infantaria e fortalezas. E, mais uma vez, podemos ter uma fotografia das parentelas de conquistadores, além dos Correia e aliados, que contavam no mando da república. Para efeito deste texto, é importante sublinhar a repetição do padrão visto nos Quadros 1.3 e 1.4, ou seja, a presença de nomes e famílias em diferentes ofícios de poder. Assim, o provedor interino, Antônio Sá da Rocha, era irmão do capitão de infantaria, Manuel Barboza Pinto (Azeredo Coutinho). O capitão de cavalos e depois da fortaleza de São João, João de Abreu Rangel, proveniente da última linhagem, era concunhado do juiz de órfãos José Paes Muros. Outro capitão de fortaleza, Diogo Cardoso de Mesquita, se casou com uma prima de Cláudio Gurgel do Amaral etc. etc. O fato de os governadores terem escolhido esses senhores, *capi* de famílias de potentados, para compartilhar o governo militar nos informa sobre a sua importância no contexto social da capitania. Os confrontos entre os bandos e as nomeações feitas pelo governador desses mesmos fidalgos dos trópicos para o governo militar sugerem que tais famílias continuavam, em diferentes graus, a se apresentar como potentados diante da sociedade, isto é, como seus antepassados quinhentistas que chegaram ao Rio com seus aliados e flecheiros, à custa de suas fazendas, para servir à monarquia.

A composição dos personagens tratados torna-se mais completa quando voltamos para a economia exportadora e percebemos o envolvimento de nossos fidalgos no controle de suas artérias, a exemplo da exportação do açúcar, do tráfico atlântico de escravos e da fábrica da baleia.

Comecemos por Gaspar Dias de Mesquita, pois conseguiu a proeza de oferecer os melhores lances para a Coroa em três "leilões" de dízimos, de 1642 a 1656. Quando da revolta de 1660/1661, Gaspar e o provedor da

Fazenda Real, Pedro de Souza Pereira, foram indiciados em várias falcatruas (AHU, RJ, Ca., cx. 5, doc. 870), revelando, assim, os contatos do negociante com os Correia. Vínculos, ainda confirmados em razão de Mesquita ter sido um dos arrendadores da balança do açúcar do Rio, explorada por Salvador Correia de Sá e Benevides (AHU, RJ, Ca., cx. 9, docs. 1.814-19). Portanto, o segredo do sucesso de Mesquita estava nos seus fortes laços com um dos principais bandos da nobreza da terra. "Coincidentemente", ele era também um dos armadores/negociantes no comércio com o Reino e, em 1645, foi capitão-mor da frota do Rio para Portugal (AHU, RJ, Av., cx. 2, doc. 57). Definitivamente, o livre jogo do mercado, no Rio, era contrabalançado por regras estabelecidas fora do comércio.

Gaspar Dias Mesquita era cristão-novo, casado com Branca Henriques, filha de Duarte Ramirez Leão. A família de sua esposa, ao longo do século XVII, acumulou engenhos e ligações com as arrematações de impostos, porém não exerceu cargos na governança da terra. Por meio dos negócios dessa família, percebem-se também ligações de arrematadores dos dois lados do Atlântico, no caso, com o contrato de Angola. Em 1655, um dos cunhados de Gaspar, Jerônimo de Azevedo, aparecia como procurador, no Rio, de Antônio Gomes Nunes, arrematante, naquela data, dos direitos de Angola, ou seja, dos escravos (AN., cód. 61, v. 1, p. 301v).

Uma outra família envolvida com dízimos do Rio foi a de Baltasar Leitão, que os arrematara nos triênios começados por 1637 e 1649 (Salvador, 1978, p. 182; AHU, RJ, Av., cx. 1, doc. 82). Uma das semelhanças entre Mesquita e Baltasar Leitão era suas ligações com Angola. Baltasar e seu genro foram procuradores do contratador de Angola, Tomás Filgueira Bultão, em 1652 (AN., cód. 61, v. 1, p. 100). A reincidência destas procurações me leva a crer que existiam, na época, laços entre os negociantes das duas conquistas. O próprio Filgueira Bultão servira como alferes no Rio de Janeiro em 1645 (AN., PF, cód. 61, v. 1:24).

Baltasar Leitão estava casado, desde 1618, com Feliciana de Pina, filha de Francisco de Pina, antigo provedor da Fazenda Real. Portanto, Baltasar, ao adquirir os dízimos da cidade, em 1637, pertencia a uma das melhores *famílias da terra*. Em 1643, ele recebeu da Câmara o monopólio do açougue da cidade: cabia somente a ele o abate de bovinos (RJ,

DGPEA, 1935, p. 8). Através de uma escritura pública de 1650, temos traços da auto-imagem desse empresário e indícios das suas ligações com os Correia. Trata-se de uma escritura de *deserdação*. Nela, Leitão deserdava uma filha por ter-se casado com uma pessoa de "somenos em qualidade do que ela e muito menor em partes e qualidade do que eles [os pais]". Em outra passagem, Baltasar declarava que pretendia como genro "um homem muito nobre e rico" e por não achá-lo no Rio, pediu "ao general Salvador Correia de Sá e Benevides para que lhe buscasse um homem de dita satisfação" no Reino (AN, CPON, Escritura de deserdação, 1650, p. 197-98). Além da intimidade de Baltasar com Salvador Correia de Sá, temos a preocupação de um negociante cioso de sua *qualidade,* supostamente *a melhor da terra*, conforme os valores de uma hierarquia social de tipo antigo. Resta saber se essa auto-imagem de Baltasar Leitão era compartilhada por toda a nobreza principal da terra.

Na revolta de 1660, os sublevados denunciavam a pretensão de todo feitor e banqueiro de desejar ingressar na Câmara, no que eram ajudados pelos capitães-mores da capitania, em claro prejuízo para o Rio de Janeiro, pois ficava cheia de *cidadãos plebeus*. Essa passagem é um dos capítulos da nobreza quinhentista contra as práticas de Salvador Correia de Sá e Benevides. Até onde sei, parece que o bando dos Correia conseguira alçar Gaspar Dias Mesquita à condição de eleitor na vereança de 1643 (RJ, DGPEA, 1935, p. 74). Talvez Baltasar Leitão não tenha compartilhado o mesmo destino: não encontrei nenhuma referência dele como eleitor ou camarista. De qualquer forma, o dito capítulo sugere que um dos caminhos para alcançar as posições de comando na república era estabelecer alianças com os bandos da nobreza (a começar pelo do capitão-mor Benevides); portanto, um caminho pouco diferente daquele vivido pelos negociantes reinóis de 1746.

As gerações seguintes da família de Baltasar continuaram envolvidas com os dízimos. O genro, Manuel Fernandes Franco, fora seu sócio no contrato de 1649 (AN, PF, cód. 61, v. 1:110), e seu sobrinho, Cristóvão Lopes Leitão, arrematou tal imposto em 1665 (Mosteiro de São Bento, 1981, p. 3; AN, CPON, Fiança).

Este último contrato seguira os padrões da época, ou seja, fora um negócio de parentes. Os fiadores de Cristóvão consistiam no seu cunhado, Francisco de Macedo Viegas, e no sobrinho postiço, Lucas do Couto (AN, CPON, Fiança, ano de 1665). Cristóvão entrou numa família extensa que, desde as primeiras décadas do seiscentos, esteve na governança da terra e era vista no setecentos como da nobreza principal da terra. Cristóvão teve, talvez, mais sucesso que o tio, pois desde 1645 aparecia como vereador e, em 1650, chegava ao posto de juiz ordinário, provavelmente como aliado dos Correia (RJ, DGPEA, 1935, p. 187). Entretanto, na política, as situações mudam e voltam a mudar. Tanto é assim que Cristóvão e parte dos Viegas participaram da rebelião contra os Sá. Anos depois, em 1673, o mesmo Cristóvão arrendava a fábrica das baleias, cujo dono era nada mais nada menos que Pedro de Souza Pereira. Portanto, parece que, por essa época, divergências entre os antigos inimigos tinham sido amainadas. O outro sócio era Francisco Vaz Garcez — futuro marido de uma sobrinha de Souza Pereira (AN, CPON, Arr., ano de 1673). Repare-se, ainda, que esse negócio fora feito com o responsável pela condução da arrematação do contrato das baleias, o provedor da fazenda. Em 1675, Vaz Garcez, "coincidentemente", conseguia arrematar o contrato das baleias na provedoria da Fazenda Real (BN, DC, v. XXVII:209).

Indo para finais do século, encontramos o dizimeiro José Gomes da Silva. Além de cristão-novo, dono de moendas, tinha dois atributos interessantes: possuía ramificações comerciais na Europa (Fonseca, 1999, p. 85-112) e, indiretamente, estava ligado a velhas famílias da terra. José casou-se pela primeira vez, em 1676, com Maria de Barros, cuja irmã mais velha era esposa do capitão Rodrigo Coelho de Bonsucesso, integrante da casa Dias Bravo, a mesma que acolhera Jerônimo Barbalho Bezerra, líder da revolta de 1660. Em 1686, José Gomes aparecia como caixa na arrematação dos dízimos (AHU, RJ, Ca., doc. 1.571; AN, EP., E. comp., ano de 1686), da qual participava Coelho Bonsucesso, juntamente com Manuel Pacheco Calheiros e Gregório Naziazenzo da Fonseca — os dois últimos, descendentes de conquistadores quinhentistas: respectivamente, André de Leão e os Homens da Costa. Em 1698, José Gomes da Silva voltava a participar do contrato dos dízimos, agora como titular, tendo como sócios Inácio Madureira Machado e Manuel Faleiro Homem (AN, CPON, Arr., 1698). Ambos já foram diversas vezes mencionados: pertenciam às melhores famílias da nobreza da terra. Eles próprios ou seus parentes próximos (cf. Quadros 1.3 a 1.5 e Figura 1.2) habituados com cargos na administração da república, os da monarquia e os do poder local.

2.2.1 Os conquistadores e a sua economia esquisita

O processo generativo da nobreza principal da terra, visto anteriormente, foi também o de uma economia açucareira-escravista de segunda. Explicando um pouco mais, podemos dizer que viajantes, governadores e camaristas, quase sempre discordantes, concordavam em um ponto: o solo do recôncavo da Guanabara e de suas cercanias era de péssima qualidade — inadequado para a produção do açúcar. Portanto, não há de espantar a má vontade do capital mercantil de comprar tal produto e de vender escravos africanos para a capitania; os negociantes reinóis preferiam adquirir o açúcar-rei do Nordeste e vender cativos para a mesma região, pois nela existia uma forte economia exportadora e, conseqüentemente, mais procura de mão-de-obra (cf. Fragoso, 2003, p. 11-35; 2005).

Nesse cenário, entende-se o grau de tensão das negociações levadas a cabo pela nobreza da terra, com os representantes da coroa e do capital mercantil, para garantir a sobrevida de tal economia. Na verdade, ela se mantinha em função de privilégios, tais como a discussão, na Câmara, do preço do açúcar e do frete entre produtores e comerciantes; a possibilidade, no século XVII, do cerceio da moeda, ou seja, o seu valor nominal ser maior do que o real, criando com isso uma moeda *podre*, cuja validade estaria restrita ao Rio de Janeiro; a existência de uma lei contra a penhora de fábricas, escravos, engenhos e lavouras de açúcar, aprovada em 1673 e reeditada ao longo do setecentos (Ferlini, 1988, p. 227; IHGB, CCU, ano de 1680, f. 79v; Fragoso, 2005, p. 181).

Naquelas negociações, os fidalgos dos trópicos se valiam da posição-chave da cidade no Atlântico Sul na manutenção do império luso e da fragilidade dos recursos da monarquia. Por meio dessas difíceis conversas, a economia açucareira adquiria blindagem política contra as intempéries do mercado internacional. Assim, a nobreza principal da terra conseguia dar base material à sustentação de seu poder. Ao mesmo tempo, ao blindar tal economia, a nobreza realizava, aos olhos dos moradores, a defesa do bem comum, pois daquele açúcar dependiam suas vidas, sendo essa legitimidade lastreada tanto por senhores de moenda não nobres como por lavradores forros.

A produção dessa economia e a sua capacidade de resistência no tempo, ambos via política, são inferidas ainda na primeira metade do setecentos, leia-se na época do crescimento avassalador do capital mercantil de natureza atlântica. Nos Gráficos 1.3 e 1.4, nota-se que, apesar de tal conjuntura, o engenho de açúcar teimava em permanecer como bem de maior valor negociado no mercado. Nos ditos gráficos, observam-se, de imediato, as tendências da época. Entre 1711 e 1750, temos o aumento em seta da curva dos preços unitários das naus compradas na praça do Rio, ou seja, de um dos bens que melhor representam os negócios do capital mercantil. Na década de 1710, o preço médio das embarcações (galeras, navios, bergantins etc.) vendidas no cartório era de cerca de 800 mil réis. Na década de 1740, tal valor subia para mais de 1:600$000, portanto, duplicava. Algo bem diferente ocorria com os bens rurais. O preço unitário de tal mercadoria simplesmente desabava. Na primeira década, o custo médio desses bens ficou em torno de 1:600$000, no decênio final caiu para menos de 800$000. Por conseguinte, no período analisado, presenciamos fenômenos de mudanças: o Rio de Janeiro de base açucareira cede espaço ao capital mercantil. O cruzamento das curvas dos negócios rurais com a dos navios, formando a imagem de uma tesoura, comprova isso. Entretanto, nesse contexto, o assustador, insisto, é a teimosia do engenho de se apresentar como bem unitário de mais valor nesse mercado em mudança. O Gráfico 1.3 demonstra que, entre 1711 e 1730, o preço médio dos empreendimentos rurais podia ser o dobro do valor médio dos navios. Esse comportamento teve como responsáveis as fábricas de açúcar; ainda em 1730 elas correspondiam a cerca de 17% de todos os valores transacionados nos cartórios (cf. Sampaio, 2003, p. 68-69 e 84; Fragoso, 2005, p. 211).

Essa insistência, ou ainda, a estranheza de as fábricas de açúcar se apresentarem como imóvel de mais valor numa capitania cada vez mais comandada pelas flutuações do capital mercantil, fica ainda mais evidente quando passamos para princípios do século XIX. Nesses tempos, o Rio de Janeiro, definitivamente, tornou-se a praça comercial mais importante do Atlântico luso e definitivamente tutelada pelo capital mercantil. O gráfico 1.4 retrata tal cidade e nele se vêem alguns fenômenos esperados para esse tipo de *urbs*. Independentemente das tendências de suas curvas, o valor unitário dos navios é sempre maior que o dos negócios rurais. Por essa época, a hegemonia do capital mercantil se completava pela perda de vários privilégios da nobreza da terra. Por exemplo, desde 1752, com a lei do açúcar, o preço do produto definitivamente deixava de ser discutido na Câmara e passava a sofrer mais pesadamente as influências do mercado (cf. Fragoso, 2005, p. 236-38). Com isso, a cotação dos bens mercantis diante dos rurais entra nos eixos, ou seja, passa a ter um comportamento esperado numa economia pré-industrial dominada pelo capital mercantil.

Para efeito deste texto, não me interessa insistir nas medidas que davam alento ao açúcar fluminense, nem analisar os números dos gráficos que exponho a seguir e, muito menos, as conjunturas políticas e econômicas da debacle da economia açucareira de meados do século XVIII. Até porque em outro texto cuido mais disso (cf. Fragoso, 2005, cap. 5). Interessa-me apenas sugerir que a produção da nobreza principal da terra como grupo social foi, ao mesmo tempo, a elaboração de uma economia exportadora esquisita. Esquisita, na falta de uma expressão mais adequada, pois decisivamente informada por jogos políticos cujos resultados davam à produção açucareira da capitania alguma blindagem diante dos desassossegos do mercado internacional. Na verdade, de alguma forma, tal economia resultara do que chamei de *governo dos conquistadores*.

Gráfico 1.3
Preço médio dos bens rurais e dos navios negociados nos cartórios entre 1711 e 1750 (valor em mil réis)

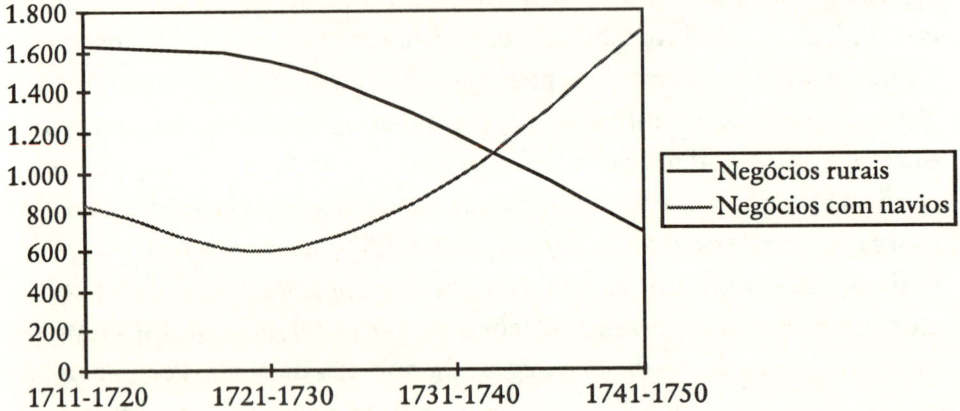

Fonte: Arquivo Nacional, CPON. Escrituras de compra e venda.

Gráfico 1.4
Preço médio dos bens rurais e dos navios negociados nos cartórios entre 1803 a 1816 (valor em mil réis)

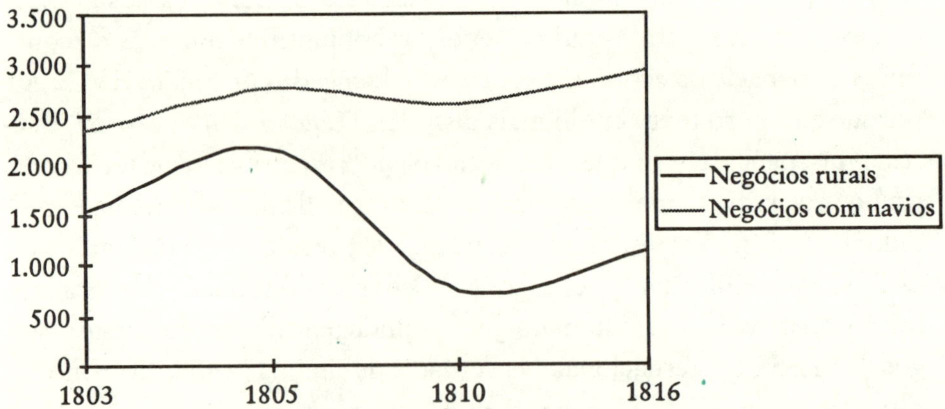

Fonte: João Fragoso, *Homens de grossa aventura: 1790-1830*, 2ª ed., Rio de Janeiro, Civilização Brasileira, 1998, p. 336 [1ª ed. 1992].

Esses e outros artifícios transformavam o engenho numa mercadoria valorizada: tinha a proteção da política numa sociedade dominada pelo Antigo Regime. Na verdade, o engenho de fato consistia numa mercadoria especial, pois podia ser suporte de relações clientelares e de parentesco fictício entre senhores, lavradores, forros e escravos: leia-se de finas negociações entre diferentes estratos da sociedade dita sociedade americana

Porém, a nobreza principal da terra e a sua economia tinham pés de barro. Para começar, a própria base material de seu poder: o engenho escravista de um açúcar de segunda classe. Apesar dos privilégios que tentaram dar alento a essas fábricas de açúcar, no frigir dos ovos, elas dependiam do mercado internacional. Além disso, a mão-de-obra, por ser escrava, consistia numa mercadoria vinda do outro lado do Atlântico, o que implicava gastos consideráveis. Desse modo, o substrato material dos fidalgos tropicais não era formado por aquele tipo de empresa feudal, estudada por W. Kula que, por estar assentada no trabalho camponês e numa terra não monetarizada, dificilmente quebraria por motivos ligados ao mercado.[21] Ao contrário das empresas feudais polonesas, as escravistas-mercantis podiam, no final das contas, terminar por quebrar diante dos solavancos do mercado internacional.

A isto se acrescenta que o serviço à sua majestade, as lutas intrabandos da nobreza, as negociações com escravos, além de outros gastos (como a proteção de aliados abandonados pela sorte), implicavam desvio de sobretrabalho da produção. Com isto, a vida da empresa escravista que, a princípio, já era frágil, tornava-se mais difícil. Em outras palavras, para os fidalgos dos trópicos, a produção de seu status e, com ela, a intenção de participar do poder na república implicavam gastos. Obviamente, tais orientações valorativas se traduziam em cálculos econômicos na condução da empresa escravista. Parte de seu sobretrabalho era destinada para isto. Portanto, tais senhores não eram apenas donos de grandes plantéis de cativos e de plantações, preocupados com a produção de lucros, os quais, depois de terem conseguido o primeiro objetivo, ou seja, terem enriquecido, procuravam ter um estilo de vida nobre.[22] Para aqueles fidalgos, em suas vidas não existiam estas duas etapas: enriquecimento e, depois, tentativa de enobrecimento. Eles se viam como *conquistadores* e, como tais, fidalgos. Portanto, era a partir desses valores que conduziam suas vidas e empresas escravistas. O problema é que nem sempre a monarquia e o capital mercantil sorriam para esses fidalgos tapuias.

3. FIDALGOS PARENTES DE PRETOS E A SOBREVIDA DE UMA SOCIEDADE QUE ENCANTA

A esta altura, com razão o leitor deve estar-se perguntando que hierarquia social costumeira é essa, tão falada e pouco explicada, capaz de sustentar as práticas da nobreza principal da terra em sua investida no poder, cuja existência dava alento à economia exportadora de segunda e que encantava os negociantes de grosso trato. Para apresentá-la, vamos começar por contar mais uma historinha. Esta, sobre as aventuras de dois negociantes no agrofluminense em meados do setecentos.

Na década de 1740, Brás de Pina batizou, na freguesia de Irajá, onde tinha um engenho, 47 escravos dos quais 13 eram adultos e receberam tal sacramento de 1743 a 1744. Os batizados dos últimos sugerem que, por esta época, Pina devia estar montando ou ampliando sua fábrica de açúcar, pois raramente um senhor batizava, num curto espaço de tempo e em paróquias rurais, tamanha quantidade de adultos; estes deviam ser escravos novos, ou seja, há pouco comprados da África. A envergadura de tal empreendimento pode ser medida quando lembramos que, entre 1700 e 1709, Sebastião da Fonseca Coutinho batizara, em Jacarepaguá, 12 escravos recém-nascidos e, na mesma época, seu engenho contava com cerca de quarenta e tantas peças (Novinsk, s/d, p. 236). Em outras palavras, uma população de quarenta cativos gerou, no espaço de dez anos, 12 infantes. Considerando que Brás, no mesmo número de anos, batizou 34 crianças, isto sugere que a população de seu engenho devia ser maior que a da presente nas terras de Coutinho. E ainda permanecendo no terreno das suposições, considerando o grande número de adultos adquiridos em apenas dois anos, definitivamente, Brás de Pina almejava alargar os seus horizontes na sociedade açucareira (CMRJ, LBE Ir, 1740-1749; Jac, 1700-1709).

A magnitude do empreendimento de Pina ganha outro aspecto, quando recordamos que, por esta época, a antiga nobreza principal da terra estava passando por maus bocados. Nesta década, eram corriqueiras as notícias de penúrias dos antigos senhores da terra, seja por falta de escravos, de crédito ou pelo não pagamento de impostos. Em 1729, por exemplo, o contratador dos dízimos da capitania, Alexandre da Costa, pedia a suspensão da "lei contra a penhora", pois ela estava protegendo diversos engenhos falidos (AHU, RJ, Ca., cx. 33, doc. 7.325). A possibilidade de Brás estar indo contra esta maré de falências explica-se por ele ser um bem-sucedido empresário. Na passagem da década de 1730 a 1740, fizera carreira na arrematação de contratos régios e chegara a ter ascendência sobre o comércio e a manufatura dos derivados da baleia no Rio de Janeiro (Fragoso, 2005, p. 170-71).

Ao que parece, Brás não estava sozinho nas investidas de negociantes no agro. Na mesma época, outro bem-sucedido empresário fazia percurso semelhante. Trata-se do futuro capitão Antônio da Rosa, cujo envolvimento nas altas rodas de negócios da cidade era atestado por ser compadre de Antônio de Oliveira Durão, senhor de empreendimentos na África e no Índico (AHU, RJ, Ca., cx. 70, doc. 16.195; ANTT, HOC). Pois bem, na mesma Irajá e de 1743 a 1744, Rosa batizou 26 cativos adultos, leia-se recém-saídos do tráfico atlântico (CMRJ, LBE Ir, 1740-1749). Curiosamente, os pesados investimentos de figuras do capital mercantil no mundo dos engenhos ocorrem na mesma época em que os autodenominados negociantes reinóis pleiteavam para si os postos honrosos da república (Câmara). E, como vimos, queixavam-se a Lisboa dos obstáculos impostos pelos naturais da terra a tal projeto. Talvez isto — a contemporaneidade daqueles acontecimentos — não tenha sido apenas fruto do acaso, pois um dos signatários do manifesto de 1746 fora Brás de Pina.

Seja como for, na década de 1750, os engenhos de Brás de Pina e de Antônio da Rosa tinham virado verdadeiras aldeias, habitadas por alguns tipos humanos característicos da paisagem colonial.[23] Nas terras de Brás, dos vinte batizados feitos, de escravos, na dita década de 1750, 14 eram filhos de casais de cativos, alguns dos quais com mais de dez anos de estabilidade, constituindo assim verdadeiras unidades familiares. Nestas terras, além do compadrio com outros cativos, casais e famílias solitárias (mães solteiras) estabeleceram redes de parentesco fictício com forros, lavradores e donos de pequenos plantéis. O mesmo colorido de relações sociais se repetia no engenho de Antônio da Rosa, onde mais de 2/3 de 34 batizados eram rebentos de casais cativos, podendo ser seus padrinhos e madrinhas casais de lavradores, libertos e pequenos senhores.

Estas imagens lembram muito as produzidas em outros endereços, estes dos fidalgos de antigas famílias da terra e com grandes escravarias. Tal era o caso do engenho do juiz de órfãos e doutor Antonio Teles de Menezes, residente, na década de 1750, em Jacarepaguá, cujo bisavô fora um leal aliado de Salvador Correia de Sá e Benevides: o capitão de infantaria Diogo Lobo Teles. Aquelas relações sociais eram, ainda, vividas nas do capitão Inácio da Silveira Vilasboas. Este, como vimos, oriundo de uma família de conquistadores quinhentista e, no século XVII, integrante de uma rede política cuja influência chegava a Salvador e a Lisboa. As semelhanças entre as aldeias dos engenhos daqueles negociantes e destes fidalgos eram particularmente notáveis, quando nos deparamos com as interdições nelas vividas. Na década de 1750, Teles de Menezes batizou 26 crianças cativas, das quais 15 o foram por outros escravos. Destes 15 padrinhos, sete pertenciam ao próprio Teles de Menezes. Nas terras de Inácio da Silveira Vilasboas, a proibição de as crianças de seu plantel serem apadrinhadas por cativos de outros senhores parece ser mais rígida. Entre 1700 e 1709, 46 crias foram batizadas, 24 de seus padrinhos eram cativos, dos quais 14 pertenciam ao próprio Vilasboas, ou seja, 58% das alianças parentais, via compadrio de tais famílias de escravos, seguiram a seguinte orientação: os padrinhos, preferencialmente, deviam ser escolhidos entre os do próprio Vilasboas. Deste modo, apenas em dois registros de batismos (2 de 24, ou 8%) do dito senhor aparecem padrinhos pertencentes a outros donos; estes, da mesma forma, não eram parentes ou clientes do dito capitão. Ao que parece, tal interdição era feita à escolha de padrinhos provenientes de outras propriedades. Entre 1649 e 1660, 23 crias de Jerônimo Barbalho Bezerra foram batizadas por cativos; destas, 17 por padrinhos do mesmo plantel e apenas dois pertenciam a senhores fora do círculo de amizades de Barbalho (CMRJ, LBE Ir, 1740-1749; Jac, 1700-1710 e 1740-1749; SG, 1649-1660).

Seguindo ou não tal exemplo, o fato é que dos 15 recém-nascidos de Antônio da Rosa, 14 tiveram por padrinhos seus próprios escravos e apenas um viera de outra senzala. Na mesma época, outro negociante de nome José Rodrigues Aragão, morador em Jacarepaguá e com 36 registros de 1740 a 1749, tinha 17 batizados por cativos; destes, 15 a ele pertenciam. Quase um século antes, outro negociante com pretensões a senhor de engenho já apresentava um comportamento semelhante. Trata-se do ex-contratador de impostos Antônio Rodrigues da Veiga, residente em São Gonçalo na década de 1650, onde batizou 25 cativos, 12 tendo por padrinhos escravos, dos quais sete eram seus homens (CMRJ, LBE Ir, 1740-1749; Jac, 1700-1710 e 1740-1749; SG, 1649-1660). Assim, parece que fidalgos com grandes escravarias e negociantes compartilhavam, ao menos, de algo: não desejavam a intromissão direta ou indireta de senhores estranhos nas suas terras. Isto implicava uma limitação para as redes parentais de seus cativos, que se deviam circunscrever, a princípio, aos limites do engenho. Portanto, a geografia das relações parentais das aldeias de tais fábricas tinha suas fronteiras. Por seu turno, tal semelhança entre as práticas dos fidalgos e dos homens de negócio leva a especular a existência de outras. Para tanto, vejamos um pouco mais o que os registros de batismos nos podem revelar da política dos antigos nobres da terra que possuíam extensas escravarias.

No caso de Inácio da Silveira Vilasboas, apenas duas crianças foram batizadas por escravos de senhores estrangeiros; em compensação, cinco o foram por cativos pertencentes a seus parentes e ou clientes. A aldeia colonial de Inácio, como outras, era povoada por casais de cativos, compadres livres e parentes forros, estes, majoritariamente com um traço em comum: estavam ligados a senhores aparentados. Na verdade, os poucos senhores que freqüentavam as terras de Vilasboas eram, basicamente, três: Francisca Pontes, Custódio da Silveira Vilasboas e João Batista Coelho. Francisca era mãe de Inácio, Custódio, filho do dito capitão, e Batista, marido de uma *exposta* na casa de Francisca Pontes (Maria Pontes da Silveira) e, portanto, cliente da família, ou seja, todos parentes de Inácio, pertencentes à sua *casa*. Basicamente, somente os cativos daqueles parentes mantinham relações de compadrio com os de Vilasboas. Por seu turno, o mesmo podia ser dito para o comportamento dos cativos de Custódio, Francisca Pontes e João Batista Coelho: as suas escolhas de padrinhos recaíam sobre os homens de Inácio ou de um daqueles três senhores. Deste modo, as redes parentais dos cativos dos ditos senhores se encerravam na geografia formada pelas suas senzalas.

Algo semelhante, no século XVII, foi vivido por Jerônimo Barbalho Bezerra e os familiares de sua esposa, particularmente, a mãe desta. No plantel de Barbalho, 22 cativos foram apadrinhados por outros escravos, dos quais 17 pertenciam a Barbalho e dois à sua sogra, Córdula Gomes. Dos vinte compadres cativos da escravaria da dita senhora, 16 eram seus e daquele genro. Em suma, da leitura dos registros de batismos de cativos destes fidalgos dos trópicos temos a impressão de estarmos diante de políticas dirigidas para a formação de uma *casa*, costurada pelas relações vividas por senhores integrantes da mesma família, sendo isto seguido de perto pelos seus clientes e, aparentemente, ainda pelos respectivos cativos (ao menos, no compadrio). Cabe, no entanto, lembrar algumas coisas: provavelmente, nem todos os membros de uma família extensa viviam o sentimento de pertencimento à mesma *casa*; igualmente, não tenho notícias de relações parentais entre os cativos de Inácio com os de seu irmão, primos ou sobrinhos. Assim, tal casa não seria uma derivação automática da consangüinidade, mas algo construído por alguns componentes da família extensa, enquanto outros dela estariam afastados. Vale sublinhar que a provável existência de tal política senhorial não tinha, necessariamente, um reflexo mecânico entre os cativos. Prova disto fora a escolha de padrinhos vindo de outras *casas*.

A hipótese da existência da política de formação de *casas* nos trópicos é reforçada quando passamos para os compadres livres dos escravos daqueles fidalgos. Os cativos de Inácio da Silveira Vilasboas tiveram 16 padrinhos livres, dos quais oito tinham algum grau de parentesco com ele, Vilasboas; dos demais oito, dois eram forros e do restante não possuo informações. Daqueles aparentados, sete consistiam em forros apadrinhados por Vilasboas ou por Coelho Batista. Assim, temos uma *casa* cujos componentes eram, definitivamente, unidos por relações de parentesco fictício. Elas uniam desde escravos, passando por forros, e clientes e chegavam ao *capo* da família. Na verdade, a freqüência destas relações entre os mesmos personagens é que formava aquela casa.

Miguel Cardoso, nas senzalas de Vilasboas, aparecia como compadre de um casal e de duas famílias solitárias. Ao mesmo tempo, ele e sua esposa estavam ligados por laços de parentesco ritual aos filhos de João Batista Coelho, pois eram padrinhos de sua menina. Desse modo, a dita casa se traduzia numa vasta rede formada por pessoas de *qualidades* diferentes, unidas pelo parentesco. Mais do que isto, tal casa tinha uma hierarquia e, portanto, um *capo*, o capitão Inácio da Silveira Vilasboas. Temos assim uma hierarquia parental (cf. Figura 1.6). Deve-se sublinhar que, apesar de tal casa conter hierarquias, isto não impedia que um fidalgo da conquista fosse parente de forros. Três filhos do casal de pardos Manuel Batista e Suzana de Carvalho — estes, também padrinhos de escravos — foram batizados pelo capitão Inácio e pela filha da exposta Maria Pontes da Silveira. Além disto, salvo engano, o enteado de Inácio e sobrinho distante de Salvador Correia de Sá e Benevides, Manuel Correia de Araújo, apadrinhara o filho de um casal de pardos. Vale lembrar que estamos falando do mesmo Inácio que serviu nos postos mais honrosos da república e integrante de um bando capaz, no século XVII, de intervir no Tribunal da Relação da Bahia, no tráfico atlântico de escravos e no Conselho Ultramarino. Talvez uma das forças daquele bando, o dos Correia, tenha residido no parentesco de seus fidalgos com forros.

Essa casa estratificada e unida pelo parentesco é ainda observada na experiência de outro fidalgo: Antônio Teles de Menezes. Os padrinhos livres dos cativos desse senhor somavam 13 e estavam distribuídos da seguinte forma: um senhor, dois lavradores, três forros, dois sem informações e os demais cinco eram *parentes* dos Menezes. Entre os últimos, temos o apadrinhamento feito por José Joaquim de Moura e Ana Maria Angélica ao filho de Antônio "Telis" e Gertrudes. O primeiro casal consistia nos netos de Teles de Menezes e a criança batizada, filha de seus escravos. Assim, o elo de parentesco entre o dito casal de escravos e os Menezes fora feito pelos netos do senhor; este último, indiretamente,

Figura 1.6
Compadrios nas terras do capitão Ignácio

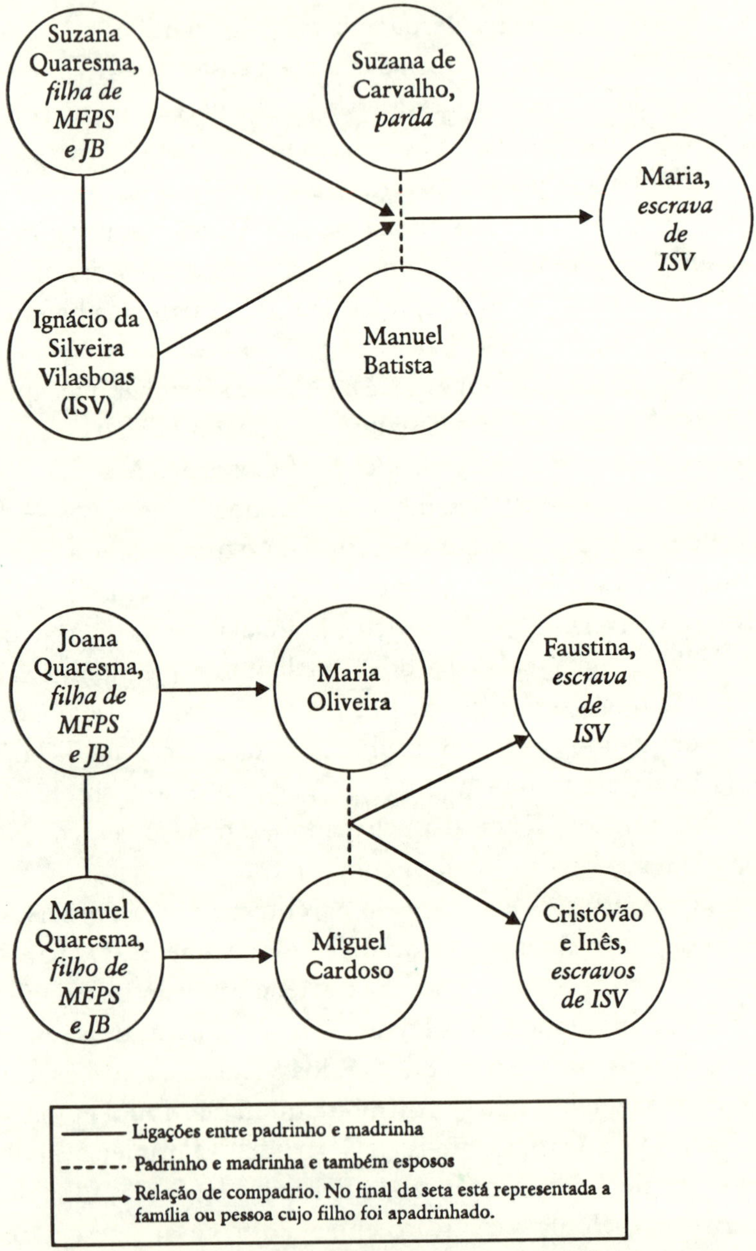

Obs.: Maria Francisca Pontes da Silveira, exposta na casa de Ignácio da Silveira Vilasboas (ISV) e casada com João Batista (MFPS e JB).

era parente de pretos. Por seu turno, Antônio "Telis" surgia como padrinho de seus parceiros de senzala (cf. Figura 1.7). Com isso, a hierarquia parental da casa se completava. O exemplo de Telis nos traz ainda uma outra faceta de tal casa: os cativos adquirem o apelido de seu senhor. Ao que parece, este é um fenômeno mais do século XVIII e, considerando que nem todos os escravos recebiam tal identidade, esta prática deve revelar diferenças no interior das próprias senzalas. Entre os 26 registros de batismos do doutor Menezes, em três aparece o apelido da casa.

Em suma, o que chamo de casa, considerando as escravarias, seria formado pelas seguintes relações majoritárias: o compadrio entre senzalas, tendo como pano de fundo as alianças dos seus senhores; estes, por sua vez, seriam consangüíneos e/ou clientes em uma família extensa senhorial; a partir de tal fenômeno, seria observada uma geografia parental pouco freqüentada por outros potentados (seus escravos e clientes); a criação de solidariedades parentais rituais entre senhores, clientes e escravos; o estabelecimento de estratificações via apadrinhamento, com seus respectivos deveres e obrigações de proteção; o uso pelos escravos do apelido do *capo* da casa. Por fim, da mesma forma que o título de nobreza principal da terra aqui utilizado, a idéia de *casa* nos trópicos não tinha o mesmo estatuto legal presente no Antigo Regime europeu. A *casa* a que me refiro também fora uma criação das práticas costumeiras da América. Talvez tenha sido esta plasticidade um dos atrativos para os negociantes investirem no campo.

A meu ver, as preocupações de Brás de Pina, José Rodrigues Aragão e Antônio da Rosa em viabilizarem aldeias coloniais em seus engenhos, sem a presença de cativos de potentados da região, sugerem a preocupação de construírem *casas*. Porém, esta intenção para mim se apresenta, ainda, como uma hipótese. Se eles tiveram aquela intenção, as informações de que disponho só permitem estudá-los no início desta trajetória. Tal é o caso de Antônio da Rosa, reinol como os demais. As notícias que tenho dele são da época dos batizados de seus filhos, na década de 1750, ou seja, no momento em que inicia sua família na capitania. Portanto, quando começou a constituir seu engenho, nos anos de 1740, ainda era um es-

Figura 1.7
Compadrios nas terras do Dr. Antônio Telles de Menezes (ATM)

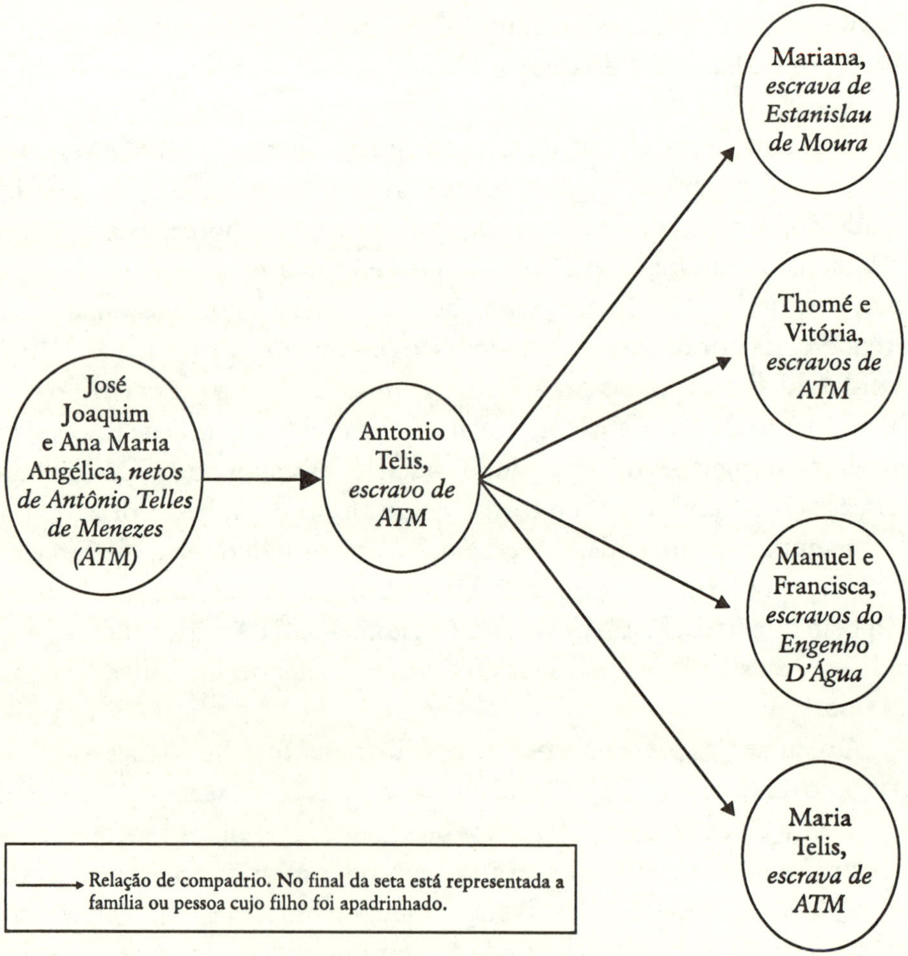

trangeiro, sem o devido enraizamento nas relações sociais das freguesias rurais (CMRJ, LBL e LBE Ir, 1740-1749; LBE Jac, 1740-1749).

De qualquer forma, além dos já apontados, há outros indícios que demonstram a preocupação destes empresários em se produzirem *casas*. Neste sentido, Manuel Rodrigues Aragão batizara filhos de famílias escravas de seu pai, assim como, nas mesmas senzalas, temos cativos que ostentam o nome Rodrigues. Algo semelhante ocorria no engenho de Brás de Pina e de Antônio da Rosa.

Constatadas as semelhanças entre as práticas dos negociantes e dos fidalgos com grandes escravarias, por seu turno, temos sensíveis diferenças entre estes grupos e um expressivo segmento da nobreza da terra no setecentos, particularmente o personalizado em João Aires Aguirre e Francisco Paes Ferreira. O primeiro fora, ao longo do século XVIII, vereador e mestre-de-campo das tropas auxiliares. O segundo ocupara também os cargos honrosos da república e seu neto seguiria o mesmo percurso. A diferença destes dois para com o capitão Inácio e o doutor Menezes ou os negociantes Rosa e Pina era o tamanho de suas escravarias. Os registros de batismos de escravos, feitos entre 1700 e 1710, por Ferreira e por Aguirre, não ultrapassavam dez, ou seja, salvo engano, estamos diante de pequenos senhores de escravos ou, pelo menos, com escravarias inferiores às anteriormente apresentadas. Entretanto, apesar disto, eles freqüentavam o topo da hierarquia do poder local. Provavelmente, este era o grupo da nobreza da terra que arrogava para si o privilégio do governo local em detrimento dos poderosos negociantes do Atlântico. Caso isto seja verdade, parece que os manifestantes de 1746 tinham razão em chamá-los de pobres coitados e, mais ainda, de considerarem absurdo os naturais da capitania perceberem em tais fidalgos prerrogativas de mando. Incômodos à parte, o fato é que as posições cimeiras da república e da hierarquia social eram ocupadas por fidalgos descendentes de conquistadores, aparentemente menos ricos que outra parcela da nobreza e dos negociantes atlânticos. Definitivamente, a estratificação de fortunas, em particular a medida pela propriedade escrava, não se traduzia completamente na autoridade política e no poder social.

O distanciamento de Aguirre e de Ferreira dos grandes fidalgos e dos empresários atlânticos não se esgotava no tamanho de suas escravarias. Além disto, as aldeias coloniais dos primeiros estavam muito mais abertas ao parentesco fictício com escravos de outros senhores, inclusive de potentados. O número de escravos do mestre-de-campo batizados por cativos foi de cinco, destes, dois por padrinhos vindos das terras de Francisco Paes Ferreira. Quanto aos escravos deste último, alguns deles eram afilhados de escravos de Luís Teles de Menezes, pai do citado Antônio Teles de Menezes. Da mesma forma, pessoas livres também podiam freqüentar mais tais aldeias. As características daqueles pobres fidalgos adquirem mais precisão nos jogos políticos da capitania quando percebemos que seus cativos mantinham, comparativamente, uma extensa rede parental que atravessava distintas propriedades senhoriais. Os poucos cativos de Francisco Paes Ferreira apareciam como padrinhos em, pelo menos, aldeias de dois potentados da região: o próprio João Aires Aguirre (inclusive no de sua sogra) e de Manuel Freire Alemão. Algo semelhante não ocorria com Inácio da Silveira Vilasboas: seus cativos apadrinhavam, como vimos, principalmente os das aldeias de seus parentes e clientes (CMRJ, LBE Jac, 1700-1709). Indo mais adiante no tempo, na década de 1750, a saída de escravos de aldeias de potentados para batizarem cativos de outros senhores tornou-se uma prática cada vez mais rara. Daí não ser de espantar que os cativos do fidalgo Antônio Teles de Menezes e dos negociantes listados não realizassem tal proeza. Porém, os do mestre-de-campo Aguirre continuavam chegando às aldeias de potentados.

No estágio desta pesquisa, as afirmações devem ser feitas com muita cautela, porém um fenômeno que sobressai, como indicador da capacidade de mando local, consistia no número de afilhados livres. Talvez este seja um dos critérios para a hierarquização dos potentados. No caso, parto do pressuposto de que o batismo celebraria alianças entre a família do afilhado com a do padrinho, sendo estabelecidos pactos de clientela e de proteção. Cabe lembrar que, tanto no século XVII como no XVIII, preferencialmente, os padrinhos eram de modo especial eleitos entre os consangüíneos dos pais da criança. Assim, quando os escolhidos eram estrangeiros, ocorria, provavelmente, um pacto de aliança, conhecido como parentesco ritual ou fictício. Possivelmente, tal parentesco encerrava determinada cadeia hierárquica. Deste modo, se o maior número de afilhados, ou seja, de famílias aliadas, produzia um potentado, este devia ter algo a oferecer para seus clientes; leia-se algum tipo de proteção.[24]

Partindo do número de afilhados como critério, entre outros, na elaboração de uma hierarquia social resultado de práticas costumeiras, temos que Jerônimo Barbalho Bezerra estava na mesma posição cimeira de João Aires Aguirre. O primeiro, em São Gonçalo da década de 1650, foi escolhido como padrinho por 17, em um universo de 131 famílias. Entre 1700 e 1710, na freguesia de Jacarepaguá, Aguirre batizou rebentos de 11 lares de um total de 85; a exemplo de Barbalho, nestas cerimônias temos filhos de forros até de senhores de engenho. Talvez, o fato de ambos aparecerem em 13% dos batismos feitos pelas famílias de suas freguesias explique a autoridade que eles possuíam. Como disse, Barbalho chefiou a revolta contra o bando dos Sá, depondo o governador da época, e Aguirre foi mestre-de-campo dos auxiliares, ou seja, participava do governo militar da capitania.

Cabe perguntar quais os atributos em comum que ambos tinham para terem aquelas hostes de afilhados. Com certeza não era o tamanho de suas escravarias. Aguirre tinha menos cativos que seus contemporâneos. Na década de 1750, o mestre-de-campo registrou sete escravos em Irajá e nenhum em Jacarepaguá, o que o tornava num pequeno senhor diante das escravarias dos negociantes José Rodrigues Aragão, Antônio da Rosa e Brás de Pina. Apesar disto, Aguirre continuava sendo escolhido como padrinho por famílias com grandes plantéis. Em 1751, batizava o filho de Cristóvão Muniz Barreto, senhor de 13 registros. Décadas antes, em 1705, Francisco Paes Ferreira — sujeito com os mesmos atributos que Aguirre em termos de escravaria, de número de afilhados e de política na república — batizava Maria, menina de Sebastião da Fonseca Coutinho, dono de 12 registros. Mais assustador foi o caso de João Barbosa de Sá Freire. Na condição de capitão dos auxiliares, tinha, em Jacarepaguá dos anos de 1750, somente quatro registros de cativos. Anos depois, chegava à posição de mestre-de-campo dos auxiliares e entre as suas credenciais contava dois fatos interligados. Primeiro, era neto de Francisco Paes Ferreira.

Segundo, seus parentes tinham redes de parentesco fictício espalhadas pelas freguesias do Rio; o seu sobrinho e afilhado, Antônio Correia da Silva, respondia por mais de 10% dos batizados feitos pelas famílias livres de Irajá, na década de 1750 (CMRJ, LBL e LBE SG, 1649-1660; Ir, 1740-1749; LBE Jac, 1740-1749). Assim, a pergunta permanece: quais os atributos que criavam um potentado entendido como *capo* de redes de famílias aparentadas? Ainda não tenho como responder.

Ao que parece, nesta América setecentista, temos várias hierarquias, entre elas, a de fortunas que, ao longo do século, influencia cada vez mais os mecanismos de reprodução econômica da sociedade; o topo desta era ocupado pelos negociantes de grosso trato, principalmente os de matiz atlântica; outra, dominada pela fidalguia quinhentista, baseada em relações clientelares — na falta de um melhor nome — e não necessariamente sustentada por grandes escravarias. Estes fidalgos participavam do círculo de poder da capitania. Estavam na Câmara, portanto tinham a legitimidade dada pelos *naturais*, e simultaneamente no governo militar da república, ou seja, eram reconhecidos pela monarquia. Basta lembrar que o posto de mestre-de-campo era uma nomeação da Coroa, baseada nas indicações do governador (AHU, RJ, Ca., cx. 35, doc. 8.240; cx. 41, doc. 9.802; cx. 61, doc. 14.368; Fragoso, 2005a, p. 162-63). Apesar disto, esta última estratificação estava sucumbindo, ou melhor, transformando-se.

Daí, talvez, a existência, entre uma e outra hierarquia, de uma variedade de tipos de fidalgos. Um deles era o quinhentista Antônio Teles de Menezes: dono de grande escravaria, próximo dos negociantes de grosso trato, porém não *habitué* do governo da república (Fragoso, 2002a, p. 58-61; Fragoso, 2005a). A plasticidade das posições sociais cimeiras desta América meridional é dada pelos diferentes tipos de fidalgos quinhentistas que ela conheceu ao longo do tempo. Em meados do seiscentos, temos Jerônimo Barbalho Bezerra, possuidor de uma grande escravaria, chefe de uma *casa* conforme os moldes anteriormente apresentados e, ao mesmo tempo, *ego* de uma vasta rede de apadrinhamentos, porém afastado dos ofícios da monarquia. Mais para finais do século XVII, achamos Inácio da Silveira Vilasboas, envolvido com aqueles ofícios, senhor de vários escravos, *capo* de uma casa.

Seja como for, o estudo mais cuidadoso de famílias como a dos Aires Aguirre pode revelar-nos alguns dos segredos do Antigo Regime nos trópicos. As fortunas destes senhores foram formadas à sombra da conquista e do comércio, a exemplo daquelas dos fidalgos citados, porém, com o avançar do tempo, definharam. Em realidade, tal definhamento fora da própria economia produzida no governo dos conquistadores. No século XVIII, a monarquia tenderia a assumir um papel mais decisivo na direção política da capitania e os negociantes fariam o mesmo na economia. Porém, restou a esta nobreza principal da terra a Câmara — espaço de negociação com o príncipe, porém esvaziada de várias de suas prerrogativas seiscentistas — leia-se uma legitimidade social dada por suas redes clientelares espalhadas pelas freguesias e suas estratégias parentais, ou seja, eles contavam ainda com alguns recursos para jogarem, recursos que encantavam os homens de negócios vindos do Atlântico.

Atravessando tais processos, temos o que denominei de aldeia colonial. Formada nas terras senhoriais, com certeza a sua dinâmica estava sujeita às vontades dos seus donos. Porém, o conjunto de relações sociais formado pelos encontros entre escravos, forros, livres e pequenos escravistas tinha a sua própria história. A complexidade destes encontros pode ser ilustrada pelos arranjos parentais vividos no seiscentos, na propriedade de Antônio Rodrigues da Veiga. Nela encontramos Matias Gonçalves, simultaneamente dono de um cativo com afilhado nas senzalas de Veiga e ele próprio compadre de outra família da mesma senzala. Matias ainda era compadre do provável forro Domingos Pimentel, este também com parentesco fictício entre os cativos de Veiga. Indo para as terras de Francisco Paes Ferreira, em inícios do século XVIII, quatro integrantes de uma família de pequenos donos de cativos, os Carneiro, mantinham diferentes relações com os escravos daquele senhor. Por seu turno, esta aldeia adquiriu novos formatos na passagem do século XVII para o XVIII (CMRJ, LBE, LBL, SG, 1649-1660; LBE, Ir, 1740-1749; Jac, 1700-1710 e 1740-1749; Rheingantz, 1965, v. 1, p. 37, v. 2, p. 116). Um bom exemplo disto foram as mudanças no parentesco fictício vivido pelos escravos. Em São Gonçalo do século XVII, de uma amostragem de 997 registros de batismos de cativos, os padrinhos livres aparecem em 441, ou seja, em 44,2% do total. Portanto, mais da metade das famílias escravas — mães solitárias e casais — estabeleceram alianças com outros cativos. Em meados do século seguinte, a realidade seria outra. Em Irajá, os compadres livres e forros correspondiam a 60,3% de 562 registros; na freguesia de Jacarepaguá tal relação foi de 62% (em 362 batismos) e para Campo Grande chegou a 67,8% de 351 cerimônias (Fragoso, 2005, p. 199-202). Desnecessário dizer que em meio a essas mudanças temos delicadas negociações entre escravos e senhores. Um bom exemplo disso foram os casos anteriormente vistos de parentesco ritual entre fidalgos e seus cativos e, neste rol, podemos também incluir os apadrinhamentos feitos aos forros.

Os negociantes de grosso trato com engenhos de açúcar entram nesta ciranda de negociações com escravos e forros. Na verdade, em 1746, eles entraram em diversas cirandas, entre elas a Câmara, leia-se a antiga assembléia dos conquistadores do Rio de Janeiro. Talvez a tentação daqueles empresários do Atlântico pela Câmara e, ao mesmo tempo, pelos engenhos de açúcar (suportes de casas e de aldeias coloniais) seja indício do encantamento exercido sobre eles pelo Antigo Regime surgido na *Conquista*.

Notas

1. Agradeço ao CNPq pelo financiamento desta pesquisa. Agradeço, ainda, a Sheila de Castro Faria, Antônio Carlos Sampaio, Fernanda Bicalho e Helen Osório por diversas fontes cedidas.
2. Sobre os homens de negócios do Rio de Janeiro ver capítulo 4 deste livro.
3. Por exemplo, os Teles de Menezes uma tradicional família da nobreza principal da terra (como veremos adiante) e ainda detentores de uma grande fortuna no setecentos manteve, na primeira metade deste século, laços com negociantes de grosso trato. Cabe lembrar ainda que tal família nem sempre esteve afinada com os fidalgos da terra presentes na Câmara na mesma época (cf. Fragoso, capítulo 4, 2005a). Sobre as alianças e tensões entre nobreza e negociantes ver também o capítulo 4.
4. Sobre as mudanças no cenário econômico e político do Rio de Janeiro na primeira metade do século XVIII ver capítulo 4.

5. Entre os empresários reinóis encontramos figuras que comporiam a elite dos negociantes da época pombalina, como José Ferreira da Veiga e Estêvão Martins Torres (Fragoso, 2005, p. 162).
6. Parece-me que é desnecessário insistir nos cuidados e cautelas ao se falar de uma nobreza principal da terra como estamento e de hierarquia estamental. Claro está que com tais expressões não se pretende identificar situações semelhantes àquelas da Europa do Antigo Regime. Ao se falar sobre uma nobreza principal da terra como estamento, por exemplo, pretende-se sublinhar práticas e projetos de tal grupo em meio a seu processo generativo, como ao longo do texto é demonstrado. Para a noção clássica de exclusividade estamental ver M. Weber: *a estratificação estamental vai de mãos dadas com uma monopolização de bens ou oportunidades ideais ou materiais [...] Além da honra estamental específica, que sempre se baseia na distância e exclusividade, encontramos toda sorte de monopólios [...]Esta monopolização pode ser efetuada seja legal ou convencionalmente* (Weber, 1982, p. 223 e 225).
7. Para o melhor entendimento de sociedades formadas por grupos com distintas orientações valorativas, ver Barth, 1983 e 2000, p. 167-86.
8. Sobre a origem popular (carpinteiros, vendeiros, alfaiates etc.) européia de famílias que na América compuseram as elites locais no Quinhentos e no Seiscentos ver: Afonso de E. Taunay, 1980, p. 65-67, Alfredo, Ellis Júnior, 1976, p. 191-92.
9. Sobre estes temas, ver, entre outros, Maravall, 1989, p. 32-61; Stone, 1982; Gonçalo Monteiro, 1998; Cunha, 2000; Burguière, 1987, p. 55-70. Sobre a concessão de privilégios materiais, como facilidade de crédito e proteção à propriedade fundiária, concedido à nobreza, ver o caso da aristocracia prussiana na época de Frederico II; Carsten, 1988, p. 199 a 213.
10. A metamorfose de conquistadores em administradores e na primeira elite colonial, em si, não é novidade na história da conquista ibérica do Novo Mundo. O mesmo fenômeno é presenciado no México de Cortez e no Peru, com Pizarro. Cf. Lockhart, 1968, p. 11-33; Elliot, 1990, p. 155-69; Peña, 1983, p. 148-49. Ao que parece, os descendentes dos conquistadores espanhóis do México, como elite colonial, passados os tempos da conquista, seriam substituídos por outros segmentos sociais; ver Elliot, 1990, p. 25.
11. Este tema foi desenvolvido por mim em outros trabalhos. Ver Fragoso, 2000.
12. Em 1648, o Provedor do Rio, Pedro de Souza Pereira, afirmava que o dito cargo era exercido em comum com o de ouvidor da alfândega, "desde a fundação da dita capitania", o que lhe dava o poder de intervir nas causas "movidas entre os mareantes e mercadores, sobre fretes, avarias, soldadas, entregas de mercadorias, cargas e descargas" (AHU, RJ, Ca., doc. 668), ou seja, nos pleitos do porto. Sobre a Administração periférica no Rio Seiscentista, ver Fragoso, 2000, p. 60-62.
13. Em realidade, foram 14 famílias formadas antes de 1600 e chefiadas por capitães da

conquista. Incorporei os Gurgel e Viegas àquele grupo em função de serem percebidas, no século XVII e XVIII, por seus contemporâneos como parentelas provenientes da conquista. Não é meu objetivo estudar a origem das primeiras famílias senhoriais do Rio, para tanto, ver Fragoso, 2001, p. 43-122; *idem*, 2005, p. 249.

14. Sobre o entendimento das relações sociais entre senhores e os ditos estratos subalternos como resultado de negociações ver capítulo 7 deste livro.
15. Análise das disputas entre bandos aqui referidas e os acontecimentos da dinâmica imperial, como o fim da União Ibérica e a luta contra os holandeses, foi feita em outro trabalho. Cf. Fragoso, 2003; 2005.
16. Sobre as divergências entre Benevides e seu tio Duarte Correia Vasqueanes, ver Fragoso, 2002.
17. A prática de os senhores de engenho pretenderem influir no preço local do açúcar é também encontrada na Bahia desde 1626 (Schwartz, 1988, p. 173). No Pernambuco seiscentista ocorria a mesma prática (Mello, 1995, p. 179).
18. Manuel Correia era meio-irmão de Salvador Correia de Sá e integrante de uma linha secundária dos Correia. Esta suposição adquire algum sentido, quando observamos que Manuel e os seus se casaram com famílias de potentados locais, enquanto os descendentes de Salvador, além de governadores titulares da capitania, se casariam com moças de famílias fidalgas do império (cf. Rheingantz, 1965, v. 1, p. 370-78 e 394; Boxer, 1973, p. 97, 109-111 e 413).
19. Sobre a revolta de 1660 no Rio de Janeiro, que, entre outras conseqüências, resultou no afastamento do general Benevides da capitania, ver Boxer, 1973; Figueiredo, 1996.
20. Ver serventias de ofícios presentes no Arquivo Nacional, códices da Provedoria da Fazenda Real (cód. 60 e 61). A título de exemplo, provisão passada, em 1693, pelo governador Antônio Paes de Sande, permitindo que Belchior de Andrade Araújo ocupasse o mesmo cargo de ofício de escrivão da Fazenda Real (AN, cód. 61, v. 10, p. 381).
21. A empresa estudada por Kula, apesar de estar ligada ao mercado internacional, não retirava a maior parte de seus fatores de produção do mercado. Basta lembrar da mão-de-obra que era servil e cuja reposição dependia do crescimento demográfico vegetativo. As dificuldades da reprodução econômica de tal empresa estavam ligadas à degradação das terras e da mão-de-obra, a problemas demográficos ou, ainda, ao que o autor chama de "limite social da exploração do camponês": W. Kula, 1979 (especialmente capítulos III e VI).
22. Para uma visão divergente, ver Schwartz, 1988, p. 227-29; *idem*, 1996, p. 96-121.
23. Sobre a noção de aldeia colonial, ver Fragoso, 2005, p. 105-34 e 190-256.
24. Para uma discussão historiográfica sobre o tema, ver Hameister, 2006.

CAPÍTULO 2

Uma nobreza da terra com projeto imperial: Maximiliano de Oliveira Leite e seus aparentados[1]

Carla Maria Carvalho de Almeida

> Cada ano, vêm nas frotas quantidade de portugueses e de estrangeiros, para passarem às Minas. Das cidades, vilas, recôncavos e sertões do Brasil, vão brancos, pardos e pretos, e muitos índios, de que os paulistas se servem. A mistura é de toda a condição de pessoas: homens e mulheres, moços e velhos, pobres e ricos, nobres e plebeus, seculares e clérigos, e religiosos de diversos institutos [...]
>
> (Antonil, 1982, p. 48)

1. CONSIDERAÇÕES INICIAIS

Ainda que seja certo que ao se espalharem as primeiras notícias sobre a descoberta dos veios auríferos afluíram para a região das Minas Gerais grandes levas de pessoas da mais baixa estirpe, também é fato que nem todos os homens que para lá se dirigiram tinham essa mesma condição. Como bem observou Antonil, havia *gentes* de toda ordem.

Assim foi que, dentre os primeiros descobridores e povoadores das Minas, encontrava-se a família de Maximiliano de Oliveira Leite e sua esposa D. Inácia de Arruda Pires, "pessoas de distinta qualidade e nobreza" (ANTT, HSO, mç. 77, doc. 1371), membros de uma das "principais famílias da capitania de São Paulo" (ANTT, HSO, mç. 4, doc. 48). O paulista Maximiliano de Oliveira Leite e seu sobrinho José Caetano Rodrigues Horta, nascido nas Minas, estavam citados entre os homens mais ricos das Minas, quando em 1756 o provedor da fazenda Domingos Pinheiro fez deles rol. Nessa ocasião, José Caetano já se encontrava casado com sua prima-irmã, D. Inácia Maria Pires de Oliveira, filha de seu tio Maximiliano. Segundo Diogo de Vasconcelos, na entrada solene que se fez em 1748 do primeiro bispo em Vila do Carmo, José Caetano representou o estado de primeira nobreza (Vasconcelos, 1999, p. 203). Neto de Fernão Dias Paes, sobrinho e afilhado do guarda-mor Garcia Rodrigues Paes (ANTT, HSO, mç. 77, dil. 1371), Maximiliano já integrava a nobreza da terra em São Paulo e nas Minas também se consolidaria como tal. Uma nobreza da terra cujo principal estatuto de legitimação estava ligado à condição de conquistadores e de primeiros povoadores.

Talvez devido a essa situação já solidamente constituída por seus antepassados, Maximiliano e seus descendentes tenham conseguido traçar uma estratégia de ascensão social de projeção mais ampliada. Se para a grande maioria dos homens que se dirigiram para as Minas, a posição de maior projeção que poderiam alcançar estava definida pelos limites da Vila ou, quando muito, da capitania, para essa família foi possível construir-se como uma elite de projeção imperial.

A busca de cargos, títulos, honrarias e todo tipo de precedências referendadas e reconhecidas localmente, mas principalmente, no centro do Império, fez parte de uma busca constante de ascensão na trajetória desta família. A condição de cavaleiros da Ordem de Cristo, de familiares do Santo Ofício, de fidalgos da Casa Real, de guardas, capitães ou sargentos-mores, de estudantes na Universidade de Coimbra, dentre outras, foram alcançadas por muitos membros desta linhagem. Tal trajetória foi tão hábil e solidamente construída que muitos outros descendentes deste tronco familiar puderam chegar até o Brasil Imperial como parte importante de uma elite política de projeção nacional.

O objetivo deste texto é analisar a trajetória de alguns membros do tronco familiar que parte de Maximiliano de Oliveira Leite e as estratégias utilizadas por ele e seus descendentes para alcançarem um reconhecimento de distinção, tanto localmente quanto nas regiões mais centrais do Império Português. Este estudo faz parte de um esforço maior de mapeamento do grupo dos 1.061 homens listados como os mais ricos da Capitania de Minas Gerais em 1756. Minha análise tem se concentrado nos 443 indivíduos listados como residentes nas comarcas de Vila Rica e Rio das Mortes (Almeida, 2005 e 2006). Definir as principais atividades econômicas em que estavam envolvidos, compreender as formas de inserção política e as práticas de sociabilidade que conseguiram estabelecer nas Minas do século XVIII, são as metas centrais da pesquisa.

Buscarei aqui complementar uma análise mais geral sobre o sistema de casamentos praticado por esses homens, que desenvolvi com os dados coletados nos processos matrimoniais relativos aos nomes dos mais ricos moradores do termo de Mariana, existentes no Arquivo Eclesiástico da Arquidiocese de Mariana. De um universo de 175 nomes, consegui localizar 58 processos matrimoniais, aproximadamente 33% do total (Almeida, 2006). Nessa abordagem, procurei analisar dados relativos à naturalidade dos cônjuges, à idade com que se casaram e à trajetória percorrida até o estabelecimento na região. Grande diferença de idade entre os cônjuges; tendência à endogamia no grupo; homens casadoiros de origem portuguesa e mulheres naturais da região das Minas; grande número de filhos foram as características mais recorrentes que emergiram dessa análise.

O estudo de caso desse tronco familiar que se entrelaçou com vários outros que apareciam na listagem de 1756 nos permitirá olhar de forma mais cuidadosa as escolhas e estratégias adotadas pela elite quando se tratava de sua reprodução como tal. Acreditamos assim, que conseguiremos avançar na compreensão do que os dados mais quantitativos nos revelaram na investigação citada anteriormente.

Paul-André Rosenthal chama a atenção para a diferença existente entre a análise *multiscópica* que multiplica as escalas de observação, sendo que nenhuma delas é considerada privilegiada, e a micro-história, para a qual se deve necessariamente privilegiar o plano microscópico. Para a micro-história, é a este plano que "todos os fenômenos devem ser remetidos, pois é no seu nível que operam os processos causais eficientes".[2] Só nesse nível seria possível apreender as ações, as escolhas e as decisões individuais. Decisões e escolhas estas que não são pautadas exclusivamente pelos recursos de que dispõe o indivíduo, mas também, pelas previsões que faz das ações ou reações dos outros atores (Rosenthal, 1998, p. 153).[3] Segundo a teoria dos jogos, utilizada pelos micro-historiadores italianos, sobretudo via pensamento de Fredrik Barth:

> Os comportamentos individuais não são mecanicamente determinados: eles refletem o uso que cada um faz da margem de manobra de que dispõe numa situação dada, do seu universo de possíveis (Rosenthal, 1998, p. 159).

Tais observações nos parecem pertinentes e instigantes. No entanto, como definir este universo de possíveis? Embora Rosenthal insista que, do ponto de vista da micro-história, trata-se de chegar às proposições gerais pelo micro e não por uma conjugação de análises de distintas escalas, entendemos que uma análise macro[4] nos ajuda a delimitar com maior precisão a "gama de possíveis" dentro das quais as ações individuais podem ser compreendidas.

A análise dos 58 processos matrimoniais localizados para os homens ricos do termo de Mariana, nos permitiu apreender as características mais recorrentes dos enlaces matrimoniais estabelecidos pelos integrantes da elite mineira setecentista. Uma primeira observação que salta aos olhos é a clara predominância de noivos naturais do reino e de noivas nascidas na própria região das Minas.

A grande maioria dos noivos era de naturalidade portuguesa e entre as noivas, predominavam as nascidas no Brasil. Enquanto 88,6% das noivas eram naturais da América Portuguesa, entre os cônjuges do sexo masculino este percentual não passava de 11%. Dentre os noivos nascidos no Brasil somente um, o já citado José Caetano Rodrigues Horta, era natural das Minas e se casara com sua prima, filha de Maximiliano de Oliveira Leite, irmão de sua mãe.

Entre os noivos portugueses predominavam os minhotos (55,6%), seguidos pelos homens naturais das regiões do Douro e Trás-os-Montes (31,1%). Pouco relevante era a presença de noivos vindos das regiões centrais (Beiras e Lisboa), não passando de 13,3%. Nenhum noivo saíra do sul de Portugal. Portanto, era esmagadora a presença de portugueses do norte (86,7%).

Ao contrário dos noivos do sexo masculino, as mulheres casadoiras eram em sua grande maioria nascidas na colônia e na própria capitania (83%). Na realidade, olhando com mais atenção os locais de nascimento dessas noivas, percebemos que a maior parte delas era de mulheres nascidas nas freguesias do termo de Mariana. Das 47 mulheres nascidas no Brasil que se uniram aos homens da elite, 36 (76,6% do total) eram naturais do próprio termo de Mariana.

O quadro a seguir revela que os homens ricos naturais do Reino que se casaram na região das Minas saíram de lá em tenra idade. A idade média com que vinham de Portugal para o Brasil era 16 anos, mas uma parcela considerável deles vinha com 10 ou 11 anos. No entanto, só encontravam casamento depois de terem conseguido fazer a vida, ou seja, depois de terem conseguido acumular algum cabedal e/ou algum prestígio. Esse foi o caso de José Álvares Maciel, um dos genros de Maximiliano de Oliveira Leite que aos 13 anos saíra da sua Freguesia de Santa Maria Maior da Vila de Viana, Arcebispado de Braga. Viera pela Bahia e dali passara para a cidade do Rio de Janeiro, onde não se deteve por muito tempo, seguindo logo depois para as Minas. Antes de se unir em matrimônio a D. Juliana Francisca e se tornar genro de Maximiliano de Oliveira Leite, vivera aproximadamente 30 anos nas Américas (PM — AEAM, n. 4638, ar. 4, pasta 464).

Quadro 2.1

Indicadores	Número de casos	MÉDIA
Idade média de saída dos homens ricos do Reino	41	16 anos
Idade média ao casar — HOMENS exceto viúvos	41	38 anos
Idade média ao casar — MULHERES exceto viúvas	41	19 anos
Diferença média de idade a mais para os homens	41	18 anos

Fonte: Processos matrimoniais referentes aos homens ricos — AEAM.

Finalmente, outra importante característica que a análise dos processos matrimoniais revela é a grande diferença de idade entre os cônjuges. A idade média ao casar para os homens era muito elevada (aproximadamente 38 anos), e, para as mulheres, muito baixa (19 anos), o que definia uma diferença média de idade muito acentuada. Os noivos eram em média 18 anos mais velhos que as noivas. No caso das mulheres, verificamos um modelo invertido ao que Caroline Brettell encontrou para o noroeste de Portugal no século XVIII. No Reino a idade média do primeiro casamento entre as mulheres era bastante elevada no século XVIII, ficando em torno dos 26 anos (Brettell, 1991).

A grande maioria das mulheres (70,7%) se casava estando na faixa dos 13 aos 19 anos. O percentual das que se casavam com idades entre 20 e 29 anos ficava em torno dos 22% e os casos de mulheres que se uniram em primeiras núpcias com idade igual ou superior aos 30 anos era muito pequeno (7,3%).

Tabela 2.1

Predominância por faixas de idade para o casamento de homens e mulheres em primeiras núpcias

Faixas de idade	Homens		Mulheres	
	Nos absolutos	%	Nos absolutos	%
Mais de 39 anos	17	41,5%	1	2,4%
30 a 39 anos	16	39,0%	2	4,9%
20 a 29 anos	7	17,1%	9	22,0%
13 a 19 anos	1	2,4%	29	70,7%
Total	41	100	41	100

Fontes: Processos matrimoniais referentes aos homens ricos — AEAM.

Entre os homens o quadro era radicalmente distinto. A maior parte deles se casou com idade igual ou superior a 30 anos (80,5%), sendo que 41,5% tinham mais de 40 anos ao casar. Além disso, em 48,8% dos matrimônios analisados a diferença de idade do homem em relação à mulher era superior a 20 anos.

2. ALGUNS DESTACADOS MEMBROS DE UM DOS TRONCOS DA FAMÍLIA HORTA

Tendo como pano de fundo o mapeamento realizado com estes dados, entendemos que estamos mais adequadamente capacitados a promover agora um estudo de proporção microscópica que nos permitirá indagar: até que ponto os enlaces estabelecidos pela família de Maximiliano de Oliveira Leite se encaixam nas características mais freqüentes apontadas anteriormente? Seguiram sempre este padrão de tendências delineado para o grupo dos homens ricos ou, expressando estratégias diversas, apresentaram outros tipos de arranjos?

Para isso, seguiremos as indicações de Carlo Ginzburg e Carlo Poni em texto já clássico (Ginzburg e Poni, 1991), e procuraremos fazer uma investigação que, partindo do nome dos indivíduos, busque mapear em distintos *corpus* documentais a "sua experiência nos diferentes campos da vida social" (Cerutti, 1998, p. 174). Acreditamos que esta metodologia nos permitirá contornar os deslocamentos entre o indivíduo e o grupo, muito comuns na prática historiográfica que privilegia os níveis agregados de informações para a análise do social. A idéia é nos aproximarmos de uma análise processual, que busque ir além da reconstituição das alianças existentes entre os grupos sociais. Importa aqui compreender como as relações eram tecidas cotidianamente, quais as opções abertas para estes homens e que tipo de cálculo utilizavam para definir o que lhes era mais adequado. As palavras de Simona Cerutti são esclarecedoras:

> [...] parece-me necessário refletir sobre a significação que se deseja dar às relações sociais: ou bem julgamos que levá-las em consideração pode apenas permitir assinalar "compatibilidades" entre certos grupos, ou fazemos delas instrumentos de análise para nos interrogarmos sobre a experiência dos indivíduos e, portanto, sobre as modalidades de construção da identidade social. Neste último caso, a análise das redes de relações pode se tornar um caminho para desenhar — finalmente de maneira contextual — o horizonte social dos atores, para definir seus interesses para além de sua profissão ou de seu estatuto social (Cerutti, 1998, p. 174).

Feitas essas considerações, retornemos à análise dos entrelaçamentos decorrentes deste tronco familiar e suas amplas conexões com outros membros da elite mineira setecentista.

Diferentemente da sociedade contemporânea, em uma sociedade de Antigo Regime, o lugar social não passava exclusivamente pela posse de bens econômicos, mas antes pela demarcação da diferença de condição em relação aos demais indivíduos. Na América Portuguesa, considerando a existência da escravidão, todo homem livre, principalmente se fosse branco, já era *a priori* um indivíduo em condição de superioridade diante de muitos outros. Mas para aqueles que se almejavam *principais*, isso não bastava. Embora a riqueza pudesse por si só produzir uma condição de destaque, os homens de que falo buscavam muito mais. Desejavam de algum modo alcançar a condição de nobreza vigente no Império Português do século XVIII.

A historiografia portuguesa das últimas décadas vem demonstrando que, ao longo do século XVIII, se por um lado houve uma restrição ao ingresso nos círculos da nobreza titular portuguesa, por outro, em sua base, houve um alargamento desta condição podendo integrá-la um grande número de pessoas até mesmo de humilde nascimento. Segundo Nuno Monteiro:

> A assunção do limiar da nobreza como uma condição tácita, adquirida pelo "viver nobremente", pelo desempenho de funções nobilitantes (pertencer ao corpo de oficiais do exército de primeira linha ou das ordenanças, à magistratura ou simplesmente a uma câmara municipal etc.) ou, negativamente pelo não exercício de funções mecânicas, obteve tradução em muitas práticas institucionais setecentistas (Monteiro, 1998, p. 299).

No mesmo sentido caminham as argumentações de Maria Beatriz Nizza da Silva. Segundo esta autora, é pertinente e fundamental que se estude o "enobrecimento" também na sociedade colonial brasileira ressalvando-se que neste caso só caberia mesmo "a análise desta nobreza que dependia da graça ou mercê régia para existir" (Silva, 2005, p. 18). Nizza da Silva ressalta ainda que existia um modo expresso e outro tácito de manifestar essa vontade do rei em tornar um súdito nobre:

> A primeira ocorria quando o monarca, "de palavra ou por escrito", declarava alguém "fidalgo, cavaleiro, ou simplesmente nobre". A segunda forma tinha lugar quando fosse conferida a um indivíduo alguma dignidade, posto ou emprego "que de ordinário costume andar em gente nobre" (Silva, 2005, p. 18).

Na América Portuguesa, essa ampliação da noção de nobreza ocorrida no centro do Império permitiu que muitos súditos aqui residentes se alçassem à condição de *gente nobre,* principalmente pelo acesso às cadeiras dos cargos concelhios. As ações ligadas à conquista também se revelaram fundamentais no caminho para alcançar esta condição. Os estudos de Evaldo Cabral de Melo para Pernambuco, e os de João Fragoso, Maria de Fátima Gouvêa e Maria Fernanda Bicalho, para o Rio de Janeiro, comprovam claramente a existência da Câmara como canal privilegiado de nobilitação, além de lugar por excelência "de negociação com o centro — com a Coroa — no desempenho do governo político do Império" (Bicalho, 2001, p. 220). Maria Fernanda Bicalho afirma que, se eram raros os naturais da colônia que conseguiram se aproximar dos centros de decisão do Império, as Câmaras funcionaram como tal espaço de negociação. Por vezes, até mesmo o simples *viver à lei da nobreza*, ou seja, possuir um estilo de vida que passava por *se tratar com cavalos e escravos*, capacitava o indivíduo a ter acesso a títulos ou cargos que enobreciam.[5]

Apesar de raro, não era impossível alcançar o centro do Império, e a família de Maximiliano bem o demonstra. O célebre tio de Maximiliano, o guarda-mor Garcia Rodrigues Paes, grande sertanista e dos primeiros povoadores das Minas, responsável pela abertura do Caminho Novo que encurtou a ligação das Minas ao Rio de Janeiro, foi feito cavaleiro fidalgo da Casa Real (Leme, 2002, v. 2). O coronel Caetano Álvares Rodrigues, cunhado de Maximiliano e pai de José Caetano Rodrigues Horta, além de possuidor do Hábito da Ordem de Cristo e de ser Familiar do Santo Ofício, foi feito escudeiro fidalgo e imediatamente alçado a cavaleiro fidalgo da Casa Real (ANTT — RGM, D. João V, livro 41, fl. 77). Os dois filhos homens do guarda-mor e cavaleiro da Ordem de Cristo Maximiliano de Oliveira Leite se graduaram em Coimbra, sendo que o dr. José Pires

Monteiro de Oliveira permaneceu no Reino e lá ocupou, dentre outros, os cargos de juiz de fora de Loure, auditor do Regimento de Cascais, provedor da Câmara de Lamego (Silva Leme, 2002, v. 4), além de ter sido instituído no cargo de conservador da Universidade de Coimbra (ANTT — RGM, D. Maria I — lv. 17, fl. 353v).

Vários outros netos do guarda-mor Maximiliano andariam nos estudos no Reino. Nascido em 1749 na freguesia do Inficionado do termo de Mariana, Antônio Pires da Silva Pontes Leme, filho de D. Mariana Dias Paes e do capitão-mor José da Silva Pontes, iniciou os estudos em Coimbra no ano de 1769 no curso de matemática (Valadares, 2004, p. 341 e 499). Já formado, veio para o Brasil onde participou de diversas expedições de demarcação das fronteiras e reconhecimento do território. Retornou a Portugal no início da década de 1790. Em 1795 foi nomeado censor da Mesa de Consciência e Ordens, para a qual só eram nomeadas pessoas "que tenham dado provas da sua literatura e aptidão". Segundo Virgínia Valadares, além de Silva Pontes a Mesa era composta por nobres (marqueses e condes), monsenhores, desembargadores da Casa de Suplicação, todas pessoas de muita reputação (ANTT, MR, maços 340, cx, 455, *apud* Valadares, 2004, p. 373-75).

Retornando novamente ao Brasil, explorou o Cuiabá, estudou o rio Verde, Capivari, Sararé, Juruena, Guaporé e Jauru. Teria sido amigo e protegido de D. Rodrigo de Souza Coutinho, que depois foi conde de Linhares. Em 1798 foi nomeado governador da Capitania do Espírito Santo, mas só tomou posse em 1800, atuando na função até 1804, sendo o primeiro governador subalterno à Bahia (Daemon, 1879 e Valadares, 2004, p. 375).

Interessante destacar que esse neto continuaria praticando algumas atividades ligadas à conquista e defesa do território, que haviam sido uma constante na vida de seus antepassados. No ano de 1800, segundo Daemon:

> É criado a 4 de abril deste ano pelo Governador Pontes, um Corpo de Pedestres, a fim de destacarem no *Porto do Souza*, no rio Doce, não só para servir de registro, como para estorvar os ataques dos aborígines, sendo celebrada esta função pelo mesmo Governador quando subiu o rio Doce

> a aprontar as pontes para passadiço com fito de estorvar a aparição dos indígenas, tendo ali assinado o tratado de limites entre esta capitania e a de Minas, como se verá.
>
> [...]
>
> São acordados neste ano os limites entre esta então capitania e a de Minas Gerais, demarcados em 8 de Outubro, tomando-se por divisa a linha Norte-Sul, pela parte mais elevada do espigão que se acha entre os rios *Guandu e Manhuaçu*, ficando pertencendo a Minas Gerais todo o terreno que se achasse ao Oeste desta linha, e ao Espírito Santo o que ficasse a Leste da mesma linha no rio Doce, tendo-se ainda estabelecido os quartéis de *Souza* e *Lorena* nas margens do mesmo rio, sendo o primeiro nome dado em atenção a D. Rodrigo de Souza, e o segundo em atenção ao Capitão-general de Minas, Bernardo de Lorena (Daemon, 1879).

Ainda que continuasse atuando em atividades semelhantes às de seus antepassados, diferentemente deles e mais em sintonia com o seu tempo, era um homem ilustrado. Antônio Pires pode ser visualizado como um caso exemplar do que denominarei de "cosmopolitismo" da elite mineira setecentista. Ou seja, era um leal súdito da coroa portuguesa, nascido em meados do século XVIII nas partes das Américas, e que, para se projetar no âmbito da sociedade hierarquizada e estamental do Império, pôde se utilizar, por um lado, dos amplos cabedais e redes relacionais acumulados por seus pais e avós deste lado do oceano e, por outro, do projeto do Estado Português do período de criar uma rede de informações eficiente que lhe permitisse estabelecer mais controle sobre os espaços sob seu domínio.

Segundo Ângela Domingues, quando impulsionou a criação do Colégio dos Nobres, da Academia Militar e a reforma da Universidade de Coimbra, o Estado Português implementou um projeto de renovação cultural e científica que resultaria na formação do que define como a "elite do conhecimento" (Domingues, 2001).

> Cientistas e funcionários criaram e sustentaram uma rede de informação que permitiu ao Estado português setecentista conhecer de forma mais aprofundada e precisa os seus domínios na Europa, Ásia, África e, sobre-

> tudo, na América, ou seja, reconhecer os limites físicos dessa soberania, bem como as potencialidades econômicas do território administrado.
> [...]
> Ou seja, de todos os pontos do Império, indivíduos de várias proveniências, com diferente formação, exercendo as mais diversas funções e dotados de objetivos diferentes enviavam aos orgãos da administração central sediada em Lisboa informações sobre os mais variados assuntos (Domingues, 2001).

Tendo se formado em uma universidade de Coimbra reformada, Antônio Pires da Silva Pontes Leme foi um dos indivíduos que integraram essa elite preparada pelo Estado Português da segunda metade do século XVIII, atuando na rede de informações que se estendia até o território da colônia do Brasil. Como astrônomo e cartógrafo, Antônio Pires da Silva Pontes era autor de uma *Memória sobre os homens selvagens da América Meridional que serve de introdução às viagens* (Domingues, 2001). Virgínia Valadares acredita que esta longa estada e convivência no reino teriam levado Silva Pontes (e a outros da elite mineira), a assumir a mentalidade da corte lusa. Segundo essa autora, mesmo tendo retornado ao Brasil "Silva Pontes era o símbolo do poder metropolitano na colônia e no próprio reino". Ele teria conjugado os dois mundos no modelo da corte, e, assim como ele, "a elite que saiu de Minas tornou-se, na sua essência, parte integrante da elite cortês do reino" (Valadares, 2004, p. 375). Penso que esta elite, que já estava conectada com o reino antes mesmo de enviarem seus filhos para a Europa, já se sentia como parte integrante da parcela de súditos leais, distintos e privilegiados da coroa portuguesa. A inserção de seus filhos nesse ambiente reforçaria estes laços.

Personagem do mesmo tipo e também integrante dessa família foi José Álvares Maciel. Homônimo de seu pai, que fora listado como dos mais ricos da capitania em 1756 e famoso caixa dos contratos nas Minas, filho de D. Juliana Francisca de Oliveira, estudou em Coimbra e andou por outras partes da Europa antes de se fixar nas Minas e se envolver no movimento da Inconfidência. Maciel, o filho, iniciara seus estudos em Coimbra em 1782 cursando Filosofia (Valadares, 2004, p. 341).

Seus irmãos, Teotônio e Francisco também se formaram no curso de Leis na Universidade de Coimbra (Valadares, 2004, p. 341). Teotônio teria destacado papel na vida política do Brasil do século XIX, tendo sido membro do governo provisório de Minas Gerais em 1821 e deputado à Constituinte em 1823. O outro filho de José Álvares e de D. Juliana Francisca de Oliveira, o coronel Domingos Alves de Oliveira Maciel, também se destacaria no Brasil Imperial, sendo deputado constituinte em 1823. Um de seus filhos, João Severiano Maciel da Costa, futuro marquês de Queluz, também foi homem ilustrado, bacharel em Leis pela Universidade de Coimbra, em 1808 quando da chegada da família real ao Brasil ocupava o cargo de desembargador. Teve destacado papel nas questões políticas da época:

> Em 1809 mandou o governo português, agora em guerra aberta com a França, tomar a Guiana francesa, que efectivamente nos caiu nas mãos, sendo nomeado governador da nova província brasileira o desembargador Maciel da Costa, que exerceu esse cargo até que, pelo tratado de 1815, tivemos de restituir à França essa sua possessão americana. Em 1821, quando D. João VI regressou à Europa, Maciel da Costa acompanhou-o, mas as cortes não o deixaram desembarcar, e Maciel da Costa teve de voltar para o Brasil, onde foi um dos agentes do império. Prosseguiu na sua vida política, sendo senador e ministro; foi agraciado com o título de visconde, e depois com o de marquês de Queluz. Em 1821 publicou em Coimbra o seguinte folheto: *Apologia que dirige à Nação Portuguesa, a fim de se justificar das imputações que lhe fazem homens obscuros, os quaes deram causa ao decreto de 8 de junho, e à providencia communicada no aviso de 11 de julho do corrente anno.* Esta exposição justificativa do seu procedimento, destinava-se a obter a revogação do decreto das cortes, pelo qual a ele, e a outros que acompanharam D. João VI no seu regresso a Portugal, foi vedada a permanência em Lisboa, impondo-lhes a obrigação de escolherem para residir terras afastadas da capital na distância de 10 ou mais léguas (Amaral, 2000-2003).

João Severiano foi ainda Presidente de Província no período de 1825 a 1826 e Senador entre 1826 e 1833, quando faleceu. Além do já citado, deixou vários outros escritos, dentre os quais: *Reflexões sobre a União das*

Três Guianas, Francesa, Portuguesa e Holandesa para formarem um Reino anexo ao Governo do Príncipe D. João. Caiena, S. Ed. 1812; *Ode à Morte do Ilustríssimo e Excelentíssimo Senhor D. Francisco de Lemos de Faria Pereira Coutinho, Bispo de Coimbra, Conde de Arganil, Reformador e Reitor da Universidade, à qual e a todo Bispado dedica um brasileiro saudoso e agradecido*. Coimbra, s. ed., 1828 (http://www.senado.gov.br/sf/senadores/senadores_biografia.asp?codparl=1830&li=2&lcab=1830-1833&lf=2).

Outro descendente deste tronco, neto de José Caetano e bisneto de Maximiliano, Felisberto Caldeira Brant, também se destacaria no além-mar. Freqüentou o Colégio dos Nobres e foi aluno premiado da Academia Real de Marinha, de onde saiu após ter concluído o curso. Tendo direito ao posto de capitão-de-mar-e-guerra aos 19 anos e não lhe tendo sido conferido esse posto, devido à sua pouca idade, foi transferido para o Estado Maior do Exército como major e ajudante-de-ordens do governador de Angola. Veio para o Brasil em 1808 com D. João VI como tenente-coronel (AGB, VI, 1944, p. 15, *apud*. http://br.geocities.com/Kajafreitas/NobB.htm). Em 1826 seria agraciado por D. Pedro I com o título de marquês de Barbacena (*Portugal — Dicionário Histórico, Corográfico, Heráldico, Biográfico, Bibliográfico, Numismático e Artístico*, v. II, p. 80).[6]

Como pode ser visto no Quadro 2.4 vários outros descendentes do guarda-mor Maximiliano freqüentaram a Universidade de Coimbra e tiveram destacado papel na vida pública do Império Português e também no Império do Brasil (cf. Capítulo 9).

Creio ser possível afirmar que existiram duas precondições básicas a serem cumpridas para os súditos estabelecidos ou, naturais da América, que pretendessem galgar um reconhecimento de projeção social de âmbito imperial como a alcançada por esta família. Precisavam, antes de qualquer outra coisa, se construir como uma nobreza da terra, o que implicava necessariamente ocupar cargos concelhios, atuar na conquista e na defesa da soberania da Coroa Portuguesa na colônia, integrar as ordenanças e acumular grandes cabedais (cf. capítulo 1). Para além disso, outra condição fundamental para ter sucesso neste empreendimento era manter ou estabelecer vínculos fortes e decisivos com o centro do Império, o que podia ser viabilizado pelo sistema de casamentos, pela colocação de descendentes ou aparentados no Reino e pela proximidade com as principais autoridades coloniais residentes na América, sobretudo com os governadores das capitanias.

A família do guarda-mor Maximiliano de Oliveira Leite, de seu cunhado e compadre coronel Caetano Álvares Rodrigues, de seu sobrinho e genro José Caetano Rodrigues Horta e de seus vários outros genros portugueses, cumpriu todas estas etapas com maestria. Por isso, seus filhos, netos, bisnetos e tataranetos seriam reconhecidos como *gente das mais nobres* bem para além dos limites da Vila do Carmo, da Comarca de Vila Rica, da Capitania das Minas Gerais e até das partes do Brasil. Vejamos como chegaram a tanto.

2.1 De como se preparou o terreno: Maximiliano de Oliveira Leite e Caetano Álvares Rodrigues

Para compreender como foi possível aos descendentes de Maximiliano de Oliveira Leite e Caetano Álvares Rodrigues construírem uma história de ascensão social que passava pelo centro do Império Português e se projetou pelo Império do Brasil é necessário acompanhar a longa trajetória de conquistadores percorridas por seus antepassados. Maximiliano de Oliveira Leite era neto do governador das Esmeraldas, Fernão Dias Paes; sobrinho do guarda-mor das Minas e fidalgo da Casa Real, Garcia Rodrigues Paes Leme, e filho de Francisco Paes de Oliveira Horta e Mariana Paes Leme. Optamos por investigar com mais detalhes alguns aspectos das vidas destes homens que me parecem fornecer a chave para a compreensão da trajetória da família.

Fernão Dias Paes era paulista e um dos maiores representantes do que João Fragoso caracterizou como conquistadores, ou seja, uma elite formada nas atividades da conquista e na defesa dos territórios reais (cf. Capítulo 1). Era reputado como dos principais homens da capitania de São Paulo, "assim por seus avós, como pelos cargos mais honrosos que serviu nesta república" (Franco, 1989, p. 283-84). Segundo Carvalho Franco, Fernão Dias "foi o bandeirante que mais largo renome deixou na história da expansão geográfica brasileira, depois de Antônio Raposo Tavares" (Franco, 1989, p. 282). Organizou várias empreitadas *à custa de sua fazenda* para o apresamento de indígenas, chegando a ter em 1661, sob sua administração uma aldeia com cerca de quatro a cinco mil índios (Franco, 1989, p. 282). Em 1664 foi incumbido pela coroa para auxiliar no descobrimento das minas e, depois de se preparar longamente, em 1674 partiu para o sertão em busca do Sabarabuçu, a lendária serra das esmeraldas. Pelo relato feito por ele às vésperas da partida, sua expedição contava com quarenta homens brancos. Além disso, dizia: "tenho quatro tropas minhas com toda a carga de mais importância no serro [...] esperando por mim". Nesta localidade estariam lhe aguardando "gente escoteira e com pólvora" (Franco, 1989, p. 283).

Dentre os vários homens brancos que o acompanharam estavam Garcia Rodrigues Paes Leme, seu filho, e Manuel de Borba Gato e Francisco Paes de Oliveira Horta, seus genros. Depois da morte de Fernão Dias todos três continuariam as atividades de conquista iniciadas por ele. Fernão Dias faleceu em 1681 às margens do Rio das Velhas. Embora as esmeraldas tão almejadas não passassem de turmalinas, esta empreitada renderia a seus descendentes várias mercês régias com as mais altas dignidades normalmente concedidas aos habitantes das Américas. Segundo a longa certidão passada pelo padre Domingos Dias, reitor do Colégio dos Jesuítas da Vila de São Paulo, sobre os feitos do célebre sertanista para que Garcia Rodrigues Paes pudesse solicitar à coroa o foro de cavaleiro fidalgo da casa real e o hábito da Ordem de Cristo para ele e seus dois filhos, Fernão Dias aparece como um dos mais zelosos servidores da coroa. Dizia o Padre:

> Pois quanto ao serviço de Sua Alteza, que Deus guarde, é cousa muita o que se mostrou sempre zeloso tanto assim que em muitas ocasiões se lhe ouviu dizer, que todos tinham obrigação de servir a seu Príncipe debaixo do encargo de pecado mortal. E melhor o mostrou com o exemplo em todas as ocasiões em que se ofereceram do real serviço em que sempre assistiu sempre tão pontual assim como sua pessoa como com sua fazenda que parece não tinha nascido no mundo para outra cousa mais que para solicitar o aumento da Real Coroa [...] (Franco, 1989, p. 284).

O filho de Fernão Dias, Garcia Rodrigues Paes Leme, casou-se com sua prima D. Maria Antônia Pinheiro da Fonseca e teria com ela quatro filhos (Vasconcelos, 1999, p. 182). Garcia Rodrigues, daria continuidade às empreitadas iniciadas por seu pai e, assim como ele, seria reconhecido como um dos mais importantes conquistadores destas Américas e dos mais ilustres primeiros povoadores das Minas. Logo após a morte do pai tratou de remeter à Câmara de São Paulo e a Lisboa as amostras das pedras encontradas no Sabarabuçu que foram logo rejeitadas pelos lapidários do reino. Mesmo assim, Garcia Rodrigues que fora para o reino acompanhado do tio, o padre João Leite da Silva, tratar das recompensas devidas ao seu pai, prontamente se ofereceu para continuar embrenhando-se na busca pelas esmeraldas e outros metais que ele acreditava poder encontrar. Deixando o tio no reino, retornou ao Rio de Janeiro de onde faria duas entradas ao serro do Sabarabuçu.[7] Ao final da primeira entrada, chegou-lhe as ordens reais trazidas pelo tio diretamente da corte em que era provido nos cargos de capitão-mor e administrador das entradas e descobrimentos das minas (Franco, 1989, p. 215-17). Fez ainda uma segunda entrada:

> [...] com dispêndio considerável de sua fazenda que fez em mantimentos, carnes, farinhas, comprando muitos cavalos para carruagem, levando homens, escravos e índios do seu serviço, com capelão para a tropa tudo pago à sua custa, em a qual entrada gastou cinco para seis anos fazendo exatas diligências examinando a Serra cavando até o centro (Franco, 1989, p. 215).

Segundo Carvalho Franco, embora não tivesse obtido sucesso na busca pelas esmeraldas, parece ter encontrado ouro, pois é de 1697 uma carta régia em que é mencionado como o "primeiro que descobriu ouro de lavagem nos ribeiros que correm para a serra do Sabarabuçu" (Franco, 1989, p. 216).

Garcia Rodrigues Paes foi o responsável pela abertura do Caminho Novo que encurtaria a distância entre o porto do Rio de Janeiro e a região das Minas. Tudo à custa de sua fazenda. Em 1702, foi nomeado guarda-mor geral das Minas por três vidas com a possibilidade de designar guardas-mores distritais, o que ele fez em vários de seus aparentados. Em 1709, foi agraciado com a mercê de guarda-moria vitalícia e por cinco vidas. Posteriormente, seu filho Pedro Dias Paes Leme herdaria esse título que só se extinguiria em 1858 quando Pedro Betim Paes Leme, filho do marquês de São João Marcos, neto de Garcia Rodrigues, fez dele renúncia (Vasconcelos, 1999, p. 183). Obteve ainda o privilégio da passagem dos rios Paraíba e Paraibuna e o título de fidalgo da Casa Real por carta de 1702 (Franco, 1989, p. 216).

É preciso lembrar que além do prestígio que conferia ao seu ocupante, o cargo de guarda-mor poderia também traduzir-se na produção de benefícios econômicos diretos, já que, entre suas funções estava a de distribuir as datas de terras minerais e colocá-las em pregão. Após 1720, passava também a ser atribuição deste servidor distribuir os veios das águas aos mineradores. Além disso, eram funções do guarda-mor: controlar os descaminhos do ouro, a entrada de pessoas e mercadorias, fazer justiça no caso de descumprimento do regimento das terras minerais e assentar os mineradores e seus escravos nas datas (Códice Costa Matoso, 1999, p. 101-102). Ao controlar e partilhar essa função com seus aparentados, Garcia Rodrigues garantia também um enorme poder de mando na região das Minas para a sua rede familiar.

Seus serviços à monarquia não parariam por aí. Quando da invasão francesa ao Rio de Janeiro em 1711 teria sido o responsável por colocar em segurança no alto da Serra do Mar todo o ouro que se achava na Casa da Moeda transportado por índios do seu serviço. Enviou para o Rio de Janeiro uma tropa de índios puris para o combate. Abasteceu todos os que vinham das Minas sob o comando de Antônio de Albuquerque na passagem pelo Paraíba. Além disso, mandou sustentar por sete meses em sua fazenda a companhia dos dragões que seguia de Minas em direção a Montevidéu por ordem de D. Lourenço de Almeida (Franco, 1989, p. 216). Em remuneração a todos estes serviços recebeu, em 1718, quatro sesmarias na região da Borda do Campo e mais uma para cada filho. Também foi contemplado com o padrão de cinco mil cruzados anuais (Vasconcelos, 1999, p. 183). Faleceu em 1738 em sua fazenda do Paraíba (Franco, 1989, p. 217).

Garcia Rodrigues não esteve só nesta longa empreitada que acabou levando-o a se estabelecer nas Minas por aproximadamente quatro décadas. Embora transitasse sempre por São Paulo e pelo Rio de Janeiro, quando estava em Minas preferia sempre residir em São Sebastião onde estabelecera vários parentes seus, dentre eles Maximiliano de Oliveira Leite e não cessava de ir a Vila do Carmo (Vasconcelos, 1999, p. 183). Esteve desde o início acompanhado pelos cunhados, irmãos de sua esposa, Sebastião Pinheiro da Fonseca Raposo e Domingos da Fonseca Leme. Também teve sempre perto de si o seu sobrinho Maximiliano de Oliveira Leite a quem nomeou guarda-mor e pelo menos quatro de suas sobrinhas, filhas de Francisco Paes de Oliveira Horta, com seus respectivos esposos e filhos (ver Figura 2.1). Seu cunhado Manuel de Borba Gato também se fixaria na região das Minas.

Francisco Paes de Oliveira Horta, pai de Maximiliano de Oliveira Leite, era paulista casado com Mariana Paes Leme, filha de Fernão Dias Paes. Como já referido anteriormente, Francisco Paes acompanhou seu sogro na entrada ao sertão dos Cataguases em busca das riquezas do Sabarabuçu. Quando ali se descobriu ouro, trabalhou na sua extração e, fazendo fortuna, retornou a São Paulo, onde faleceu em 1701. Dando continuidade às atividades de conquistadores desta família, um de seus filhos, Bento Paes de Oliveira, seguiria para desbravar a região de Goiás onde se estabeleceria. Seu filho Maximiliano seguiria para as Minas com o tio Garcia Rodrigues e por lá se fixaria. Suas filhas Antônia Paes de Queiroz, Maria Garcia, Francisca Paes e Bárbara Paes se casariam, se fixariam e teriam geração em Minas Gerais (Leme, 2002 — ver Figura 2.1). Pelo menos dois esposos das filhas de Francisco Paes seriam feitos guardas-mores em Minas por Garcia Rodrigues: Bernardo Chaves Cabral, casado com Maria Garcia e o coronel Caetano Álvares Rodrigues, casado com Francisca Paes de Oliveira Leite, estes últimos pais de José Caetano Rodrigues Horta.

Maximiliano de Oliveira Leite era paulista e um dos filhos de Francisco Paes de Oliveira Horta. Assim como seu avô materno, seu pai e seu tio, ele também atuara nas atividades de conquista e, segundo Carvalho Franco, estivera entre os primeiros descobridores das Minas (Franco, 1989, p. 211).

Diogo de Vasconcelos relata que, logo no início da ocupação do Ribeirão do Carmo, quando a fome obrigara uma parte dos homens ali estabelecidos a debandarem para o Morro Grande,[8] entre eles se encontrava o então coronel Maximiliano de Oliveira Leite e outros seus aparentados. Nesta ocasião, o guarda-mor Garcia Rodrigues havia distribuído quase todas as datas minerais desta região entre seus parentes (Vasconcelos, 1999, p. 149-51). Segundo este autor:

> Quando o Guarda-mor Garcia Rodrigues e João Lopes de Lima se retiraram de seu ribeirão, este para São Paulo, aquele para fazer o Caminho Novo, começado em 1702, na Borda do Campo (Registro Velho) e terminado em 1707 o Coronel Maximiano, que já era um vulto importantíssimo no distrito, assumiu o majorado da família, e foi o mais generoso potentado da região, e mesmo de toda a colônia do Carmo (Vasconcelos, 1999, p. 203).

Entre 1733 e 1734 Maximiliano explorou a região do oeste mineiro combatendo indígenas e participando da abertura de uma estrada para Goiás (Franco, 1989, p. 211-12). Juntamente com o seu cunhado Caetano Álvares Rodrigues, Maximiliano foi um dos maiores potentados da região da Vila do Carmo. A vida destes dois indivíduos começou a se entrelaçar mais estreitamente quando Caetano se uniu em matrimônio à D. Francisca, irmã de Maximiliano.

O coronel Caetano Álvares Rodrigues era português natural da Freguesia de São Julião da cidade de Lisboa onde foi batizado no dia 11 de maio de 1687. Era filho do Familiar do Santo Ofício José Rodrigues Horta, natural de Setúbal, que fora mercador na Rua Nova da cidade de Lisboa e depois se tornara contador do número, e de sua esposa Maria da Conceição de Andrade, natural de Lisboa. Seu avô materno fora familiar do Santo Ofício (ANTT, HSO, mç. 4, doc. 48). Ainda muito jovem se iniciara na carreira militar embarcando para a Índia no posto de soldado-de-mar-e-terra. Com aproximadamente 23 anos, viera para o Brasil aonde chegara no ano de 1710, depois de ter servido por seis anos na Índia em praça de soldado até o posto de 2º capitão-tenente, e de ter se destacado em várias batalhas de mar e terra. Esta trajetória militar bem-sucedida lhe permitiria acumular um importante cabedal em serviços que ele saberia muito bem utilizar em suas negociações pela aquisição de mercês com a coroa portuguesa e para lhe permitir a ligação com uma das mais importantes famílias que se estabeleceu em Minas. Os serviços militares que prestara à coroa seriam recorrentemente citados por ele e seus descendentes para a solicitação de diversas mercês régias. Segundo seu relato, acompanhado de várias certidões que o comprovavam:

> [...] se embarcou voluntariamente para o estado da Índia onde serviu a V.Mge. perto de 6 anos, em praça de soldado, e nos postos de Alferes de Infantaria, Tenente de uma fragata de guerra, e segundo Capitão Tenente dela, e no referido tempo se achou em todas as ocasiões que houve naquele Estado, e no de demolir a fortaleza de Ambona que o inimigo Ahema Saunto tinha feito nos Rios de Goa, ser dos primeiros que saltou em terra e avançou à fortaleza, e se achou na entrepresa que se fez às Ilhas de Corjuvem e Panelem, e depois de rendidas ficara assistindo nelas até se fortificarem. Ir queimar as aldeias que o dito Ahema Saunto tinha de trás da fortaleza de Chaporá; foi no exército que se armou para tomar as fortalezas de Piligão que depois de largo sítio se renderam. No socorro que se deu ao Rei Sunda para tomar as terras e fortalezas de Pondá; foi nomeado para rondar em balloez para os Rios de Rachol para que os inimigos não pudessem introduzir socorro.
>
> No mesmo ano se embarcou em duas armadas de alto bordo, havendo tomado o inimigo Angria um navio inglês, mandou o Vice-Rei sair num navio para resgatar a presa, se embarcou nele voluntariamente o suplicante; e topando-se com a Armada do dito Angria se pelejou com ela e encalhado o dito navio na enseada das galés o foi abordar o suplicante com 20 soldados, e depois de o render ficou nele até o desencalhar o que conseguiu com muito risco e trabalho.
>
> No posto de Barcelor represou outro navio que trouxe a Goa vindo por cabo dele com a guarnição de soldados que se lhe meteu. Embarcando-se para este Reino na Nau Portas do Céu pelejou na altura da Bahia toda uma noite com um corsário francês e na ocasião da peleja foi nomeado por cabo da artilharia de bombordo em que procedeu como devia (ANTT, HSO, mç. 4, doc. 48).*

*Agradeço a Luís Frederico Dias Antunes a ajuda em decifrar esse documento.

A monarquia portuguesa tinha como prática corrente premiar aqueles que, à custa de seu suor ou de suas fazendas, se esmerassem na defesa do seu grande Império. Embora coubesse ao monarca a prerrogativa da premiação ou da concessão da graça, na prática, era quase um direito dos agraciados receberem mercês por suas ações. No final do Antigo Regime, "o direito dos sujeitos à remuneração dos serviços era um dos poucos que estes ainda possuíam frente ao rei".[9] O direito a ser contemplado com graças pelos serviços prestados era tão premente que permitia, inclusive, que o agraciado transferisse a mercê alcançada, chegando por vezes a se constituir um verdadeiro "mercado de privilégios".

Caetano Álvares Rodrigues foi nesse aspecto um excepcional servidor, seja quando se lançou aos mares em direção à Índia, seja quando, já estabelecido no Brasil, aqui realizou uma série de ações na defesa dos interesses do Império. Dentro dessa lógica de recompensas, tais serviços eram de fato merecedores de reconhecimento e seriam usados por ele, seu filho e netos[10] para solicitar várias mercês.

Em 1707, recebera por concessão do vice-rei e capitão-general da Índia, Caetano de Melo e Castro, a provisão do hábito da Ordem de Cristo com 12$000 de pensão. Vindo para a América "serviu algumas ocupações políticas e se embarcou voluntariamente em guardas costas" até que foi provido no posto de coronel das ordenanças de São Paulo (ANTT, HOC, Letra C, mç. 12, n. 6, 1730). Fixado em Minas Gerais desde a década de 1710, quando em 1730 se habilitara para professar o Hábito da Ordem de Cristo, a mesa encontrou-lhe alguns impedimentos, pois embora se constatasse "ter as partes pessoais e limpeza necessárias; porém que seu pai foi caixeiro e depois mercador de loja e o avô materno alfaiate vestimenteiro". Nessa ocasião Caetano precisou recorrer aos muitos serviços que até então prestara à monarquia para ver liberados os seus impedimentos. Em segundo parecer datado de 24 de janeiro de 1731 a mesa acabou por dispensá-lo dos impedimentos, mas "ficando-lhe caçado todo o serviço que tiver feito até o presente" (ANTT, HOC, Letra C, mç. 12, nº 6, 1730). Em 15 de julho de 1731 o Vigário Colado da Matriz de Nossa Senhora da Conceição da Vila do Príncipe do Serro do Frio afirmava ter lançado o hábito e recebido a profissão de Caetano Álvares (AHU/MG — cx. 86, doc.17).

Para obter aquela dispensa, além dos serviços já referidos, teve que invocar outros que prestara neste lado do Atlântico:

> No Rio de Janeiro se embarcou voluntariamente na Nau Nossa Senhora da Anunciação que o Governador Antônio de Albuquerque mandou sair daquele Porto para pelejar e represar uma balandra francesa que andava naquela costa fazendo presas.
> Na ocasião em que o dito Governador veio das Minas ao Rio de Janeiro acudir a invasão dos franceses foi o primeiro que se ofereceu para acompanhar o dito Governador; e o fez a sua custa com armas e cavalos e três escravos armados. Em todo o tempo que governou as Minas o Governador Dom Brás da Silveira foi por ele encarregado de várias, e importantíssimas diligências do Real Serviço de V.Mge. e de todas deu boa conta em que mostrou o seu grande zelo e cuidado, e indo o dito governador ao Rio das Mortes a sossegar uma sublevação que houve naquele povo o acompanhou naquela jornada a sua custa em que fez grande despesa com armas e negros que o acompanharam [...] (ANTT, HOC, Letra C, mç.12, Nº 6, 1730).

Essa proximidade com os governadores era uma característica cultivada por Caetano Álvares Rodrigues e seria perpetuada por seus aparentados e descendentes. Foi um dos mais ativos moradores do Ribeirão do Carmo a correr em auxílio ao conde de Assumar para participar da contenção da revolta de Vila Rica.[11] Segundo o próprio conde:

> [...] e sendo-me preciso acudir a Vila Rica e castigar os cabeças dos levantados mandei por carta minha chamar ao GM Caetano Álvares Rodrigues para que viesse acompanhar-me com seus escravos armados, o que fez na mesma noite em que foi avisado trazendo 20 negros seus armados e me acompanhou com eles a Vila Rica onde esteve um mês por minha ordem e depois de remetidos os que se prenderam e feitas as mais diligências e execuções estando tudo já a obediência de V. Majestade, com licença minha se recolheu o dito Guarda-Mor para sua casa com os seus escravos [...] (ANTT, HOC, Letra C, mç. 12, n. 6, 1730).

Assumar também se utilizou de seus serviços quando necessitou reunir os ouvidores das comarcas, procuradores das câmaras e pessoas principais das Minas para a realização de uma grande junta em que seriam propostas muitas modificações nos "negócios do serviço de Vossa Majestade". Segundo relatado em seu processo de habilitação para a Ordem de Cristo:

> [...] conhecendo o dito governador o zelo e atividade do suplicante e o domínio que tinha no ânimo daqueles povos o mandou chamar por carta sua na qual junta, não só mostrou o ser leal vassalo de Vossa Majestade mas persuadiu aos votantes a virem em tudo o que tinha proposto dando particularmente conta ao dito governador da disposição que via nos ânimos de todos (ANTT, HOC, Letra C, mç. 12, n. 6, 1730).

Como recompensa aos serviços prestados o conde de Assumar lhe nomeou coronel das ordenanças de São Paulo por carta patente passada a 18 de março de 1721 (Franco, 1989, p. 343). Título que posteriormente passaria a seu único filho José Caetano Rodrigues Horta (AHU, MG, cx. 86, doc. 17, 1766). Caetano Álvares ocupou ainda os cargos de guarda-mor das Minas do distrito de Vila do Carmo, de vereador da câmara e de juiz ordinário de Vila do Carmo (ANTT, HOC, Letra C, mç. 12, n. 6, 1730). O juiz ordinário era um ministro não togado com mandato anual que era definido por sorteio em três listas formadas pelos homens bons eleitos para o mandato trienal da Câmara. Tinha as funções semelhantes às do juiz de fora nas vilas ou cidades onde este não existia. Administrava a justiça na localidade e suas sentenças iam por apelação para o ouvidor (*Códice Costa Matoso*, 1999, p. 104).

Em 1721, quando servia como juiz ordinário da Vila do Carmo, foi ainda o conde de Assumar que lhe solicitou que se encarregasse da cobrança dos quintos reais dos moradores daquele distrito que estando descontentes temia não pagá-los. Mais uma vez, Caetano Álvares se portou como súdito leal:

> [...] se houve de maneira que os cobrou sem repugnância alguma e trouxe o ouro em sua companhia e o entregou. E a mesma diligência e cobrança se lhe encarregou do distrito de Guarapiranga que fez com a mesma solução (ANTT, HOC, Letra C, mç. 12, n. 6, 1730).

Também do governador D. Lourenço de Almeida, Caetano recebera carta confirmando os bons serviços que vinha prestando nas Minas como guarda-mor atuando para acomodar várias contendas por terras minerais. Dizia D. Lourenço que tal desempenho o obrigava ordinariamente:

> [...] a mandá-lo fazer semelhantes diligências em distritos de outros guardas-mores de quem não faço a mesma confiança que do dito Caetano Álvares Rodrigues; o qual de todas as diligências de que o encarreguei deu muito boa conta procedendo nelas com muita honra, inteligência e limpeza de mão [...] (ANTT, HOC, Letra C, mç. 12, n. 6, 1730).

Segundo consta em seu processo de habilitação para a Ordem de Cristo, quando atuou como guarda-mor, no distrito em que era responsável não havia contendas, por que "guardando o direto às partes [...] a todos acomoda e nunca houve dele a mínima queixa" (ANTT, HOC, Letra C, mç. 12, n. 6, 1730).

Caetano Álvares Rodrigues fora um dos mais ativos Familiares do Santo Ofício atuando na região das Minas, em nome do qual realizara muitas prisões mesmo antes de ser habilitado:

> [...] nas Minas do Ribeirão do Carmo, com diligência, segredo, despesa e risco, no ano de 1728, prendeu a José da Cruz por ordem do familiar Guilherme Maynarde da Silva, porque andava ausente e acautelado e com o nome trocado.

Em 1730 prendeu nas Minas Novas, distrito do Serro do Frio por ordem do familiar Dom

> Lourenço de Almeida, a Diogo Dias a quem chamavam o Diogo tonto, filho ou sobrinho de um médico do Porto, e a ambos os presos tratou com caridade, regalo e segurança (ANTT, HSO, Caetano Álvares Rodrigues, mç. 4, doc. 48).

Coroando sua carreira de súdito leal, em 1749 foi feito escudeiro fidalgo e imediatamente acrescentado a cavaleiro fidalgo com tença de 750 réis de moradia por mês e um alqueire de cevada por dia (ANTT, RGM, D. João V, livro 41, fl. 77). Na certidão passada ao mordomo-mor, o rei ordenava que suas determinações fossem assentadas "nos livros de matrícula dos moradores de minha casa no título dos Escudeiros e Cavaleiros Fidalgos dela com a dita moradia e cevada" (AHU, MG, cx. 86, doc. 17).

Por todas essas atribuições e atividades, Caetano Álvares era um dos homens detentores de maior poder de mando na região da Vila do Carmo. Devia ser um homem respeitado e temido na região.

Casou-se, em 1716, com D. Francisca Paes de Oliveira Leite natural da Vila de Parnaíba, São Paulo (ANTT, HSO, Francisco Paes de Oliveira Leite, mç. 77, doc. 1.371),[12] integrante de uma das mais prestigiadas famílias paulistas que se tornaria também uma daquelas de primeiros povoadores das Minas. D. Francisca era irmã de Maximiliano de Oliveira Leite, sobrinhos de Garcia Rodrigues Paes e netos de Fernão Dias Paes (ver Figura 2.1). Segundo Diogo de Vasconcelos, este casamento fora tratado por Garcia Rodrigues Paes que estando em 1715 na Vila do Carmo fez todos os acertos para a contratação do matrimônio. O casamento se realizara por procuração apresentada pelo tio da noiva, Gaspar de Araújo no solar dos Paes Leme na Vila de Parnaíba. Em março de 1716, quando D. Francisca veio para as Minas o casal instalou-se no vale do córrego que carregou o nome de seu filho José Caetano, na freguesia de São Sebastião (Vasconcelos, 1999, p. 203).

Caetano Álvares Rodrigues e Maximiliano de Oliveira Leite eram vizinhos e tinham seus negócios *promiscuamente juntos*.[13] Atuavam como grandes mineradores e agricultores, além de terem parte em vários contratos de arrematação de impostos, muitos deles negociados no centro do Império. Caetano teve um único filho, José Caetano Rodrigues Horta, que se casaria com sua prima Inácia Maria Pires de Oliveira, filha de Maximiliano. Junto a este cunhado de grande destaque nas Minas setecentistas é que Caetano Álvares se fixaria e construiria sua condição de homem de grande poder na Vila do Carmo.

Na família do homem rico Maximiliano, à qual Caetano Álvares se ligara intimamente, a reafirmação dos laços com o Reino seria constantemente reforçada pela incorporação de genros portugueses, pelo envio de filhos e netos para os estudos em Coimbra, alguns por lá permanecendo e pela exploração de negócios que por lá passavam.

Maximiliano de Oliveira Leite, casara-se em 1722[14] com sua prima D. Inácia Pires de Arruda e tiveram 7 filhos (ver Figura 2.1). Seus dois filhos homens permaneceram solteiros e, como já citado, ambos foram estudar na Universidade de Coimbra. O dr. Francisco Paes de Oliveira Leite, depois da morte do pai retornaria às Minas e assumiria os negócios da família. Já dr. José Pires Monteiro de Oliveira permaneceria no Reino e lá ocuparia o cargo de juiz de fora de Loure em 1760, de auditor do Regimento de Cascais em 1769, de provedor da Câmara de Lamego em 1770 e de conservador da Universidade de Coimbra. Sua presença no Reino funcionava como um elo fundamental para a resolução dos interesses familiares que por lá passavam.

Num rápido olhar pela Figura 2.2 anexa ao fim do texto, verificamos que todas as cinco filhas do guarda-mor Maximiliano se casaram. Quatro delas com outros homens listados entre os mais ricos das Minas. Três de seus genros eram oriundos da Província do Minho, região norte de Portugal. Duas outras se casaram com naturais das Américas, um paulista e outro natural das Minas. Mariana Dias Paes casara-se com José da Silva Pontes, vizinho e sócio de seu pai em vários negócios.

Dona Inácia Maria Pires de Olivera, reproduzindo o mesmo padrão de casamento de seus pais, se uniria em matrimônio ao seu primo José Caetano, filho do seu tio coronel Caetano Álvares Rodrigues. A história do casamento de José Caetano e D. Inácia nos permite acompanhar de maneira exemplar a prática dos casamentos endogâmicos e das ligações econômicas dos grupos familiares da elite perpetuando-se por várias gerações, que foi prática corrente durante todo o período colonial prolongando-se pelo Império.

Embora os pais de ambos os noivos fossem pessoas de qualidade e fartos de bens, suas condições de sucessão eram distintas. José Caetano Rodrigues Horta era filho único. Já D. Inácia, tinha mais quatro irmãs e dois irmãos. Para os pais de José Caetano não havia muito o que resolver em termos de sucessão nos bens da casa. As opções que tiveram que fazer reduziram-se a quem escolher para noiva de seu único filho. Neste caso, a opção pelo casamento dentro da família era o caminho mais apropriado para a manutenção da condição de prestígio e de sucesso econômico que já possuíam. Já para o guarda-mor Maximiliano de Oliveira, pai de cinco mulheres e de dois homens, as estratégias se apresentavam mais complexas. O modo como seria definida a sucessão dos bens simbólicos e econômicos da casa envolviam estratégias mais sutis e decisões mais fundamentais para a manutenção desse patrimônio adquirido na primeira metade do século XVIII. Analisar as condições dos outros arranjos matrimoniais e da transmissão dos bens desta família nos permitirá avançar algumas conclusões sobre as formas de reprodução social do grupo de homens ricos residentes nas Minas.

Como dito anteriormente, todas as cinco filhas do homem rico Maximiliano de Oliveira Leite se casaram. Os dois filhos do sexo masculino permaneceram celibatários. Das cinco filhas, quatro se uniram em matrimônio a outros membros da elite mineira que em 1756 apareceram listados entre os mais ricos da capitania. No entanto, por que a escolha de cônjuges para suas filhas recaiu sobre estes indivíduos e não em outros? Quem eram estes indivíduos e que motivações tiveram para se unirem em matrimônio com estas moças? Por que os filhos homens permaneceram celibatários? Responder a essas questões nos permitirá avançar na compreensão do *processo generativo* que permitiu a uma grande parcela dos descendentes destes indivíduos permanecerem como membros da elite imperial brasileira.

3. EM BUSCA DE BONS PARTIDOS: OS GENROS DO GUARDA-MOR

3.1 Mantendo os bens simbólicos e materiais da casa

3.1.1 O sobrinho e guarda-mor José Caetano Rodrigues Horta

Iguais no gênio, idade, estado e condição, este foi um dos argumentos utilizados por José Caetano Rodrigues Horta para justificar o seu pedido de dispensa do impedimento de "2° grau de consangüinidade por linha transversal igual", necessário para que pudesse se unir em matrimônio a sua prima D. Inácia Maria Pires de Oliveira. A noiva pretendida era filha do seu padrinho e tio, o guarda-mor Maximiliano de Oliveira Leite. Contavam ambos na ocasião 12 anos de idade (PM, AEAM, n. 4768, Ar. 04, Pasta 477).

Como já referido, o noivo, José Caetano Rodrigues Horta, e o pai da noiva, o guarda-mor Maximiliano de Oliveira Leite, constavam da lista dos mais ricos moradores das Minas elaborada em 1756 pelo Provedor da Fazenda Domingos Pinheiro, cumprindo ordens vindas diretamente do Conselho Ultramarino (AHU, MG, cx. 70, doc. 41).[15] José Caetano era filho do Cavaleiro Fidalgo da Casa Real, coronel Caetano Álvares Rodrigues e de D. Francisca Paes de Oliveira. O processo de dispensa de consangüinidade dos noivos se iniciara ainda em vida dos pais do noivo. No entanto, logo no ano seguinte José Caetano ficaria órfão e passaria a viver em casa do tio, pai de sua noiva.

Boa avaliação fizera o cavaleiro da Ordem de Cristo José Caetano[16] ao lançar mão de semelhante argumento na solicitação de dispensa que enviara diretamente à Sé Apostólica em Roma. O documento com a resposta positiva de Roma está incluso no processo matrimonial, iniciado em 1749. Em uma sociedade na qual corria à solta um velho ditado que dizia "Se queres bem casar, casa com teu igual", o estranho teria sido um parecer negativo. Segundo Maria Beatriz Nizza da Silva, tal princípio de igualdade, se nem sempre foi respeitado quanto à idade, fez-se valer durante todo o Antigo Regime no que se refere à igualdade social (Silva, 1993, p. 47). Essa busca do cônjuge de igual condição foi ainda mais ferrenhamente perseguida por aqueles integrantes das camadas privilegiadas e enobrecidas da população colonial.

Era justamente esta condição de nobreza o que os noivos, José Caetano e D. Inácia, tinham de mais precioso e que eles e seus parentes se esforçariam para manter com este casamento. Nas cláusulas do pedido de dispensa de consangüinidade, os noivos aparecem descritos do seguinte modo:

> Que os oradores são pessoas principais deste bispado, nobres e de nobre geração por si e seus pais e sempre como tais se trataram, foram tidos e havidos e reputados, tanto assim, que o orador e pai da oradora são Cavaleiros do Hábito, e com a mesma insígnia foi condecorado o pai do orador.
> [...]
> Que a oradora não tem no lugar onde vive e de que é natural, sujeito igual no gênio, idade, estado e condição, com quem possa casar se não com o orador, e como mulher lhe é assaz penoso deixar a companhia de seus pais e parentes, casando fora do lugar de sua naturalidade e domicílio (AEAM, PM, n. 4.768, Ar. 04, pasta 477).

De fato, nessa família, a condição de nobreza esteve presente desde tempos mais remotos e os casamentos endogâmicos não eram uma novidade. Pelo contrário, representavam uma importante estratégia familiar praticada pelas gerações anteriores e que se perpetuaria em gerações futuras, mantendo a qualidade de nobreza do grupo e garantindo a manutenção de um patrimônio necessário para a preservação dessa condição.

O guarda-mor Maximiliano de Oliveira Leite, pai da noiva e D. Francisca Paes de Oliveira Leite, mãe do noivo, eram irmãos inteiros (Figura 2.1). Pertenciam à linhagem dos primeiros povoadores da Capitania de Minas Gerais. O próprio Maximiliano era casado com sua prima D. Inácia Pires de Arruda (Vasconcelos, 1999, p. 203). Por sua vez, os pais do guarda-mor Maximiliano e de D. Francisca Paes também eram primos. Tal situação referenda e exemplifica a prática da endogamia dentro da família e do grupo de homens ricos.[17]

No caso dessa família de homens ricos a prática dos casamentos endogâmicos se perpetuaria nas gerações seguintes garantindo sua condição de destacado relevo social. Foi assim com uma das filhas de José Caetano Rodrigues Horta e de D. Inácia. Casada em primeiras núpcias com Gregório Caldeira Brant, seu parente (Leme, 2002), Ana Joaquina de Oliveira, em 1772, daria à luz Felisberto Caldeira Brant, que teria papel de relevo na vida política do Brasil Imperial.

Quando faleceu, em 1779, o pai do futuro marquês de Barbacena, o guarda-mor Gregório Caldeira Brant, não deixara grandes posses. O total dos seus bens inventariados era de 1:972$400 (CSM, 1º Ofício, cód. 117, Auto 2.441).[18] Ainda assim, era homem de algum prestígio o que nos revela o seu título de guarda-mor, os 11 escravos com os quais se tratava e os seus bens de uso pessoal. Dentre os seus bens dados a inventário aparecem descritos: um espadim de prata rendado, fivelas de sapato de prata, esporas de prata, afogador de prata com pedras de diamantes e um laço também com diamantes. Suas vestimentas também são indicadoras do *bom tratamento* a que nessa sociedade só os homens bons tinham acesso. Dentre outras peças encontramos: uma casaca de veludo azul-claro com seu colete de cetim azul com flores brancas, um fraque de droguete encarnado escarlate com sua vestia e calção do mesmo e um colete de seda branca com suas costas de pano de linho.

Tendo ficado viúva, D. Ana Joaquina de Oliveira, reproduzindo o mesmo padrão de casamentos endogâmicos de sua família, se casou em segundas núpcias com seu primo o sargento-mor Garcia Rodrigues Paes Leme, natural do Rio de Janeiro e fidalgo da Casa Real, outro descendente direto de um dos mais célebres primeiros povoadores das Minas. É muito provável que este segundo casamento tenha sido fundamental para a boa colocação que o filho do primeiro casamento, Felisberto Caldeira Brant, alcançaria com a instalação do "Império do Brasil". Em 1826, Felisberto seria condecorado com o título de marquês de Barbacena com mercê de Carta de Brasão de Armas. Além disso, vamos encontrá-lo como um dos componentes do primeiro Conselho de estado do Brasil independente.[19] Assim como Felisberto, o seu meio-irmão, Pedro Dias Paes Leme, também receberia título de marquês de Quixeramobim e "gentil homem da Imperial Câmara".[20] Pedro também se casara com senhora de família ilustre. Francisca de Paula Lis Furtado de Mendonça, sua esposa, era filha do senador Jacinto Furtado de Mendonça.

Voltando ao enlace de José Caetano e D. Inácia, razões estritamente econômicas também informavam a decisão deste casamento entre primos. Outra justificativa utilizada para a solicitação de dispensa de consangüinidade dizia respeito ao entrelaçamento nos negócios das duas famílias. Argumentavam que, como era prática comum na região das Minas, queriam também se casar:

> [...] em razão de se *acharem os bens de uma e outra casa promiscuamente juntos* por conservarem seus pais sempre sociedade e juntamente por se temerem discórdias, litígios e grandes incômodos na divisão dos ditos bens e que da mesma forma se acham concorrendo outras muitas causas.[21]

Diziam ainda que o noivo:

> [...] é tão abundante de bens que *terá melhor de 200 mil cruzados* e é filho único e universal herdeiro de seus pais já defuntos e com todos os seu bens quer casar com a oradora e sendo esta uma filha famílias, e com mais seis irmãos, a quem só pode conferir uma pequena legítima por morte de seus pais e nestes termos é sem dúvida que não pode a oradora achar melhor casamento nem homem que a estime e ampare como é o orador (AEAM, PM, n. 4.768, Ar. 04, pasta 477).

As duas casas eram possuidoras de bens avultados. Em 1725, o pai do noivo, o coronel Caetano Álvares Rodrigues, aparece no livro dos Quintos da Freguesia de São Sebastião como o maior possuidor de escravos daquela localidade, oitenta cativos (AHCMM, Registros de Quintos Reais, cód. 150). Pela estimativa da fortuna herdada por José Caetano, referida no trecho acima, é de se supor que os bens de seu pai se conservaram ou até mesmo aumentaram desde o ano de 1725.

Possuía registradas em seu nome pelo menos três sesmarias. A primeira datada de 1737 se localizava no caminho Novo dos Goiases. Em 10 de maio de 1746 foi registrada uma sesmaria nas cabeceiras do Córrego de São Bento da Freguesia do Sumidouro e em 1749 outra também no Sumidouro. Nesta última era sócio com o cunhado Maximiliano (RAPM, ano XXXVII, v. II).

Por sua vez, o guarda-mor Maximiliano de Oliveira Leite, pai da noiva, também não era homem de poucos recursos. No período de 1752-1754, o guarda-mor aparece como segundo maior pagador de dízimos da capitania, desembolsando 550 oitavas pela sua produção (APM, CC 2039, 1752-4).[22] Na lista elaborada pelo ouvidor do Serro Frio, José Evangelista Sarmento, em resposta às mesmas ordens do Conselho Ultramarino, Maximiliano aparecia como possuidor de 150 mil cruzados (AHU, RJ, Ca, cx. 84, doc. 19.524). De fato este era um homem de grande cabedal para as Minas do século XVIII.

Maximiliano teve registradas pelo menos duas sesmarias de terras em seu nome. Aquela já referida em que era sócio com seu cunhado, e outra localizada nas freguesias do Sumidouro e Furquim do termo de Mariana (RAPM, ano XXXVII, v. II).

Os dois cunhados, pais dos noivos, foram sócios de Manuel Ribeiro dos Santos no contrato de arrecadação dos dízimos da capitania de Minas Gerais no triênio de 1744-1747. O valor da arrematação desse contrato chegara à quantia de 276:113$430. Posteriormente, no período de 1761 e 1762, José Caetano também investiria neste tipo de negócio atuando como sócio de João de Souza Lisboa em diversos contratos[23] (Araújo, 2002, cap. IV).

Ou seja, a união entre José Caetano e D. Inácia Maria cumpria uma dupla função dentro das estratégias sutil e habilmente tecidas por suas famílias. Ao mesmo tempo em que reforçava a condição de nobreza presente desde tempos *imemoriais* no seio da família também mantinha unido o amplo cabedal construído pela sociedade de muitos anos existente entre os pais dos noivos. Evitava-se assim, a dispersão daquele patrimônio fora da casa.

Tal estratégia parece ter surtido efeito pelo menos no que diz respeito à não dispersão dos bens. No seu testamento datado de 1760, além das dívidas ativas que possuía, Maximiliano declarava ter vendido todos os seus bens para o seu filho e por isso era possuidor de "uma escritura de 82 mil cruzados, que me é devedor o meu filho o Dr. Francisco Paes de Oliveira Leite" (CSM, 1° ofício, L. 69, fl. 3),[24] a ser paga em 30 anos. Dizia que, como o que possuía era em virtude daquela escritura, e era com ela que seriam quitadas suas dívidas e legados, deixava também estipulado o tempo de 30 anos para que seus testamenteiros cumprissem suas disposições testamentárias. A escritura foi feita pouco antes de seu falecimento. Assim, na prática, isso significava que, por ocasião da realização do inventário e da partilha, o que haveria de ser repartido entre os herdeiros seria aquela dívida a ser paga em longos anos e não os bens móveis e imóveis da casa.

A prática de vender todos os bens para um dos membros da família funcionava como uma estratégia bem-sucedida de impedir a dispersão dos bens quando da morte do patriarca, principalmente em uma sociedade como a das Minas do século XVIII na qual grande parte dos bens das famílias estava sempre debaixo de grandes empenhos.[25] Tão bem-sucedida foi esta estratégia que, em 1815 quando foi aberto o processo de inventário de José Caetano Rodrigues Horta e de sua esposa, seu filho homônimo que fazia as vezes de inventariante dava notícia de que ele e os demais herdeiros de seu pai:

> [...] citaram o tio dr. Francisco Paes de Oliveira Leite por um libelo cível em que lhe pedem como herdeiros do avô dele inventariante e mais herdeiros, o Guarda-Mor Maximiliano de Oliveira Leite o melhor de 80 mil cruzados ou o que melhor constar da ação perpetrada no juízo de órfãos da mesma cidade de Mariana.
>
> [...] como é falecido o seu tio dr. Francisco Paes de Oliveira Leite o qual conservou-se sempre em posse dos bens do casal do pai dele e avós dele inventariante guarda-mor Maximiliano de Oliveira Leite sem dar partilhas ao pai dele inventariante o que é provável que agora suceda visto que aquele tio é falecido e representa o primo dele inventariante o Capitão-Mor José Álvares Maciel herdeiro do mesmo tio comum e de necessidade fará inventário e que nesta ocasião não terá remédio senão fazer partilhas dos bens que se acham inventariados no juízo de órfãos de Mariana que se achavam e se acham pelo indiviso, será provável que então saia algum quinhão ao inventariante por parte dos seus pais e avós [...] (CSM, 1º ofício, cód. 133, auto 2.778, 1815).[26]

Pelo inventário de José Caetano Rodrigues Horta fica claro também que o guarda-mor Maximiliano, como tutor que fora deste sobrinho e genro, utilizara os recursos da herança de Caetano Álvares Rodrigues para fazer negócios com vários de seus outros genros e, portanto, devem ter passado por aí as negociações para a realização do casamento das filhas. Segundo seu neto inventariante, seria necessário nesta ocasião fazer vários acertos decorrentes destas transações realizadas há mais de meio século e pendentes ainda então. A dívida mais significativa era a de José Álvares Maciel, já referida anteriormente no testamento do próprio guarda-mor Maximiliano, datada de 1749, portanto antes mesmo da contratação do matrimônio com a sua filha. Dizia o inventariante:

> [...] que em seu poder para um recibo pelo qual se obriga o falecido Capitão-Mor José Álvares Maciel, tio dele inventariante, de 1749, da quantia de 39.361 oitavas de 1$500 pertencentes a herança de seus pais e recebidas da casa do seu avô dele inventariante, o Coronel Caetano Álvares Rodrigues (CSM, 1º ofício, cód. 133, auto 2.778, 1815).

Quando somamos os vários outros créditos descritos neste processo em que José Álvares Maciel aparecia como devedor temos a avultada quantia de 88:710$564. Uma destas dívidas existente com José Álvares Maciel nos sugere que, seguindo os caminhos do tio e tutor, o próprio José Caetano Rodrigues Horta continuou a fazer negócios diretamente com José Álvares no que diz respeito aos contratos que aquele administrava. O inventariante relatava que além de outras dívidas:

> [...] o pai dele inventariante era sócio interessado nos lucros do contrato dos fulanos Veigas, o qual foi administrado pelo Capitão-Mor tio dele inventariante e não sabe se houve lucro ou perda no dito contrato e a ele herdeiro inventariante não tem sido possível obter dos herdeiros do mesmo Capitão Mor liquidação das parcelas (CSM, 1º ofício, cód. 133, auto 2.778, 1815).

Talvez essas avultadas quantias de que era devedor o capitão-mor José Álvares Maciel e agora os seus herdeiros expliquem por que o dr. Francisco Paes deixou instituídos como seus universais herdeiros somente os sobrinhos filhos de sua irmã Juliana e deste seu cunhado (CSM, 1º ofício, L. 1, p. 66 v.).[27] Tendo ficado em posse dos bens do seu pai, é possível que avaliasse que os deixando como herdeiros poderia minimizar as grandes perdas que teriam quando da realização da partilha daqueles bens e dos acertos das dívidas que até então haviam ficado em suspense.

Outro genro de Maximiliano que aparece descrito no inventário de José Caetano é Leonel de Abreu Lima. Uma das dívidas era composta por um crédito que se achava em mãos do inventariante cujo valor "com juros e principal anda na quantia de 15 contos e tanto" (CSM, 1º ofício, cód. 133, auto 2.778, 1815). Ainda neste processo o inventariante informava que no mesmo processo que movia contra o tio dr. Francisco Paes, como inventariante do avô Maximiliano:

> [...] pede-lhe 16:000$000 e seus juros de uma escritura que devia e deve o falecido Capitão Leonel de Abreu Lima e sua mulher D. Maria Inácia e hoje seus herdeiros [...] que se acham obrigados pela mesma escritura a não venderem nem alcançarem enquanto não satisfizessem a dita quantia e seus juros, o avô dele inventariante o Guarda-Mor Maximiliano de Oliveira Leite, e como ele inventariante o pede pela dita causa que em Mariana se acha perpetrada contra o dito Dr. Paes como herdeiro do Guarda-Mor que, como tutor do falecido pai dele inventariante, sem licença do juízo fez aquele empréstimo a seu genro dito Capitão Leonel [...] (CSM, 1º ofício, cód. 133, auto 2.778, 1815).

Ou seja, estes empréstimos haviam sido realizados pelo guarda-mor Maximiliano aos seus genros quando administrava os bens do falecido coronel Caetano Álvares, com quem tinha seus negócios *promiscuamente juntos*, e não haviam sido quitados quando de seu falecimento em 1760, permanecendo pendentes para serem acertados pelos netos do guarda-mor. Em seu testamento declarava também que todos os seus genros haviam sido inteirados de seus dotes, menos seu sobrinho José Caetano Rodrigues Horta. Provavelmente esses empréstimos feitos aos genros faziam parte dos tratos de dotes.

Finalmente, é importante observar que essas ações impetradas pelo filho de José Caetano e neto de Maximiliano, pretendendo reaver os bens que se julgava no direito de receber, só são movidas depois de falecido o tio que ficara como o gestor dos bens da casa do avô. Essa situação parece indicar que, pelo menos até aquele momento, havia um reconhecimento por parte dos demais membros da família da legitimidade da gestão e condução dos bens da casa por aquele que havia sido o escolhido pelo patriarca, no caso, pelo guarda-mor Maximiliano de Oliveira Leite. Só quando esta figura desaparece é que os herdeiros se dão o direito de recorrer à justiça para reaver parte dos bens de que eram os herdeiros legítimos. Ou seja, essa família partilhava uma forte noção de casa.

3.1.2 Unindo-se aos conterrâneos e sócios: o capitão-mor José da Silva Pontes

O capitão-mor José da Silva Pontes era natural de Santo Amaro, filho único de Francisco da Silva de Carvalho e Costa e de D. Inês Domingues de Pontes. Neto de Diogo da Silva de Carvalho, natural de Lisboa e de Paula da Costa. Seu avô era descendente da "ilustre casa dos Senhores de Veiros do reino de Portugal" (Leme, 2002, v. 8, p. 251/252, v. 4, p. 719).

Seu pai, Francisco, ausentou-se para as Minas de onde só voltou quando faleceu sua mulher, em 1719, em Santo Amaro. Segundo Silva Leme, José da Silva Pontes atuou como "Guarda-Mor das Minas do Inficionado e de Catas Altas, e foi senhor de muitas lavras minerais em Minas Gerais" (Leme, 2002, v. 8, p. 252). José da Silva foi mais um dos parentes nomeados por Garcia Rodrigues para atuar como guarda-mor.

Em 1749, encontramos o registro do seu processo para receber o hábito da Ordem de Cristo (ANTT, HOC, Letra J, mç. 100, n. 10). Inicialmente surgiu-lhe um impedimento por não constar a "[...] naturalidade de seu avô paterno e só no lugar em que vivo foi conhecido e bem reputado na limpeza do sangue". Mediante o seu pedido de dispensa de tal impedimento recebeu parecer positivo por ter sido seu avô conhecido "por nobre e limpo" e não ter outro impedimento. A mercê do hábito fora-lhe concedida por serviços prestados por seu tio, José Gomes Gamboa, no posto de tenente e depois de capitão da infantaria na corte e Província da Estremadura e Alentejo por espaço de 17 anos, 11 meses e 4 dias (27 de setembro de 1723 até 31 de agosto de 1741).

Entre 1757 e 1775, José da Silva Pontes ocupou o cargo de capitão-mor das Ordenanças de Vila do Carmo no qual seria substituído pelo seu filho homônimo (Costa, 2005, p. 57, e AHU, MG, cx. 108, doc. 45). O cargo de capitão-mor era o mais elevado na hierarquia militar e conferia a seu ocupante nobreza vitalícia. Era função que só as pessoas principais de uma determinada localidade poderiam ocupar. Além do caráter nobilitante desta função é preciso considerar que na América, sobretudo na capitania das Minas, os postos superiores das ordenanças representavam uma das precondições para o efetivo exercício do poder de mando. Segundo Ana Paula Pereira Costa era definido pelo próprio regimento das Ordenanças de 1570 que estes oficiais tinham enorme poder de escolha das pessoas aptas e não aptas para o serviço militar, situação que definia para estes oficiais "uma rede de influências muito importante sobre os habitantes das localidades onde se instituíam, pelo conhecimento detalhado da população e pela autoridade de impor-lhes o treino militar" (Costa, 2005, p. 45).

Silva Pontes casou-se em Minas com Mariana Dias Paes,[28] filha de Maximiliano de Oliveira Leite e D. Inácia de Arruda Pires. Tiveram naturais das Minas quatro filhos: o capitão-mor José Pires da Silva Pontes de Carvalho casado com Valentina Ferreira Leal, filha e neta dos homens ricos Manuel Brás Ferreira e José da Silva Soares Brandão, respectivamente; dr. Antônio Pires da Silva Pontes Leme, casado com Catarina de Souza Malheiros natural de Portugal; D. Inácia Feliciana, casada com o capitão-mor João Batista dos Santos Araújo e D. Maria Catarina casada com o capitão-mor Manuel José Pereira Porto de Espínola (ver Quadro 2.3).

No início de 1755, quando faleceu sua esposa D. Mariana, na Freguesia do Inficionado do termo de Mariana, os quatro filhos do casal ainda eram todos menores, com idades variando entre 1 e 7 anos. O patrimônio do casal somava 23:363$942, dentre os quais se avaliavam os 131 cativos e as várias propriedades do casal (CSM, 2º ofício, cód. 122, auto 2.451, 1755).[29] O casal vivia com "todo luzimento" dispondo de muitas jóias de ouro, dentre as quais "um hábito de ouro grande de cavaleiro da Ordem de Cristo e dois hábitos mais pequenos", talheres de prata, pratos de estanho, chocolateira de cobre e louças da Índia. D. Mariana trajava-se da forma mais refinada que o viver nas Minas permitia. Possuía muitos vestidos e saias: de veludo e de droguete preto, de camelão roxo, de seda preta, de lemiste de luto, dentre outros. Guarda-pó de seda, um par de sapatos novos de veludo bordado, vários mantos, capas, capotes, casacas, casaquinhos e macaquinhos também estavam entre seus bens de uso pessoal. Entre os bens da casa destacavam-se as toalhas e guardanapos de linho e de renda, os cortinados de seda e de damasco e os vários lençóis e fronhas de linho (CSM, 2º ofício, cód. 122, auto 2.451, 1755).

Entre as várias propriedades que possuíam, a mais valorizada era a fazenda situada na paragem chamada Passadez "com águas metidas" e engenho de mandioca, avaliada em 3:960$000 a parte que tocava ao casal, já que eram sócios com o alferes João da Silva Tavares. Em seguida, vinha a roça da Paciência com casa, paiol, moinho e casas para pilões, além de cinqüenta cabeças de porcos, quatro bestas maiores e um cavalo, no valor de 2:000$000. Possuíam também um sítio na Freguesia do Inficionado onde residia a família, avaliado em 1:400$000, "com suas terras minerais e águas metidas com roda, casas, senzalas pilões e moinho, tudo coberto de telha". A outra roça existente no Rio do Peixe da Freguesia de São Caetano, contava com moinho, casas e senzalas, tudo coberto de telha e alcançava o valor de 1:500$000. No arraial do Inficionado eram proprietários de uma casa coberta de telha e de quatro cavalos e uma junta de bois. Nas roças a produção era basicamente de milho, feijão, arroz e, provavelmente, de farinha, como sugere a descrição do engenho de mandioca. Na Fazenda do Passadez criavam cem cabeças de porcos e possuíam dez bestas muares e quatro cavalos, indicando a existência de uma tropa para comercialização da produção (CSM, 2º ofício, cód. 122, auto 2.451, 1755).

Finalmente, pelo valor de 2:000$000, fora avaliada a "terça parte de uma água no Itacolomi com suas terras minerais em que é sócio com o Guarda-Mor Maximiliano de Oliveira Leite e José Caetano Rodrigues Horta", respectivamente seu sogro e concunhado. Essa situação lança luz sobre a freqüente prática desta elite de entrelaçar casamentos e negócios. Em outra parte do texto, já havia chamado atenção para os bens promiscuamente juntos da casa de Maximiliano de Oliveira Leite e de seu genro, sobrinho e afilhado, José Caetano Rodrigues Horta (CSM, 2º ofício, cód. 122, auto 2.451, 1755).

Em 1758, encontramos José da Silva Pontes como integrante do Senado da Câmara de Mariana, ao lado de José da Silva Soares Brandão cuja neta se uniria ao seu filho José Pires da Silva Pontes (AHU, MG, cx. 162, doc. 25). Não sabemos a data exata, mas é certo que em 1775 já era falecido (AHU, MG, cx. 108, doc. 45), e deixara todos os seus quatro filhos bem encaminhados. Como referido anteriormente, todos eles se casaram.

Seu primogênito, José Pires da Silva Pontes viveu e morreu no termo de Mariana de onde era natural. Assim como o pai, também atuaria como capitão-mor desta freguesia. O cargo que o pai ocupara vitaliciamente lhe fora transmitido não sem provocar alguma discórdia na região. Segundo reclamação do sargento-mor João da Silva Tavares dirigido ao Conselho Ultramarino, ao falecer o capitão-mor José da Silva Pontes e querendo a câmara proceder à eleição, o corregedor da comarca passou a intimidar os senadores em nome do capitão-general Antônio Carlos Furtado de Mendonça para que votassem em primeiro lugar no filho homônimo do falecido capitão-mor para o cargo. Por ocupar o posto de sargento-mor, João da Silva se considerava o candidato natural ao cargo até porque era "pessoa muito rica e abastado de bens, que sempre se tratou à lei da nobreza", ao passo que o filho do falecido capitão nada tinha de seu (AHU, MG, cx. 108, doc. 45). Além disso, relatava que, naquela ocasião, o candidato servia em praça de cadete nas tropas pagas do Regimento de Dragões de Vila Rica, portanto, nomeá-lo para este posto seria contra as determinações reais que definiam que das tropas pagas não saísse nenhum indivíduo para as ordenanças (AHU, MG, cx. 108, doc. 45). As súplicas do sargento-mor não surtiram efeito e José da Silva Pontes foi provido no cargo que fora do seu pai. Provavelmente os bons contatos da família com as autoridades régias, mais especificamente com o corregedor e com o governador tenham sido os responsáveis pelo desenlace do caso. Como já viemos demonstrando, a proximidade e colaboração desta família com as autoridades régias não era fato recente, vinham sendo construídas desde as gerações anteriores.

José Pires casou-se com D. Maria Valentina, filha do advogado e homem rico dr. Manuel Brás Ferreira. É possível que o considerável legado que Manuel Brás deixara para a filha tenha contribuído para facilitar esta união. No ano de 1787, além da legítima que de direito lhe pertencia por morte do pai, D. Maria Valentina foi contemplada com toda a terça deixada pelo pai em testamento. Quando foi feito o inventário do pai a legítima e a terça do pai somavam 4:753$140 (CSM, 1° ofício, cód. 114, auto 2.368, 1787).[30] Em 1800, ao falecer, José Pires estava com aproximadamente 52 anos e deixava três filhas e dois filhos com idades entre 7 meses e 11 anos de idade. Seu monte-mor era de 16:452$392. Embora sua fortuna fosse bem inferior à dos seus pais quando falecera sua mãe em 1755, José Pires era homem bem aquinhoado para os padrões das Minas. Era senhor de 75 escravos e possuidor de uma fazenda na paragem da Paciência, três sítios com terras minerais e de cultura, um serviço de lavra coberto, várias datas de terras minerais, duas sesmarias na Freguesia de Guarapiranga que se achavam "infestadas dos índios botocudos" e uma morada de casas no Largo da Sé (CSM, 1º ofício, cód. 156, auto 3.264, 1800).[31]

Diferentemente de seu irmão, Antônio Pires da Silva Pontes Leme, o segundo filho, foi para Coimbra onde, em 1769, iniciou os estudos na universidade. Foi cavaleiro professo de São Bento de Aviz, capitão da Real Armada e governador da capitania do Espírito Santo. Em 1799, tirou em Lisboa o brasão de armas que era o mesmo dos Horta e foi registrado no cartório da nobreza. Casou-se com Catarina de Souza Malheiros, natural de Portugal de quem teve um único filho natural da Bahia: o conselheiro e desembargador Rodrigo de Souza da Silva Pontes (Leme, 2002, v. 8, p. 251-55). Segundo Silva Leme, o dr. Rodrigo de Souza faleceu em Buenos Aires onde era ministro plenipotenciário do Brasil.[32]

D. Inácia Feliciana, terceira filha do capitão-mor José da Silva Pontes e de D. Mariana Dias Paes, casou-se com o também capitão-mor, João Batista dos Santos Araújo. Assim como sua irmã, D. Maria Catarina, última filha do casal, se uniu em matrimônio ao capitão-mor Manuel José Pereira Porto de Espínola, de quem teve dois filhos: Mariana e o major Manuel José Pires da Silva Pontes. Este último se casou com sua prima Mariana Rodrigues Horta, neta de José Caetano Rodrigues Horta e bisneta de Maximiliano de Oliveira Leite, de quem teve dois filhos. Reproduzindo a mesma antiga e recorrente estratégia familiar, um de seus filhos, Manuel Dias Paes Leme, casou-se com sua prima Maria Freire de Andrade, neta de José Álvares Maciel e bisneta de Maximiliano de Oliveira Leite.

A escolha de José da Silva Pontes como genro não foi aleatória. Assim como José Caetano, o primeiro genro analisado, este homem era filho único de uma família abastada e de prestígio de quem o guarda-mor Maximiliano era vizinho e sócio. Tratava-se aqui de garantir a manutenção dos bens econômicos e simbólicos da casa.

Demonstrando a preocupação em reforçar os laços de solidariedade familiar mais cotidianos, D. Mariana e José da Silva Pontes, escolheram para padrinhos de seus filhos vários familiares. D. Inácia de Arruda Pires, casada com Custódio de Sá Ferreira, batizou o primogênito José Pires da Silva Pontes. O cunhado coronel Caetano Álvares foi padrinho do futuro homem de letras Antônio Pires da Silva Pontes Leme. A avó materna, D. Inácia Pires e seu filho Francisco Paes foram padrinhos de Inácia Feliciana.

3.2 *Reforçando os laços com o reino: os genros portugueses*

3.2.1 Custódio de Sá Ferreira

Se por um lado os dois enlaces descritos anteriormente revelam a preocupação com a manutenção do patrimônio familiar, os outros três casamentos das filhas do guarda-mor indicam que era também fundamental a abertura para novos indivíduos, sobretudo que tivessem estreita ligação com o reino e com as atividades mercantis.

Outro genro de Maximiliano de Oliveira Leite era o minhoto Custódio de Sá Ferreira, nascido na Freguesia de São Martinho do Vale do Arcebispado de Braga (ANTT, HSO, mç.12, n. 169, 1751).[33] Custódio apareceu na listagem de homens ricos das Minas de 1756 sendo ali assinalado como mineiro e morador em Antônio Dias, termo de Vila Rica. Estava nessa ocasião com aproximadamente 54 anos de idade. Segundo avaliação do ouvidor do Serro Frio, João Evangelista Sarmento, Custódio era possuidor de um patrimônio que giraria em torno dos 50 mil cruzados (AHU, RJ, Ca., cx. 84, doc. 19.524).[34]

Em 1741, Gomes Freire de Andrade, então governador da capitania, "atendendo a boa informação que teve da sua capacidade e procedimento" o contemplou com o posto de capitão de ordenanças de Pé do Padre Faria, arrabaldes de Vila Rica, Freguesia de Nossa Senhora da Conceição de Antônio Dias, onde era morador. O cargo de capitão de ordenanças não lhe dava direito ao recebimento de soldo, no entanto, permitia-lhe gozar "de todas as honras, privilégios, liberdades, isenções e franquezas que em razão do mesmo posto lhe pertencerem" (ANTT, RGM, D. João V ,L. 32, fl. 24, 1741).

Custódio de Sá Ferreira estava na região das Minas pelo menos desde a década de 1730 (ANTT, HSO, mç. 12, n. 169, 1751).[35] Provavelmente, Custódio iniciara seus contatos com a região intermediando negócios de algum rico comerciante de escravos do Rio de Janeiro e as Minas. Segundo as testemunhas que depuseram no seu processo de habilitação para o ingresso na Ordem de Cristo, Custódio teria sido *nos seus princípios* comboieiro de pretos que levava para as Minas, onde os vendia. Por esta razão, a Mesa lhe julgou incapaz de ingressar na Ordem, ainda que tivesse ficado constatado que tinha "as partes pessoais e limpeza necessária". Custódio recorreu desta decisão e explicou que tal impedimento teria sido motivado pelo fato de as testemunhas

> [...] não saberem expressar a forma do trato do suplicante, por não ter sido comboieiro de pretos e só sim o de ir com os seus próprios escravos por duas vezes às Minas com fazendas que lhes conduziam as quais vendia e a maior parte dos mesmos escravos, o que bem examinado não podia induzir impedimento ao suplicante por ser negócio que naquelas terras fazem inda as pessoas que são tidas por principais [...] (ANTT, HOC, Letra C, mç. 12, n. 114, 1749).

Ainda que procurasse legitimar sua atividade, Custódio só conseguiu a aprovação depois de oferecer o donativo de "4 marinhos para a Índia" e de lembrar à Mesa ter concorrido para a obra pia. Na verdade, Custódio não obtivera a provisão do hábito como merecimento por serviços prestados à monarquia, mas desembolsando algum valor monetário por ele. Obtivera a provisão por renúncia que dele fizera D. Maria Josefa que, por sua vez, conseguira tal merecimento em respeito aos serviços prestados por seu pai, Henrique Morão Pinheiro, como médico da Câmara Real, obrados pelo espaço de 16 anos e 4 meses. Como em muitos outros casos semelhantes estudados por Fernanda Olival, D. Maria Josefa justificava a renúncia a tal mercê porque:

> [...] se achava avançada em anos e por este respeito determinada a recolher-se a um convento, desejava se verificasse a dita mercê do hábito e tença na pessoa de Custódio de Sá Ferreira *por concorrer com o que lhe era preciso para o seu recolhimento* [...] (ANTT, RGM, D. João V, L. 32, fl. 24, 1741) [grifos da autora].

De comboieiro de negros a rico minerador, como centenas de outros portugueses vindos do norte, Custódio de Sá Ferreira teve nas Minas do século XVIII a oportunidade de construir uma trajetória social ascendente. Para isso, teria grande contribuição o cargo de capitão de ordenança e o hábito da Ordem de Cristo. No entanto, Custódio coroaria sua trajetória ascendente ao casar-se com Ana Inácia de Oliveira, filha mais velha de Maximiliano de Oliveira Leite, um dos homens mais proeminentes do termo de Mariana. Com essa união, passaria a integrar uma das famílias reconhecidas pelos contemporâneos como da melhor nobreza da terra.

Do casamento com D. Ana Inácia tiveram uma única filha, D. Inácia Custódia, também nascida nas Minas e que lhe daria uma descendência de destaque no Brasil Imperial (Leme, 2002, v. 8, p. 251-255, e v. 4, p. 719).[36] Como a sua mãe, Inácia Custódia também se casou com um homem vindo de outra parte do Império. Seu marido, o capitão-mor Manuel Furtado Leite de Mendonça, era natural da Ilha de São Miguel. O casal teve duas filhas que se casaram: Mariana Manuela e Ana Casimira. Muito provavelmente seus maridos eram irmãos. O marido de Mariana era o coronel Felício Muniz Pinto Coelho da Cunha e o de Ana era o brigadeiro Antônio Caetano Pinto Coelho da Cunha (Leme, 2002, v. 4 p. 668-95). Ambos os casais permaneceram em Minas e aí tiveram sua extensa prole, grande parte dela reproduzindo o padrão de casamentos endogâmicos característico desta família há muitas gerações. Vários de seus rebentos também se projetaram na vida pública do Brasil imperial através dos matrimônios contraídos. Vejamos alguns exemplos.

Mariana Manuela e o coronel Felício tiveram nove filhos que lhes deram pelo menos 42 netos. Reproduzindo a prática familiar de casar pelo menos um dos filhos com um parente, geralmente primo, a sétima filha do casal, Emerenciana Claudomira, uniu-se em matrimônio ao seu primo capitão José de Aguiar Vasconcelos Leite de Mendonça, natural da Ilha de São Miguel, com quem teve 11 filhos. Dos seus sete filhos que se casaram, cinco celebraram bodas com parentes (Leme, 2002, v. 4, p. 668 a 695).[37]

Mariana Florinda, tataraneta de Maximiliano de Oliveira Leite, quarta filha de Mariana Manuela e do coronel Felício, casou-se com o doutor em Medicina e senador Antônio Gonçalves Gomide e com ele teve sete filhos. Duas de suas filhas se casaram com dois irmãos naturais da Inglaterra, sendo um deles vice-cônsul da Inglaterra na Bahia (Leme, 2002, v. 4, p. 668-95).

O filho homônimo do pai, Felício Muniz Pinto Coelho da Cunha, foi o primeiro marido da paulista Domitila de Castro, mais tarde marquesa de Santos e a mais célebre amante de D. Pedro I. D. Domitila, descendente da nobreza pelo lado materno (http://www.novomilenio.inf.br/santos/h0095.htm), casou-se aos 16 anos com o então oficial do 2º esquadrão do Corpo dos Dragões de Vila Rica o alferes Felício Muniz. Teve com ele três filhos sendo que um deles faleceu em menor idade. Em 1819, D. Domitila separou-se do alferes Felício e em 1824 obteve o divórcio. A partir de 1822, envolveu-se em um notório romance com D. Pedro I que prolongou-se até o segundo casamento do imperador (Faria, 2002).[38] Além dos benefícios próprios que recebeu, também a família se beneficiou da ligação de Domitila com D. Pedro. Seus irmãos se tornaram gentis-homens da Imperial Câmara e um deles casou-se com Francisca, filha de Domitila com o alferes Felício, alçando-se ao cargo de dama da imperatriz.

A outra filha de D. Inácia Custódia, Ana Casimira, casada com o brigadeiro Antônio Caetano Pinto Coelho da Cunha, também teve nove filhos naturais das Minas que lhe deram 36 netos. Pelo menos um de seus filhos se casou com uma sobrinha. Dos 36 netos, 26 se casaram. Destes 26 casamentos 11 foram realizados entre parentes (primos e tios) (Leme, 2002).

Também de Ana Casimira nasceram filhos que conseguiram ter destacado papel na vida pública do Império. Um deles, o coronel José Feliciano Pinto Coelho da Cunha casado com Antônia Tomásia de Figueiredo Neves, foi agraciado com o título de barão de Cocais e foi veador honorário da Casa Imperial. Todos os quatro filhos desta união se casaram, sendo três deles com primos. A filha Maria Carolina Pinto Coelho casou-se com o português desembargador Francisco de Lemos de Azeredo Coutinho. Este homem era filho do também desembargador João Pereira Ramos de Azeredo Coutinho, dono do Morgado de Maripicu e sobrinho do bispo-conde Francisco de Lemos, reformador da Universidade de Coimbra (cf. Capítulo 1). Os dois eram fluminenses e de uma família com um dos costados no século XVI. Temos aqui mais um casamento endogâmico já que Maria Carolina era prima do desembargador Francisco por parte do pai, vinha dos Azeredo Coutinho e Amaral da Silva (Rheingantz, v. 1, p. 147 e 150). O pai e a parentela do desembargador João Pereira Ramos e do bispo-conde foram para as Minas no início do século XVIII e depois retornaram para o Rio de Janeiro. É possível que esse casamento estivesse selando laços estabelecidos em meio à conquista das Minas.

Maria Carolina teve com o desembargador três filhos nascidos no Rio de Janeiro. O primeiro deles, Francisco de Lemos de Azeredo Coutinho, transformou-se em visconde de Aljezur por ter-se casado com D. Maria Rita de Noronha, filha natural do 6º marquês de Angeja.[39]

3.2.2 O capitão Leonel de Abreu Lima

Leonel de Abreu Lima, morador no Morro da Passagem, casado com Maria Inácia de Oliveira, é o genro de Maximiliano de Oliveira Leite sobre o qual temos menos informações. Foi o único genro do guarda-mor que não fora citado na lista de 1756.

Foi mais um dos muitos minhotos que se dirigiu para as Minas no século XVIII. Nasceu em 1703 na Freguesia de Santiago de Brandara, termo de Ponte de Lima. Era filho do cavaleiro professo da Ordem de Cristo, Bento de Melo Bezerra Rego e de sua esposa D. Francisca Coelho Marinho. Segundo os depoimentos tomados em Brandara, "é pessoa nobre das principais desta terra e o foram seu pai cavaleiro do Hábito de Cristo e seu avô paterno das principais famílias desta Ribeira". Sobre sua avó materna, que saíra da Freguesia de São Pedro de Fermaris para se casar na de

Brandara, afirmaram que era "das principais famílias deste Concelho, muito nobre e autorizada" (ANTT, HOC, Letra L, mç. 2, n. 1, 1752).

Quando, em 1752, se habilitara para professar o hábito da Ordem, estava com aproximadamente 49 anos de idade e já se encontrava casado desde 1745. Segundo José de Andrade e Moraes, Arcipreste da cidade de Mariana onde viveu por 22 anos e morador na cidade de Lisboa, Leonel de Abreu Lima "se trata com tanta nobreza que seu tratamento é dos mais luzidios daquela cidade" (ANTT, HOC, Letra L, mç. 2, n. 1, 1752).

Parece que não houve dúvidas sobre estas informações pois foi dos poucos casos de solicitação de habilitação analisados que a Mesa aprovou sem impor nenhuma restrição. Segundo o parecer final:

> [...] e de seu tratamento foi ele com muita estimação e luzimento e constante a todos ser pessoa grave e das principais da sua terra como também não havia exercitado ocupação mecânica. Hoje vive das suas lavras e antes de as ter, dos seus escravos minerarem, e que é capitão da Ordenança e tem servido os cargos honrados da República daquela mesma cidade (ANTT, HOC, Letra L, mç. 2, n. 1, 1752).

Reproduzindo uma prática comum às famílias de elite das Minas para tentar preservar intacto o patrimônio familiar, em 1778, poucos anos antes de seu falecimento, Leonel de Abreu Lima e sua esposa fizeram uma escritura de venda dos seus principais bens para o filho padre Bento Bezerra de Melo. Segundo o registro feito no cartório do 1º ofício de Mariana, o casal vendera para o filho clérigo por 12:000$000 fiados em 4 anos, "uma propriedade no Morro da Passagem com mais de 80 datas de terras minerais, 37 escravos, uma morada de casas, fábrica de minerar e ferramentas, uma sesmaria com os seus pertences, mantimentos e criações" (CSM, 1º Ofício, L. 96, p. 138).

Também ele tivera íntimas relações de negócios com o sogro Maximiliano de Oliveira Leite. Assim como Custódio de Sá Ferreira, o capitão-mor Leonel também aparece como devedor ao guarda-mor no inventário do neto José Caetano Rodrigues Horta datado de 1815. Segundo o inventariante, Leonel ficara devendo 16 contos e seus juros por uma escritura que fizera o guarda-mor Maximiliano (CSM, 1º ofício, cód. 133, auto 2.778, 1815). Leonel falecera em 1783 aos 80 anos de idade e só em 1815 cobrava-se de seus herdeiros esta dívida datada de tanto tempo, já que o guarda-mor falecera na década de 1760. Na verdade o inventariante reclamava aos herdeiros do tio dr. Francisco Paes de Oliveira Leite que ficara na posse dos bens do guarda-mor e deles nunca fizera partilha nem acerto das contas. Vê-se aí que as dívidas entre os membros desta casa permaneciam como negócios de família a serem satisfeitos só mesmo na ocasião em que alguns dos descendentes os trouxessem à tona.

É provável que Leonel e D. Maria Inácia tenham gerado 12 filhos, mas só oito chegaram à vida adulta.[40] Duas mulheres e seis homens. Dois filhos homens foram conduzidos para a carreira eclesiástica. Todos os demais se casaram e tiveram extensa prole. Pelo menos quatro filhos do casal tiveram por madrinhas suas tias (http://br.geocities.com/basededadoscastro).

3.2.3 O capitão-mor José Álvares Maciel

O último homem a contrair matrimônio na família de Maximiliano de Oliveira Leite foi José Álvares Maciel. Como já referido anteriormente, José Álvares Maciel casado com D. Juliana Francisca de Oliveira Leite, filha caçula do guarda-mor Maximiliano de Oliveira Leite, era natural da província do Minho, região norte de Portugal. Nascera na Freguesia de Lanhezes, junto ao Rio Lima. Seu pai, Francisco Alves da Cruz, e seus avós paternos eram daí também naturais e sua mãe, Antônia Maria Maciel, vivia na Freguesia de Corrilham, também vizinha do Rio Lima (ANTT, HOC, Letra J, mç. 1, n. 4).

Como muitos outros minhotos do período, Maciel saiu menino de sua freguesia depois de "ter andado nos estudos com seus irmãos". Foi para Lisboa e de lá embarcou para a Bahia, para a casa de um tio desembargador, mas aí não se deteve, indo para o Rio de Janeiro, onde também não permaneceu por muito tempo. Diziam que o tio era homem "mui poderoso e rico". Desde a década de 1720 estava estabelecido nas Minas Gerais.

Pouco antes de se ligar em matrimônio à D. Juliana Francisca e talvez como condição para fazê-lo,[41] iniciou o processo para ingressar na Ordem de Cristo. Neste processo iniciado em 1754 alguns diziam que fora caixeiro de um mercador. No entanto, várias testemunhas de boa reputação foram contundentes em negar tal condição. Em seu depoimento como testemunha neste processo, Domingos Ferreira da Veiga, cavaleiro professo na Ordem de Cristo e contratador das entradas nas Minas disse que da Bahia o tio o enviara como sócio de Alexandre Ferreira do Valle em negócios de fazenda e escravos que vendiam por partidas. Depois disso fora para a casa de Matias Barbosa da Silva e Rafael Ferreira Brandão onde ficou dois anos lhes ajudando em várias contas de contratos. Dessa casa, passou para a do próprio Domingos Ferreira da Veiga para administrar vários contratos e cobranças. Segundo o contratador:

> [...] pelo achar com capacidade ativa e diligente, o interessou consigo em alguns daqueles contratos e o presente é seu administrador e sócio das entradas de todas as Minas, tratado com gravidade e estimação (ANTT, HOC, Letra J, mç. 1, n. 4).

Luís Cardoso Metello Corte Real da Cunha, que até 1753 atuara como provedor da fazenda real em Vila Rica, afirmou que Maciel "parecia de bom procedimento [...] com tratamento com os melhores que se costumam tratar nas Minas sem defeito algum pessoal". Dizia ainda que tudo isso sabia por tratar muitas vezes com ele como caixa dos contratados "ocupação das mais honoríficas que entre contratadores há nos Brasis". Também segundo D. Gabriel Garcês e Gralha, natural da cidade do Rio de Janeiro e dela cidadão, José Álvares Maciel na administração dos contratos das entradas,

> [...] viveu sempre com toda honra e nobreza que se podia dar qualquer sujeito que honradamente agenciava a vida tratando-se não só nas ditas Minas mas também no Serro Frio por administrador do contrato dos diamantes que é contratador João Fernandes de Oliveira e, no Rio de Janeiro, ele testemunha o conheceu com muito luzimento e verdade entre todos os homens de negócio [...] (ANTT, HOC, Letra J, mç. 1, n. 4).

Todas as inquirições realizadas na terra de origem de seus avós paternos e maternos também lhe foram favoráveis. Em Lanhezes, todas as testemunhas foram unânimes em afirmar que tanto o pai quanto os avós "eram lavradores que viviam das suas fazendas muito honradamente sem outro ofício e aparentados com os melhores daquela freguesia". Em São Tomé de Corrilham os depoimentos são coincidentes em afirmar que os avós maternos eram da "principal família desta freguesia tendo filhos e irmãos abades e religiosos com bom procedimento e tratando-se nobre e honradamente com o rendimento de seus bens" (ANTT, HOC, Letra J, mç. 1, n. 4).

O fato é que, mesmo com todos estes depoimentos favoráveis, a Mesa lhe julgou inábil para ingressar na Ordem. Talvez tenha pesado contra ele o fato de não ter recebido a provisão por serviços próprios ou de seus parentes, mas sim por renúncia que nele fizera Antônio José Vergueiro "por se achar com obrigações de assumir a seu sogro e cunhados e de acudir com o sustento por estar sumamente pobre" (ANTT, HOC, Letra J, mç. 1, n. 4). Ou seja, assim como Custódio seu cunhado que também negociava, Maciel não recebera o hábito como uma graça por merecimento. A provisão do hábito fora fruto de uma negociação monetária. Ainda que reconhecesse a limpeza de sangue e a sua condição atual de "homem de grande negócio", o parecer da Mesa vinculava explicitamente o impedimento aos "seus princípios":

> [...] de suas provanças constou ter as partes pessoais e limpeza necessárias. Porém que nos seus princípios fora estudante na sua terra, donde passara para a Bahia para a casa de uns tios e estes o mandaram para as Minas com fazendas secas e alguns escravos, que nelas vendeu [...] (ANTT, HOC, Letra J, mç. 1, n. 4).

Por intermédio de seu procurador em Lisboa, José Ferreira da Veiga, Maciel recorreu da sentença argumentando que o fato de ter passado à Bahia para melhor aprender a prática dos negócios não podia lhe servir de embaraço porque "seu ser homem de negócio não o induzia, lhe não devia prejudicar a aprendê-lo, que era o que o suplicante fizera em casa de um homem de negócio de maior reputação nas Minas". Tanto era assim que esta experiência acabaria lhe permitindo tornar seu sócio em grandes negócios. Dizia ainda que seu tio não o enviaria para tal empreitada se não fosse para melhor se instruir. Finalizava oferecendo, *para facilitar*, o donativo de quatro marinheiros para as Índias. Demonstrando a maior flexibilidade que a Mesa já apresentava neste tempo com aqueles que faziam fortuna nas conquistas, seu requerimento teve sentença favorável e aos 25 de março de 1755, poucos meses antes de seu casamento, se tornara habilitado a ingressar na Ordem (ANTT, HOC, Letra J, mç. 1, n. 4).

A partir de 1761, Maciel passou a ocupar o cargo de capitão-mor das ordenanças de Vila Rica em substituição a Antônio Ramos dos Reis seu antigo ocupante que faleceu nesse mesmo ano (AHU, MG, cx. 39, doc. 67, e AHU, MG, cx. 85, doc. 34).

Além dos muitos negócios de contratos com que esteve envolvido, José Álvares Maciel foi possuidor de pelo menos duas sesmarias de terras que se encontram registradas na Seção colonial do Arquivo Público Mineiro. Em 1757, obteve uma sesmaria na paragem denominada Sítio do Tripuí e em 1761 obteve outra na paragem da Quarta Repartição, junto ao Rio Chopotó, no Ribeirão da Cachoeirinha (RAPM, n.).

José Álvares Maciel estava unido a vários homens importantes das Minas. Em 1753 assumiu o quarto contrato dos diamantes em nome de João Fernandes de Oliveira, depois deste último ter se desentendido com o seu sócio anterior, Felisberto Caldeira Brant (Furtado, 2003, p. 86). Maciel ficara administrando o contrato até setembro quando o novo intendente Tomás Robi de Barros Barreto o obrigou a entregar o cargo a João Fernandes de Oliveira, o filho, e o expulsou da Demarcação Diamantina acusando-o de má administração (Furtado, 2003, p. 101).

Em 1750 foi nomeado escrivão das execuções de Vila Rica, cargo em que foi recorrentemente provido pelo menos até 1760. Viveu também sérias complicações por seu envolvimento com o contrato das entradas das Minas de 1759 a 1761, do qual era caixa e que fora arrematado por Domingos Ferreira da Veiga, Manoel Gomes de Campos e Domingos de Oliveira Braga. Maciel fora preso e teve seus bens seqüestrados por não manter em dia os pagamentos com a Real Fazenda. Tais adversidades não fizeram com que diminuísse sua condição de homem de prestígio e riqueza o que pode ser comprovado pelo destino de seus filhos já descrito em outra parte deste texto e das suas filhas, todas casadas com homens de papel de relevo na vida pública do Brasil do século XIX e com destacada descendência (vide Quadro 2.3).

Sua ligação com a família Horta era anterior ao seu casamento com a filha do guarda-mor Maximiliano e foi com esta união reforçada. Pelo menos desde 1749 Maciel se encontrava ligado aos negócios desta família. No inventário do coronel José Caetano Rodrigues Horta e sua esposa D. Inácia, datado de 1815, o inventariante homônimo de seu pai declara haver em poder dos herdeiros de seu tio Maciel vários créditos, dentre eles um que bem demonstra o entrelaçamento nos negócios e a provável opção de casamento na família daí decorrente:

> [...] que em seu poder pára um recibo pelo qual se obriga o falecido Capitão-Mor José Álvares Maciel tio dele inventariante de 1749 da quantia de 39.361 oitavas de 1$5000[42] pertencentes a herança de seus pais e recebidos da casa do seu avó dele inventariante, Caetano Álvares Rodrigues (CSM, 1º ofício, cód. 133, auto 2.778, 1815).

A opção de casar D. Juliana com Maciel não fora aleatória. Além de representar um reforço dos laços com o reino, aponta também para uma clara manutenção e perpetuação de relações de negócios estabelecidas anteriormente.

Tais ligações eram também reafirmadas em diversas situações cotidianas. Em 1750, numa demonstração de confiança em sua pessoa, Maciel fora nomeado como primeiro testamenteiro por D. Francisca Paes de Oliveira, irmã do guarda-mor e casada com o coronel Caetano Álvares Rodrigues. Ao realizar seu testamento em 1760, o próprio Maximiliano de Oliveira Leite, também o nomeara como um de seus testamenteiros. Em 1761, foi padrinho de batismo de Catarina, filha de sua cunhada Maria Ignácia Paes de Oliveira e de Leonel de Abreu Lima.

4. TIRANDO ALGUMAS CONCLUSÕES

Depois desta exposição sobre os destinos dos filhos homens e dos enlaces matrimoniais das filhas de Maximiliano de Oliveira Leite, me parece pertinente concluir algumas coisas. Houve na família uma clara opção pelo celibato dos filhos homens. Como já mencionado, ambos foram enviados para serem educados na Universidade de Coimbra.

Um deles, o dr. Francisco Paes de Oliveira Leite, retornaria do reino e seria o escolhido pelo pai para gerir e administrar os bens da família. Já mencionei a escritura de venda de todos os bens que o guarda-mor fez às vésperas de seu falecimento para este seu filho. Esta era uma clara estratégia de definir um dos herdeiros como aquele que seria responsável pela gestão dos bens da casa e por evitar o esfacelamento do patrimônio que garantia o *luzimento* de todos os seus membros. Em seu testamento datado de 1810 e aberto em 1815, o dr. Francisco declarava que em função do falecimento dos pais e de estarem os seus bens muito empenhados ele se vira obrigado a abrir mão de seus interesses e vir administrar os bens do casal "em utilidade dos credores e herdeiros, como é notório e eles não o negarão" (CSM, 1º Ofício, L. 1, p. 66). Informava ainda que os lucros das terras de culturas e minerais eram destinados para a manutenção dos mesmos bens. Até esta data nenhuma partilha efetiva fora feita dos bens dos pais falecidos na década de 1760 e nem nos do seu tio Caetano Álvares Rodrigues de quem seu pai ficara como administrador.

Também não me parece aleatório o fato de um deles ter permanecido no Reino onde ocuparia importantes funções. Era importante para a estratégia familiar de projeção social ampliada ter um representante letrado fixado no centro do Império. Intermediar os negócios da família que por lá passavam, cuidar dos interesses de obtenção de recompensas pelos serviços prestados pelos seus do lado de cá do Atlântico e receber e encaminhar para os estudos sobrinhos e afilhados, eram importantes funções a serem desempenhadas para o sucesso da estratégia familiar.

A escolha dos genros de suas filhas que recaiu sobre naturais da América e do Reino não foi aleatória. Observou um claro sistema de diversificação das ligações, casando-se duas das filhas com conterrâneos e parentes e as outras três com estrangeiros, vindos do Reino. Esta estratégia garantia por um lado a manutenção dos bens já existentes na casa e até o seu acrescentamento, fosse no que diz respeito aos bens materiais ou simbólicos. Por outro lado, ao se ligarem a indivíduos vindos de fora, reforçava-se os laços com o reino, fundamental para aqueles que pensassem em se projetar para fora dos limites das Minas. Considerando que pelo menos dois destes genros estiveram ligados às atividades mercantis de relativo vulto, é de se supor que a família pensava nos ganhos econômicos que aqueles indivíduos poderiam representar para a casa na medida em que intermediassem seus investimentos nos negócios de contratos e de comércio de negros. Esta prática de diversificação dos enlaces matrimoniais não foi uma exclusividade dos filhos de Maximiliano. Na geração anterior a mesma opção pela conjugação de casamentos dentro da família, com conterrâneos e também com portugueses pode ser verificada (Figura 2.1). Também não acabou na geração dos seus filhos tal prática. Quando observamos as Figuras 2.3 a 2.7, que apresentam alguns dados sobre os casamentos dos filhos e dos netos do guarda-mor Maximiliano, verificamos que o padrão se repete, com a realização de vários casamentos endogâmicos ao mesmo tempo que se praticava uma abertura para novos membros (cf. Capítulos 1 e 9).

Observando o Quadro 2.4, a primeira observação que salta aos olhos é o fato de que todos os genros de Maximiliano de Oliveira Leite eram, ou seriam depois de casados, Cavaleiros da Ordem de Cristo e detentores dos mais altos postos das forças militares nas Minas. Quatro deles integravam as ordenanças e um deles a Cavalaria Auxiliar. Não é necessário me alongar sobre a importância destes títulos e funções para a definição do lugar social dos indivíduos nesta sociedade e para a definição do seu poder de mando. Assim como Maximiliano de Oliveira Leite e Caetano Álvares Rodrigues, quatro dos genros do guarda-mor também ocuparam cargos nas câmaras das localidades em que viviam (Mariana e Vila Rica). Somente José Caetano Rodrigues Horta não chegou a integrar a vereança, muito provavelmente em função dos constantes deslocamentos que seu posto de coronel das forças auxiliares implicava. Dois deles, justamente os naturais da América, José da Silva Pontes e José Caetano Rodrigues Horta atuaram como guardas-mores. José Álvares Maciel fora escrivão das execuções de Vila Rica. Ou seja, todos eram homens que ocuparam o topo da hierarquia econômica mas também das funções políticas das localidades em que se estabeleceram. Ao escolhê-los para genros, Maximiliano preservava o poder de mando que a família possuía desde os tempos iniciais da ocupação da região.

Excetuando José Caetano e D. Inácia Maria, que se casaram com a mesma idade, todos os outros casais apresentavam grande diferença de idade entre os cônjuges. Seguindo o padrão geral predominante para os demais homens ricos das Minas, os noivos tinham em média 22 anos a mais que suas esposas. Eram homens que se casaram depois de cumprirem uma trajetória de acumulação de bens econômicos relativamente bem-sucedida o que aponta para a prática da exogamia como uma importante estratégia daqueles que compunham a nobreza da terra de abertura para outros setores sociais visando garantir a manutenção e o aumento do poder concentrado na família ao mesmo tempo em que garantia a boa situação econômica das filhas. Nesse aspecto, a região analisada difere da situação do Rio de Janeiro analisada por João Fragoso no capítulo anterior. É possível que tal diferença se assente no fato de Minas do século XVIII ser uma sociedade ainda em formação, ao passo que o Rio de Janeiro já se constituía como uma sociedade mais decisivamente estruturada. Para os homens que se uniram a estas moças o casamento representava antes de mais nada uma oportunidade imediata de aumentar seu prestígio já que estavam se ligando a uma das mais nobres famílias de primeiros povoadores das Minas Gerais, "pessoas principais deste bispado, nobres e de nobre geração" (AEAM, PM, n. 4.768, Ar. 04, pasta 477).

Existia entre os membros dessa família uma forte noção de casa e linhagem, o que pode ser verificado de forma contundente no processo de casamento de José Caetano Rodrigues Horta, nos diversos processos de solicitação de mercês dos filhos e netos do guarda-mor, e até mesmo na transmissão de nomes dados aos descendentes. Se observarmos bem as figuras apresentadas em anexo, desde a geração de Francisco Paes de Oliveira Horta, pelo menos um dos filhos homens recebia o nome do pai ou do avô paterno. Vários outros recebiam os nomes dos tios ou avós ilustres.

A análise das estratégias e práticas familiares de Maximiliano de Oliveira Leite e seus aparentados se adequa perfeitamente à noção de casa expressa por António Manuel Hespanha para compreender a célula básica de exercício do poder político nas sociedades de Antigo Regime. Nessas sociedades, o político não se distinguia das relações econômicas, estando, pelo contrário, inscrito mesmo na sua unidade socioeconômica básica, a casa. Segundo Hespanha, na casa:

> [...] o chefe [...] é, ao mesmo tempo, o titular de poderes de direcção sobre os agentes produtivos (os membros da família, na sua acepção de consanguíneos, agnados e serviçais), poderes que a teoria da época designava por poderes "econômicos" (i.e., relativos à casa, oikos), mas que coenvolviam atribuições que hoje designamos de "políticas" (Hespanha, p. 33).

Assim também agiam os principais personagens aqui analisados. O coronel Caetano Álvares Rodrigues e o guarda-mor Maximiliano de Oliveira Leite foram os grandes organizadores de sua extensa casa que congregava cunhados, sobrinhos, filhos, genros, uma ampla gama de aparentados e também de escravos.[43] Habilmente atuaram definindo os papéis e os deveres de cada um, ao mesmo tempo em que tratavam de proteger e amparar a todos. Por terem sido bem-sucedidos, vários de seus descendentes conseguiram se projetar na estrutura política do Império Português e do Brasil Império. Mas para isso, também foi fundamental a base política local que outros seus aparentados continuaram a manter em suas regiões de origem.

Figura 2.1
Filhos de Mariana Paes Leme e Francisco Paes de Oliveira Horta

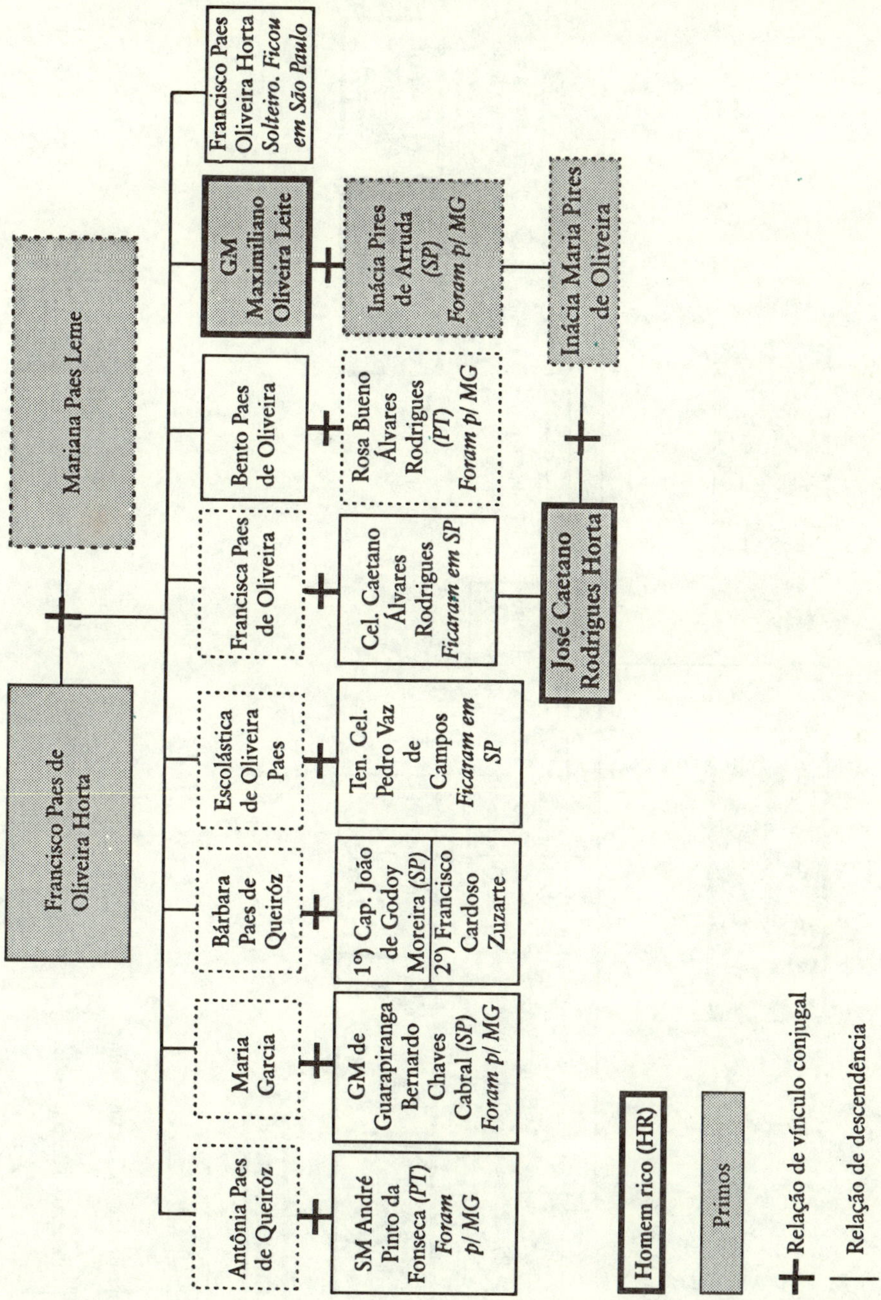

Figura 2.2
Entrelaçamentos familiares
Tronco de Maximiliano de Oliveira Leite

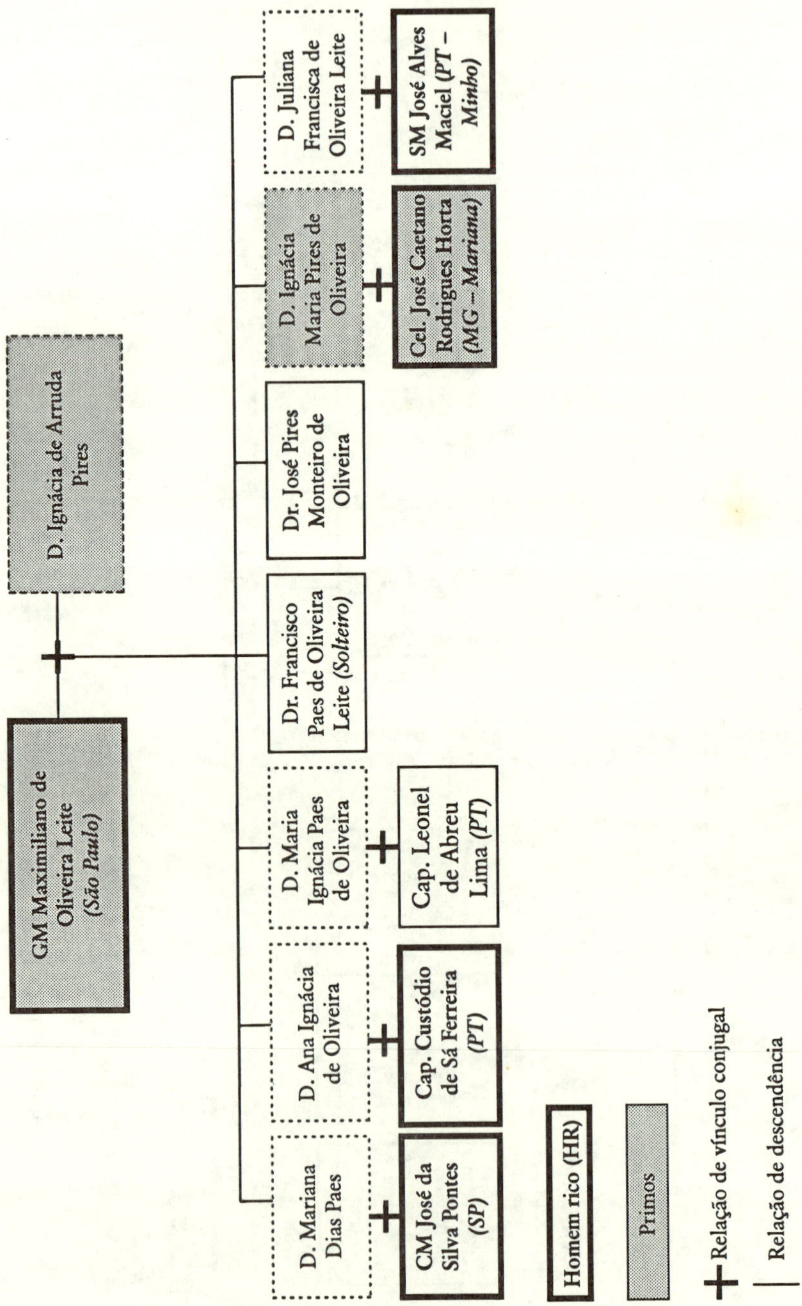

Figura 2.3
Netos de Maximiliano de Oliveira Leite
Filhos de D. Mariana Dias Paes

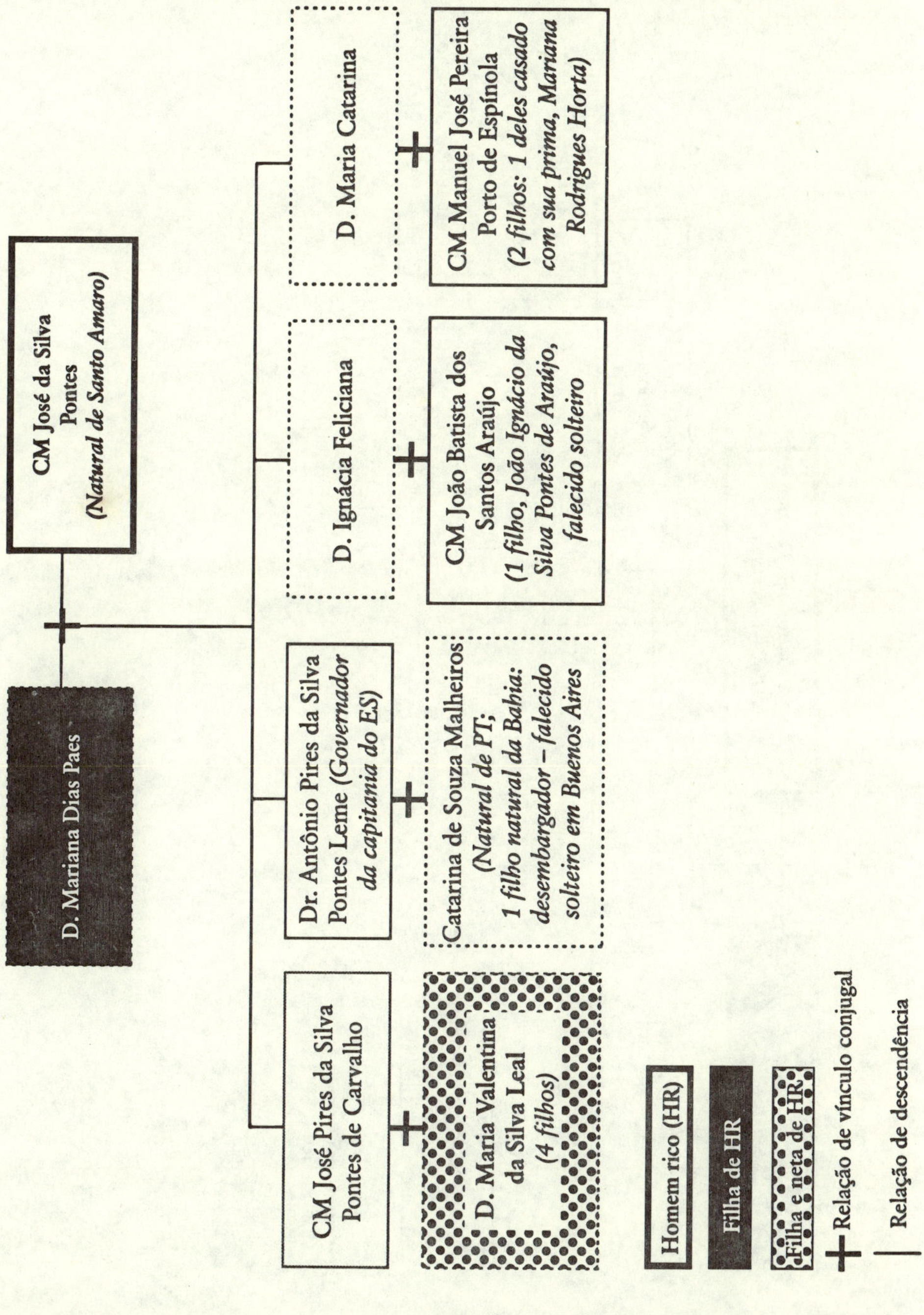

Figura 2.4
Netos de Maximiliano de Oliveira Leite
Filhos de D. Ana Ignácia de Oliveira

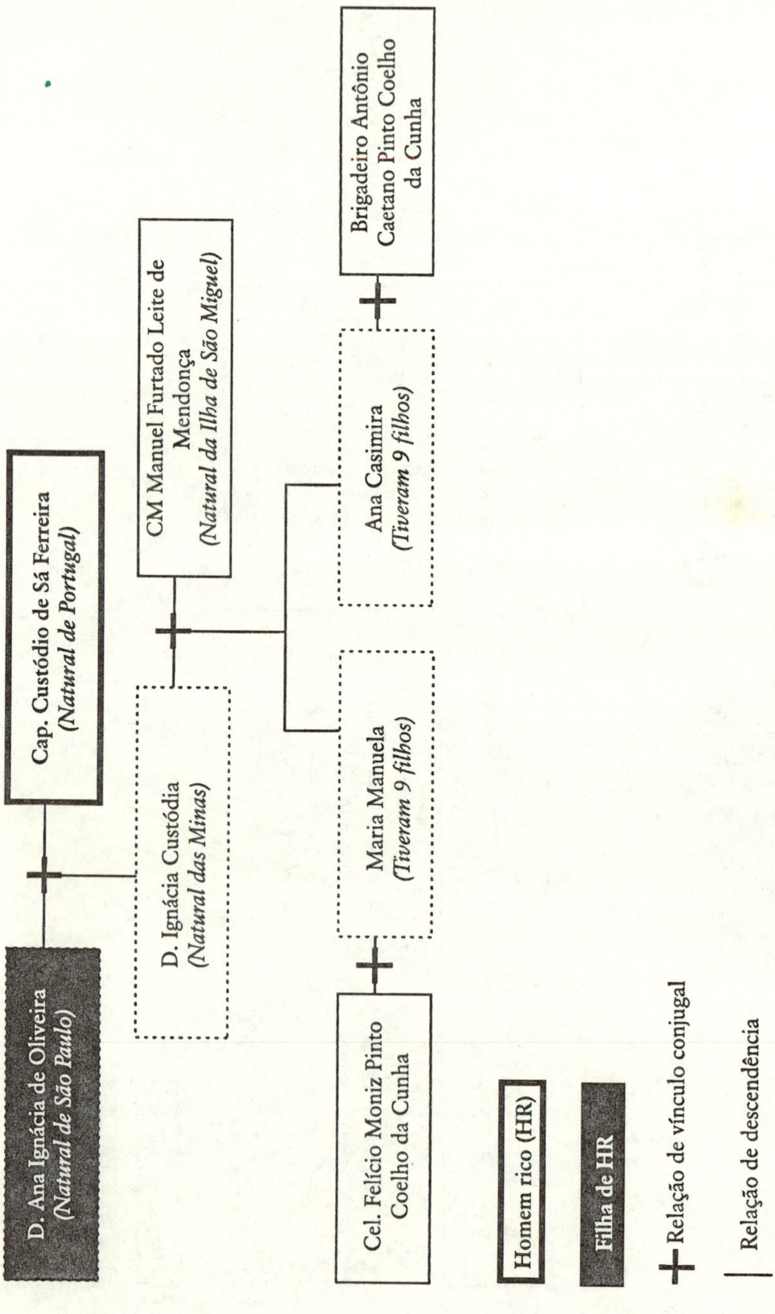

Figura 2.5
Netos de Maximiliano de Oliveira Leite
Filhos de D. Maria Ignácia Paes de Oliveira

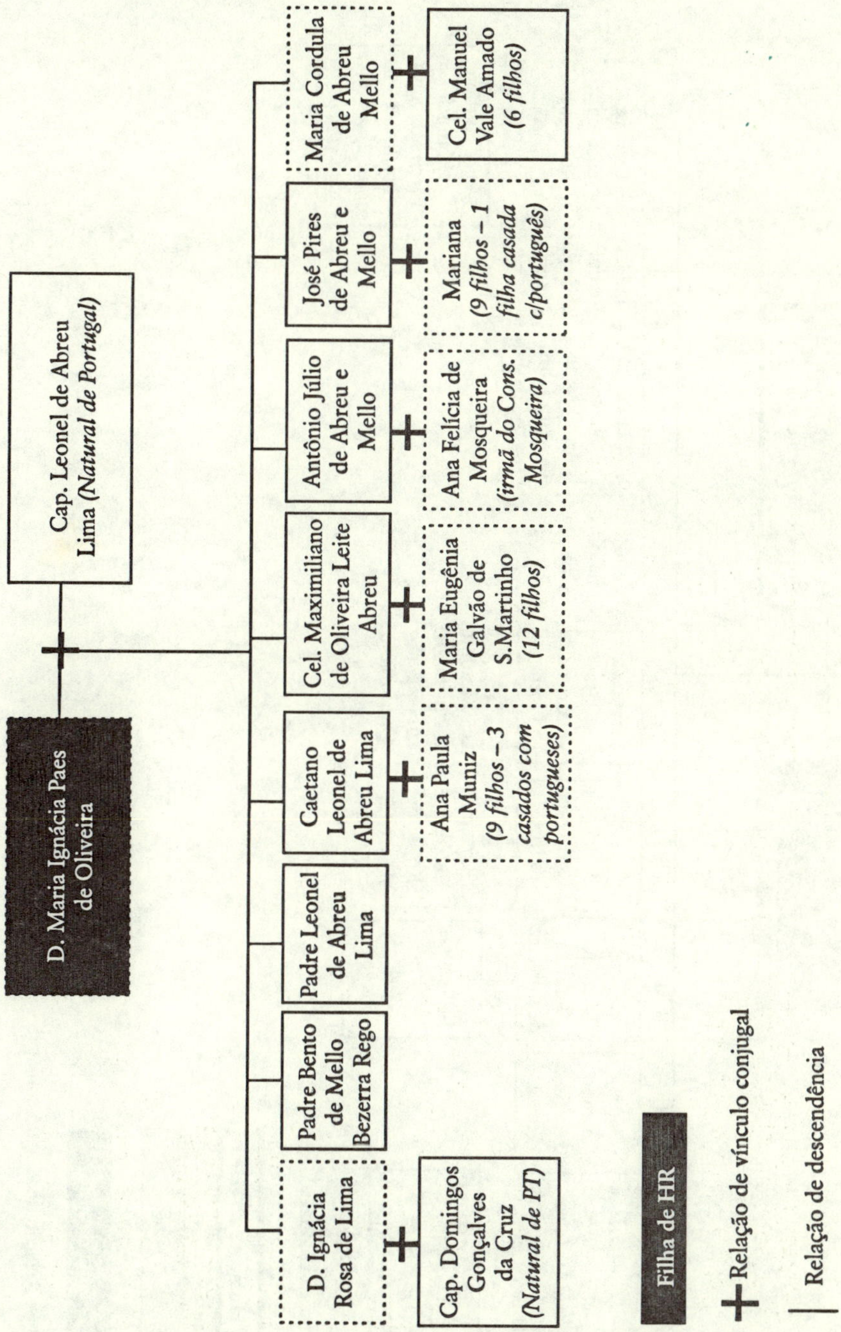

Figura 2.6
Netos de Maximiliano de Oliveira Leite
Filhos de D. Ignácia Maria Pires de Oliveira

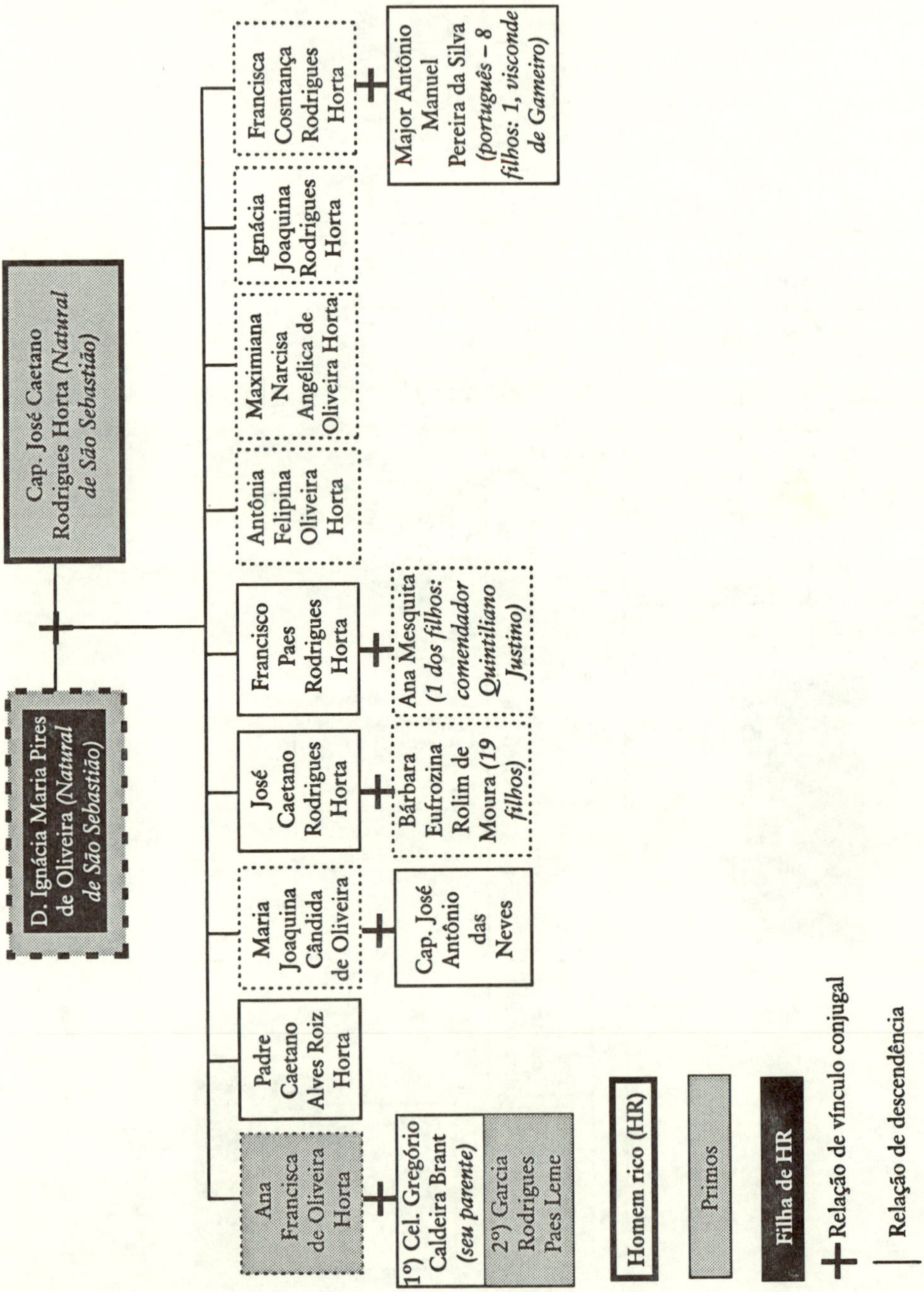

Figura 2.7
Netos de Maximiliano de Oliveira Leite
Filhos de D. Juliana Francisca de Oliveira

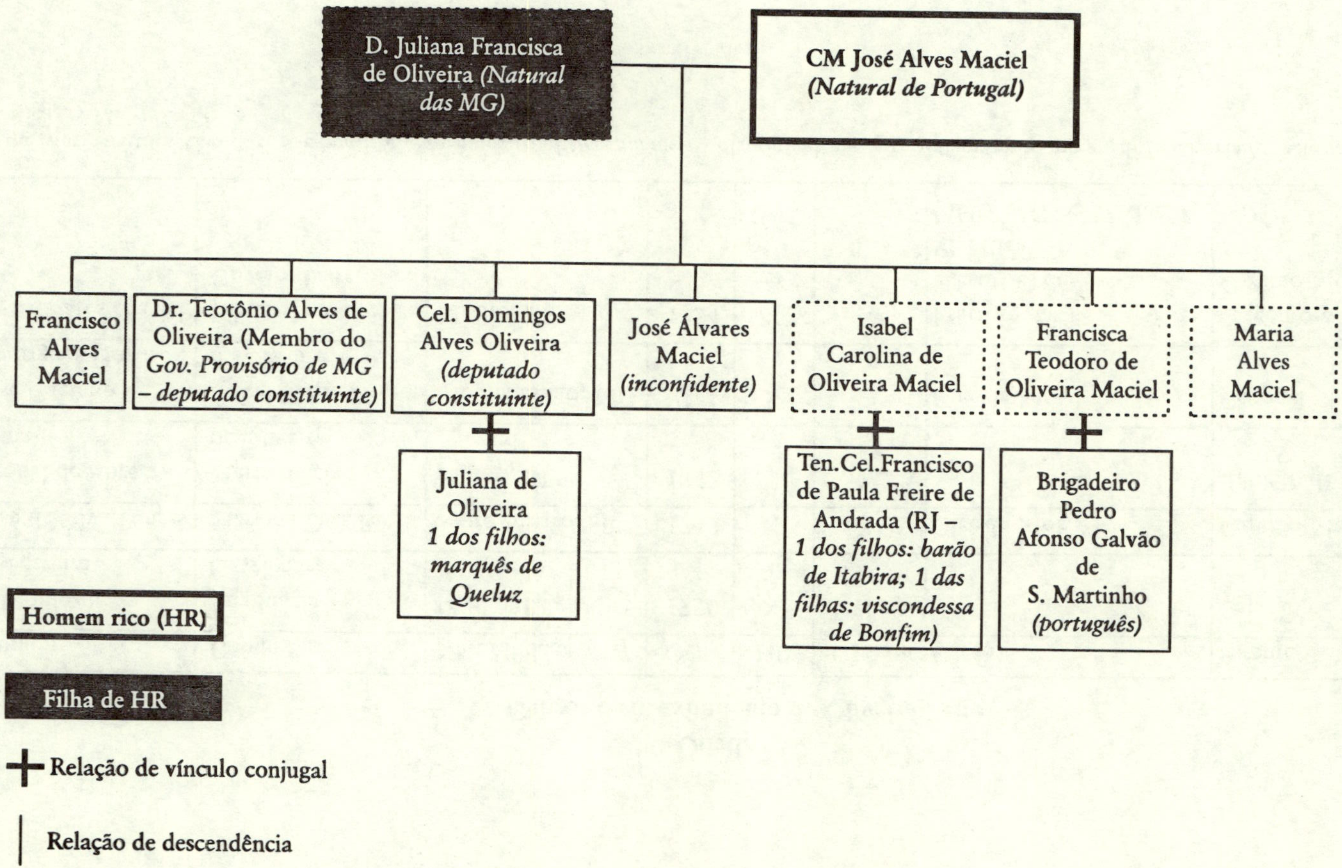

Quadro 2.2

Genros de Maximiliano de Oliveira Leite

Nome	Cônjuge	Naturalidade	OC	HR	Câmara	Cargo	Patente
Custódio de Sá Ferreira	Ana Inácia de Oliveira	Minho, PT	1750	X	X		Capitão de Ordenança
José da Silva Pontes	Mariana Dias Paes	Santo Amaro, SP	1749	X	X	Guarda-Mor	Capitão-Mor de Ordenança
Leonel de Abreu Lima	Maria Inácia de Oliveira	Minho, PT	1752		X		Capitão de Ordenança
José Caetano Rodrigues Horta	Inácia Maria Pires de Oliveira	São Sebastião, MG	X	X		Guarda-Mor	Coronel
José Álvares Maciel	Juliana Francisca de Oliveira Leite	Minho, PT	1754	X	X*	Escrivão das execuções de Vila Rica (AHU, MG cx. 57, doc. 7)	Sargento-Mor Capitão-Mor *

*Kátia Maria Nunes Campos, *A câmara e a formação política nacional,* disponível em http://www.cmop.mg.gov.br/memorial/pnacional.php. Câmara de Vila Rica, 1752.

Quadro 2.3

Alguns descendentes de destaque a partir dos filhos de Maximiliano de Oliveira Leite

Ligação	Nome	Nat. e Data nasc.	Cônjuge	Parente?	Nat. e Data nasc.	Destaque
Filho	José Pires Monteiro de Oliveira	MG	Solteiro			Estudante na Universidade de Coimbra — Cânones — Início 1751 Juiz de Fora de Loure — 1760 Auditor do regimento de Cascais — 1769 Provedor da Câmara de Lamego — 1770 Conservador da Universidade de Coimbra — 1776?
Filho	Dr. Francisco Paes de Oliveira Leite	MG	Solteiro			Estudante na Universidade de Coimbra Cânones — Início 1752
Genro	Ten. Cel. Francisco de Paula Freire de Andrade	RJ				Tenente-coronel, comandante do regimento de Cavalaria de paga (regular) da Capitania de Minas Gerais. Era a mais alta patente militar da capitania. Filho ilegítimo do segundo conde de Bobadela, Cel. José Antonio Freire de Andrada (governador interino da capitania de Minas Gerais de 1752 a 1758 no lugar do irmão Gomes Freire de Andrada — primeiro conde de Bobadela)
Neto	Dr. Antônio Pires da Silva Pontes	MG 1749	Catarina de Souza Malheiros		Portugal	Estudante na Universidade de Coimbra — Matemática — Início 1769 Capitão da Real Armada e Governador da Capitania do Espírito Santo
Neto	Francisco Alves Maciel	MG				Estudante na Universidade de Coimbra — Leis — Início 1782

Quadro 2.3

Alguns descendentes de destaque a partir dos filhos de Maximiliano de Oliveira Leite (cont.)

Ligação	Nome	Nat. e Data nasc.	Cônjuge	Parente?	Nat. e Data nasc.	Destaque
Neto	Dr. Teotônio Alves de Oliveira	MG	Solteiro			Estudante na Universidade de Coimbra — Leis — Início 1782 Membro do governo provisório de MG em 1821 Deputado à Constituinte de 1823
Neto	Dr. José Álvares Maciel	MG				Estudante na Universidade de Coimbra — Filosofia — Início 1782 Inconfidente
Neto	Coronel Domingos Alves de Oliveira Maciel	MG	Juliana de Oliveira			Deputado à Constituinte de 1823
Cas. com neta	Garcia Rodrigues Paes Leme	RJ	Ana Francisca Joaquina de Oliveira Horta	Primos	MG	Fidalgo da Casa Real
Tataraneto	Rodrigo de Souza da Silva Pontes	BA				Conselheiro, Desembargador e Ministro plenipotenciário do Brasil em Buenos Aires Sócio Fundador do IHGB Presidente de Província entre 1836-1838
Cas. com Bisneta	Antônio Gonçalves Gomide (Dr. em medicina)		Mariana Florinda		MG	Senador
Cas. com Bisneto	Domitília de Castro	SP	Felício Muniz Pinto Coelho da Cunha		MG	Marquesa de Santos Amante de D. Pedro I
Tataraneta	Francisca Pinto Coelho de Mendonça e Castro		Brigadeiro José de Castro Canto e Melo	S		Dama da Imperatriz

Quadro 2.3

Alguns descendentes de destaque a partir dos filhos de Maximiliano de Oliveira Leite (cont.)

Ligação	Nome	Nat. e Data nasc.	Cônjuge	Parente?	Nat. e Data nasc.	Destaque
Bisneto	Coronel José Feliciano Pinto Coelho da Cunha	MG	Antônia Tomásia de Figueiredo das Neves		MG	Barão de Cocais Veador honorário da Casa Imperial
Cas. com Bisneta	Francisco de Lemos de Azeredo Coutinho	PT	Maria Carolina Pinto Coelho		MG	Desembargador
Tataraneto	Francisco de Lemos de Azeredo Coutinho	RJ	Maria Rita		RJ	Visconde de Aljezur
Cas.com Tataraneta	Modesto Cassiano Pinto Coelho da Cunha	RJ	Antônia Pinto de Lemos	Primos		Comendador
Bisneto	Pedro Dias Paes Leme	MG 1786	Francisca de Paula Mendonça Paes Leme			Marquês de Quixeramobim Gentil homem da Imperial Câmara
Cas.com Bisneta	Luís Antônio Barbosa da Silva		Antônia Horta		MG	Conselheiro
Bisneto	Quintiliano Justino de Oliveira					Comendador
Bisneto	José Ricardo da Silva Horta	MG	Camila Constança Leonor Gameiro			Visconde de Gameiro
Bisneto	João Severiano Maciel da Costa	MG 1760				Marquês de Queluz Ouvidor da Província Desembargador do Paço do Rio

Quadro 2.3

Alguns descendentes de destaque a partir dos filhos de Maximiliano de Oliveira Leite (cont.)

Ligação	Nome	Nat. e Data nasc.	Cônjuge	Parente?	Nat. e Data nasc.	Destaque
						Conselheiro de Estado Deputado — 1823 Presidente da Província da Bahia — 1825 a 1826 Senador — 1826 a 1833 Estudante na Universidade de Coimbra Dignitário da Imperial Ordem do Cruzeiro em 1824
Bisneto	Gomes Freire de Andrade	MG 1790	D. Francisca			Barão de Itabira Comendador da Imperial Ordem de Cristo Cavaleiro da Imperial Ordem do Cruzeiro
Cas. com Bisneta	José Francisco de Mesquita	1790	Francisca de Paula Freire de Andrade		MG 1788	Visconde de Bonfim Veador honorário da Casa Imperial
Bisneto	Felisberto Caldeira Brant	MG 1772	Ana Constança Guilhermina de Castro Cardoso dos Santos		1783	Marquês de Barbacena

Notas

1. Esta pesquisa conta com financiamento da Fapemig e do CNPq.
2. Paul-André Rosenthal, "Construir o 'macro' pelo 'micro': Fredrik Barth e a 'microstoria', em Jacques Revel (org.), *Jogos de escala: a experiência da microanálise*, Rio de Janeiro, Ed. FGV, 1998, p. 153.
3. Rosenthal analisa neste texto as implicações do pensamento de Fredrik Barth e da teoria dos jogos sobre a prática historiográfica dos micro-historiadores italianos.
4. No nosso caso, de uma caracterização mais geral do grupo.
5. Para uma discussão *crítica* sobre a noção de nobreza principal da terra, no Rio de Janeiro setecentista, ligada a idéia de "viver à lei da nobreza" ver capítulo 1 deste livro.
6. Consultado em: http://www.arqnet.pt/dicionario/barbacenam.html. E http://genealogia.netopia.pt/titulos/tit_show.php?id=4764; http://www.senado.gov.br/sf/senadores/senadores_biografia.asp?codparl=1631&li=2&lcab=1830-1833&lf=2.
7. Depois Minas dos Cataguases.
8. Localidade que, segundo o autor, daria origem ao arraial de São Caetano. Logo depois, criariam ali por perto a capela que originaria a freguesia de São Sebastião, onde o guarda-mor Maximiliano de Oliveira Leite residiu muitos anos e teve propriedades.
9. António Manuel Hespanha e Ângela Barreto Xavier, *op. cit.*, p. 347.
10. Por exemplo: em 1766, seu filho José Caetano Rodrigues Horta apresentava toda a folha dos serviços prestados pelo pai para fazer jus ao posto de tenente-coronel da cavalaria auxiliar de ligeiros do termo de Mariana (AHU, MG, cx. 86, doc. 17).
11. A participação de Caetano Álvares Rodrigues na contenção da Revolta de 1720 e suas ligações com o conde de Assumar são estudadas com mais cuidado por Carlos Leonardo Kelmer Mathias no Capítulo 3 deste livro.
12. Certidão de casamento feita posteriormente e anexada ao processo de habilitação para familiar do Santo Ofício do sobrinho Francisco Paes de Oliveira Leite.
13. Processo matrimonial de José Caetano Rodrigues Horta e Inácia Maria Pires de Oliveira — AEAM — n. 4668, Ar. 04, Pasta 477.
14. Informação obtida na certidão inclusa ao processo de habilitação para o Santo Ofício do filho Francisco Paes de Oliveira Leite (ANTT, HSO, Mç. 77, Dil.1371).
15. Uma discussão mais detalhada sobre este documento e dados sobre o perfil econômico dos homens listados podem ser encontrados em Almeida, 2005.
16. Ou seus representantes, já que o processo se iniciara tendo ele 12 anos de idade.
17. Ver figuras 2.1 e 2.2.
18. Inventário *post-mortem* de Gregório Caldeira Brant.
19. João Fragoso, "A nobreza vive em bandos: a economia política das melhores famílias da terra do Rio de Janeiro, séculos XVII. Algumas notas de pesquisa", *Tempo*, Revista do Departamento de História da UFF, Niterói, v. 8, n. 15, p. 11-35, 2003, p. 11.

20. Luiz Gonzaga da Silva Leme. *Genealogia Paulistana — CD*, org. Maria Amato, São Paulo, Macromédia, 2002, v. 2, p. 1103.
21. Grifo meu.
22. Informação cedida por Ângelo Alves Carrara.
23. Entradas, Dízimos e Passagens do Paraibuna e Paraíba.
24. Testamento de Maximiliano de Oliveira Leite.
25. Esta não é uma situação isolada. Muitos outros membros da elite mineira usavam esta mesma estratégia. Fiz uma discussão um pouco mais detalhada desta questão no capítulo 5 de minha tese de doutorado (Almeida, 2001).
26. Inventário *post-mortem* do coronel José Caetano Rodrigues Horta e D. Inácia Maria Pires de Oliveira.
27. Testamento de Francisco Paes de Oliveira Leite.
28. Segundo Silva Leme o nome dela seria Mariana Pires de Oliveira Leme, mas pelo dela que tenho em mãos e pelo testamento de Maximiliano de Oliveira Leite, seu pai, seu nome seria Mariana Dias Paes.
29. Inventário *post-mortem* de Mariana Dias Paes.
30. Inventário *post-mortem* de Manuel Brás Ferreira.
31. Inventário *post-mortem* de José da Silva Pontes.
32. O mesmo Silva Leme alega que "segundo outros, faleceu em 1855 no Rio de Janeiro".
33. Este é o processo de habilitação de Bento Alves. Custódio de Sá Ferreira aparece depondo, em 1762, como testemunha no adendo ao processo quando foi solicitada a habilitação da esposa de Bento Alves, Ana Francisca de Jesus.
34. Esta é outra lista elaborada em resposta à mesma solicitação que gerou a resposta de Domingos Pinheiro. Para maiores detalhes ver Almeida, 2004.
35. Tal suposição é uma inferência do seu depoimento no referido processo, no qual diz conhecer o pai da habilitanda "há mais de 30 anos" na região.
36. Suponho que Inácia Custódia tenha sido filha única, já que, na "Genealogia Paulistana" organizada por Luiz Gonzaga Silva Leme, consta somente esta filha. Além disso, não encontrei nenhuma outra referência à existência de outros filhos do casal nos documentos de que disponho, assim, me parece pertinente supor que, se tiveram outros filhos estes não sobreviveram.
37. Uma filha se casou "com seu parente" e quatro com primos.
38. Sheila de Castro Faria, "Domitila de Castro", em Ronaldo Vainfas (org.), *Dicionário de Brasil Imperial (1822-1889)*, Rio de Janeiro, Objetiva, 2002.
39. "O 6.º marquês de Angeja teve uma filha natural, nascida no Brasil, chamada D. Maria Rita de Noronha, que foi legitimada pelo alvará de 28 de maio de 1815, e agraciada com o título de viscondessa de Aljezur. Esta senhora casou com o súdito brasileiro Francisco de Lemos de Faria Pereira Coutinho, visconde de Aljezur, em Portugal, pelo seu casamento, e veador da falecida imperatriz do Brasil. O título

fora concedido por D. Pedro V pelo decreto de 15 de setembro e carta de 23 de outubro de 1858, sendo Pereira Coutinho, nesta data, autorizado a usar desse título, que mais tarde foi elevado a conde pelo decreto de 10 de abril de 1878." (*Portugal — Dicionário Histórico, Corográfico, Heráldico, Biográfico, Bibliográfico, Numismático e Artístico*, v. I, p. 540-541, disponível em http://www.arqnet.pt/dicionario/angeja6m.htm.)

40. Pelos registros de batismo microfilmados e disponibilizados em http://br.geocities.com/basededadoscastro, aparecem outros quatro filhos do casal que não constam na genealogia de Silva Leme nem nos dados sobre herdeiros dos documentos cartoriais que consultei. Por isso, suponho que esses filhos não tenham chegado à vida adulta.
41. Todos os genros de Maximiliano de Oliveira Leite eram cavaleiros professos da Ordem de Cristo.
42. O que perfazia um total de 59:041$500.
43. Muito provavelmente caberia aqui a noção mais ampliada de casa usada por Fragoso no Capítulo 1 que incorpora também os escravos. No entanto, neste estudo ainda não foi possível avançar no mapeamento das relações destes indivíduos com os escravos.

CAPÍTULO 3

No exercício de atividades comerciais, na busca da governabilidade: D. Pedro de Almeida e sua rede de potentados nas minas do ouro durante as duas primeiras décadas do século XVIII

Carlos Leonardo Kelmer Mathias[1]

A BUSCA DO METAL AMARELO E AS POSSIBILIDADES DE COMÉRCIO

Embora os metais e as pedras preciosas tenham sido descobertos, em escala relevante, somente em fins da centúria de 1600, a busca dos mesmos nos domínios portugueses da América não foi, nem de longe, privilégio de então. Intentava-se tal achado desde o século XVI. Homens como Brás Cubas, Luís Martins, Vasco Rodrigues Caldas, Sebastião Tourinho, Antônio Dias Adorno, Salvador Correia de Sá (o velho), dentre outros, figuraram no mapa da exploração mineral nas regiões do sertão sudeste das conquistas lusas (Holanda, 1997, p. 228-58, e Leme, 1980). Nesse sentido, a exploração do ouro tem um passado que caminhou em sintonia com a lógica de formação tanto da sociedade carioca como da paulista.

Conforme apontado por João Fragoso, a busca de metais e pedras preciosas "foi vista como algo fundamental por São Paulo e pelo Rio de Janeiro, áreas com economias marginais diante das *plantations* nordestinas do produto-rei [...] assim, a descoberta das minas decorreu da lógica de reiteração da sociedade colonial e não de um feliz acaso" (Fragoso, 2002, p. 52). Ainda de acordo com o autor, e com destaque para o que pretendo aqui expor, "a descoberta do ouro e seus desdobramentos geraram oportunidades de negócios que podiam sustentar diversas associações comerciais. Entretanto, por agirem numa economia de Antigo Regime, estas associações procuravam ter vínculos com oficiais do rei" (Fragoso, 2002, p. 61).

O objetivo do presente capítulo consiste em lançar luz sobre a rede comercial da qual tomou parte D. Pedro de Almeida Portugal, conde de Assumar, governador das capitanias de São Paulo e Minas do Ouro entre meados de 1717 e início de 1721. Para além disso, intentar-se-á demonstrar como essa rede comercial postou-se no momento mais delicado do governo de D. Pedro, a saber, na ocasião do levante de Vila Rica, em 1720.

Sempre às voltas com as regiões de São Paulo, Bahia e Rio de Janeiro, os circuitos promovidos a partir do ouro incitaram alterações em tais sociedades. Durante a primeira metade do século XVIII, por exemplo, e em função das "amplas possibilidades para o comércio descortinadas com o abastecimento das áreas mineratórias, consolida-se uma elite paulista voltada para atividades comerciais, sedimentando, cada vez mais, o "processo de mercantilização paulista" (Blaj, 1998). Para o caso carioca, o fenômeno da transformação do Rio de Janeiro no "principal pólo mercantil da América portuguesa" esteve fortemente entrelaçado "a seu papel no abastecimento das Gerais" (Sampaio, 2001, p. 76). Noutras palavras, "o ouro, portanto, ativava os circuitos mercantis, centralizando-os [...] na cidade do Rio de Janeiro". A importância e a dinâmica da *economia aurífera* podem ser percebidas nesta passagem: "na busca por ele [ouro], convergiam para o Rio embarcações de toda a América portuguesa, que, em troca do abastecimento da cidade e da capitania e, principalmente, das áreas mineradoras, conseguiam participar [...] dos benefícios da economia aurífera" (Sampaio, 2003, p. 156).

A descoberta do ouro também incentivou o tráfico de negros. Para citar apenas um exemplo, Francisco Pinheiro, celebrado homem de negócios operante nos circuitos comerciais do ouro, esteve às voltas, durante as primeiras décadas setecentistas, com o *negócio da carne humana*. Sua rede de atuação ligava a Costa da Mina com Minas Gerais, passando por Bahia, Pernambuco e Rio de Janeiro. Tal comércio mostrou-se "custoso e altamente lucrativo" para todas as pessoas e segmentos nele envolvidos, quer seja o grande negociante, quer seus agentes locais, quer mesmo o capitão do navio encarregado de realizar a viagem atlântica (Guimarães, 2005).[2]

Dessa forma, destaca-se o papel do comerciante atuante nas malhas da *economia aurífera*. Figura que percebeu, nas Gerais, um "momento privilegiado para ampliação das suas atividades e ganhos". Tal atuação pode ser compreendida, por vezes, *como* "parte de uma cadeia de poder que se estendia desde o Reino" (Furtado, 1999, p. 18). Contudo, não somente para os grandes comerciantes o metal amarelo figurou aos olhos, e às mãos.

Na capitania do ouro, havia desde circuitos comerciais nos quais agiam negociantes de "grosso trato que atuavam em escala mundial" até circuitos restritos ao comércio intracapitanias e mesmo alguns circunscritos ao interior da capitania (Venâncio, 2001, p. 182).

Evidentemente, aqueles que passaram para a capitania de Minas em finais do século XVII e início do XVIII não o fizeram em condições iguais de temperatura e pressão. Um sujeito como Garcia Rodrigues Paes — que, dentre outros feitos, foi capitão-mor e administrador da entrada e descobrimento das minas dos Cataguazes, abriu um caminho que ligava as ditas minas ao Rio de Janeiro, foi nomeado para o posto de guarda-mor geral das minas, obteve o título de fidalgo da Casa Real, descobriu inúmeros veios auríferos e, juntamente com seu pai, Fernão Dias Paes, entregou-se na *conquista* de novas terras e gentios (Franco, 1989, p. 215-217) — com certeza tinha mais e melhores oportunidades de obter sucesso na capitania do ouro do que um outro sujeito desprovido de uma condição social tal qual a sua (cf. Capítulo 2).

Faz-se necessário frisar que a primeira elite mineira tinha um passado: era oriunda do Rio de Janeiro, São Paulo, Bahia, Portugal, dentre outras localidades. Logicamente, esse passado teve fundamental influência não apenas na configuração dessa primeira elite, como também no processo de *conquista* e manutenção do mando nas paragens do ouro. No que concerne aos objetivos do presente texto, aqueles mais abastados e já possuidores de um nome — como os Azeredo Coutinho e os próprios Paes Leme — encontraram mais facilidades para imiscuir-se nas atividades comerciais que tomaram vez na capitania de Minas.

Dada a natureza da sociedade mineradora, já nas primeiras décadas do século XVIII, observa-se um contexto propício às atividades comerciais das mais variadas naturezas, tais como tráfico de negros, abastecimento, compra e venda de propriedades, dentre outras. Nessa conjuntura, não seria de todo absurdo supor que os governadores tomassem parte na distribuição das fatias do bolo — mesmo porque, conforme já foi sugerido, as associações comerciais presentes nos circuitos do ouro "procuravam ter vínculos com oficiais do rei" (Fragoso, 2002, p. 61). Em verdade, é fundamental destacar que a atuação de governadores em atividades comerciais não foi exclusiva desse momento — tampouco da capitania dourada.

OS REPRESENTANTES DE EL-REI NA AMÉRICA LUSA E SUAS ATIVIDADES COMERCIAIS

A atuação de altos funcionários régios em empresas mercantis não foi, nem de longe, privilégio de Minas do Ouro. Tal atuação já foi explicada tendo em conta o baixo erário régio destinado ao pagamento de tais cargos. Segundo Boxer, "como a Coroa não conseguia pagar salários adequados, seus funcionários no ultramar estavam, às vezes expressamente, outras tacitamente, autorizados a comerciar por conta própria" (Boxer, 2002, p. 336). Vez por outra, a Coroa mesma atuou diretamente no trato mercantil. Foi o caso, por exemplo, de sua ação na carreira de Coromandel no século XVI, na qual associou-se com os mercadores de Malaca na rota Goa–Paleacate–Malaca–Goa, assim como na carreira de Pegu, rota Goa–Paleacate–Pegu–Goa (Subrahmanyam, 1990, p. 40-42). Ainda no século XVI e para a mesma Goa, não obstante o fato de a Coroa ter obtido emolumentos significativos por meio do exercício efetivo do monopólio sobre o comércio da canela produzida no Ceilão, quem realmente lucrava nessa atividade eram os governadores — os representantes da figura de El-Rei nas conquistas lusas — e os funcionários, por meio de fraudes (Boxer, 2002, p. 77).[3]

Um dos melhores exemplos de administradores régios que se envolveram em atividades mercantis tem-se na figura de Salvador Correia de Sá e Benevides. Por volta de 1631, Salvador Correia, governador do Rio de Janeiro, com poderes, jurisdição e alçada nas capitanias da Repartição do Sul, almirante da dita Repartição, administrador das minas de São Paulo, membro do Conselho Ultramarino e do Conselho de Guerra, dentre outros cargos e funções, casou-se com D. Catarina de Ugarte y Velasco,[4] tornando-se um grande latifundiário em Tucumán, província que abastecia Potosi e local no qual sua esposa *tinha conhecidos*. Ou seja, como proprietário em Tucumán, Salvador possuía "meios, ou seus agentes, para tomar parte no suprimento do mercado de Potosi, que naquela época era, talvez, o mais lucrativo do mundo" (Boxer, 1973, p. 109-11). Afora sua ligação com a América espanhola, detinha terras e canaviais na cidade de São Sebastião do Rio de Janeiro, local no qual possuía, em 1637, "cerca de 700 escravos em suas extensas plantações de cana e em suas fazendas de criação", sendo, talvez, o maior latifundiário do Brasil na época (Boxer, 1973, p. 152).

Vários são os exemplos de governadores envolvidos em atividades comerciais. Sebastião da Veiga Cabral — um dos principais líderes da revolta de Vila Rica em 1720 — esteve às voltas com o comércio ilegal de couro na Colônia do Sacramento quando seu governador efetivo, em março de 1699. Valeu-se de estratagemas para permanecer no posto até 1705 em função do seu interesse naquele comércio, "na época muitíssimo lucrativo para a Coroa" (Sousa, 2002, p. 6-8). Jerônimo de Mendonça Furtado, governador de Pernambuco entre 1664 e 1666, afora seu irregular envolvimento em inúmeras atividades político-administrativas, infringiu o monopólio colonial, permitindo o comércio com franceses e "embarcando por conta própria o pau-brasil pertencente ao estanco régio", sem mencionar seu envolvimento ilegal na recunhagem da moeda de ouro e prata (Mello, 2003, p. 59-60). D. Lourenço de Almeida, governador de Minas Gerais entre 1721 e 1732, esteve às voltas com cunhagem de moeda falsa, conluios para a arrematação de contratos e exploração ilegal de diamantes, arrecadando cerca de 18 milhões de cruzados no final de seu governo (Godinho, 1977, p. 93; Campos, 2002, cap. 4; Kelmer Mathias, 2005, cap. 3).

Endossando a perspectiva apontada por Boxer, Evaldo Cabral de Mello compreende a ação dos governadores em atividades mercantis em função de seus baixos salários. Conforme o autor, "como compensação pelos baixos ordenados das autoridades ultramarinas, a Coroa fazia vistas grossas às suas atividades mercantis. Bastava-lhes que agissem com um mínimo de discrição [...] e que não se metessem com a fazenda real, nem participassem da arrematação dos contratos de impostos" (Mello, 2003,

p. 248). Conforme enunciado anteriormente, os governadores nem sempre respeitaram tais limitações.

Contudo, para além da simples demonstração da atuação desses oficiais régios em atividades comerciais, urge ressaltar outra característica comum a esses homens no exercício dessa atuação: o seu envolvimento em redes de reciprocidade. Tal prática já foi enunciada em alto e bom som pelo mesmo Evaldo Cabral, para quem "alguns governadores ultramarinos comandavam verdadeiras redes comerciais englobando o Reino, o Brasil, a África e até as colônias inglesas do Caribe e da costa leste da América do Norte" (Mello, 2003, p. 249). Buscar elucidar a rede comercial da qual fez parte D. Pedro de Almeida durante sua administração nas capitanias de São Paulo e Minas do Ouro, assim como tentar detectar sua amplitude, será o esforço agora empreendido.

A REDE COMERCIAL DE D. PEDRO DE ALMEIDA, CONDE DE ASSUMAR

Não é novidade na historiografia o fato de que D. Pedro de Almeida, conde de Assumar, envolveu-se em atividades comerciais durante seu governo à frente das capitanias de São Paulo e Minas do Ouro. Já em 1977, Vitorinho Magalhães Godinho enunciava que os lucros obtidos pelo conde ao largo de sua administração rondaram a bagatela de 100 mil moedas de ouro (Godinho, 1977, p. 93).[5] Mais recentemente, Nuno Gonçalo Monteiro deu conta de que, após seu retorno do governo no Brasil, D. Pedro comprou a quinta de Almeirim "com o dinheiro que recebeu dos tráficos a que indiscutivelmente se dedicou" (Monteiro, 1998, p. 343). Contudo, pouco se sabe sobre a rede da qual o governador se valeu para a realização de tais atividades. O que se segue é uma tentativa de esclarecer um pouco tal rede.

Para detectar a rede comercial da qual fez parte D. Pedro de Almeida nada seria mais prático do que começar do início, ou seja, a partir do relato da viagem feita pelo governador de Lisboa até a capitania de Minas do Ouro. Para tanto, dois são os documentos a ser, nesse momento, analisados, quais sejam: (1) a *Relação Diária da Viagem que fez ao Rio de Janeiro o Conde de Assumar, D. Pedro de Almeida* e (2) o *Diário da jornada que fez o Exm° Senhor Dom Pedro desde o Rio de Janeiro até a cidade de São Paulo, e desta até as Minas, ano de 1717.*

O primeiro desses documentos se constitui num relato, principalmente, das condições da viagem e dos problemas enfrentados na travessia do Atlântico e coisas do gênero. Dá conta de que no mesmo comboio no qual vinha D. Pedro viajava o futuro vice-rei da Índia, o futuro governador de São Tomé — Antônio Furtado de Mendonça, homem que enriqueceu bastante à frente desse governo — e o futuro governador do Rio de Janeiro, Antônio de Brito Freire de Meneses. Por esse documento, sabe-se que D. Pedro travou contato com todos os três oficiais régios ao longo da viagem.[6] Por volta das 14h do dia 22 de junho de 1717, sua comitiva desembarcou na cidade de São Sebastião do Rio de Janeiro.

O segundo documento, mais interessante, dá conta de que a viagem do Rio de Janeiro para as Minas do Ouro teve início no dia 24 de julho de 1717. Não cabe aqui exibir um relato pormenorizado da viagem, apenas destacar alguns pontos, os quais servem aos propósitos do presente texto. Isso posto, no dia 28 de julho, a jornada do governador foi auxiliada por Lourenço Carvalho, casado com uma filha mulata de Francisco do Amaral Coutinho. Nesse ponto, uma ou duas palavras acerca desse homem faz-se necessário, mesmo porque traz à tona o caráter corporativista da sociedade mineira de Antigo Regime.

Francisco do Amaral Coutinho, explorador e descobridor de ouro, foi nomeado pelo governador D. Fernando Martins Mascarenhas de Lencastre, em 5 de fevereiro de 1709, para o governo da capitania de São Vicente — local onde estabeleceu fazenda e enriqueceu; tornado-se um dos principais da terra —, até a posse de seu sucessor, D. Antônio de Albuquerque. Retornando às Gerais, fixou-se na mesma localidade em que erigiu engenho de açúcar no Rio das Mortes (Franco, 1989, p. 132-33).

Após ter auxiliado o governador D. Antônio de Albuquerque em sua expedição de 1711 para o resgate do Rio de Janeiro — então invadido pelos franceses — foi agraciado com o posto de capitão de ordenança. Na referida carta patente, D. Antônio de Albuquerque deu conta de ser Francisco do Amaral uma pessoa "de cabedais bastantes para suprir nos grandes gastos e despesas que sucedem fazer-se em qualquer marcha e diligência que se oferecer do serviço de Sua Majestade". Também ressaltou ser o agraciado com a "principal nobreza do Rio de Janeiro" e haver "servido a Sua Majestade no posto de capitão-mor da capitania da São Vicente" (APM, SC 08, fl. 05). Em 22 de fevereiro de 1714, o então coronel de cavalaria da ordenança, Francisco do Amaral, foi encarregado do governo da comarca de São João del Rei, uma vez que era

> [...] necessário encarregar o governo da comarca de São João Del Rei a uma pessoa em quem concorram merecimentos, conhecida nobreza, capacidade e prudência, e por todos estes se acharem no coronel de cavalaria Francisco do Amaral Coutinho [...] hei por bem de o encarregar do dito governo (APM, SC 09, fls. 99v.-100).

Francisco do Amaral Coutinho auxiliou D. Pedro de Almeida na contenção da revolta de 1720. Do acima exposto percebem-se características da prática corporativa. Não podendo prescindir do apoio de homens como Francisco do Amaral, a Coroa, com o intuito de obter e garantir sua governabilidade, por vezes via-se na incumbência de conceder a tais potentados não apenas prerrogativas de mando, mas também parte de sua própria autoridade (cf. Capítulo 5). Percebe-se o poder repartido, com um certo grau de autonomia entre famílias como as de Francisco do Amaral Coutinho, Garcia Rodrigues Paes Leme, dentre outras.

Voltando a Lourenço de Carvalho, homem possuidor de uma *pesqueria*, a qual lhe rendia de 5 a 6 mil cruzados, esperava os viajantes "com vinte e quatro negros armados, e bem vestidos, e com duas trombetas esperando a Sua Exa". Na casa de Lourenço de Carvalho, em Parati, a comitiva permaneceu do dia 30 de julho até 4 de agosto. O *Diário da jornada* deu conta de que Carvalho era "muito rico e poderoso, porque se acha com trezentos negros, que lhe adquirem grande cabedal com a condução das cargas, em que continuamente andam pela serra acima que vai sair na vila de Guaratinguetá". Em uma primeira análise, poder-se-ia deduzir que talvez esse tenha sido o início da ligação entre D. Pedro de Almeida e Francisco do Amaral Coutinho, figura que teria enviado o genro para receber e auxiliar o conde de Assumar na sua viagem, para o que lhe foi tal genro muito útil. Porém, antes mesmo de D. Pedro de Almeida passar do reino para os trópicos, sua relação com Amaral Coutinho já ganhava contornos muito mais interessantes.

Em 1717, D. Pedro de Almeida partiu para assumir o governo da capitania de São Paulo e Minas do Ouro e trouxe consigo "uma carregação de fazendas de importância" de 22:594$261 (vinte e dois contos quinhentos e noventa e quatro mil duzentos e sessenta e um réis). Para a composição de tal montante concorreram D. João de Almeida — pai do Conde de Assumar —, D. Paulo Martins — agente do rei espanhol Felipe V na corte portuguesa — e D. Pedro de Almeida. Os dois primeiros, com a quantia de 8:400$000 e D. Pedro de Almeida com os restantes 14:194$261. Mais interessante do que destacar a existência de tal carregação é desvendar como as duas importâncias foram reunidas. D. João de Almeida e D. Paulo Martins o fizeram da seguinte forma: 2:000$000 lhe haviam sido emprestados pela Santa Casa de Misericórdia da Vila de Almada; 400$000 pelas mãos do marquês de Rabara [?] e 6:000$000 obtidos pelo dote de sua nora, Dona Maria de Lencastre. Já D. Pedro de Almeida assim reuniu sua parte: 2:000$000 que "graciosamente" lhe emprestou Francisco de Amaral Coutinho;[7] 1:400$000 a ele emprestado pelo seu tio D. Lopo de Almeida; 8:968$091 réis emprestados por D. João e D. Paulo Martins e Companhia; e, por fim, 1:826$170 "de fazenda que lhe vendeu fiada Francisco Gomes Lisboa, mercador desta cidade". Entre as partes envolvidas na carregação foi selado um acordo de cavalheiros, conforme se observa na documentação:

> [...] com que se completou a quantia dos vinte e dois contos quinhentos e noventa e quatro mil duzentos e sessenta e um réis da carregação sem que no tempo em que ela se fez houvesse entre eles partes contrato ou ajuste algum nem se declarou então se era de sociedade, companhia ou a forma em que havia de ser este negócio mas antes entendeu se persuadiam ambos que todos os avanços dela ficavam pertencendo a ele Ex.mo Conde D. Pedro de Almeida pagando este o capital com seus juros vencidos do dinheiro que ele Ex.mo Conde D. João de Almeida tivesse tomado de empréstimo para o tal negócio (ANTT, IO, L. C, M. 60, Cx. 766).

Não se sabe o conteúdo da referida carregação. Porém, em 2 de janeiro de 1719, o coronel Francisco do Amaral Coutinho — credor de D. Pedro de Almeida — realizou uma venda de um sítio no qual *se achavam* "umas casas cobertas de palha com um córrego de águas metidas em cima de umas terras minerais, nas quais se achava dada uma cata grande e outra que se estava lavrando". Além dessa terra e lavra, foram vendidos também vinte escravos trabalhadores no sítio, situado na freguesia de São Sebastião. O preço da venda foi de 10:200$000, a serem pagos ao conde de Assumar em duas parcelas: uma no valor de 4:915$200, com vencimento no prazo de um ano, e outra de 5:284$800, a vencer em dois anos ou antes, caso o Conde deixasse o governo. Como procurador tanto do conde de Assumar como de Francisco do Amaral, foi citado o sargento-mor Domingos Rodrigues Cobra, cuja patente foi a ele passada pelo próprio D. Pedro de Almeida (Távora e Cobra, 1999, p. 16-17).

Foram testemunhas da transação Paulo Rodrigues Durão e Manuel Ferreira da Costa. Acerca do último, nada sei; sobre o primeiro, conheço algo. Em 15 de janeiro de 1718, D. Pedro de Almeida proveu Rodrigues Durão no posto de capitão de uma companhia de auxiliares do distrito de Passadez e Inficionado (APM, SC 12, fl. 28). Quase dois anos depois, em dezembro de 1719, o mesmo governador o fez capitão de uma companhia da ordenança no mesmo distrito do Inficionado (APM, SC 15, fls. 14-14v). Não obstante, vale observar que Paulo Rodrigues Durão esteve envolvido na rota de abastecimento da capitania mineira pelo caminho do interior da Bahia e pelo norte de Minas. Em 9 de setembro de 1712, Durão transportou escravos e roupas da Bahia para Minas. No mesmo ano, foi acusado de ser "useiro e vezeiro" dos descaminhos pela estrada dos currais da Bahia (Carrara, 1997, p. 105-106). Além de militar e comerciante, Paulo Durão postou-se ao lado do partido do conde de Assumar em 1720.

Deve-se destacar também quais foram os compradores da referida propriedade: Caetano Alvarez Rodrigues, Maximiano de Oliveira Leite e Luís Gomes Leitão. Uma breve palavra sobre os dois primeiros, já que quanto ao último apenas sei de sua atuação ao lado do partido do conde de Assumar na contenção da revolta de Vila Rica.[8]

Antes, porém, vale destacar uma compra realizada por eles em 2 de março de 1718 na cidade de São Sebastião do Rio de Janeiro.

Nessa data, Maximiano de Oliveira Leite e Caetano Álvares Rodrigues compraram do governador Antônio Brito Freire de Meneses catorze escravos do gentio de Guiné por 3:288$000. A transação foi realizada por intermédio do procurador do governador, Francisco Nunes da Mata (ACSM, LN. 13). Observa-se que, conforme anteriormente enunciado, o governador Antônio de Brito já era conhecido de D. Pedro de Almeida, pois juntos realizaram a viagem de Portugal para a América. Não me parece coincidência o fato de o conde de Assumar ter estado às voltas com indivíduos já conhecidos do governador Antônio de Brito. Tal constatação sugere um circular de informações no qual os governadores de capitanias tomavam parte antes de negociar — e porventura aliar-se — a esses ou aqueles sujeitos.

Voltando aos indivíduos em questão, Maximiano de Oliveira Leite foi coronel e guarda-mor[9] das Minas do Carmo — localidade na qual se distinguiu como um dos primeiros descobridores —; também recebeu o título de Cavaleiro Professo da Ordem de Cristo, além de ter sido fidalgo da Casa Real. Era filho de Francisco Paes de Oliveira Horta[10] — falecido em 1701, em Santana de Parnaíba — com sua esposa Mariana Paes Leme, irmã de Garcia Rodrigues Paes Leme e filha do Governador das Esmeraldas Fernão Dias Paes (Leme, cd. 2, 2002, p. 1079), duas das famílias de mais elevado prestígio na época (Fragoso, 2003). Ou seja, pela descendência matrilinear Maximiano era neto do bandeirante que "mais largo renome deixou na história da expansão geográfica brasileira, depois de Antônio Raposo Tavares" (Franco, 1989, p. 282-85), e sobrinho de Garcia Rodrigues Paes Leme, já citado anteriormente.

Caetano Álvares Rodrigues, homem experiente em serviços militares nas *conquistas* lusas, acompanhou, em 1702, o vice-rei da Índia em suas viagens. Nessas viagens, que duraram 5 anos, Caetano serviu em praça de soldado, alferes, tenente-do-mar-e-guerra e capitão-tenente. Foi quem mais se destacou na batalha para demolir a Fortaleza de Amborra, que Ahema Saunto havia construído no Rio de Goa (AHU, MG, cx. 86, doc. 17). Já nas partes americanas do Império Luso, mais precisamente nas Minas

Gerais, Caetano seguiu o governador Antônio de Albuquerque Coelho ao Rio de Janeiro por ocasião da expulsão dos franceses, em 1711. Serviu com o governador D. Brás Baltasar da Silveira e agiu nas rebeliões havidas no Rio das Mortes. Foi eleito juiz ordinário e vereador de vila do Carmo — cargos que exerceu com grande atividade e bom procedimento, o que lhe valeu, por intermédio do governador D. Pedro Miguel de Almeida, a patente de coronel das ordenanças da cidade de São Paulo e a guarda-moria de Ribeirão (Franco, 1989, p. 343). Caetano Alvarez Rodrigues auxiliou D. Pedro na contenção das alterações de Vila Rica em 1720.

Tratava-se de componentes do seleto grupo da elite de seu tempo. Foi com homens como eles que D. Pedro de Almeida buscou aliança ao chegar na capitania do Ouro. Conforme já indicado, e posteriormente aprofundado, isso não foi fortuito. No momento, faz-se necessário dar continuidade à rede do conde de Assumar.

Em 24 de fevereiro de 1719, D. Pedro de Almeida, através de um de seus procuradores, o sargento-mor Antônio Ferreira Pinto, vendeu ao também sargento-mor Antônio Correia Sardinha — indivíduo que se portou ao lado do governador por ocasião da revolta de 1720 — dezesseis escravos do gentio de Guiné por 5:568$000 (ASCM, LN. 09, 24/2/1719). Antes da referida transação, Antônio Correia por várias vezes prestou valorosos serviços em prol do bem comum dos povos. Em 1711, pela feita da invasão francesa à cidade do Rio de Janeiro, Antônio Correia "se houve com conhecido zelo e boa satisfação", empregando-se na diligência com "vinte escravos seus armados" tudo, como por via de regra ocorria, às custas de sua fazenda (PM, SC 12, fl. 29). Meses antes da realização da diligência, Antônio Correia fora servido, além da mercê do posto de capitão dos auxiliares do terço do distrito do Ribeirão (APM, SC 07, fls. 118-118v.), com meia légua de terra em quadrada em um sítio "adiante de Catas Altas", em cuja terra empregara-se no fabrico de cana (APM, SC 07, fls. 96-96v.). Em 2 de fevereiro de 1714, obteve, do então governador, D. Brás Baltasar, carta patente de capitão dos auxiliares de uma companhia levantada no distrito do Serro do Frio (APM, SC 09, fl. 81) e, em 24 de julho de 1717, "tendo consideração ao [seu] merecimento, nobreza e capacidade", o mesmo governador fez dele sargento-mor das ordenanças do distrito de Vila do Carmo (APM, SC 09, fl. 264v.). Cinco meses antes, em 26 de fevereiro de 1717, D. Brás Baltasar concedera a Antônio Correa um punhado de terra em sesmaria em um "sítio adiante das Catas Altas" a qual, conforme D. Pedro de Almeida, era para "fazer fazenda" (APM, SC 12, fl. 06). Em 12 de janeiro de 1718, ao confirmá-lo no posto de sargento-mor das ordenanças do distrito de Vila do Carmo, o conde de Assumar deu conta do "conhecido zelo e boa satisfação" com os quais Antônio Correia servia na capitania (APM, SC 12, fl. 29).

Em 5 de outubro de 1719, o padre Pedro Fernandes de Inojosa Velasco — indivíduo que se portou ao lado de D. Pedro de Almeida na revolta de 1720 — vendeu a Francisco da Cunha de Macedo, por 1.250 oitavas de ouro, sua parte em umas terras com casas de vivenda, senzalas e serviço de água. A outra parte dessa propriedade pertencia ao próprio Francisco da Cunha, por ele adquirida junto ao conde de Assumar. Ao que parece, o negócio não correu bem, pois Francisco deixou de pagar seus débitos e revendeu a propriedade comprada ao Conde e um outro sítio comprado a Torquato Teixeira de Carvalho no Itacolomi. A propósito, fora o próprio Torquato quem vendera a D. Pedro de Almeida o sítio posteriormente por ele vendido a Francisco da Cunha (Távora e Cobra, 1999, p. 19).

Torquato Teixeira, homem ligado à rede comercial do conde de Assumar, fora nomeado "tesoureiro de toda a importância" da Câmara de Vila Rica, ficando, por esses idos, encarregado dos cuidados da arrecadação do quinto devido a El-Rei por essa localidade no ano de 1714 (APM, SC 09, fl. 29). Foi procurador dessa mesma Câmara, tendo recebido, em 1713, 45$000, "que lhe ficaram devendo quando foi procurador da Câmara desta vila em 1711". No balancete da mesma Câmara, realizado em 1720, consta ser Torquato Teixeira tenente-coronel e ter recebido 24$600 pelo "aluguel das casas em que se faziam as vereanças" (Távora e Cobra, 1999, p. 20-21). Em 13 de março de 1714, o governador D. Brás Baltasar, "tendo consideração aos merecimentos, nobreza, e capacidade e mais requisitos que concorrem na pessoa do capitão Torquato Teixeira de Carvalho", o proveu no posto de capitão dos auxiliares do distrito do Ribeirão do Carmo (APM, SC 07, fls. 139-139v; APM, SC 09, fls. 108v-109).

Também pelo conde de Assumar, Torquato Teixeira foi agraciado. Em 29 de janeiro de 1718, o governador confirmou a patente a ele passada por D. Brás Baltasar, em consideração aos bons serviços prestados por Torquato nos postos de "cobrador e tesoureiro de todo o ouro que se tirou deste distrito, tendo nesta diligência um grande trabalho" (APM, SC 12, fl. 32). Do governador D. Antônio de Albuquerque, Torquato recebeu, em 23 de maio de 1711, meia légua de terra em quadra na paragem do Ribeirão de Nossa Senhora do Carmo, local no qual fabricava roças havia 10 para 11 anos (APM, SC 07, fls. 102v-103). Por fim, Torquato Teixeira de Carvalho auxiliou o conde-governador na contenção da revolta de Vila Rica em 1720.

Voltando à malfadada transação, o lucro obtido na revenda feita por Francisco da Cunha foi destinado a saldar seus débitos e outros por vencer. O que torna esse negócio curioso é o fato de muitos dos compradores da propriedade terem sido amigos de D. Pedro de Almeida. Conforme observam Távora e Cobra, "não é de todo improvável que tenham se cotizado para socorrer o conde pagando-lhe as importâncias devidas por Francisco da Cunha de Macedo para se ressarcirem posteriormente através de nova revenda das terras" (Távora e Cobra, 1999, p. 21). Quanto a isso, nada posso afirmar, mas fica registrado um possível ramo da rede comercial de D. Pedro de Almeida.

Dentre as variações dos negócios de D. Pedro de Almeida encontrava-se, também, seu envolvimento no tráfico de escravos. Sabe-se que em 1º de agosto de 1719, um comerciante residente na praça do Rio de Janeiro, chamado Manuel Antunes Colaço, remeteu uma carta ao conde de Assumar, na qual dava conta de uma viagem realizada pela galera — da qual foi capitão e mestre João Pereira Paes — de nome Nossa Senhora do Monserrate e São Caetano entre a Costa da Mina e o Rio de Janeiro. Segundo Colaço, foram traficadas "460 cabeças e duas crias de pé",[11] sendo que tinha parte na sociedade um senhor residente em Lisboa chamado D. Paulo Martins — o mesmo indivíduo que, juntamente com o pai de D. Pedro de Almeida, concorreu para reunir os 8:400$000 da carregação de 1717. Das 460 cabeças, apenas 115 eram de propriedade de D. Pedro de Almeida e os seus. Os gastos com tal negócio foram de 5:530$993 e o rendimento líquido de 7:374$564 (ANTT, 10, L.C, M. 60, CX 766). O sujeito responsável por conduzir a dita carta do Rio de Janeiro até as Minas do Ouro foi o irmão de Manuel Antunes e homem de confiança de D. Pedro de Almeida, o capitão-tenente Matheus Colaço, um "portador seguro". Manuel finda a carta com os seguintes dizeres:

> [...] e obediente aos pés de Vossa Excelência sujeito-me ofereço para tudo o que Vossa Excelência me fizer mercê mandar em seu serviço no que recebo muitas honras: como também muito agradeço a Vossa Excelência as que é servido fazer a meus Irmãos. Criados de Vossa Excelência, em que me interesso tanto nos seus aumentos (idem, p. 23-24).[12]

Há indícios de que esses escravos não foram vendidos todos de uma única vez. Em 25 de maio de 1720, o conde de Assumar, por intermédio de seu procurador na praça carioca, Mateus Antunes Colaço, vendeu a Bartolomeu Bis — outro homem não revoltoso em 1720 e inimigo declarado de Pascoal da Silva Guimarães, principal líder da revolta — "uma carregação" (ACSM, LN. 13, 25/2/1720). Da escritura de compra e venda em questão, não se pode saber com exatidão o que fora negociado nem o valor da referida carregação. Porém, haja vista ter sido realizada a referida venda na praça carioca e através de um dos Colaço, talvez a escritura tenha ligação com a carregação acima descrita.

O irmão de Manuel, Matheus Colaço, integrou a comitiva do conde de Assumar na sua viagem de Lisboa para o Rio de Janeiro (*Relação diária*...), dando indícios de que D. Pedro, ainda em Lisboa, já deveria ter colhido informações sobre Manuel Colaço. Conforme informam Távora e Cobra, como futuro governador de capitania, D. Pedro de Almeida tinha acesso aos arquivos do Santo Ofício — assim como o tinha seu procurador, o sargento-mor Domingos Rodrigues Cobra, ex-meirinho dos clérigos —, arquivos esses nos quais "guardavam-se muitos registros secretos, como o de Manuel Antunes Colaço, o qual faz menção a uma qualidade importante para quaisquer projetos futuros do conde: a discrição". Segundo as informações passadas pelo padre Estevão Gandolfi, morador do Rio de Janeiro, Manuel era "capacíssimo para ser encarregado de negócios de importância e segredo como são os do Santo Ofício" (*idem*, p. 24).

Outro fato indicativo de que D. Pedro de Almeida procurou, ainda em Lisboa, obter meios e pessoas confiáveis para exercer suas atividades comerciais no Brasil foi a escolha do seu procurador. Domingos Rodrigues Cobra já havia estado no Brasil antes da vinda do Conde. Não se sabe ao certo a data da primeira viagem de Domingos Cobra, mas em 9 de novembro de 1712, na Vila do Carmo, assina, como testemunha, juntamente com um Pedro de Almeida e um João de Lima, uma escritura de compra e venda.[13] Nessa sua primeira viagem, Domingos Rodrigues relacionou-se com importantes mineradores e comerciantes em Minas do Ouro, Bahia, São Paulo e Rio de Janeiro. Um dado bastante surpreendente dessa primeira viagem foi que, em 13 de maio de 1713, Domingos assinou uma procuração na qual instituiu Pascoal da Silva Guimarães — principal líder da revolta de Vila Rica — seu procurador em Minas.

Urge, nesse ponto, uma ressalva: inicialmente, e possivelmente em função da ligação anteriormente estabelecida entre Domingos e Pascoal, D. Pedro de Almeida teria se interessado em estabelecer uma amizade com o todo-poderoso mestre-de-campo Pascoal da Silva Guimarães. Contudo, tal intento teria falhado em função de, após ter recebido uma carta de Pascoal, D. Pedro ter subido, na ausência dele, o morro no qual residia o potentado para *visitar* sua esposa (*Diário da jornada...*). Como esse gesto era pouco convencional, é possível que Pascoal não tenha gostado nada da *visita* realizada por D. Pedro à sua patroa, não obstante serem desconhecidos os pormenores de tal *visita*.

Outro ponto bastante importante dessa primeira viagem realizada pelo procurador do conde de Assumar, foi sua ligação com o já citado Francisco Pinheiro. Em 13 de agosto de 1713, o irmão e representante de Pinheiro no Rio de Janeiro, Antônio Pinheiro Neto, remeteu ao irmão uma carta na qual dizia:

> [...] depois de me deliberar a mandar passar certidão em como Domingos Rodrigues Cobra estava nas minas, chegou o dito das minas a esta cidade e logo o mandei citar de que vai a fé da citação como Vossa Mercê verá (LISASTI, 1973, v. II, p. 26, apud, Távora e Cobra, 1999, p. 39).

Juntamente com essa transcrição, várias outras davam conta de um processo movido por Francisco Pinheiro contra Antônio de Cobelos Pereira em função do desaparecimento de uma carga e do abandono de um navio de Francisco pela feita da primeira invasão francesa ao Rio de Janeiro, em 1710. Ainda são um mistério a natureza e os desdobramentos da ligação dos Pinheiro com Domingos Rodrigues. Contudo, nessa ocasião, Francisco Pinheiro manda para o Brasil um sobrinho seu, de nome Luís Alves Preto, filho de Manuel Preto, que talvez, seja o Manuel Preto Valdês, testemunha do casamento de Domingos Rodrigues, em 1693 (Távora e Cobra, 1999, p. 39).

Somando-se ao acima exposto o fato segundo o qual Francisco do Amaral Coutinho havia emprestado 2:000$000 ao conde ainda em Portugal para a carregação de 1717, creio poder afirmar que, antes mesmo de chegar ao Brasil, D. Pedro de Almeida já possuía idéia, mesmo que incipiente, de algumas pessoas com as quais deveria se aliar no intuito de realizar suas atividades comerciais. Diga-se de passagem, essas pessoas eram integrantes da elite econômica de seu tempo. Nesse ponto, faz-se necessário demonstrar que, para além da ligação comercial havida entre o conde de Assumar e essa elite, a rede então formada seria, sem exagero, o sustentáculo do governo de D. Pedro, garantindo-lhe, sem meias palavras, a própria governabilidade da capitania do Ouro.[14]

Antes, porém, de passarmos a tal questão, vale uma ou duas palavras acerca do colume total transacionado pela sociedade na qual D. Pedro de Almeida tomou parte. Quando utilizo o termo sociedade, não estou reportando-me a nenhum tipo de associação comercial com estatuto jurídico definido.[15] Mesmo porque, conforme destacado anteriormente no que tange à carregação de 1717, não se estabeleceu nenhum contrato ou vínculo de natureza jurídica entre D. Pedro de Almeida e aqueles envolvidos em tais negócios. O objetivo é tão somente nomear um acordo entre nobres e comerciantes para realização de alguma atividade mercantil visando o lucro para ambas as partes. Evidentemente, em proporções distintas.

Analisando um "instrumento de contas e obrigação de dívida" em anexo ao inventário de D. João de Almeida, percebe-se que, no total, foram cinco as carregações comercializadas pela sociedade da qual D. Pedro de

Almeida era o representantre máximo nas Américas. Foram elas: (1) a carregação de 1717 anteriormente enunciada, no valor de 22:594$261; (2) outra em 1718, no valor de 1:473$282; (3) uma em 1719, perfazendo um total de 11:857$302; (4) a carregação proveniente do Costa da Mina, também em 1719 e anteriormente trabalhada, no valor de 5:530$993; e, por fim, (5) em 1720, no valor de 9:471$167. Por líquido rendimento as carregações tiveram, respectivamente: (1) 36:143$936; (2) 2:440$820; (3) 18:735$727; (4) 7:374$564; e (5) 10:074$874. As três primeiras carregações foram vendidas na capitania de Minas Gerais e as duas últimas na praça do Rio de Janeiro (ANTT, IO, L. C, M. 60, Cx 766). Percebe-se que a primeira carregação gerou um lucro de 60%; a segunda, de 65%; a terceira, de 58%; a quarta, de 33%, e a quinta, de 6%. A situação pode ser mais claramente percebida por meio da análise da Tabela 3.1.

Tabela 3.1
Volume total transacionado pela sociedade de D. Pedro de Almeida nas capitanias de Minas Gerais e Rio de Janeiro, 1717-1720 (valor em mil-réis)

	Valor da carregação	Rendimento Líquido	% de lucro	Local onde foi vendido
1717	22:594$261	36:143$936	60	Minas Gerais
1718	1:473$282	2:440$820	65	Minas Gerais
1719	11:857$302	18:735$727	58	Minas Gerais
1719, Costa da Mina	5:530$993	7:374$564	33	Rio de Janeiro
1720	9:471$167	10:074$874	06	Rio de Janeiro
Total	50:927$005	74:769$921	47	

Fonte: ANTT, IO, L. C, M. 60, Cx. 766

Não obstante o fato de que o rendimento líquido obtido nesss transações devesse ser dividido entre as partes envolvidas na sociedade do conde, impressiona o volume total transacionado pela rede comercial de D. Pedro de Almeida. Desse monte, apenas 26:682$564 réis foram negociados em Vila do Carmo.[16] Tal constatação sugere uma diversificação geográfica dos locais nos quais essa rede atuou, quer em Minas do Ouro, na praça do Rio de Janeiro — região na qual foram obtidos os menores lucros percentuais da rede — ou alguma outra localidade do Império luso. De dimensões ultramarinas, os negócios do D. Pedro de Almeida ligavam Portugal e a Costa da Mina ao Rio de Janeiro e Minas Gerais, movimentando, no total, mais de cem contos de réis no prazo de 4 anos. Fazer parte dessa rede significava a inserção em diferentes praças comerciais dos domínios lusos — com a conseqüente ampliação dos negócios daqueles envolvidos na rede — e a oportunidade de realizar lucrativas transações.

A ATUAÇÃO DA REDE COMERCIAL DE D. PEDRO DE ALMEIDA EM 1720 E A MANUTENÇÃO DA GOVERNABILIDADE

Não cabe aqui expor, em detalhes, os acontecimentos ocorridos entre 28 de junho e 20 de julho de 1720, quando teve vez o episódio conhecido como revolta de Vila Rica. Portanto, o que se segue é apenas uma versão bastante resumida de alguns pontos da revolta, com o intuito de tentar perceber a atuação dos membros da rede comercial do conde-governador na ocasião em que seu governo passou pelo mais periclitante momento político-administrativo — com risco, inclusive, da perda da governabilidade, o que, por decorrência, resultaria na perda, talvez apenas provisória, da própria capitania dourada.[17]

Tratou-se de uma revolta fundamentalmente de elite. Seus principais líderes — Pascoal da Silva Guimarães, Sebastião da Veiga Cabral e Manuel Mosqueira da Rosa — valeram-se da reivindicação do não-estabelecimento das Casas de Fundição e Moeda para moverem um grande contingente de indivíduos contra D. Pedro de Almeida. Os reais interesses desses três homens, porém, estavam longe de coincidirem com os do povo.

Sebastião da Veiga Cabral, escolhido governador da colônia do Sacramento em 1696, e posteriormente nomeado governador de Abrantes em 1709, almejava tornar-se governador das Minas desde 1712, ocasião na qual foi preterido a favor de D. Brás Baltasar da Silveira. Tentou novamente o governo mineiro em 1715, dessa feita postergado em função de

D. Pedro de Almeida Portugal. E, finalmente em 1720, obteve sua última derrota para D. Lourenço de Almeida, que veio a substituir o conde de Assumar no governo da capitania do Ouro (Sousa, 2002, p. 6-9). Não creio ser necessário acrescentar mais razões para justificar o envolvimento de Veiga Cabral na revolta de Vila Rica em 1720.

Manuel Mosqueira da Rosa ambicionava reaver seu posto de ouvidor da comarca de Vila Rica, então ocupado por Martinho Vieira. Acredito que uma explicitação das prerrogativas do cargo de ouvidor explique os motivos de Mosqueira da Rosa para sua adesão à revolta. Ao ouvidor cabia cuidar das causas a ele remetidas por apelação do juízo ordinário, passar cartas de seguro, tirar devassas, inspecionar a igualdade dos pesos e medidas, exercer a presidência da junta dos recursos, ser membro da junta da Fazenda e da junta das Justiças, acumular os cargos de superintendente de terras e águas minerais, de corregedor de comarca, de auditor de gente de guerra, de juiz de feitos da Coroa no âmbito da sua jurisdição e de provedor de defuntos e ausentes, resíduos e capelas (Códice Costa Matoso, v. 2, 1999, p. 111).

Por fim, Pascoal da Silva Guimarães, líder de uma rede na qual atuavam aproximadamente 56 homens, incluindo Sebastião da Veiga e Manuel Mosqueira, obteria um controle bastante grande da morada do ouro caso a revolta tivesse logrado êxito.[18]

Só para ter idéia das dimensões da revolta, na madrugada do dia 2 de julho de 1720, uma vez que o governador havia concordado com as reivindicações dos amotinados mas não tinha concedido a eles o perdão, marchou para Vila do Carmo um contingente de mil almas insurgidas.[19] Quando D. Pedro de Almeida entrou em Vila Rica, às 11 horas da manhã do dia 16 de julho, não somente de Vila do Carmo D. Pedro de Almeida recebeu contingente de negros armados, mas também do Inficionado — na figura de Paulo Rodrigues Durão —, do Rio Doce — com José Luís Borges Pinto —, de Sabará — Luís Tenório de Molina —, do Ouro Branco — Francisco Rodrigues Vilarinho —, da própria Vila Rica — o capitão de ordenanças Antônio Ramos dos Reis —, e outras localidades, como, por exemplo, São João del Rei, perfazendo um total de mil e quinhentos[20] homens armados, provavelmente entre negros[21] e régulos locais, juntamente com suas parentelas e membros de suas redes de reciprocidades — as quais poderiam incluir homens brancos livres, índios flecheiros, além de mestiços — e, em menor número, dragões.

Dentre os que compuseram aquelas 1.500 almas, faz-se necessário destacar os negros armados. A atuação desse braço militar evidencia mais do que simplesmente o uso dos negros nessas valorosas ações. Traz à tona uma refinada negociação previamente estabelecida entre senhor e escravo, na qual ambos os lados possuíam suas próprias aspirações regidas por seus respectivos universos valorativos, ou seja, o fato de o senhor pôr uma arma na mão de seu escravo sugere a existência de acordos estabelecidos entre eles. Desse processo, depreende-se, dentre outros pontos, o escravo como um sujeito, dotado da singular faculdade do pensar.

Os indivíduos que auxiliaram o governador em 1720, além de terem contribuído para o término das alterações, garantiram a ele o exercício da sua governabilidade, então ameaçada pela eclosão de um motim cujo objetivo último era expulsar D. Pedro de Almeida da capitania de Minas e, dessa forma, assumir o seu controle. Eis o ponto central na argumentação acerca da atuação da rede comercial do Conde em 1720: caso caísse o governador, cairia também sua rede. Não seria em função da ausência de D. Pedro que sua rede sofreria um forte abalo, mas devido à ascensão ao poder de uma outra rede, uma rede inimiga daquela dirigida pelo governador.

O auxílio apresentado ao conde de Assumar na contenção da revolta evidencia, conforme já antes enunciado, uma outra faceta dessa sociedade de Antigo Regime — a saber, seu caráter corporativista. Garantindo a governabilidade ao representante régio, essa elite não apenas se tornava elegível para o recebimento de mercês e privilégios mas também, e principalmente, demonstrava sua ânsia de adquirir uma parte do poder, de dividi-lo com o rei. Esses potentados, também chamados pequenos régulos, dispondo a serviço régio seus cabedais e seus negros armados à sua custa — tudo sob risco e despesa de suas vidas e fazendas — o faziam com o intuito de compartilhar a autoridade com o monarca. A assistência prestada ao real serviço em 1720 caminha, verdadeiramente, nesse sentido.

Não estou afirmando que todos os 93 indivíduos que auxiliaram D. Pedro de Almeida na contenção da revolta tenham sido integrantes da sua rede comercial. Alguns o fizeram na espera do recebimento de mercês e privilégios de El-Rei, outros buscando cair nas boas graças do governador, e outros ainda, conforme apontado, pretendendo uma fatia da autoridade na capitania dourada. Contudo, detectar as ligações parentais de alguns desses sujeitos lança luz em outros possíveis ramos da rede comercial do governador e expõe melhor a possível dimensão dessa rede. Aqui, pretende-se perceber as tais ligações a partir de Jerônimo Pedroso de Barros, Domingos Rodrigues da Fonseca Leme, Caetano Alvarez Rodrigues — todos atuantes na contenção da revolta de Vila Rica — e Maximiano de Oliveira Leite — esse último, embora não tenha, pelo que se sabe, participado do movimento de 1720, era, muito possivelmente, membro da rede comercial de D. Pedro.

Da árvore genealógica de Jerônimo Pedroso de Barros depreende-se que os Pedroso de Barros mantiveram laços comerciais e relações de clientela com a família de Fernão Dias, cuja irmã era avó de alguns Pedroso de Barros (Campos, 2002, p. 90, nota 229; Leme, 2002, v. 3, p. 944-45). Também vale ressaltar a árvore genealógica de Domingos Rodrigues da Fonseca Leme. De tal genealogia, deduz-se que Maria Antônia Pinheiro da Fonseca, irmã de Domingos Rodrigues, foi casada com o já citado Garcia Rodrigues Paes. Junto de seu cunhado, Domingos Rodrigues, já considerado o homem mais opulento das Minas do Ouro, realizou várias diligências, dentre elas a exploração do sertão de Sabarabuçu, local no qual descobriu o famoso ribeirão do Carmo — Congonhas do Sabará, hoje Vila Nova de Lima — e participou da abertura do chamado Caminho Novo, concluindo-o no início da década de 1720 (Vasconcelos, 1999, p. 153 e p. 183; Franco, 1989, p. 214).

Outra árvore genealógica que merece destaque é a de Caetano Álvares Rodrigues. De sua análise, percebe-se que o tenente-coronel José Caetano Rodrigues Horta — filho de Caetano Álvares — teve sua filha primogênita casada primeiro com o coronel Gregório Caldeira Brant e, posteriormente, com seu primo Garcia Rodrigues Paes Leme, cunhado do já citado Domingos Rodrigues da Fonseca Leme. O coronel e guarda-mor Caetano Álvares Rodrigues foi casado com a irmã de Maximiano de Oliveira Leite. Uma comparação entre as árvores genealógicas de Caetano e de Maximiano nos revela que a neta de Caetano Álvares Rodrigues foi casada com o neto de Garcia Rodrigues Paes e bisneto de Fernão Dias Paes, sendo que o próprio Maximiano de Oliveira Leite era sobrinho de Garcia Rodrigues e neto de Fernão Dias Paes (Franco, 1989, p. 119).[22]

Francisco Paes de Oliveira Horta, o pai de Maximiano de Oliveira, seguiu com Fernão Dias e Garcia Rodrigues, em 1674, para o sertão dos Cataguazes, onde, por meio da mineração, obteve fortuna (Franco, 1989, p. 119). Observa-se que Maximiano de Oliveira Leite pertencia àquilo que se denominou chamar *melhores famílias da terra*, ou seja, famílias que conseguiram acumular consideráveis cabedais e prestígio social, quer através do exercício da *conquista*, quer através da ocupação de cargos da governança, quer através de atividades comerciais, quer, ainda com mais freqüência, por meio da soma de todos esses fatores (Fragoso, 2000).

À exceção da genealogia de Jerônimo Pedroso de Barros, todas as demais podem ser analisadas em conjunto, tendo como elo Garcia Rodrigues Paes. Domingos Rodrigues da Fonseca Leme era cunhado de Garcia Rodrigues. Maximiano de Oliveira Leite, de quem Caetano Álvares Rodrigues era cunhado, era sobrinho de Garcia Rodrigues. Ora, acredito ser perfeitamente razoável pensar que, por intermédio de Garcia Rodrigues, pudesse existir uma ligação entre Domingos Rodrigues, Caetano Álvares e Maximiano de Oliveira, mesmo por que os dois primeiros estiveram envolvidos na contenção da revolta de Vila Rica em 1720 — urge destacar que a bisavó de Jerônimo Pedroso de Barros era membro da família Paes Leme: Luzia Leme, tia-avó de Garcia Rodrigues Paes, falecida em 1655.

Tais potentados, interessados em manter suas atividades comerciais com D. Pedro de Almeida e também as que desenvolviam por seu intermédio auxiliaram-no na contenção da revolta de Vila Rica. Concomitantemente, garantiram a governabilidade ao Conde, tomaram parte no exercício dessa mesma governabilidade e atuaram em prol do Real Serviço de El-Rei. Tais realizações os habilitavam a solicitar honras, mercês e privilégios que, juntamente com seu braço armado — negros, índios flecheiros etc. —, garantiam-lhes prerrogativas de mando, reforçavam a hierarquia excludente, reafirmavam sua condição de nobreza e, por fim, davam cores vivas ao caráter corporativista presente nessa sociedade. Esses eram homens participantes, sempre à custa do seu sangue, vida e despesa de suas fazendas, das atividades de *conquista* dos trópicos da América lusa. Foi desses *conquistadores* e de suas redes que D. Pedro de Almeida se valeu ao longo de seu governo, não apenas no exercício de suas atividades comerciais, mas também na busca da sua governabilidade.

Notas

1. Pesquisa financiada pelo CNPq.
2. Cabe ressaltar que com a descoberta aurífera e o subseqüente aumento das importações dos negros "o comércio carioca de africanos acabou por tornar-se um núcleo de acumulação interna verdadeiramente importante também a partir de fins da primeira metade do setecentos" (Fragoso e Florentino, 2001, p. 78-79).
3. Observa-se a circulação de práticas comuns ao Império luso. No Rio de Janeiro do século XVIII, Ernst Pijning destacou a existência de ligações entre governadores régios e intermediários. Tais ligações possibilitavam o comércio ilegal, dando-lhe uma "aparência de decência" (Pijning, 2001).
4. D. Catarina era viúva e crioula. Havia herdado grande riqueza e prestígio na sociedade da América espanhola colonial. Descendia de D. Luís de Velasco que, por duas vezes, havia sido vice-rei do México e uma vez do Peru (Boxer, 1973, p. 109).
5. Faz-se necessário ressalvar a incerteza do valor obtido pelo conde. No mesmo trecho no qual o autor deu conta da quantia obtida pelo governador, ele salientou que a duração de tal governo foi de seis anos, ao passo que o tempo correto foi de três anos e meio a quatro — de meados de 1717 até início de 1721. Sem embargo, o importante é destacar que o envolvimento de D. Pedro em atividades comerciais não é nenhuma novidade de agora.
6. No atual estágio da pesquisa ainda não pude detectar se D. Pedro de Almeida, ao longo do seu governo, esteve envolvido em alguma atividade comercial juntamente com esses oficiais.
7. O documento cita o nome de Francisco do Amaral Gurgel. Contudo, em função das transações realizadas pelo conde de Assumar nas Minas Gerais — nas quais Francisco do Amaral Coutinho tomou parte — creio que se tratava de Francisco do Amaral Coutinho. Ademais, afora o fato de eu não ter encontrado nenhum documento no qual revelasse qualquer transação comercial entre D. Pedro de Almeida e Amaral Gurgel, esse era ligado aos principais líderes da revolta de 1720.

8. Esses dois personagens e sua rede parental são também estudados com mais detalhes no Capítulo 2 deste livro.
9. Guarda-mor era o oficial auxiliar do superintendente de terras e águas minerais na administração dos distritos mineradores. Era responsável por dar licença aos descobridores; distribuir datas; colocá-las em pregão; controlar os descaminhos do ouro; controlar a entrada de pessoas e mercadorias; fazer justiça nos casos de descumprimento do regimento das terras minerais, e assentar os mineiros e seus escravos nas lavras demarcadas. A partir de 1720, tiveram poder para distribuir águas aos mineradores (Códice Costa Matoso, v. 2, 1999, p. 101-102).
10. Francisco Paes de Oliveira Horta seguiu com Fernão Dias Paes e com Garcia Rodrigues, em 1674, para o sertão dos Cataguazes, onde, por meio da mineração, obteve fortuna (Franco, 1989, p. 119).
11. *Cria de pé* ou *crias de peito* eram termos de época para designar escravos crianças ou bebês. Eram muito comuns tanto em carregamentos de escravos como em inventários. Agradeço a Alexandre Ribeiro Vieira por tais informações.
12. No decorrer do documento, Matheus Colaço relatou que nem todas as 460 "cabeças" eram de propriedade do conde de Assumar. Diz o Colaço: *das dita cabeças nos entregou o dito capitão as de que consta a cópia da carta que escrevemos para Lisboa ao Senhor D. Paulo Martins.*
13. Domingos Rodrigues voltou para Portugal na mesma frota que levou o ex-governador do Rio de Janeiro, São Paulo e Minas do Ouro, Antônio Albuquerque Coelho de Carvalho (Távora e Cobra, 1999, p. 41).
14. Esse fenômeno é comum a sociedades em fase de conquista na América Portuguesa, como também nos revela o estudo sobre o Rio Grande presente neste livro (cf. Capítulo 5).
15. Para descrição e análise da revolta, ver Anastácia, 1998; Campos, 2002; Kelmer Mathias, 2005.
16. Para tanto cf. Braudel, 1998, p. 383-88.
17. Deve-se observar que esses vinte e seis contos de réis não se referem a um rendimento líquido, apenas ao somatório das vendas realizadas pelos procuradores do conde de Asumar na Vila do Carmo.
18. Para a composição e dimensão da rede de Pascoal da Silva cf. Kelmer Mathias, 2005.
19. O número de mil amotinados foi citado por Carla Anastasia (Anastasia,1999, p. 51).
20. O exorbitante número de 1.500 homens acompanhantes do conde de Assumar na marcha para Vila Rica foi retirado de Vasconcelos, 1999, p. 373. Embora tal cifra possa ser considerada um exagero, creio, com base no poder de homens como Domingos Rodrigues da Fonseca Leme, Caetano Álvares Rodrigues, dentre outros, poder afirmar que o contingente de indivíduos os quais compuseram a força auxiliadora de D. Pedro de Almeida ter sido, de fato, bastante grande.

21. Fico devendo ao meu leitor o real número de negros que tomaram parte na ação do dia 16 de julho de 1720. Possuo informações bastante esparsas acerca das escravaturas particulares dos homens ora pesquisados. Diogo de Vasconcelos deu conta que Torquato Teixeira de Carvalho, Rafael da Silva e Souza, Domingos Rodrigues da Fonseca Leme e Antônio Francisco da Silva possuíam, cada, cerca de duzentos escravos por volta de 1711. Segundo Maria José Távora e Rubem Queiroz Cobra, Pascoal da Silva Guimarães possuía entre duzentos e trezentos negros. Para vários outros sujeitos pude, com base em relatos acerca de seus feitos, identificá-los como possuidores de escravatura, embora não tivesse tido condições de precisar o exato número que cada um deles detinha. Contudo, o envolvimento de negros armados no levante evidencia a refinada negociação havida entre o senhor e o escravo. Evidencia também a capacidade desse mesmo senhor de dispor de negros para tal fim, ou seja, sua capacidade não apenas de retirá-los de suas atividades na mineração, roça ou coisa do gênero, mas correr o risco de perder seu negro.

22. Contudo, as uniões parentais entre Caetano Álvares e Maximiano de Oliveira não se iniciaram na terceira geração. O coronel e guarda-mor Caetano Álvares Rodrigues foi casado com a irmã do também coronel e guarda-mor Maximiano de Oliveira Leite. Se isso não bastasse, o filho de Caetano Álvares foi casado com uma das filhas de Maximiano de Oliveira. Ou seja, a ligação entre essas famílias perdurou três gerações seguidas, iniciando-se com eles próprios e persistindo até os seus netos. Oficialmente, tal união familiar tem seu começo em 1716, com o casamento de Caetano Álvares e Francisca Paes, e perpassa todo o século XVIII, demonstrando que, nesse caso, a união entre ambas as famílias serviu, também, para reafirmar as antigas alianças estabelecidas por seus membros desde as primeiras ligações parentais por eles firmadas (Kelmer Mathias, 2005, p. 75-78).

PARTE II De caixeiros e pardos a senhores do Atlântico

CAPÍTULO 4

Famílias e negócios: a formação da comunidade mercantil carioca na primeira metade do setecentos

Antonio Carlos Jucá de Sampaio[1]

INTRODUÇÃO

Escrever sobre os negociantes da América portuguesa é sempre um desafio. Os personagens principais dessa história freqüentemente nos escapam, seja porque as informações são esparsas, seja porque o *título* de homem de negócio, ao contrário de outros, era então essencialmente informal.[2]

Por outro lado, escrever sobre eles é nada menos que fundamental, caso queiramos entender a história colonial, sobretudo no século XVIII. Em trabalhos anteriores (Sampaio, 2001; 2003), apontei tanto o surgimento dessa elite no final do século XVII quanto o papel primordial desempenhado por ela no Rio de Janeiro na primeira metade do setecentos. De certa maneira, estabeleceu-se aí a origem da primazia do capital mercantil na sociedade colonial, percebida inicialmente por João Fragoso e Manolo Florentino para o final do século XVIII e início do XIX (Fragoso, 1992; Florentino, 1995; Fragoso e Florentino, 1993). Primazia que, diga-se de passagem, nada tinha de *natural*, ainda que o século XVIII seja marcado por um evidente crescimento da atividade mercantil no império português. Em trabalho recente sobre as elites econômicas de Portugal setecentista Fernando Dores Costa e Fernanda Olival concluem afirmando que

> os grandes negociantes seriam, todavia, apenas a elite econômica da capital. [...] Fora de Lisboa não teriam alcançado o mesmo nível de projeção, nem sequer no Porto. Nos múltiplos universos locais, o peso da terra seria formalmente marcante: um legado que nem as várias experiências liberais oitocentistas viriam a conseguir (Costa e Olival, 2005).

É desnecessário lembrar que o peso da terra também se fazia sentir no seio de uma sociedade colonial fundamentalmente agrária. No caso específico da capitania fluminense encontramos uma nobreza da terra que consolidara o seu poder no início do século XVII, tendo por pilares a atividade agrária (a produção açucareira, fundamentalmente) e o exercício do poder político local (Fragoso, 2001).[3] Logo, a ultrapassagem dessa nobreza pelos homens de negócio na condição de elite colonial por excelência não é um processo que se circunscreva somente ao campo da economia, mas engloba também o da política. Nesse sentido, a primeira metade do século XVIII surge como um momento privilegiado para essa análise, já que é então que essa elite mercantil surge como tal.

Minha pretensão com este texto é contribuir para um conhecimento mais aprofundado sobre tais personagens buscando, entretanto, uma abordagem algo distinta da feita até agora. Se nos trabalhos anteriores ressaltei o caráter macroeconômico da presença dos homens de negócio na urbe carioca (participação no mercado urbano, no mercado de crédito etc.), neste pretendo analisá-los a partir das suas inter-relações, ou seja, enfatizando os laços construídos entre esses indivíduos. Daí a utilização da noção de *comunidade*.

Pode-se sempre argumentar que comunidade é um termo perigoso, visto que sugere a existência de uma uniformidade entre os membros dessa elite mercantil, negando ou minimizando a ocorrência de dissensões no seu interior. Com certeza não é essa a proposta deste texto. A utilização do termo aqui pretende simplesmente indicar algo que era reconhecido pelos próprios negociantes: o pertencimento deles a um conjunto mais amplo. Nesse sentido, é sintomática a autonomeação dos mesmos como "homem de negócio desta praça" ou "homem de negócio da praça do Rio de Janeiro", tendo o termo *praça* aqui o claro caráter de comunidade mercantil (Sampaio, 2003, p. 78-80). Mais ainda, o que este capítulo pretende deixar claro é que se essa percepção de pertencimento a uma comunidade estava presente desde o início há, no entanto, uma evidente evolução da mesma ao longo do período aqui estudado. Em outras palavras, se a idéia de pertencer a uma comunidade mercantil era algo ainda um tanto vago para os homens de negócio do início do setecentos, em meados do século eles já conseguiam perceber-se claramente como uma comunidade no sentido forte, com interesses comuns claramente definidos, no que pesem as diferenças internas. Em linhas gerais, é exatamente dessa evolução que pretendo tratar aqui.

AS TRANSFORMAÇÕES NA CAPITANIA FLUMINENSE NO INÍCIO DO SETECENTOS

Em *Na encruzilhada do Império* (Sampaio, 2003, cap. 1) demonstrei o surgimento da elite mercantil carioca a partir do final do século XVII, bem como sua gradual diferenciação em relação à elite agrária. Para isso busquei perceber como esse grupo foi paulatinamente aparecendo nas fontes, seja intitulado por terceiros (como nas fontes governamentais), seja se auto-intitulando. O que pretendo agora é enriquecer essa análise por meio da reconstituição, ainda que fragmentária, das trajetórias desses primeiros homens de negócios da praça carioca.

Essa geração de negociantes atravessou (e protagonizou) as enormes transformações que marcaram a sociedade e a economia do Rio de Janeiro e da América portuguesa na virada do século XVII para o XVIII. A transformação mais importante, e também a mais bem conhecida, foi a rápida conversão do Rio de Janeiro em ponto nevrálgico do império lusitano. Tal conversão apresentou como momentos fundamentais a criação da Colônia de Sacramento (1680) e, sobretudo, o início da produção aurífera no interior da América portuguesa nos últimos anos do seiscentos (Sampaio, 2003, cap. 1).

Esse crescimento da atividade comercial não pode ser adequadamente mensurado, mas pode ser avaliado por alguns dados indiretos. Assim, vemos que o contrato da dízima da Alfândega, por exemplo, alcançava já em 1700 expressivos 14:968$273 (AHU, RJ, ca., doc. 2.400). Ainda pouco se comparado aos 209:600$600 que atingiria em 1745 (AN, Livro 3° das Ordens da Alfândega, p. 2-5), mas já significativos em relação àquele que era até então o mais importante tributo arrecadado na capitania, o dos dízimos, que atingiu 18:666$666 no mesmo ano de 1700 (AHU, RJ, ca., doc. 2.400). Já em 1702 a Casa da Moeda produziu nada menos que

1.250:080$800 em moedas, demonstrando que a urbe carioca converteu-se desde o início do século XVIII no porto por excelência da região mineradora (AHU, RJ, ca., doc. 3.099).

Todo este processo já é, sem dúvida, por demais conhecido. O que aqui se pretende é ressaltar seu impacto nas existências desses primeiros homens de negócio. A maioria deles inicia sua atuação ainda no século XVII e, portanto, vive no seu cotidiano as transformações por que passa a economia fluminense.

Mas não era somente na economia que se verificavam importantes transformações. Também no campo político há mudanças de peso ocorrendo, a mais importante das quais é um aumento da concentração de recursos de poder nas mãos da coroa. Nesse momento, o principal fator a contribuir com tal concentração foi a criação do cargo de juiz de fora nas câmaras tanto do reino quanto do ultramar. Neste, a criação de tal cargo respondeu à necessidade da coroa de intervir de forma mais eficaz na atividade administrativa das câmaras, mormente no aspecto tributário, visando a reduzir os possíveis prejuízos à Fazenda Real (Bicalho, 2001, p. 200).

A animosidade da coroa diante do controle da arrematação de impostos pelas câmaras fica clara numa consulta do Conselho Ultramarino do início do século XVIII. Nela, após elogiar a atuação do Provedor da Fazenda do Rio, o Procurador da Fazenda no Reino ressalta a vantagem para a Fazenda Real da administração dos contratos ficar com os "ministros e oficiais dela", e não com os vereadores (AHU, RJ, ca., doc. 2.928). Esse processo culminará, já na década de 1730, com a transferência da maior parte dos contratos de impostos da Câmara para a Provedoria da Fazenda.[4] O fim do controle de tais tributos pela Câmara não pode ser subestimado. Boa parte deles surgiu após a Restauração, como uma iniciativa da própria Câmara para as atribuições que lhe eram dadas, sobretudo no que concerne à defesa. Perdê-los significava ver subtraída parte da autonomia seiscentista.

Nesse quadro de mudanças também é preciso assinalar a instalação definitiva de uma Casa da Moeda no Rio de Janeiro, a que nos referimos anteriormente. Aquilatar com precisão o que isso significou está longe de ser simples. Por um lado, a Casa da Moeda era claramente um instrumento do poder régio. Ela produzia moedas do Reino, as quais eram em grande parte exportadas para Portugal para pagar impostos e importações. Entretanto, estava longe de ser uma simples correia de transmissão dos interesses régios. Os seus membros, denominados moedeiros, contavam com uma série de privilégios cuja origem, em Portugal, remontava à Idade Média. Tal fato fazia com que ela se constituísse num pólo de poder quase independente e freqüentemente em choque com autoridades régias. Não por acaso, o cargo de moedeiro será ocupado majoritariamente por homens de negócio e seus familiares, que buscarão com isso não só aumentar o seu prestígio social, mas também garantir para si alguns benefícios bastante concretos, como isenções fiscais.[5]

Por fim, um aspecto que tem sido muitas vezes negligenciado é o impacto que tiveram na sociedade fluminense as perseguições que a inquisição portuguesa desencadeou na capitania no início do século XVIII. Lina Gorenstein calcula em 228 o total de homens presos ou denunciados ao Santo Ofício no período (Silva, 1995, p. 128). Um número considerável, se levarmos em conta a ausência das mulheres, igualmente perseguidas, neste total e a dimensão da população da época, que girava em torno de doze mil almas na urbe carioca (Silva, 1990, p. 117). Além disso, é importante ter em conta que os grupos sociais mais abastados encontravam-se sobre-representados entre os indivíduos perseguidos. Em outras palavras, era sobretudo a composição da elite que a inquisição afetava com sua atuação. Num contexto de clara expansão das oportunidades econômicas a mutilação de parte da elite cristã-nova abria novos espaços para a ação dos adventícios, sobretudo dos que fossem cristãos-velhos.

A primeira metade do setecentos é, assim, marcada por uma clara atuação da coroa no sentido de reduzir a forte autonomia que marcou o comportamento das elites coloniais no século XVII. Seria exagerado, porém, falar num processo de centralização política. As mãos e os pés do rei na colônia, parafraseando Antonil, ainda eram as diversas elites locais. O que se buscava era criar um contrapeso à influência da já enraizada nobreza da terra. A transformação dos negociantes nesse contrapeso dependia, em grande medida, das relações que eles estabeleceriam com essa mesma nobreza.[6]

A GÊNESE: DE MERCADORES E CONTRATADORES A HOMENS DE NEGÓCIO

É sempre difícil delimitar o que seria uma *geração*, independentemente do grupo social a que nos referimos. No caso dos homens de negócio essa dificuldade talvez seja ainda maior, dadas as diferenças existentes nas suas diversas trajetórias. Alguns aparecem por anos a fio na documentação, enquanto outros deixam somente um ou dois registros. Logo, está claro que qualquer definição será sempre arbitrária. Assim, busquei definir uma *primeira geração* de negociantes, a partir de sua experiência comum. Ou seja, reuni não só os homens de negócio que foram os primeiros a ser assim definidos, como também aqueles que vivenciaram todas as transformações já descritas. Mais ainda: boa parte deles passou pela traumática experiência das invasões francesas ao Rio de Janeiro, sobretudo a de 1711 (Sampaio, 2003, p. 86-88). Portanto, o limite cronológico estabelecido foi o ano de 1710 como o início da atividade mercantil dos seus integrantes. Consegui, a partir desse critério, identificar 75 homens de negócio.

A primeira característica desse grupo é que seus membros só muito raramente se definem como *homens de negócio*. Na verdade, eles preferem claramente aparecer nas fontes com outras *titulações*, como moedeiros, cavaleiros da Ordem de Cristo, familiares do Santo Ofício, ou mesmo sem titulação nenhuma. Não seria exagero afirmar que a identidade de homem de negócio, embora já utilizada, não se impõe a outras identidades sociais, mas, ao contrário, ainda se subordina fortemente a elas.

Um bom exemplo do que estou afirmando podemos encontrar num lapidar documento de 1710 (AN, PH n. 7, p. 11). Trata-se de um "requerimento que os homens de negócio desta praça fizeram ao senhor governador para que se abrisse o caminho velho da vila de Parati". Este é, até onde consegui constatar, o primeiro documento coletivo dos homens de negócio da praça do Rio de Janeiro, no qual eles não são apenas citados, mas agem coletivamente na defesa de seus interesses. Nada menos que 49 negociantes assinaram o documento, uma proporção considerável para a comunidade mercantil da época. Alguns surgem somente neste requerimento, sem que tenham deixado quaisquer outros vestígios de sua atuação na documentação. É o caso de José Esteves e de Antônio Cordeiro da

Fonseca, por exemplo. Outros, porém, são figuras verdadeiramente emblemáticas do período e que, no entanto, só neste documento surgem como homens de negócio.

É o que ocorre com José Gomes da Silva. Cristão-novo, presente em escrituras de compra e venda de imóveis rurais e empréstimos, contratador dos dízimos e senhor de engenho, Silva é apontado por diversos de seus denunciantes ao Santo Ofício como homem de negócio (Fonseca, 1999, p. 85-98), mas somente neste documento coletivo ele se descreve como tal. Preferia se auto-referir nas escrituras como "contratador" (AGCRJ, Cód. 42-4-90, f. 11v).

O mesmo se verifica com José de Souza Barros, que entre o final do século XVII e o início do XVIII foi nada menos que o maior credor individual presente nas escrituras cariocas. Na década de 1680, por exemplo, dos pouco mais de 1:500$000 emprestados por negociantes, nada menos que 1:226$620, ou 81,42% do total, tinham a ele por credor. Na sua última década de atuação, a de 1710, Souza Barros ainda respondia por 52,2% do valor total emprestado pela elite mercantil carioca (9:347$950) (Sampaio, 2002, p. 40). Encontramo-lo também em transações de bens urbanos e rurais. Em nenhum desses casos ele se apresenta como homem de negócio.

Poderíamos citar também Paulo Pinto, familiar do Santo Ofício e um dos maiores contribuintes no pagamento do resgate da cidade aos franceses, em 1711 (RIHGB, 1858, p. 30).

Fora desta lista talvez o exemplo mais notável seja o de Salvador Viana da Rocha. Não seria exagero dizer que em nenhum documento ou escritura pública ele referiu-se a si mesmo como homem de negócio. Preferia sempre utilizar os títulos de ordenança que aos poucos foi conquistando. Assim, numa compra de casas em 1710 aparece como capitão (AN, CPON, L. 78, s/f) e em 1717 surge já como tenente-coronel (AN, CSON, L. 25, f. 63). E é como tenente-coronel que ele conseguirá ser o primeiro provedor da Santa Casa do Rio de Janeiro de origem claramente mercantil, em 1721 (Vieira Fazenda, 1912, p. 393-97). No entanto, nas *Memórias históricas* de Pizarro, Viana da Rocha surge como o mais prejudicado pela invasão francesa de 1711, pois tinha guardado ouro e prata no convento de Santo Antônio, que foi saqueado, e teve uma casa recém-construída destruída pelo fogo, tendo-a "abarrotada, de cima a baixo, de fazendas". Perdeu também 42.000 cruzados (16:800$000) que lhe tinha dado para guardar o governador de S. Tomé (Pizarro e Araújo, 1945, v. 1, p. 99).

Apesar de suas perdas, Salvador Viana não perde sua proeminência. Vemo-lo já em 1714 como representante dos negociantes numa comissão da Câmara sobre o donativo para a nau guarda-costas (AN, Secretaria de Estado do Brasil, Cód. 85, p. 14-16). E, como vimos antes, no início da década seguinte ele chegará a provedor da Santa Casa da Misericórdia, cargo de enorme significado honorífico, um verdadeiro coroamento de sua trajetória.

Busquei apresentar aqui os exemplos mais significativos, mas nem de longe únicos, de homens de negócio de grande envergadura cujas identidades como tais encontram-se ainda esmaecidas. Fique bem claro que este esmaecimento não significa qualquer preconceito dos mesmos em relação à atividade mercantil, levando-os a se distanciarem da mercancia. Mesmo o mais aristocrático dos negociantes do Rio de Janeiro do início do século XVIII, o tenente-coronel Salvador Viana da Rocha, dedica-se ao comércio até o final de sua vida. Vamos encontrá-lo ainda em 1724 como fiador de uma sumaca que parte para a Ilha da Madeira (AN, cód. 157).[7]

AS FAMÍLIAS DE NEGOCIANTES

Aparentemente, esse esmaecimento está muito ligado ao que podemos denominar de permanência de um padrão seiscentista — no qual não há ainda uma clara diferenciação entre a elite mercantil e a elite agrária — ou, em outras palavras, não encontramos ainda uma clara divisão da elite colonial a partir de suas atividades. Nesse sentido, esses negociantes do século XVIII são, de fato, homens do seiscentos. Para demonstrar isso nada melhor do que nos voltarmos para as estratégias matrimoniais de tais indivíduos, em que ficam claras as alianças por eles estabelecidas na praça carioca.

Comecemos pelo já citado José Gomes da Silva, para quem contamos com o trabalho de Carlos Fonseca (Fonseca, 1999), do qual retiramos os dados a seguir.

Silva,[8] cristão-novo perseguido em Portugal, chega ao Rio em 1667, onde se casa nove anos depois com Maria de Barros. Nas palavras de Fonseca, a família de sua cônjuge "era constituída de abastados cristãos-novos, migrados na virada da primeira para a segunda metade do século XVII [...]", da qual faziam parte três senhores de engenho e diversos mercadores (Fonseca, 1999, p. 90). Nesse sentido, essa família sintetiza a não-separação entre elite agrária e elite mercantil típica do século XVII.

O próprio José Gomes vai representar essa indiferenciação em sua trajetória. Ao mesmo tempo em que é definido (e se define) como mercador (AN, CPON, L. 53, f. 114, 1674), contratador e mais tarde homem de negócio, Silva busca ingressar na elite agrária, comprando pelo menos dois engenhos de açúcar (AN, CQON, L. 1, f. 162v, 1690 e AGCRJ, cód. 42-4-90, f. 10v, 1698). Seu irmão, Pedro Mendes Henriques, também tornar-se-á um proprietário de moenda na capitania fluminense (Fonseca, 1999, p. 198).

No entanto, essa estratégia não deve ser entendida como uma tentativa de Gomes da Silva de afastar-se do trato mercantil. Pelo contrário, esse casamento o inseriu numa família de mercadores, a começar por seu sogro, André de Barros de Miranda, de quem eram cunhados o capitão Luís Fernandes Crato e André Mendes da Silva, igualmente mercadores. Um dos cunhados de José Gomes, André de Barros, "contratava para as Minas" no início do século XVIII, o que era sem dúvida extremamente interessante para o mesmo. Por fim, sua cunhada Joana de Barros casou-se em 1688 com o também homem de negócio Inácio Francisco de Araújo, num matrimônio talvez arranjado pelo próprio Silva, já que seu sogro falecera três anos antes (Rheingantz, 1965, v. 1, p. 232).

Ao casar-se pela segunda vez em 1695 com Isabel de Paredes, José Gomes insere-se numa família (Paredes) constituída fundamentalmente de senhores de engenho: nada menos que dez no total. Entretanto, seu sogro será o mesmo capitão Luís Fernandes Crato citado anteriormente, o que mostra não só a vinculação entre as duas famílias mas também a manutenção de um certo padrão de casamento entre capital mercantil e atividade agrária ou, mais especificamente, produção de açúcar. É também na virada do século XVII para o XVIII que José Gomes aparecerá diversas vezes como contratador dos dízimos.

Se o aqui exposto comprova que não podemos falar em separação clara entre as elites agrária e mercantil no século XVII (e mesmo no início do XVIII) também demonstra que a formação de uma comunidade mercantil não passava apenas pelo exercício da mercancia em si ou pelo estabelecimento de sociedades comerciais formais. Passava igualmente pelo estabelecimento de alianças políticas via matrimônio. Nesse aspecto, embora os homens fossem os grandes protagonistas dessa história, era através das mulheres que se criavam os liames entre os mesmos.

Tais liames ficam mais claros quando voltamos nossa atenção para André Mendes da Silva, já citado. Além de ser um dos principais mercadores do século XVII, André Mendes casa uma de suas filhas, em 1685, com o tenente-coronel Félix Correia de Castro (Rheingantz, 1965, v. 2, p. 595). Correia de Castro, por sua vez, era sogro de ninguém menos que o nosso já conhecido Salvador Viana da Rocha. Portanto, temos através da filha de André Mendes o estabelecimento de um vínculo entre diversos grupamentos familiares distintos, que uniam mercadores, negociantes e senhores de engenho, mas também advogados, padres e lavradores, entre outros.

Neste emaranhado de nomes, Salvador Viana da Rocha merece novamente nossa especial atenção pelas alianças que estabelece. Temos uma primeira menção a um casamento seu para 1692, quando ele é dotado por Domingos Rodrigues de Lisboa para casar-se com a sobrinha deste, Antônia Maria, residente em Lisboa (AGCRJ, cód. 42-4-88, f. 111). O dote era o ofício de Meirinho do mar e selos da Alfândega, do qual Domingos era o proprietário. Aparentemente esta investida de Salvador no mercado matrimonial fracassa. Em 1694 Domingos já havia falecido e o seu ofício era dado como vago, embora fosse reivindicado pela sobrinha (AHU, RJ, ca., doc. 1886). Apesar do fracasso da tentativa, a estratégia de Viana era bastante clara: a posse de um cargo na Alfândega era sempre cobiçada pelos negociantes, pelo que significava não só em termos de rendimentos diretos, mas principalmente pela possibilidade de melhor despachar suas próprias mercadorias. Retomarei esse ponto mais adiante. Além disso, embora não haja informações sobre possíveis atividades mercantis do próprio Domingos Rodrigues, interessava a Salvador as relações que este estabelecera em sua permanência no Rio de Janeiro. Permanência longa, vale sublinhar, pois o vemos presente já no longo processo que se deu após a revolta de 1660 (AHU, RJ, ca., doc. 879).

Em sua busca de alianças, Viana casou-se também com Catarina Nunes, mas desse matrimônio não temos qualquer informação. Ele apenas é mencionado naquele que foi seu segundo casamento efetivo e, sem dúvida, o que definiu sua trajetória: o com D. Antônia Correia do Amaral (Rheingantz, 1965, v. 1, p. 179). D. Antônia era filha do tenente-coronel Félix Correia de Castro, como já sabemos, e de sua primeira esposa, Maria do Amaral. Através de sua sogra, Salvador Viana inseria-se numa das mais poderosas famílias do Rio de Janeiro, a Gurgel do Amaral, presente na capitania desde o século XVI e uma das principais famílias da terra.[9]

Aquilatar exatamente o significado de tal aliança para o nosso negociante é quase impossível, dada a variegada presença dos Gurgel do Amaral na sociedade colonial do período. Por um lado, dada sua antiguidade e importância, tratava-se de família aparentada a diversas outras da nobreza da terra. Mais ainda, os Gurgel estendiam seus laços familiares a São Paulo, onde eram aparentados aos Tasques Pompeu (Fragoso, 2002, p. 67). Além disso, acompanharam ativamente as transformações ocorridas na capitania: esta é uma das poucas famílias da nobreza fluminense que se envolve diretamente com a exploração do comércio com as Minas. Segundo Antonil, Francisco do Amaral Gurgel teria acumulado nada menos que cinqüenta arrobas de ouro com tal comércio (Antonil, 1976, p. 172). Exagero de cronista? Talvez, mas tratava-se de fortuna considerável, e se essa não estava diretamente ao alcance de Salvador Viana, sem dúvida os contatos, as alianças, as sociedades enfim constituídas por esta família se encontravam, e isso fazia uma enorme diferença. Não é demais ressaltar também que Francisco estará diretamente envolvido na chamada *guerra dos emboabas*, da qual é um dos vencedores (Boxer, 1963, cap. 3) e em 1714 chegou a Provedor da Fazenda do Rio de Janeiro (AHU, RJ, ca., doc. 3.523).

De tudo o que foi dito até agora, fica claro que tanto no caso de José Gomes da Silva quanto no de Salvador Viana da Rocha as alianças estabelecidas a partir dos enlaces matrimoniais visavam não somente fortalecer ou consolidar suas redes mercantis, mas miravam uma ascensão social muito mais ampla, que os inserisse de fato não só no topo da hierarquia econômica como social. E para isso não bastava ter fortuna. Era preciso ter *qualidade*, o que eles buscaram através do pertencimento a uma das famílias da governança da terra (Fragoso, 2002, p. 45). Para os homens de negócio, quase todos oriundos de Portugal, tal pertencimento significava casar-se com uma mulher dessas famílias. O sucesso, porém, dessa estratégia era variável, o que fica claro quando comparamos os dois casos anteriores. Salvador Viana foi, sem dúvida, muito mais bem-sucedido do que José Gomes, chegando a ocupar postos e cargos que ele nem sequer imaginou. A origem dessa diferença pode ser encontrada nas famílias a que ambos se aliaram. No caso de Salvador, vimos o peso da família Gurgel do Amaral na capitania. Ora, nem de longe a família de André de Barros de Miranda podia comparar-se à mesma. Esta era uma família de mercadores prósperos, mas de implantação recente e sem vínculos parentais com a nobreza da terra. Somente em seu segundo matrimônio José Gomes consegue inserir-se uma família mais claramente vinculada à governança da terra. Entretanto, esse casamento foi muito mal-recebido pela família da noiva, o que tornava difícil qualquer tipo de aliança (Silva, 1995, p. 86). Por fim, não devemos nos esquecer de que no início do século XVIII inicia-se a perseguição da inquisição aos cristãos-novos do Rio, o que dificultou ou mesmo impediu a ascensão destes a cargos da República.[10]

Portanto, devemos ver a ascensão de Salvador Viana ao posto de Provedor da Santa Casa não como o do primeiro homem de negócio a alcançar tal honraria, mas sim como o do segundo indivíduo da família Gurgel do Amaral a chegar lá. Afinal, no ano de 1703 o provedor eleito foi o doutor Cláudio Gurgel do Amaral, primo de sua sogra (Fazenda, 1912, p. 394-97). Em outras palavras, foram os laços sociais que estabeleceu, mais do que sua fortuna, que o inseriram no topo da hierarquia colonial.

Não devemos, porém, relativizar demais a importância da riqueza. Se existia uma hierarquia social dominada por uma nobreza da terra com raízes já bem fincadas na capitania fluminense no início do setecentos, esta hierarquia não era, no entanto, algo imutável. Longe de originar-se num desígnio divino, o poder que esta elite possuía na sociedade colonial dependia de constantes negociações entre seus membros e destes com os outros grupos sociais. Mais ainda, dependia de uma adequada adaptação aos *sinais dos tempos*. E no início do século XVIII, como busquei esboçar no começo deste texto, os sinais de mudanças estavam por toda parte.

Mais ainda, a elite agrária passava por graves problemas naquela que era uma das bases do seu poder e mesmo de sua identidade: a produção de açúcar. Sobretudo, essa produção tinha que enfrentar a concorrência oferecida pelas regiões mineradoras, que atraíam tanto os homens livres quanto os mercadores de escravos. Nesse sentido, uma carta de 1702 do governador dom Álvaro da Silveira e Albuquerque ao rei é bastante elucidativa:

> A ocasião de passagem para as minas intentam muitas pessoas ir a elas, não só desta praça mas de todo o recôncavo dela, de maneira que uns são oficiais mecânicos da república, e outros são dos que assistem nos engenhos e fazendas à manufatura dos açúcares e farinhas [...] de sorte que esta terra se vai pondo em miserável estado [...] na consideração de que certamente se desampara esta cidade, mas todo o dito recôncavo, faltando-se as lavouras e usos dos ditos ofícios mecânicos, de que resulta um grave prejuízo do bem comum pela grande carestia em que todos os gêneros comestíveis se vão pondo [...] (AHU, RJ, ca., doc. 2.625).

O texto deixa claro que o *rush* mineratório atingia toda a capitania, com ênfase no setor agrário, no qual se concentrava a população. Os engenhos, em especial, perdiam parte de sua mão-de-obra livre, atraída esta pelo brilho do vil metal amarelo. Mas nem era aí que se situava seu maior problema no que tange à mão-de-obra. O preço médio dos escravos adultos subiu de 84$000 no período 1671-1700 para mais de 197$000 na década de 1710, uma elevação de mais de 100% (Sampaio, 2003, p. 121). Sobretudo, é preciso ter em conta que os preços dos escravos em Minas eram sempre superiores aos do Rio de Janeiro.

Isso não quer dizer, evidentemente, que a decadência da elite açucareira fluminense, fulminada pelo alto preço de seus escravos, era inevitável. Em trabalho anterior já combati essa visão reducionista e teleológica (Sampaio, 2003, Introdução e cap. 2). Na Bahia, por exemplo, os mesmos problemas não significaram qualquer crise na produção açucareira, ainda que Schwartz tente provar o contrário (Schwartz, 1988; Flory, 1978). Logo, o evolver desta crise dependia em grande medida das respostas que seriam dadas pela elite açucareira. E estas respostas foram basicamente duas: um fechamento em relação à nova elite adventícia dos homens de negócio ou, pelo contrário, a absorção destes.

A primeira opção fica clara desde pelo menos o início do século XVIII. Já em 1707 temos uma representação de portugueses ao rei D. João V reclamando do procedimento que os *filhos da terra* teriam contra eles nas eleições para o Senado da Câmara, buscando barrar seu acesso ao mesmo. É de grande significado a maneira como estes indivíduos se apresentam no início do documento:

> Representam a Vossa Majestade aqueles filhos deste reino de Portugal que se acham moradores na cidade de São Sebastião do Rio de Janeiro com o privilégio de cidadãos, e outros mais homens de negócio, que com abundância de seus próprios cabedais vivem, como todo o luzimento à lei da nobreza, e são da dita cidade já compatriotas, por se acharem nela casados com filhas e netas de cidadãos (RIHGB, 1848, p. 108).

O documento mostra que desde o alvorecer do setecentos explicitava-se uma clara disputa entre, por um lado, homens de negócio reinóis "com abundância de seus próprios cabedais" e de outro uma nobreza da terra cada vez mais aferrada a seus privilégios, ofícios, alianças, serviços, histórias enfim enraizadas em um outro tempo. A luta pela Câmara será um dos palcos em que essa disputa melhor se explicitará. Mas vamos deixar isso um pouco de lado por ora. O final do texto anterior mostra-nos que nem todas as famílias da governança da terra compartilhavam a mesma visão. Aos se declararem casados com "filhas e netas de cidadãos", estes homens de negócio demonstravam que parte da elite tradicional estava aberta a recebê-los. De fato, os cabedais desses negociantes interessavam a uma elite açucareira estruturalmente endividada e que via suas condições de reprodução agravadas no início do século XVIII (Sampaio, 2002).[11]

Por outro lado, seu interesse em participar da câmara ou, num sentido mais amplo, do governo da república, demonstra que essa *primeira geração* de homens de negócio procurava repetir as estratégias de ascensão utilizadas pela nobreza da terra desde o século XVI. Nesse contexto, era inevitável que a disputa desses negociantes por parte do poder político gerasse novas e crescentes tensões.

SEGUINDO ADIANTE: ESTRATÉGIAS MATRIMONIAIS, ALIANÇAS POLÍTICAS E NEGÓCIOS

Temos, portanto, uma primeira geração de negociantes que se distingue quase a contragosto, poderíamos dizer, da elite fluminense tradicional. Busca, de fato, repetir ao menos em seus traços mais gerais a trajetória desta última. Contudo, tal distinção torna-se cada vez mais evidente, seja pelo número crescente de negociantes seja pela igualmente crescente capacidade de acumulação por eles demonstrada. O homem de negócio setecentista não era, em definitivo, o mercador da centúria anterior, o que criava novos desafios para o *establishment* político.

Se em 1710 encontramos o primeiro documento coletivo dos negociantes cariocas, é na década seguinte que sua atuação conjunta se intensifica. É também nessa década que eles começam a se identificar com mais freqüência como homens de negócio nas escrituras. Esse duplo movimento demonstra que a construção de uma identidade própria ou, o que é o mesmo, de uma noção de comunidade mercantil está em pleno andamento. Encontramos para essa década nada menos que quatro representações conjuntas dos negociantes cariocas, todas ligadas à cobrança da dízima e/ou ao despacho das mercadorias na Alfândega (AHU, RJ, ca., docs. 4.571, 5.024, 5.270 e 6.187). A atuação conjunta não era em si uma novidade, mas o seu caráter sistemático sem dúvida o era.

Por outro lado, não era somente através dessa atuação direta em favor de seus interesses que a elite mercantil demonstrava sua força coletiva. A construção de sua identidade passava igualmente pela ocupação de cargos de prestígio da república, como já vimos, e pela afirmação de sua autonomia frente à nobreza da terra. A melhor síntese desse movimento encontramos na disputa ocorrida em 1735 entre os moedeiros e o governador interino, José da Silva Paes. Este ordenara que os mesmos se apresentassem nas revistas com os regimentos de ordenanças, ao que se recusaram alegando seus privilégios (AHU, RJ, ca., doc. 8.608). Os moedeiros não se recusavam a cumprir suas obrigações militares, mas desejavam formar uma companhia separada, "sem o ônus de irem incorporados no Regimento chamado da Nobreza". O mesmo privilégio era solicitado também pelos familiares do Santo Ofício. Humilhados por Silva Paes, tanto os moedeiros quanto os familiares tiveram seus privilégios reconhecidos pelo governador efetivo, Gomes Freire de Andrade, após o retorno deste.

Longe de se tratar de uma corriqueira disputa corporativa de Antigo Regime, em que uma instituição defende seus privilégios diante do conjunto da sociedade, o que vemos aqui é a elite mercantil recusando-se a servir sob as ordens da nobreza. No mesmo ano de 1735 um levantamento indicou a existência de 122 moedeiros e seus filhos no Rio de Janeiro. Destes, ao menos quarenta eram homens de negócio, além de três mercadores e um tratante (AHU, RJ, ca., doc. 8.612). Se somarmos a esses os seus filhos teremos aí a imensa maioria dos moedeiros. Em relação aos familiares do Santo Ofício também já é sabido que em sua quase totalidade eram, no século XVIII, homens de negócio ou, ao menos, mercadores (Calainho, 1992).

O que esses homens buscavam com a ocupação desses cargos era, portanto, um conjunto de benefícios econômicos (fiscais, sobretudo), políticos e principalmente sociais. Coroar com prestígio uma vitoriosa carreira mercantil. Em 1735, porém, eles reivindicaram algo mais: queriam servir ao rei sem submeter-se à nobreza. Em outras palavras, relacionarem-se com a coroa sem intermediários. O apoio de Gomes Freire às suas pretensões demonstra quanto a Coroa estava igualmente empenhada nessa aliança. Impossível não relacionar tal aliança com a perda de poder da Câmara que, como vimos, perde nessa mesma época a maior parte das suas receitas. Não que se esteja buscando estabelecer um nexo de causalidade entre ambos os fatos, mas o que eles demonstram em conjunto é que a configuração das forças políticas em que a coroa se baseava na capitania aos poucos se modificava, e nessa reconfiguração ganhava força a participação dos negociantes. Não é coincidência que nessa mesma década o procurador da Câmara na corte, Julião Rangel de Souza Coutinho, reclamasse ao rei da pretensão de "homens de vara e côvado e outros semelhantes comerciadores" ocuparem os "cargos honrosos da República", notadamente a Câmara (Bicalho, 2003, p. 373).

Nesse contexto, torna-se claro que a razoável coesão da elite mercantil não tinha por base somente seus interesses materiais mais imediatos. Ela dependia também de alianças políticas mais sólidas, as quais freqüentemente se expressavam por meio de estratégias matrimoniais que visavam a unir certas famílias ou a agregar a elas os adventícios mais bem-sucedidos. Conhecer essas estratégias é, assim, de fundamental importância para compreendermos mais profundamente os mecanismos que geravam tais alianças.

Para entender as estratégias matrimoniais desses homens de negócio a melhor via é, sem dúvida, a análise da ocupação dos sogros daqueles que se casaram no Rio entre o final do século XVII e os meados do seguinte.

Quadro 4.1

Ofícios dos sogros dos homens de negócio do Rio de Janeiro e freqüência de casamentos (c.1690-c.1750)

Ofícios	N1	%1	N2	%2
Homem de negócio	10	25,0	18	33,3
Contratador[1]	2	5,0	3	5,6
Trapicheiro[2]	2	5,0	2	3,7
Mercador	6	15,0	9	16,7
Subtotal comerciantes	20	50,0	32	59,3
Nobreza/SE[3]	14	35,0	14	25,9
Meirinho/Escrivão	3	7,5	5	9,3
Advogado	3	7,5	3	5,6
Total	40	100,0	54	100,0

Obs.: N1 — número de sogros por ofício; N2 — número de casamentos por ofício; 1 — contratador: arrematante de impostos; 2 — trapicheiro: proprietário ou arrendatário de trapiches; 3 — nobreza/SE: membros da nobreza da terra e/ou senhores de engenho.
Fontes: Rheingantz, 1965, v. 1 a 3, CPON, CSON, Novinsky.

Antes de iniciar a análise do Quadro 4.1, valem aqui algumas observações acerca da classificação, nem sempre fácil de fazer, sobretudo quando se trabalha com uma sociedade de Antigo Regime. Além do que, há sempre a carência de fontes. Em relação aos membros da nobreza e senhores de engenho, por exemplo, é praticamente impossível saber quais se dedicavam e em que proporções também à atividade mercantil. Por outro lado, outros ofícios têm uma visibilidade praticamente nula nas fontes consultadas. Assim, não encontrei nenhum negociante casando-se com a filha de um artesão, embora saibamos que esse tipo de casamento era comum (Smith, 1975, p. 49-60; Donovan, 1990, p. 65). Logo, o que o quadro nos proporciona é uma primeira aproximação das relações entre negociantes e as famílias já aqui situadas no século XVIII.

O que nos chama a atenção inicialmente é o destaque de duas origens entre os sogros dos homens de negócio: por um lado, o próprio ofício de negociante, e por outro o dos sogros pertencentes à nobreza da terra e/ou senhores de engenho, o primeiro respondendo por um quarto do total e o segundo por aproximadamente um terço.

Em relação aos homens de negócio, o percentual indica uma razoável endogamia de grupo, mais clara quando consideramos a proporção de casamentos, ou seja, nada menos que um terço dos negociantes casavam-se com filhas de negociantes. Esse caráter endogâmico torna-se mais claro quando consideramos os outros dois grupos de comerciantes: contratadores, mercadores e trapicheiros. Em relação a estes, cabe a ressalva de que a nomenclatura é freqüentemente imprecisa, e não se deve imaginar que estamos tratando de grupos mercantis inferiores. Um dos mercadores é o nosso já muito conhecido André de Barros de Miranda. Ora, André é um mercador do século XVII, quando a utilização do termo homem de negócio era rara, e só se inicia claramente no final deste. Outro exemplo é o de Luís Fernando Crato, também já conhecido. Somente Miguel Fernandes Serra, sogro de Manuel Gomes da Costa (Rheingantz, v. 2, p. 67), surge aí como um mercador típico do século XVIII, ou seja, numa gradação inferior à dos negociantes (AN, CSON, L. 40, f. 1).

Em relação aos contratadores é preciso lembrar que muitos homens de negócio arrendavam contratos e estes eram um dos melhores mecanismos de acumulação disponíveis tanto na colônia quanto no reino (Sampaio, 2001, p. 98-101). Assim, a utilização dessa denominação se deve somente à carência de mais informações acerca dos dois indivíduos a que se refere: os capitães Antônio Correia Pimenta e Antônio Borges Teixeira. O mesmo pode ser dito em relação aos donos de trapiches, Francisco de Oliveira Leitão e Luís da Mota Leite, para os quais o envolvimento com o comércio era ainda mais evidente.

Estes dados são surpreendentes, porque indicam uma endogamia bastante estrita, segundo a qual os homens de negócio se recusavam a casar-se com mulheres de estratos mercantis inferiores. Entretanto, isso é pouco provável, e o mais factível é que estes casamentos estejam inseridos naqueles em que o ofício do sogro não era conhecido e que portanto não entraram em nossa tabela. Há nas fontes, como sempre, uma visibilidade muito maior para as elites do que para os grupos subalternos. Até porque seus *títulos* não eram socialmente estimados. Dificilmente um taverneiro, por exemplo, ia designar-se assim nas escrituras, o que dificulta consideravelmente a localização destes indivíduos.[12] Logo, a proporção presente no quadro de casamentos dos homens de negócio com filhas de outros comerciantes é apenas a porcentagem mínima do que efetivamente ocorreu, o que torna esse número ainda mais significativo, já que mais da metade dos casamentos deu-se no interior do grupo mercantil. Havia, portanto, uma razoável continuidade da atividade mercantil nas famílias, ao menos até a segunda geração, baseada quase exclusivamente na incorporação de genros negociantes.

Um caso verdadeiramente emblemático de uma família de negociantes é a de nosso já famoso Francisco de Almeida Jordão. Nesta encontramos tanto o envolvimento de filhos do mesmo com o comércio como a incorporação de novos negociantes via matrimônio.

Dos dez filhos de Francisco de Almeida Jordão, nove (cinco homens e quatro mulheres) conseguem alcançar a idade adulta. Dentre os homens, nada menos que três foram direcionados para a carreira religiosa, tornando-se carmelitas (frei Francisco de Santa Helena, frei Lourenço da Trindade e frei José do Nascimento). Os outros dois, o doutor João Mendes de Almeida e Inácio de Almeida Jordão tornaram-se homens de negócio.

Já entre as mulheres, três se casaram com negociantes cariocas do início do século XVIII. A quarta, Catarina de Almeida, uniu-se ao capitão-de-mar-e-guerra José Soares de Andrade (Rheingantz, 1965, v. 1, p. 39-40).

Filhos de negociantes contavam com enormes vantagens quando decidiam dedicar-se à mesma atividade, não só pela acumulação prévia realizada por seus pais como pelo conhecimento das práticas mercantis e das redes previamente constituídas. Não por acaso Inácio de Almeida Jordão e seu irmão irão se destacar na comunidade mercantil do período.

João Mendes de Almeida era doutor, formado em Coimbra e a partir talvez da década de 1710 passou a residir em Lisboa. Nem por isso abandonou o comércio, e na década de 1730 foi acusado pelo governador Luís Vahia Monteiro de fazer contrabando junto com seu irmão (AHU, RJ, ca., doc. 6.786). Tratava-se, portanto, de uma rede mercantil que ligava os dois extremos do Atlântico via laços familiares.

Inácio era, por sua vez, um dos principais homens de negócio cariocas de seu tempo. Em nova denúncia de contrabando de ouro em pó contra ele, o governador Gomes Freire designa-o como o "primeiro homem de negócio daquela praça" [do Rio de Janeiro] (AHU, RJ, ca., doc. 8564). Inácio casa-se em Lisboa, em 1710, com Teresa Inácia de Andrade (Rheingantz, 1965, v. 1, p. 40). Esse matrimônio demonstra que a presença em Lisboa não era exclusividade de João, e Inácio estará em Lisboa também na década de 1730, retornando depois ao Rio de Janeiro (AN, CSON, L. 48, f. 75v).

Se não bastasse isso, as irmãs de Inácio e João casam-se com algumas das mais importantes figuras da comunidade mercantil do período. Ana de Faria une-se a Paulo Pinto que, como vimos, estava na lista de homens de negócio de 1710, além de ter sido um dos grandes doadores para o resgate da cidade em 1711. Já Helena de Faria casa-se com Paulo Carvalho da Silva, que além de homem de negócio era moedeiro e proprietário de uma famosa chácara nos arredores da cidade, que lhe foi doada por seu cunhado João Mendes de Almeida antes deste partir para Lisboa (Coaracy, 1955, p. 91). A terceira irmã é Maria de Almeida, que se casa em 1704 com Inácio da Silva Medela (Rheingantz, 1965, v. 1, p. 40). Este, ao morrer em 1746, deixou dívidas ativas num valor total de mais de 131:000$000, representando a maior parte de sua fortuna, que englobava ainda quatro sobrados e oito casas térreas na cidade do Rio de Janeiro, além de terras situadas no recôncavo da Baía de Guanabara (Martins, 2000, p. 172).

Por fim, encontramos a filha mais nova de Francisco de Almeida Jordão, Catarina de Almeida, unindo-se, em 1709, com o capitão-de-mar-e-guerra José Soares de Andrade, indício claro da busca de alianças com a burocracia reinol, que também vai estar presente no matrimônio de uma sobrinha de Catarina, Helena da Cruz Pinto (filha de Ana de Faria e Paulo Pinto) com o mestre-de-campo Manuel de Almeida Castelo Branco (Rheingantz, 1965, v. 1, p. 39-40). Ambos os casais acabam por migrar para Portugal, fortalecendo ainda mais as ligações entre reino e colônia.

Por sua atuação, os Almeida Jordão não pareciam acreditar que a antiga elite senhorial fosse constituída, na época, pelas *melhores famílias da terra*, como gostavam de se designar. Embora o próprio fundador da família tenha se tornado senhor de engenho no final do século XVII (AGCRJ, CPON, Cód. 42-4-91, f. 223), repetindo (ou tentando repetir) o padrão seiscentista de passagem da elite mercantil para a agrária, seus filhos, genros e netos não seguiram esse padrão, o que indica muito claramente o progressivo fortalecimento do grupo mercantil (e, conseqüentemente, de um padrão distinto de acumulação) no interior da sociedade colonial.

Esse não é um caso isolado, como podemos ver na família de João Lopes, homem de negócio e patrão-mor no Rio de Janeiro. Lopes casa-se, em 1717, com Brígida de Macedo, filha de Antônio Lopes de Macedo e de Maria da Costa, para os quais não tenho (e esta é uma importante semelhança com os sogros de Francisco de Almeida Jordão) outras informações biográficas (Rheingantz, 1965, v. 2, p. 436-39). João e Brígida tiveram sete filhos, dos quais cinco chegaram à idade adulta (quatro mulheres e um homem). Para o único varão e para a filha mais nova não há casamentos apontados, mas três de suas filhas casaram-se com homens de negócio.[13] O mais significativo é que esta incorporação familiar de novos negociantes mantém-se por todo o século XVIII, e veremos que alguns dos principais negociantes cariocas do final do século XVIII e início do XIX unem-se a esta família. Assim, o capitão Francisco Xavier Pires casa-se com uma neta de José Francisco dos Santos, enquanto Antônio dos

Santos e o capitão Antônio Ribeiro de Avelar se casam com filhas de Brás Gonçalves Portugal.[14] Aqui não há, no entanto, ao contrário da família Almeida Jordão, qualquer traço de sobrevivência da atividade mercantil nas mãos dos filhos.

No entanto, não é somente nos casamentos entre homens de negócio e filhas de outros negociantes que encontramos a formação de tais linhagens mercantis. Entre os mercadores do século XVII o melhor exemplo é, sem dúvida, o do capitão-mor Francisco Gomes Ribeiro. Entre o final da década de 1680 e a seguinte ele aparece envolvido no comércio e com empréstimos. Em 1688, ele é um dos mercadores que assinam a certidão em favor do trapiche de Francisco de Oliveira Leitão em sua disputa com Francisco de Almeida Jordão (AHU, RJ, ca., doc. 1.818). Em 1698, surge no comércio com Portugal, demonstrando a amplitude da atuação de um mercador seiscentista (AHU, RJ, ca., doc. 2.278). Além de capitão-mor, Francisco chegou a provedor da Santa Casa por nada menos que três vezes (Vieira Fazenda, 1912, p. 393-97). No entanto, e apesar de ter se tornado também um senhor de engenho, optou por unir três de suas quatro filhas com outros membros da *classe mercantil*.[15] A mais velha, D. Cecília da Silva, casou-se com o contratador Antônio Correia Pimenta, enquanto D. Inês da Silva unia-se ao mercador Miguel Gonçalves Portela. Já a terceira, D. Helena da Silva, casou-se com nada menos que dois homens de negócio: o capitão Manuel Gomes de Abreu e Vitoriano Vieira Guimarães.[16] Somente a quarta filha, D. Inácia Gomes, casou-se com Francisco de Lucena Montarroio, membro de uma das mais importantes e antigas famílias da capitania. Na terceira geração temos duas filhas do capitão Antônio Pimenta casando-se com homens de negócio[17] (Rheingantz, v. 1, p. 273-75).

Os exemplos poderiam ser multiplicados, mas o que desejo sublinhar é que boa parte da elite mercantil carioca da primeira metade do século XVIII reproduz-se sem estabelecer quaisquer vínculos (ao menos parentais) com a nobreza da terra. Isso ocorre também no caso das famílias que se retiram do comércio, como a de Francisco de Seixas da Fonseca (Rheingantz, 1965, v.3, p. 144-45 e AMSB, doc. 812 e 824). Suas duas filhas que contraíram matrimônio o fizeram com membros da alta burocracia reinol.

Por fim, há os que se unem a filhas de indivíduos de certo prestígio social, mas que estavam longe de pertencer a essa nobreza, como era o caso dos advogados e meirinhos presentes em nossa tabela.

Entretanto, para muitas das mulheres de negociantes não foi possível encontrar mais do que a mera citação do nome, e por isso tais casamentos não constam na tabela anterior. Tal é o caso, por exemplo, de Apolônia, mulher de Manuel Cardoso de Azevedo e da qual se perdeu até o sobrenome. Sabemos de sua existência a partir unicamente das denúncias da inquisição (Novinsky, 1992, p. 79). Das outras sabemos um pouco mais, porém um traço as unia: o não-pertencimento a famílias da elite colonial. Em outras palavras, devemos lembrar que a dissociação entre elite agrária e mercantil dava-se não só no caso dos casamentos endogâmicos dos negociantes como também quando eles se uniam a mulheres de estratos (aparentemente) inferiores.

Sublinhe-se que tais uniões em nada atrapalharam as trajetórias de seus maridos. Para melhor explicar esse ponto, voltemos nossos olhos para dois negociantes: Francisco de Seixas da Fonseca e João Martins Brito.

Francisco de Seixas casou-se com Maria da Rocha Fiúza num sábado de 1688 (Rheingantz, 1965, v. 3, p. 144). Maria era filha de Bento da Rocha e de Vitória Carreira, dos quais não tenho mais notícias. Francisco não teve cunhados importantes, sogro influente, ou coisa parecida, o que provavelmente é a razão para não o encontrarmos ocupando quaisquer cargos da república. Isso não o impediu, porém, de acumular prestígio. Ele foi membro, por exemplo, da prestigiosa Ordem Terceira de São Francisco na qual, aliás, comandou uma rumorosa disputa com os franciscanos (AHU, RJ, ca., doc. 4.056). Sobretudo, a falta de um *bom casamento* não o impediu de acumular. Ao morrer, em 1730, Francisco tinha uma fortuna superior a 28.000 libras, o que certamente o tornava um dos homens mais ricos não somente do Rio de Janeiro, mas de todo o império português no período[18] (AMSB, doc. 812 e 824).

No caso de João Martins Brito não contamos com os dados do seu inventário, mas trata-se de um dos comerciantes mais ativos da primeira metade do século XVIII, e que coroou sua carreira com o posto de juiz da Alfândega (AHU, RJ, ca., doc. 12.008).

Um exemplo de como um *mau* casamento pode tornar-se um bom negócio encontramos no caso de Francisco de Almeida Jordão, que se casou no distante ano de 1668 com Helena de Faria, filha de Brás de Faria e de Catarina Antunes (Rheingantz, 1965, v. 1, p. 39). De Brás de Faria têm-se somente que se casou com Catarina por volta de 1637 e faleceu em 1660, tendo seis filhos, dos quais Helena era a mais nova (Rheingantz, 1965, v. 2, p. 15-16). Sua esposa morreu um ano antes dele. Logo, quando Francisco e Helena se casaram esta era órfã. O matrimônio não parece ter contribuído muito para a capacidade de acumulação de Almeida Jordão. Só vamos encontrá-lo nas escrituras públicas bem depois, em 1680 (AN, CPON, L. 54, f. 240).

Isso não significa dizer que os laços familiares não tenham sido úteis às pretensões do negociante. Assim, temos que em 1678 outra filha de Brás e Catarina, Vitória Antunes, casou-se com Domingos Álvares Martins, também ele um negociante (Rheingantz, 1965, v. 2, p. 15), uma união de todo vantajosa para Francisco.

O casamento de comerciantes com mulheres sem *qualidades* era, sem dúvida, freqüente, até porque os próprios negociantes tinham quase sempre uma origem bastante modesta. Estudando a elite mercantil lisboeta na segunda metade do século XVIII, Jorge Pedreira demonstra que seus membros, quando não se casavam com as filhas de outros comerciantes, uniam-se a mulheres de condição social mais baixa (filhas de oficiais mecânicos, lavradores, capitães de navio etc.). Segundo ele,

> é escassíssimo o número dos que encontravam mulheres do mesmo nível social fora do universo mercantil: as filhas de magistrados e letrados, de patentes militares intermédias, de oficiais régios mais qualificados estavam excluídas de seu mercado matrimonial (Pedreira, 1995, p. 262).

Em Pernambuco encontramos uma estratégia parecida com a de Francisco e Domingos no caso da curiosa "família dos quatro cunhados", na qual quatro homens de negócio se casaram com quatro irmãs "limpas, bem-educadas e pobres" (Mello, 1989, p. 36). Apesar da origem humilde de suas noivas, isso não foi obstáculo para que eles ascendessem socialmente, tornando-se alguns dos principais negociantes do Recife na virada do século XVII para o seguinte e alcançando a condição de cavaleiros professos da Ordem de Cristo. Devemos ter em conta, naturalmente, que as situações eram distintas em Pernambuco e no Rio de Janeiro. Naquela capitania a nobreza da terra encontrava-se muito mais fechada em si mesma do que nessa, preferindo o confronto à aliança, o que acabou por gerar a chamada *guerra dos mascates*. Contudo, o que se busca ressaltar aqui é que a união entre negociantes podia compensar sobremaneira as aparentes desvantagens de um casamento humilde.

No Rio de Janeiro este tipo de aliança também não era novidade. Para o século XVII temos o exemplo já conhecido de André de Barros de Miranda, que ao casar-se com Inês Aires da Silva alia-se aos também mercadores Luís Fernandes Crato e André Mendes da Silva.

Num período um pouco posterior, encontramos a mesma situação. José Cardoso de Almeida e José Brim casam-se em 1727 e 1734, respectivamente, com duas filhas de Brás Ferreira Mendes (Rheingantz, 1965, v. 2, p. 101). Mais um Brás, mais uma trajetória absolutamente comum e desvinculada da elite social. A união de ambos com mulheres da mesma família visava reforçar uma aliança entre cunhados, muito mais do que destes com seu sogro. A melhor prova disso encontramos no fato de que, no intervalo entre um e outro casamento, temos a constituição de uma sociedade mercantil entre os dois (AN, CSON, L. 41, f. 189v).

André de Barros Brandão, por sua vez, casa nada menos que todas as suas três filhas (teve mais três filhos homens) com homens de negócio: João Teixeira da Silva, Anacleto Elias da Fonseca e o capitão Manuel de Araújo Lima (Rheingantz, 1965, v. 2, p. 238-39).

Mas nem só dessa aliança entre sócios, dessas autênticas *sociedades parentais* viviam os homens de negócio cariocas. Freqüentemente seus laços de família eram bem mais sólidos. Penso aqui, sobretudo, nos irmãos que se uniram na conquista da ascensão social.

Foi o caso de Francisco de Almeida Jordão, que além da aliança com Domingos Álvares Martins contava também com seu irmão, o capitão Manuel Mendes de Almeida. Da vida de Manuel não sobraram maiores vestígios, mas encontramo-lo ao lado do irmão num momento decisivo.

Em 1692, ambos se envolveram, ao lado do governador da capitania e da Câmara, numa disputa com a Viscondessa de Asseca para construírem um novo trapiche na cidade, já que o único existente (e pertencente à família Correia de Sá) já não atendia adequadamente às necessidades do trato mercantil (AHU, RJ, ca., doc. 1.813).[19] A disputa em si pouco importa aqui, mas é significativo como Almeida Jordão, de origens tão modestas, conseguira congregar então em torno de si parte significativa da elite colonial, além do próprio representante régio na capitania. Essa rede de alianças passava, é claro, pelo seu próprio irmão, sócio na construção do trapiche. Chama a atenção, neste sentido, que apesar da falta de informações sobre Manuel, este tenha chegado a capitão de ordenança, título que seu irmão jamais alcançou. De qualquer forma, um título que indicava uma razoável inserção na sociedade colonial, o que era decisivo para ambos.

Por outro lado, a inexistência de dados que indiquem a formação de uma família por parte do capitão Manuel Mendes de Almeida nos faz especular sobre um possível celibato. Esta é uma hipótese bastante provável, já que os dados levantados por Rheingantz são bastante completos no que tange ao século XVII. A se confirmar tal suposição, teríamos aí uma clara estratégia familiar de privilegiamento de um dos irmãos e de sua descendência em detrimento do outro. Era comum nesses casos que o irmão celibatário doasse seus bens para o irmão casado ou para seus sobrinhos, garantindo não só a concentração da riqueza como sua transmissão ao longo das gerações.[20]

Nos raros casos em que há informações sobre o casamento de irmãos negociantes, estes se realizaram em famílias diferentes. Tal foi o ocorrido com Domingos Francisco de Araújo e Inácio Francisco de Araújo. Domingos casou-se em 1698 com D. Josefa Correia do Lago, filha do alferes Bartolomeu de Pina Pereira e de D. Ângela do Lago Correia (Rheingantz, 1965, v. 2, p. 178). Já Inácio casou-se, como vimos, na família de André de Barros de Miranda. Não há vestígio, no entanto, de qualquer aliança entre os dois irmãos. Também João Martins Brito possuía um irmão, Domingos Martins Brito, casado com Maria dos Prazeres, de quem desconhecemos totalmente a genealogia (AN, CSON, L. 47, fl. 47v). Neste caso, porém, temos a demonstração de uma atuação conjunta dos irmãos já em 1714, quando formam uma sociedade com Luís Nogueira de Abreu (AN, CSON, L. 20, fl. 207). Entretanto, tanto num como no outro exemplo não há qualquer indicação de que os matrimônios tenham tido alguma função social ou econômica mais significativa.

Os homens de negócio do Rio de Janeiro vão, portanto, constituindo-se como uma elite verdadeiramente nova, apartada em sua maioria da antiga nobreza da terra. Aparecem freqüentemente como o marco inicial de suas respectivas genealogias em solo fluminense. É este o caso de João Martins Brito, Francisco de Seixas da Fonseca e Francisco de Almeida Jordão, entre outros. Uma cisão destas na elite colonial era então, sem dúvida, uma novidade na capitania fluminense.

No século XVII, pelo contrário, o que predominava era a assimilação dos comerciantes que se destacavam pelas *melhores famílias da terra*. Segundo Fragoso, num universo de 103 famílias senhoriais seiscentistas identificadas, pelo menos 12 (11,65%) tiveram como ponto de partida o trato mercantil (Fragoso, 1997, p. 160). No último terço do seiscentos esse quadro tendia a se transformar, com um relativo fechamento das famílias senhoriais, que buscavam realizar casamentos com seus pares sociais (Fragoso, 2001, p. 55), o que levou ao surgimento de algumas famílias de mercadores que, de certa forma, prefiguraram as aqui expostas. Foi o caso de Antônio Farto Diniz, mercador no Rio na segunda metade do XVII e sem qualquer relação familiar com a elite agrária (Rheingantz, 1965, v. 2, p. 20). Seu filho, Simão Farto Diniz, dava os primeiros passos na atividade mercantil quando foi pego pelo Santo Ofício (Novinsky, 1976, p. 238).

De certa maneira, este foi o caso também de André de Barros de Miranda, o sogro de José Gomes da Silva. Embora cunhado de Luís Fernandes Crato, é este quem se insere numa família de senhores de engenho, e não ele. Entretanto, a comunidade mercantil de então era de tamanho ainda relativamente reduzido e não possuía, nem de longe, a capacidade de acumulação de sua congênere setecentista. Em outras palavras, não ameaçava ainda a posição social da nobreza local.

Resta saber, contudo, até que ponto essas famílias permaneceram ligadas ao comércio ao longo do tempo, ou seja, em que grau seus filhos, genros e netos se dedicaram à lide mercantil.

Uma boa forma de saber até que ponto os filhos seguiam os passos de seus pais é por meio da análise da naturalidade dos negociantes. E isso porque embora nem todo negociante brasileiro fosse necessariamente filho de negociante, o conhecimento da naturalidade nos permite ver a probabilidade, por assim dizer, de um *filho da terra* ascender à elite mercantil.

A principal dificuldade aqui consiste na comparação com outras regiões. Os trabalhos sobre comerciantes e comércio no Brasil colonial, embora em rápido crescimento, ainda estão engatinhando no Brasil, e entre estes poucos se preocupam em estudar a origem desses indivíduos. Há implícita (ou explícita) a idéia de que todo comerciante era português. É o que afirma, por exemplo, Sheila Faria (Faria, 1997, p. 175). Júnia Furtado, embora reconheça que "a origem dos que vinham para Minas era a mais variada", debruça-se tão-somente sobre a origem dos comerciantes portugueses (Furtado, 1996, p. 178-82). A exceção é o trabalho de Rae Flory, no qual a autora busca definir as origens dos comerciantes residentes na Bahia no período 1680-1725. O quadro final acaba sendo uma visão pouco precisa das origens geográficas dos comerciantes da América portuguesa.

Quadro 4.2
Origens dos homens de negócio e mercadores residentes no Rio de Janeiro (c.1690-c.1750) e na Bahia (c.1680-c.1725)

	Rio de Janeiro		Bahia[1]	
Origem	N	%	N	%
Portugal	212	87,6	110	83,3
Brasil	18	7,4	8	6,06
Ilhas Atlânticas	5	2,1	5	3,8
Europa[2]	7	2,9	9	6,8
Total	242	100,0	132	100,0

Obs.: 1- Inclui a categoria "que vive de seu negócio"; 2- Excluindo Portugal.
Fontes: Rio de Janeiro — Rheingantz, 1965, v. 1 a 3, CPON, CSON, Novinsky, Marcel; Bahia — Flory, 1978, p. 226.

As semelhanças entre os dados são extremamente significativas, e confirmam o caráter estrutural do predomínio dos portugueses sobre a atividade mercantil no Brasil. Predomínio que, se não significa monopólio pode, no entanto, ser considerado acachapante, mesmo que se considere inclusive a presença de europeus de outras nacionalidades nas duas praças.

É importante notar que esse quase-monopólio era mais forte nos níveis superiores do grupo mercantil. Em nossa amostra não estão incluídos os tratantes, os viandantes, nem uma categoria muito típica do período: os que *contratam para as Minas*. E ainda, para o Rio de Janeiro, a indefinível categoria dos que *vivem de seu negócio*. Nessas categorias inferiores, o número de brasileiros aumenta consideravelmente. Por fim, é preciso ter em conta que boa parte da população colonial dedicava-se ao comércio como uma atividade secundária, esporádica, visando auferir lucros que a ajudassem a melhorar ou manter o status social (Sampaio, 2001, p. 77-80). De fato, a grande importância do pequeno capital mercantil era um traço estrutural do sistema mercantil lusitano (Almeida, 1986, p. 951-72). Para o início do setecentos temos um grande número de senhores de engenho, lavradores, artesãos, advogados etc., dedicados sobretudo ao abastecimento das Minas (Sampaio, 2003, p. 228-38).

Portanto, os portugueses controlavam não todo o comércio, mas os estratos superiores do grupo mercantil. Isso fica claro se restringirmos ainda mais a nossa amostra, focando-a nos homens de negócio. Neste caso, num total de 198 negociantes, temos 178 portugueses (89,9%) e somente 11 brasileiros (5,6%).

Assim sendo, o que esses números nos mostram claramente é que os filhos de negociantes que aqui constituíram família não seguiram, salvo exceções, a carreira de seus pais. Mais ainda, demonstra que essa nova elite colonial era (e tinha que ser) constantemente renovada por adventícios, o que a diferenciava da antiga nobreza da terra. Logo, fica claro que as famílias se colocavam diante de duas escolhas distintas: o afastamento da atividade mercantil na sua segunda geração ou sua continuidade através da incorporação de homens de negócio como genros. A passagem da atividade de pai para filho, como ocorrida na família Almeida Jordão, configurar-se-á aqui como a exceção.

OS LAÇOS COM A NOBREZA DA TERRA

Entretanto, é igualmente verdade que parte dessa elite mercantil optou por matrimônios com mulheres da nobreza. Examinar tais uniões nos ajudará a melhor conhecê-la. Mas, antes, uma observação: ao contrário dos comerciantes, em relação à nobreza é provável que não haja um sub-registro significativo de sua participação nos matrimônios de negociantes. E isso porque não só sua visibilidade nas fontes é muito maior como porque já há vários estudos sobre a mesma (Fragoso, 1997; Fragoso, 2000; Fragoso, 2001; Sampaio, 2003). O estudo do matrimônio dos negociantes com esse grupo nos permite matizar um pouco a oposição entre negociantes e nobreza da terra, demonstrando que se esta oposição existia, e isto é inegável, tal fato não exclui a possibilidade de construção de pontes entre os dois grupos, pontes essas que se apresentam de forma clara nos matrimônios contraídos. Para entender um pouco melhor tais alianças devemos analisar de perto quem eram os sogros pertencentes a tal grupo.

A primeira coisa a destacar é o caráter bem mais esporádico dos casamentos envolvendo negociantes e mulheres das famílias da nobreza da terra. Enquanto entre os sogros comerciantes é comum a ocorrência de mais de um matrimônio de suas filhas com outros negociantes, no caso da elite agrária temos que para cada sogro verifica-se somente um casamento, demonstrando que tais uniões estavam longe de serem uma estratégia consolidada de aproximação deste grupo com a elite mercantil, e vice-versa. Este fato torna-se ainda mais claro quando analisamos mais de perto os matrimônios aqui relacionados.

Dos 14 sogros pertencentes à elite agrária presentes em nossa tabela pelo menos seis eram adventícios, reinóis que se incorporaram a famílias já situadas no topo da hierarquia social quando de sua chegada. O melhor exemplo é, sem dúvida, o do tenente-coronel Félix Correia de Castro Pinto Bragança, já citado, reinol e que será sogro de Salvador Viana da Rocha, o qual, por sua vez, terá como um de seus genros o negociante José de Souza Guimarães (Rheingantz, v. 2, p. 333-35).

Também Antônio Moró e Silva é um desses exemplos de sogro adventício, que por casamento ligou-se a um dos ramos da família Campos

Tourinho, integrante da antiga governança da terra, tornando-se ao mesmo tempo cunhado de um dos mais importantes negociantes do período, o sargento-mor Manuel da Costa Negreiros e sogro de outro, Manuel Luís Ferreira. Também o sogro de Moró e de Negreiros era reinol. Nascido em Lisboa, José Luís de Araújo funda esse ramo da família Campos Tourinho ao casar-se em 1679 com Antônia da Costa (Rheingantz, v. 2, p. 457, e Fragoso, 2002, p. 59).

Tanto nestes casos como nos dos demais sogros de origem reinol não sabemos se os mesmos estavam ou não envolvidos em atividades mercantis. De qualquer forma, sua inserção nas *principais famílias da terra* indica que embora no último terço do século XVII a nobreza da terra tendesse à endogamia, como visto anteriormente, parte da mesma permaneceu aberta à entrada de *forasteiros* quando estes se mostrassem úteis à defesa de seus interesses. Nesse contexto, o acolhimento pelas mesmas de homens de negócio no século XVIII nada mais era do que um ajustamento aos sinais dos tempos, ou seja, um reconhecimento da importância que tais homens possuíam na sociedade colonial.

Outras famílias da nobreza parecem bem mais reticentes ao estabelecimento de tais alianças. Não por acaso, estas tendem a coincidir com aquelas em que os sogros dos negociantes são fluminenses.

Veja-se, por exemplo, Pedro Freire Ribeiro, genro do negociante Ambrósio Dias Raposo. Pedro era descendente pelos quatro costados de algumas das mais importantes, poderosas e antigas famílias da capitania (Rheingantz, v. 1, p. 539-46). Ambrósio surge aí como exceção numa família em que predominam os senhores de engenho e, no caso dos casamentos exogâmicos, as alianças com funcionários reinóis. Sintomaticamente, não encontramos mesmo na descendência do único filho que é assinalado por Rheingantz para Ambrósio e sua esposa, D. Ana Josefa da Cruz, qualquer matrimônio com negociantes. Situação semelhante à de Duarte Cabral de Melo, cuja filha D. Bárbara Cabral de Araújo casou-se com Pedro de Moracim, um dos negociantes do início do século XVIII. Também nessa família não se encontram registros de outros casamentos com comerciantes, mas, pelo contrário, uma clara tendência à união com outras famílias da nobreza (Rheingantz, v. 1, p. 276-77).

A exceção parcial a esse quadro seria a família Abreu Rangel, na qual encontramos dois matrimônios com homens de negócio.[21] Entretanto, esta exceção é apenas aparente, pois também não indica um estabelecimento de alianças freqüentes entre tal família e a elite mercantil carioca, visto que seus casamentos tendiam a se dar também com outras famílias da nobreza (Rheingantz, v. 1, p. 3-9).

Portanto não há, seja por parte da nobreza da terra seja da elite mercantil, uma busca sistemática de alianças entre as duas partes. Os casamentos eventualmente ocorridos entre ambas não chegavam a configurar uma aproximação sistemática.

É neste sentido que deve ser entendida a incorporação de indivíduos como Salvador Viana da Rocha a famílias tradicionais. Se para ele a incorporação trazia as vantagens que mencionei anteriormente, para a família Gurgel do Amaral representava a absorção de um dos maiores negociantes do início do século XVIII. Para seu sogro, senhor de engenho, podemos inferir o quanto a aliança com o capital mercantil era bem-vinda. Mais ainda: esta aliança não se dava somente com Viana, embora ele fosse, sem dúvida, o grande expoente. Um ano antes do enlace de D. Antônia com Salvador, um irmão desta, Félix Correia e Bragança, casou-se com Maria de Anhaia, filha do homem de negócio Domingos Tomás da Silva (Rheingantz, 1965, v. 1, p. 183). Portanto, no turbulento início do século XVIII (vale lembrar que a carta do governador D. Álvaro da Silveira, citada anteriormente, é de 1702) o coronel Félix Correia de Castro alia-se no prazo de um ano a nada menos que dois homens de negócio. Difícil não perceber aí uma clara estratégia (neste momento, sobretudo de sobrevivência). Impossível não ver aí quanto havia de negociação entre as partes.

Seria possível citar, é claro, outros casos de alianças entre parte da elite agrária e homens de negócio na mesma época, como o casamento de Agostinho Lopes Flores com Beatriz Soares Pereira, filha do senhor de engenho João Soares Pereira (Rheingantz, 1965, v. 2, p. 433). Contudo, o mais importante a reter é a atitude de parte da elite colonial mais tradicional em buscar tais alianças.

Por outro lado, as alianças entre negociantes e parte da nobreza da terra não se davam somente por meio desse tipo de matrimônio. Freqüentemente era por intermédio de seus filhos que os grandes homens de negócio cariocas se aparentavam às *melhores famílias da terra*. Essas uniões possuíam um significado distinto daquelas que envolviam os próprios homens de negócio. Representavam um reconhecimento por uma fração da nobreza da terra de um poder econômico (e por vezes também político) já consolidado. Uma clara chancela à ascensão social daquela família de origem mercantil.

Assim ocorreu no caso de João Martins Brito, que como sabemos não se casou com nenhuma filha da elite colonial. Sua própria filha, no entanto, D. Francisca Joaquina das Chagas e Oliveira, casou-se, em 1760, com Francisco Teles Barreto de Menezes, membro da insigne família Teles Barreto, proprietária do ofício de juiz de órfãos da cidade desde pelo menos 1639 (Rheingantz, 1965, v. 3, p. 176). Curiosamente, a mãe de Francisco era cunhada de ninguém menos que Inácio de Almeida Jordão (Rheingantz, 1965, v. 1, p. 40). Portanto, temos aqui a construção sutil de uma delicada teia de alianças que unia uma das mais tradicionais famílias fluminenses com duas importantes famílias de negociantes. Mas as uniões entre as famílias Martins Brito e Almeida Jordão e destas com a nobreza local não pararam por aí.

Paulo Pinto de Faria, homem de negócio e neto de Francisco de Almeida Jordão, casou-se, em 1723, com D. Bernarda da Silva Montanha, da nobreza paulista e aparentada com os Cordovil, que durante boa parte da primeira metade do setecentos controlaram a provedoria da fazenda fluminense. Tratava-se de nada menos que uma aliança entre aquela que era então, sem dúvida, a mais importante família de negociantes cariocas com membros da nobreza da terra que ocupavam um dos mais estratégicos (sobretudo para os interesses mercantis) cargos da república. Ora, uma neta de dona Bernarda, e sua homônima, casou-se, em 1764, com o dr. Antônio Martins Brito, filho de João Martins Brito e seu sucessor no ofício de juiz da Alfândega (Rheingantz, 1965, v. 1, p. 40; Fragoso, 2002, p. 58). Mais uma vez uma aliança entre as duas famílias e parte da nobreza local. Mais uma vez o envolvimento de um estratégico cargo da república, demonstrando que o acesso ao poder político dava-se não só através da aliança com a coroa como também das uniões estabelecidas no interior do grupo mercantil e deste com parte da nobreza local.

Voltemos agora, pela última vez, à eleição de Salvador Viana para o posto de Provedor da Santa Casa. Se esta eleição estava vinculada ao seu pertencimento à parentela dos Gurgel do Amaral, isto nos explica apenas parte da questão, ou seja, para ser eleito provedor era preciso contar com uma aliança que envolvesse boa parte da nobreza da república. Esta base de sustentação quem lhe dava era obviamente a parentela de sua mulher. No entanto, é extremamente significativo que o segundo representante da família na provedoria não fosse um Gurgel do Amaral propriamente, mas um adventício. Aqui é, sem dúvida, o poder econômico no sentido mais estrito que fala mais alto, e obriga a família a ceder um lugar de destaque para seu novo membro. Um reajustamento, enfim, mas que preservava o essencial: a proeminência da família na sociedade colonial. É esta parcela da nobreza local que consegue negociar alianças com esta nova elite mercantil a que sobreviverá às transformações da sociedade colonial setecentista.

CONCLUSÃO: A CONSTRUÇÃO DE UMA IDENTIDADE

O quadro exposto aponta para a formação paulatina de uma autêntica comunidade mercantil, derivada de uma união complexa de fatores que conjugavam estratégias matrimoniais, alianças políticas diversas e poder econômico.

O padrão matrimonial de tais indivíduos apontou para uma forte independência dos mesmos em relação à antiga nobreza da terra. Impossível saber de quem partia o repúdio a tais alianças, ou mesmo se ele era recíproco, mas o fato é que em sua imensa maioria os homens de negócio do Rio de Janeiro casaram-se ou com filhas de outros comerciantes ou, aparentemente, com mulheres de estratos sociais mais baixos. Num e noutro caso mostravam-se autônomos frente à antiga elite colonial, o que a longo prazo contribuiu para cingir ainda mais os dois grupos. Nesse sentido, os casamentos ocorridos entre negociantes e membros dessa elite não alteravam significativamente o quadro geral, servindo fundamentalmente para consolidar o avanço dos negociantes sobre o poder político local.

A formação da comunidade mercantil exigiu também a formação de um discurso coerente, que apoiasse a proeminência política e econômica experimentada pelos negociantes, sobretudo quando eles se encontravam sob o ataque daquela parcela da nobreza que se recusava a compromissos.

Os homens de negócio não deixavam, é claro, de revidar a estes ataques, defendendo sua participação em tais ofícios. É de 1746 (Bicalho, 2003, p. 380) sua melhor resposta aos ataques da denominada nobreza da terra. Em primeiro lugar, reclamam da perseguição política de que são vítimas:

> a desusada forma com que a maior parte dos naturais da dita cidade procedem nas faturas dos pelouros, fazendo todo o excesso para que não sirvam na Câmara os filhos deste reino, não obstante acharem-se aparentados por alianças com os principais da terra.

Além disso, os negociantes afirmam sua riqueza e a utilidade da mesma para a Coroa,

> por assistirem os suplicantes em uma praça que, além de ser o seu negócio de mais de seis milhões, suprem com os cabedais aos presídios da Colônia e Rio Grande, sem que pela demora de pagamento pretendam avanços na Fazenda Real.

O discurso da elite mercantil passava, portanto, por dois eixos. Por um lado, ressaltavam sua condição de membros de um império e, portanto, com direitos semelhantes aos de todos os vassalos de Sua Majestade possuidores das mesmas qualidades. Por outro lado derivavam sua própria qualidade social só secundariamente dos casamentos com algumas das famílias *principais da terra*. Os elementos essenciais dessa qualidade eram sua enorme riqueza e a utilidade desta para a coroa. Se no caso da elite agrária a defesa do império se dava ao custo de "suas vidas e fazendas", no caso dos negociantes passava pelo próprio giro do comércio e pela sua capacidade de adiantar enormes quantias à Fazenda Real.

Ecoava, assim, um discurso auto-enaltecedor que pode ser encontrado nas mais diversas fontes e em situações as mais distintas. Assim, quando em 1725 Lourenço da Costa Pinto pediu isenção do serviço militar para si e para seus caixeiros, lembrou-se de que tal isenção era concedida aos negociantes de Lisboa, "pelos muitos privilégios que por direito são concedidos e merecidos à mercancia, pela pública utilidade que dela resulta, por cujo respeito se recomenda muito a favor dos homens de negócio em toda matéria [...]". (AHU, RJ, ca., doc. 5.037). Da mesma forma, ao ver seu pedido de entrada na Ordem de Cristo recusado pela Mesa de Consciência e Ordens, Francisco Pinheiro recorreu ao rei argumentando simplesmente que era "um homem de negócio honesto e rico que através da utilidade do público comércio contribuiu para a riqueza do reino". Seus argumentos foram suficientes para que o rei perdoasse seu *defeito mecânico*, permitindo-lhe ingressar na tão ambicionada Ordem (Donovan, 1990, p. 116).

Em relação ao Rio de Janeiro, é virtualmente impossível definir quando exatamente surge esse discurso, mas é inegável que ele se articula mais claramente a partir da década de 1720, quando se multiplicam os documentos conjuntos dos negociantes do Rio de Janeiro, crescendo ainda mais na década de 1740, da qual o documento anterior é um exemplo, e atingindo seu cume na seguinte. Nessa última, o principal movimento dos negociantes cariocas para estabelecer uma identidade própria e, mais do que isso, uma instância própria de poder, foi a proposta de estabelecimento de uma Mesa do Bem Comum do Comércio no Rio de Janeiro, em 1753 (AHU, RJ, ca., doc. 18.331).

Tal proposta inseria-se na perspectiva corporativa típica de Antigo Regime, visando a constituir um novo centro de poder, dentro do qual se resolveriam as questões relativas à prática mercantil na urbe carioca. Ao mesmo tempo, a Mesa seria o canal de comunicação por excelência entre negociantes e coroa, como fica claro logo no preâmbulo, em que se afirma a inexistência "de quem com zelo e verdade proponha a Sua Majestade, que Deus guarde, seus ministros e tribunais o mais conveniente para a conservação e aumento dele", carência esta que a Mesa buscava justamente cobrir. Nesse sentido, a Mesa possuiria um papel semelhante ao da Câmara, ainda que com um acento muito mais claramente corporativo do que o dela.

Todos esses movimentos apontam para a existência em meados do século XVIII de uma comunidade já claramente articulada, fortalecida pela importância cada vez maior do Rio de Janeiro nos quadros do império português. Esse fortalecimento se baseia também no enfraquecimento de seus competidores. Não é mera coincidência que a década de 1750 seja marcada também por reclamações da elite agrária em relação à exploração dos homens de negócio (AHU, RJ, ca., docs. 15.513 e 17.493) e pela busca de alternativas dessa elite em relação à decadência da produção açucareira através, por exemplo, do cultivo do tabaco (AHU, RJ, ca., doc. 15.488). O tempo dessa nobreza da terra já havia passado. E é nesse contexto que os homens de negócio se evidenciam como a nova elite colonial.

Notas

1. Esta pesquisa conta com o apoio do CNPq.
2. Essa informalidade tende a diminuir na segunda metade do setecentos, com a criação da Junta do Comércio, na qual os negociantes tinham que se registrar. Mas faltam estudos que comprovem cabalmente o fim dessa informalidade.
3. Sobre o tema, ver Capítulo 1.
4. Em 1731, por exemplo, uma provisão régia retira da Câmara a administração dos contratos do subsídio grande dos vinhos, da aguardente da terra e do azeite doce, "pois de serem estes contratos administrados pelos oficiais da Câmara se seguem desordens e confusões na passagem do dinheiro que produzem" (AHU, Cat-CA, doc. 6.117).
5. Já em 1699, antes portanto da instalação definitiva da Casa da Moeda no Rio de Janeiro, Luís da Mota Leite, Jorge Mainard e Francisco de Almeida Jordão alegaram que seus privilégios de moedeiros os isentavam do pagamento de uma finta lançada sobre o açúcar destinado à Colônia de Sacramento (AHU, Cat-CA, doc. 2.211).
6. Confrontar com o Capítulo 1.
7. Viana morre em 1729 (Rheingantz, v. 2, p. 334).
8. O nome verdadeiro de José Gomes da Silva era Marcos Henriques, que ele muda ao migrar junto com seus irmãos de Portugal para o Rio de Janeiro (Fonseca, 1999, p. 89).

9. Sobre a família Gurgel, conferir Capítulo 1 deste livro.
10. A ocupação de ofícios públicos pelos cristãos-novos era regular, mas a partir do início do século XVIII, diversos destes ocupantes foram denunciados à inquisição. O próprio José Gomes é capturado e acaba fugindo com os franceses em 1711 (Silva, 1995).
11. Para uma discussão crítica sobre a noção de nobreza principal da terra, no Rio de Janeiro setecentista, ligada ou derivada da idéia de "viver à lei da nobreza", ver Capítulo 1 deste livro.
12. Provavelmente por esta mesma razão não há indícios de negociantes casados com filhas de artesãos, enquanto na Bahia a proporção destas uniões chegava a 16% (Flory, 1978, p. 233).
13. Respectivamente: Maria Teresa da Assunção com José Francisco dos Santos, Inácia da Assunção com Agostinho de Faria Monteiro e dona Francisca Antônia da Assunção com Brás Gonçalves Portugal.
14. Para mais informações sobre esses negociantes, ver: Fragoso, 1992, cap. IV.
15. Gomes Ribeiro não teve filhos varões, o que nos impede de analisar uma "passagem" da atividade mercantil para a segunda geração. O fato de que todas as suas filhas fossem designadas "donas" demonstra o prestígio social adquirido pela família.
16. Helena foi assassinada em 1732 por Vitoriano, num caso rumoroso à época por conta dos personagens envolvidos (AHU, CAt. CA, doc. 8.374).
17. D. Maria Correia Pimenta com o capitão José Carvalho de Oliveira, em 1721, e D. Estácia Correia Pimenta com o capitão José Fiúza Lima, em 1741.
18. Vale a pena ressaltar que o que sobreviveu foi apenas parte do inventário de Francisco. Com certeza sua fortuna era ainda maior.
19. Para uma descrição detalhada desta disputa, ver: Sampaio, 2003, p. 78-80.
20. Para uma análise mais detida desses mecanismos de transmissão de riqueza, ver Sampaio, 2004.
21. D. Helena de Sá Rangel, filha de D. Maria de Abreu Rangel e do capitão Antonio Gomes de Miranda, casa-se com Manuel Rodrigues Ferreira, enquanto Bárbara de Abreu Rangel, filha do capitão João de Abreu Rangel e de Maria de Oliveira casa-se com o capitão Domingos Ferreira.

CAPÍTULO 5

Fazer-se elite no extremo-Sul do Estado do Brasil: uma obra em três movimentos. Continente do Rio Grande de São Pedro (século XVIII)[1]

Martha Daisson Hameister
Tiago Luís Gil

INTRÓITO

O povoamento do extremo-Sul da América lusa deu-se em período um tanto tardio, se comparado a outras áreas litorâneas brasileiras. Como marcos cronológicos relevantes deste início de ocupação, têm-se a fundação da Colônia do Sacramento, na margem setentrional do Rio da Prata, em 1680, e a fundação da Vila da Laguna, hoje cidade do mesmo nome, no litoral do estado de Santa Catarina, em 1684.

A Colônia do Sacramento, ultrapassando os imprecisos limites estabelecidos pelo Tratado de Tordesilhas, foi arrasada pelos espanhóis da margem oposta do Prata quando nem bem tinha sido erigida. Uma reconstrução procedeu-se a seguir, mas os atritos entre Portugal e Espanha seriam a marca de sua existência até sua entrega definitiva aos domínios espanhóis na segunda metade do século XVIII. Sua fundação deu-se sob ordens expressas da Coroa lusa ao recém-nomeado governador do Rio de Janeiro, D. Manuel Lobo. Fazia parte do grande projeto luso de ocupação do território litorâneo, que salpicava de fortalezas e povoados as enseadas e baías banhadas pelo Atlântico (Rego Monteiro 1979; Prado 2002).

Já a Vila da Laguna foi o resultado do processo de expansão territorial empreendido pelos assim chamados paulistas. Por diversas questões, dentre as quais o sistema de heranças praticado em São Paulo, frações das famílias — incluindo os seus subalternos —, com uma certa regularidade eram levadas a migrar, evitando, assim, um parcelamento das propriedades que ficasse aquém das necessidades familiares (Metcalf, 1983). Uma *fatia* da sociedade que abrangia desde os escravos aos filhos, filhas, genros e noras dos principais dos povoados paulistas, migrava para áreas em que os recursos ainda eram abundantes. Ao final do século XVII, a família de Francisco de Brito Peixoto, fundador e capitão-mor do povoado, era ramo de um dos troncos familiares já tradicionais de São Paulo (Leme, 2002, Título Carvoeiros).

Os dois tipos de povoamento, entretanto, não eram excludentes. Segundo Prado:

> A primeira, desde o Rio de Janeiro, com interesses claros na manutenção de rotas comerciais e uma política de incorporação territorial baseada na fundação de presídios militares como núcleos populacionais. A segunda frente avançava por terra, desde Laguna, amparada por paulistas que buscavam acesso aos rebanhos de gado bovino e cavalar existentes na região.
>
> Essas duas frentes desenvolveram-se de forma articulada e complementar. E as políticas implementadas na região no período em questão significam o encontro de interesses entre a Coroa e as elites locais, que sustentaram tal expansão (Prado, 2002).

Entre Sacramento e Laguna, a "terra de ninguém" (Cesar, 1979). Entre esses dois pólos, então, havia o "nada". Mas um *nada* repleto, habitado por populações autóctones que combatiam ou aliavam-se àqueles que cruzassem, por via terrestre, o território de um extremo ao outro. Era um *nada* também repleto de gados bovinos que multiplicavam-se nos campos desde que foram deixados ao léu pelos padres jesuítas. Era um *nada*, portanto, que forneceu riquezas e produtos para a comercialização, mesmo antes de sua ocupação sistemática, como será visto a seguir. E forneceu também a primeira mão-de-obra a ser utilizada em sua exploração. Em três movimentos ou fases distintas desse *nada*, tão cheio de comércio e relações sociais, é possível assistir ao surgimento da primeira *elite crioula* do Continente do Rio Grande de São Pedro.

Nessa primeira fase, de forma sintética, há a chegada dos migrantes ao Novo Mundo ou as novas migrações de populações já estabelecidas na América e suas andanças pelo território meridional. O primeiro movimento, portanto, será o de apresentação do contexto e das duas famílias que sobressaíram na composição dessa primeira elite. No segundo movimento, o povoamento do Continente do Rio Grande de São Pedro, iniciado oficialmente com o estabelecimento da fortaleza militar na barra da Lagoa dos Patos e o contato estreito das duas famílias na localidade de Rio Grande. Em ambas serão usadas como fontes principais os registros paroquiais e as genealogias existentes, já que há uma escassez de fontes para o período inicial da formação do Rio Grande, muito em função do ataque e tomada da Vila pelos espanhóis no ano de 1763. Há lugar para percepção de estratégias matrimoniais nestes momentos de povoamento e conquista bem como do estabelecimento das diferenças sociais que se farão sentir na terceira fase. Nessa, a aqui chamada elite crioula, detentora de poder, riqueza e mando, por direito de conquista, se mostra consolidada. Como fontes principais para a constatação da consolidação dessa primeira elite crioula usaram-se várias devassas. As devassas eram investigações amplas, que convocavam um bom número de pessoas para depor sobre um determinado problema, geralmente uma denúncia. Havia preocupação com a *qualidade* das testemunhas, sendo preferencialmente evitadas as pessoas da "classe inferior da República" (AN, cód. 104, v. 6, fl. 137). Estas fontes, pela diversidade de informações que contêm, são preciosas para medir o impacto político de líderes locais. Assim, passa-se à *partitura* dessa obra.

I. ANDANTE — NO CRUZAR DOS SERTÕES

Em 1722, Francisco de Brito Peixoto, o fundador da Vila da Laguna, enviava notícias das terras que existiam ao sul da povoação a Rodrigo Cesar de Menezes, então governador de São Paulo:

> Agora darei parte a V. Excelência das campanhas do Rio Grande e Castilhos e Maldonado que foi porto dos Franceses: estão todos estes lugares em paz, que já não os aparecem estrangeiros a fazer courama, e só os prédios das Aldeias dos padres Castelhanos chamados *tapes*, e estes fazem muito dano às campanhas do Rio Grande impossibilitando as ditas pampas, com grande imensidade de gado que levam para as aldeias, só a fim do dano que querem fazer à Sua Majestade conduzindo o dito gado para outras

> campanhas que ficam da outra banda de um rio chamado Yriguahi como informará a V. Excelência o castelhano de tudo quanto se passa, que acho para mim que não é muito conveniente à Sua Majestade que Deus guarde impossibilitar-se este cabedal tão grande à real Coroa; empatei os Castelhanos nesta povoação pra V. Excelência ordenar o que for servido para eu seguir a ordem de V. Excelência. Senhor, concedi a um casado na cidade de Santa Fé, com outro companheiro por não ir só e esse tal ficou comigo voltar logo para esta vila, e como convinha ao serviço de Sua Majestade a ida deles lhe dei licença, como agora direi a V. Excelência esta conveniência: naquelas campanhas habitam muitos índios chamados *Charruas* e por outro nome chamados *Minuans*: estes pela notícia que tenho são muito amigos dos portugueses, e muito guerreiros, inimigos destes Tapes, e como eu os quero muito carrear para o Rio Grande e ter grande amizade com eles para a defensa da campanha do Rio Grande porque sendo assim não se queixarão os Padres Castelhanos dos Portugueses, mandei uns mimos para o seu principal Castelhanos que foram e com recado que lhe mandei viesse o Cacique falar comigo e para o primeiro intróito é necessário dar-lhe as suas dádivas; também me parece ser conveniente ao serviço de Sua Majestade que Deus guarde por não estarem as campanhas devolutos desta parte que tudo vai conquistar sempre com o Rio Grande... (Carta de Francisco de Brito Peixoto a Rodrigo Cesar de Menezes, Laguna, 13/8/1722, em Fortes, 1941).

Nessa carta estão muitos dos elementos que serão constantes na vida dos *andantes* que cruzaram o Continente do Rio Grande de São Pedro entre a Colônia do Sacramento e a Vila da Laguna.

Em primeiro lugar, a presença de estrangeiros no território. Se os franceses não mais vinham usar a formação rochosa denominada Castilhos como porto, o mesmo não pode ser dito dos ingleses que faziam comércio com Sacramento e com contrabandistas lusos que atuavam na região do Rio da Prata. Após, cita os gados, a riqueza animal que era vista como patrimônio de Sua Majestade, ainda assim, sujeita a saques e roubos pelos índios das aldeias jesuítas espanholas. Os "padres Castelhanos", a bem da verdade, os introdutores desses gados nos campos sulinos, mas ao que tudo indica, o roubo era um ato passível de diferentes interpretações pelos distintos agentes sociais presentes no território do Continente do Rio Grande, podendo os homens de Portugal serem acusados de roubo dos gados das aldeias e vice-versa.

Dos espanhóis, os "castelhanos" citados no documento, ao que tudo indica, passaram para o lado dos portugueses quando as ofertas feitas compensavam a deserção. Ingenuidade pensar que só do lado castelhano existiam desertores. Os "portugueses" também passavam para o lado dos espanhóis nesse território de frágeis limites entre as duas Coroas ibéricas. Essa foi uma preocupação constante no limiar da ocupação sulina, manifesta, por exemplo, na correspondência de José da Silva Paes ao solicitar o envio de mulheres solteiras e de conduta pouco recomendável ao vice-rei na Bahia:

> Mulheres desimpedidas que lá [Rio Grande] podem casar e que aqui [Rio de Janeiro] eram nocivas, e se Vossa Excelência dessa cidade [Salvador] manda também algumas (suponho não faltarão) serão úteis, pois servem de raízes que prendem a gente moça que ali existe [...] (Fortes, 1980, carta de José da Silva Paes ao vice-rei, 25/5/1738).

Os índios *tape*, *minuano* e, em menor medida, os índios *charrua*, também referidos no documento, fizeram parte da vida no Continente nos anos que se seguiram à época em que os lusos trilhavam os territórios na condução de gados vacuns e cavalares sem, no entanto, fixarem-se com seus familiares. Eram uma força em nada desprezível na região, assim sendo, um componente a ser levado em consideração em qualquer intento de colonização.

Os *tape*, segundo Neumann, eram populações autóctones que teriam passado por um processo de "guaranização" durante a expansão ao sul dos guarani. De fala guarani, portanto, mas com especificidades que se fizeram notar pelos missionários jesuítas e pelas populações lusas e espanholas que para a Banda Oriental se dirigiram (Neumann, 2000). Os *minuano* e os *charrua*, pertencentes ao grupo lingüístico guenoa, eram nômades, não afeitos à agricultura, exímios caçadores e hábeis no manejo das armas. Os europeus foram sensíveis às sutilezas de comportamentos e práticas dos diferentes grupos autóctones, assim como, ao que tudo indica, também os autóctones foram sensíveis às sutilezas das práticas e políticas dos "cristãos", predominantemente lusos ou espanhóis nessa região.

Os tape, amiúde aliados dos espanhóis e os minuano, com freqüência aliados dos portugueses, participavam em muitos momentos dos ataques, partissem esses dos espanhóis ou dos portugueses visando atingir os súditos da outra Coroa. Entre os portugueses e os minuano instaurou-se uma relação estreita e, ainda assim, dotada de bastante independência (Saldanha, 1938; Gil, 2002). A ocupação e utilização do entorno da Colônia do Sacramento, território de trânsito de tais grupos, exigia esse contato. Mais que os lusos, mais que os espanhóis, os minuano eram senhores dessa região (Porto, 1943). Isso ficou demonstrado no assim chamado *Grande Cerco* à Colônia do Sacramento, que durou de 1735 a 1737, quando um determinado homem foi chamado às pressas a prestar auxílio na guerra, dada a sua amizade com esses *gentios minuanes*:

> [...] que com a chegada de Cristóvão Pereira a esta Capitania, ao qual, como Vossa Excelência havia escrito, mandei chamar às Minas Gerais donde se achava, e informado pelo mesmo da campanha do Rio Grande e do gênio daquele gentio [...] e pela esperança que tenho de que o dito Cristóvão Pereira, pela grande relação que tem com os gentios Minuanos, quando não consiga que estes se declarem contra os Castelhanos, ao menos por meio da sua neutralidade possa introduzir alguma cavalaria na praça, que é a maior falta que têm os sitiados [...]
>
> Além das ordens que passei ao dito Cristóvão Pereira de Abreu, ao qual dei a patente de coronel, se lhe fez a entrega de pólvora e bala e armas adequadas para este fim, e alguma artilharia, como também para contentar os índios Minuanos, para que gostosamente nos facilitasse na dependência deles, temos na ocasião presente algumas baetas, barretes, fumos e outras miçangas que entre eles tem grande estimação [...] (AHSP-DIHCSP, carta do conde das Galvêas ao vice-conde de Sarzedas em (4/9/1736, 1895).

Tanto os europeus como os autóctones souberam usar dessas relações, tecidas em tempos de guerra e de paz, em proveito próprio. Muito das hierarquias dos diferentes agrupamentos humanos que se tornaram mais evidentes décadas após, forjaram-se ou foram reforçadas neste contato durante o período de conquista e povoamento.

Ainda que as intenções ou os motivos imediatos daqueles que trilhavam o território existente entre a Vila da Laguna e a Colônia do Sacramento fossem diferentes, as preocupações e os assuntos abordados nas correspondências oficiais destes dois pólos com outras regiões da Colônia e do Império Português se repetiam: os índios, as guerras, os gados, o comércio e a necessidade de povoamento para o bem da Coroa. Trazer famílias; aproximar e fixar índios; estabelecer, lavouras, benfeitorias e criações; abrir rotas para o trânsito terrestre de homens e tropas de animais; defender os territórios; eram temas que se repetiam nas missivas. Os mimos e os favores trocados entre lusos, luso-brasileiros e as populações autóctones também mostraram-se presentes nas alianças matrimoniais obtidas pelo menos no lado lagunista das famílias que foram à conquista do sul.

Con brio — as migrações e o povoamento do sul

A Coroa lusa, para bem atender as necessidades de povoamento da Colônia e aliviar a pressão demográfica existente em certas regiões de seus territórios estimulava, com freqüência, a migração de pessoas capazes de trabalhar e estabelecer famílias em suas conquistas (Cortesão, 1951). Nas áreas de terras menos produtivas e superpovoadas o alimento era insuficiente. Se por um lado o sistema de heranças vigente em Portugal privava os filhos segundos das famílias de alguma nobreza da herança da terra e mais bens, a prática sucessória que tornava a propriedade inalienável e indivisível gerava também uma multidão de despossuídos, carentes de recursos mínimos à sobrevivência. As formas de sucessão e a indivisibilidade das terras existentes no direito consuetudinário, mais precisamente na *Lei Mental*, foram especificadas nas *Ordenações Filipinas*, regulamentando e esclarecendo dúvidas relativas às interpretações da lei não escrita (Bacellar, 2001). Assim, algumas regiões de Portugal, tais como o Minho e os Açores, eram, com freqüência, fornecedoras de colonos para as novas terras em conquista (Vieira, 1992; Pedreira, 1995). Para o Brasil, o primeiro pedido de povoadores hábeis em ofícios manuais e casais para o povoamento consta de 1550, quando a murada da futura cidade de Salvador ainda não se podia fechar (Carta de D. João III a Pedro Anes do Canto..., em Cortesão, 1951).

Se para a Vila da Laguna, na primeira metade do século XVIII, o povoamento foi feito através da migração de famílias vindas de São Paulo e indígenas que foram sendo trazidos e aproximados através dos mimos e favores aos quais se referia Francisco de Brito Peixoto, para a Colônia do Sacramento eram solicitados povoadores da península ou das Ilhas dos Açores. Isso não significa que lusos deixassem de chegar à Laguna e que índios não se agregassem à Colônia do Sacramento. Entretanto, essas duas porções da América portuguesa, povoadas de formas distintas, fundiram-se na união dentre famílias, atuando na formação daquilo que poderia ser chamado de a primeira elite crioula do Continente do Rio Grande de São Pedro. Orquestraram e compuseram o povoamento do tecido intersticial que entre elas havia.

Em contraponto *Colônia do Sacramento*

No ano de 1718, chegaram à Colônia do Sacramento casais de povoadores em uma leva migratória promovida pela Coroa. Eram migrantes da península, de Trás-os-Montes em sua maioria. A Colônia do Sacramento que havia sido tomada pelos espanhóis, em 1705, fora devolvida aos domínios portugueses, em 1716, e os intentos de povoamento por estabelecimento de casais estavam novamente nos planos da Coroa (Cortesão, 1951).

Na lista em que estão relacionados os chefes de família, constam Antônio de Souza e Nicolau de Souza. Seus nomes completos eram Antônio de Souza Fernando e Nicolau de Souza Fernando. Guardavam certo grau de parentesco entre si, impossível de precisar com as fontes que aqui se utilizam, mas acredita-se que eram tio e sobrinho. Carlos Rheingantz afirma que eram naturais do Valongo, Freguesia de São Mamede, no Bispado do Porto (Rheingantz, 1979). Vieram para a Colônia com suas famílias e, apesar de terem alguma distinção, o documento que acompanha os casais, com ordens e instruções para o seu estabelecimento classifica a todos como "60 casais de gente Transmontana que só entendem de Agricultura, de que aquelas tão dilatadas campinas necessitam" (Rego Monteiro, 1979). Ao que parece, os Souza Fernando também entendiam de amarrar os nós de uma trama social complexa. Esta lançou seus descendentes aos patamares mais elevados da sociedade sulina.

Os dois Souza Fernando vieram com suas famílias. Ainda que os números de familiares listados na *Relação dos Casaes* e o número de filhos que Rheingantz cita não coincidam, são compatíveis com a idéia de que das famílias, nem sempre migravam ao mesmo tempo todos os membros. Por vezes, alguns dos filhos, geralmente os solteiros, iam à frente, como soldados ou como agricultores, a preparar a chegada do restante dos familiares (Pedreira, 1995). Muitas das famílias chegadas em 1718 passaram por nova migração com a totalidade de seus membros ou com apenas parte deles. Dirigiram-se para as margens do canal da Lagoa dos Patos, onde seria fundada a Vila do Rio Grande. O motor dessa segunda migração foram os ataques sofridos pela Colônia do Sacramento entre 1735 e 1737, nos quais a população que permaneceu no entremuros de Sacramento passou por carências várias, principalmente a falta de mantimentos, necessitando comer cães, gatos e ratos.

Antônio de Souza Fernando aparece na *Relação dos Casais* como tendo partido para a Colônia do Sacramento com mais três pessoas. Uma delas provavelmente sua esposa, Apolônia de Oliveira, natural de Farmedo, já que a migração fora propiciada a casais. As outras duas pessoas talvez fossem parentes mais distantes, serviçais ou agregados, já que os filhos de Antônio que constam na genealogia produzida por Carlos Rheingantz foram todos nascidos na Colônia do Sacramento (Rheingantz, 1979). Esse era um casal novo: contraíram matrimônio enquanto esperavam o embarque. Construiriam sua vida e, para isso, buscavam oportunidades nas novas conquistas de Sua Majestade. Antônio de Souza Fernando e Apolônia de Oliveira, no tempo em que viveram na Colônia do Sacramento, foram agraciados com, no mínimo, oito filhos. Seis mulheres e dois homens constam como tendo nascido desse casal (Rheingantz, 1979). Algumas de suas filhas migraram com seus maridos para a localidade de Rio Grande na década de 1730, durante os conflitos entre espanhóis e portugueses em Sacramento. Sobre elas e seus maridos tornaremos a falar mais adiante.

A família de Nicolau de Souza Fernando, aparentemente mais velho do que Antônio, e de sua esposa e prima em terceiro grau, Ana Marques, segundo a *Relação dos Casais* era composta de sete membros, incluído aí o casal que já possuía filhos. Segundo a genealogia de Rheingantz, havia dez filhos, nenhum deles nascidos na Colônia do Sacramento, ainda que lá muitos deles tenham contraído matrimônio (Rheingantz, 1979). Desses filhos, dois têm grande importância para a formação da Vila do Rio Grande. São eles o Reverendo Padre Manuel Marques de Souza e sua irmã caçula, Maria Quitéria Marques de Souza. Maria Quitéria e seu marido Antônio Simões estavam presentes nos primeiros anos da localidade de Rio Grande, como moradores fixos e o Reverendo Padre Manuel Marques de Souza, ainda que sediado na Colônia do Sacramento no mínimo até adiantado da década de 1740, com freqüência estava na Vila do Rio Grande, como podem comprovar os registros de batizados que ministrou ou que compareceu como padrinho de alguma criança (ADPRG, 1º L.Bat. RG, 1738-1744).

Com o ataque da Colônia do Sacramento em 1735, muitas das famílias que ali viviam foram evacuadas para outras áreas da Colônia. As reiteradas indicações de necessidade de fundação de povoado entre a Vila da Laguna e a Colônia do Sacramento tomaram novo fôlego neste momento, pois os ataques iniciais a Sacramento sitiada não puderam ser repelidos devido à larga distância entre esta e o pólo luso de posse inconteste mais próximo, qual seja a Vila da Laguna. Os ataques navais não puderam ser repelidos por não haver frota suficientemente próxima e os ataques por terra não puderam ser de pronto respondidos por muito distarem as duas praças (Rego Monteiro, 1979).

O local que havia sido apontado pelo então capitão Cristóvão Pereira de Abreu, "o descobridor do Caminho das Tropas" como ideal para a fundação de fortificação e para erigir povoado por volta de 1732, teve indicação reforçada nas solicitações de Gomes Freire de Andrade e José da Silva Paes. Em 1735, Cristóvão Pereira de Abreu e muitos homens recrutados no caminho entre a Capitania de São Paulo e a Colônia do Sacramento foram fazer a defesa da praça sitiada providenciando contingentes humanos — soldados e espiões —, animais de montaria, e alimentos para a defesa de Sacramento. Em 1737, após o fim das hostilidades declaradas, chegaram à Barra da Lagoa dos Patos, lançando as primeiras pedras da fortaleza de Jesus, Maria e José.

A Vila da Laguna

Francisco de Brito Peixoto, o fundador da Vila da Laguna, jamais se casou. Mas tendo-se furtado ao casamento, não se poupou em ter filhos com mais de uma índia carijó. Teve prole numerosa que em grande parte seguiu com ele para a Vila da Laguna, localidade por ele fundada em 1684. As filhas de Francisco de Brito Peixoto, bastardas e mestiças, obtiveram bons casamentos e os homens que lhes desposaram obtiveram posições de mando na Vila da Laguna. Três dos genros de Francisco de Brito Peixoto exerceram mandato de vereador nessa localidade e dois deles por mais de uma vez (Cabral, 1976).

Nos anos que cercavam a virada para o século XVIII, uma dessas filhas, Catarina de Brito, casou-se com um imigrante do Valongo, de nome José Pinto Bandeira. Não se tem a data em que José Pinto Bandeira chegou na Vila, mas tem-se que seu filho Francisco nasceu na Laguna em 1701 (Rheingantz, 1979). É bem possível que Francisco Pinto Bandeira tenha feito parte da expedição que chegou à barra da Lagoa dos Patos, comandada por seu tio, João de Magalhães, em busca de gados e de informações sobre os gentios. Em 1728, Francisco Pinto Bandeira tomou parte da assim chamada "abertura do Caminho das Tropas", comandada pelo então capitão Cristóvão Pereira de Abreu. Seu tio, João de Magalhães, também participou desta empreitada. Essa nova rota faria a ligação interiorana entre a Colônia do Sacramento e o Centro-sul do Estado do Brasil, por onde circulariam milhões de animais por mais de cem anos que se seguiram.

Na década seguinte, Francisco Pinto Bandeira foi um dos 160 homens *paulistas* arregimentados por Cristóvão Pereira de Abreu entre 1735-1737 para o socorro da Colônia do Sacramento sitiada. Nesse tempo, parte de seus tios e tias, filhos, ditos por Francisco de Brito Peixoto como "minhas famílias" (Fortes, 1941) já haviam feito uma segunda migração, para os Campos de Viamão, tomando posse de terras reivindicadas — mas não concedidas — ao capitão-mor da Laguna.

De Cristóvão Pereira de Abreu recebeu a patente de Capitão da Ordenança (Rego Monteiro, 1979). Com o armistício de 1737, Francisco Pinto Bandeira recebeu elogios de José da Silva Paes, que disse ser Francisco um dos mais capazes. Passaram os homens de Cristóvão Pereira de Abreu, os *heróis da defensa da Colônia*, como os designa o cronista Simão Pereira de Sá (1993), à barra da Lagoa dos Patos, a erigir fortaleza e mais instalações para sua defesa, enquanto aguardavam a chegada de José da Silva Paes e mais instruções para essa obra.

II. *ALLEGRO VIVACE*: CRESCER E MULTIPLICAR-SE NA VILA DO RIO GRANDE

Em 1738, o pequeno povoado fortemente militarizado que se instaurou na barra da Lagoa dos Patos recebeu seu primeiro pároco (ADPRG, 1º L. Bat. RG, 1738-1744). O segundo batismo registrado nesse livro, no dia 3 de julho do ano de 1738, tem por madrinha Clara Maria de Oliveira, filha de Antônio de Souza Fernando. D. Clara Maria de Oliveira teria, por essa época, em torno de 17 ou 18 anos. A família de Antônio de Souza Fernando, que primeiro migrara para a Colônia do Sacramento viera para o estabelecimento do povoado desde seus primeiros dias. E estes não foram dias fáceis. Tudo estava por fazer na "terra do muito", como a ela se referiu o mestre-de-campo André Ribeiro Coutinho (Coutinho, 2002).

O povoamento, nesses primeiros anos, dava mostras da chegada irregular de pessoas e famílias que eram requeridas para a ocupação da área (Queiroz, 1987; Hameister, 2003). A preocupação constante com as deserções dos soldados da fortificação fazia com que fossem solicitadas mulheres "desempedidas", mesmo que "nocivas" nos locais onde eram buscadas. No Rio Grande, elas poderiam casar e ter filhos, servindo de "raiz" à gente moça que lá havia (Freitas, 1980, carta de José da Silva Paes ao vice-rei, 25/5/1738; César, 1998, extrato das notícias que em uma carta escreveu José da Silva Paes ao Prior de Chaves, 1742). Assim também chegavam populações indígenas remanejadas das aldeias régias de São Paulo, casais vindos de outras partes da Colônia, condutores de tropas de animais e muitos soldados. Tendo surgido como decorrência da guerra entre dois impérios europeus, a Vila do Rio Grande experimentou momentos bastante pacíficos nos seus 15 primeiros anos de existência.

Em dezembro de 1738 o então tenente de dragões Francisco Pinto Bandeira fez par à pia batismal com D. Clara Maria de Oliveira, quando foram padrinhos de um menino (ADPRG, 1º L. Bat-RG, 12/12/1738). As famílias oriundas da Laguna e da Colônia do Sacramento davam mostras de intenso relacionamento social em várias esferas, perceptíveis através dos registros batismais de Rio Grande, principal via de acesso a este mundo que ficou desfalcado de fontes por guerras e invasões que fizeram parte de sua vida. Em 1739, um escravo mina de propriedade de Francisco Pinto Bandeira foi batizado e os padrinhos foram Antônio de Souza Fernando e Maria de Oliveira, irmã mais velha de Clara Maria (ADPRG, 1º L. Bat-RG, 3/8/1739). Assim, junto com o nome de D. Clara ou do tenente Francisco Pinto Bandeira, aparecem associados os nomes de João Garcia Dutra, marido de Maria de Oliveira, o cirurgião-mor Sebastião Gomes de Carvalho e sua esposa, Eufrásia Maria de São José (ou de Oliveira), Antônio de Souza, Teresa de Jesus, Manuel de Souza (ADPRG, 1º L. Bat-RG, 1738-1744). Eram esses filhos ou genros de Antônio de Souza Fernando.

Entre os anos de 1738 e 1740 o tenente de dragões e Clara Maria casaram-se. Em dezembro de 1740 nasceu o primogênito desta casa, Rafael Pinto Bandeira, de quem muito ainda se falará aqui.[2] Casaram-se, portanto, um dos descendentes de Francisco de Brito Peixoto, fundador e capitão-mor da Vila da Laguna, neto e bisneto de índia carijó, herói da defesa da Colônia do Sacramento, "descobridor dos caminhos" das condutas de tropas, com uma descendente dos povoadores da Colônia, moça distinta, distante da marca da escravidão, de família da península com algumas distinções familiares. A família de D. Clara Maria, assim como a de Francisco de Brito Peixoto eram amiúde ditos "das primeiras famílias do Rio Grande" ou dos "primeiros povoadores". Isso não indica apenas o momento em que puseram os pés na localidade, estando lá quando os outros sequer haviam chegado, fizeram a sua conquista, erigindo casas e capelas.

Refere-se também a sua situação de primazia ante muitos dos outros moradores, eram dos "principais" daquela terra.

Da família de Nicolau de Souza Fernando vieram para a Vila o reverendo padre Manuel Marques de Souza e sua irmã Maria Quitéria Marques de Souza, esta casada com Antônio Simões. Em Sacramento nasceram os primeiros filhos do casal, mas já em 1737, Maria Quitéria teve seu primeiro filho em Rio Grande, antes de haver pároco na localidade. Provavelmente foi batizado na Colônia do Sacramento, onde morreu por volta dos 12 anos de idade (Rheingantz, 1979). Em 1740, há o primeiro registro de um filho deste casal nos livros de Rio Grande (ADPRG, 1º L. Bat-RG, 4/10/1740), após este, nasceram Manuel, Escolástica, Feliciano, Joaquina e Maria Joaquina, batizados respectivamente nos anos de 1743, 1745, 1748, 1750 e 1752 (ADPRG, 1º L. Bat-RG, 2 L. Bat-RG, 1738-1744). Tanto Luís Francisco Marques de Souza como Manuel Marques de Souza seguiram carreira militar. Feliciano Marques de Souza, como seu tio homônimo de seu irmão mais velho, tornou-se padre. Não foi encontrado registro de casamento para Maria Joaquina Marques de Souza, a caçula da família. Entretanto, Escolástica e Joaquina Marques de Souza casaram-se em Rio Grande com homens de posição, sendo que o filho mais velho de Joaquina tornou-se padre também (Rheingantz, 1979).

Aqui faz-se necessário o acompanhamento dos quadros de matrimônios dos Souza Fernando e dos Pinto Bandeira, cuja primeira aliança foi dada pelo matrimônio de Francisco Pinto Bandeira e Clara Maria de Oliveira.

Fica evidente que, tanto da família da Laguna quanto da família de Sacramento, há pelo menos um dos filhos *reservados* à prática da endogamia, numa forma de reiteração das alianças já existentes. Isso é bastante evidente no casamento de Salvador Pinto Bandeira, que não descende de Francisco de Brito Peixoto, mas de outra "índia carijó", Inocência Ramires, com a filha de João de Magalhães e Ana de Brito. Também o filho de Agostinho Guterres, Cláudio Guterres, foi buscar casamento na família de João de Magalhães, com filha do segundo casamento de seu tio. O filho homônimo de João de Magalhães casou-se com a sorocabana Maria Moreira Maciel, irmã de sua madrasta. O casamento entre tios e primos afins ou consangüíneos, ainda que fosse um dos impedimentos

Quadro 5.1
Ascendência e descendência de Francisco de Brito Peixoto, capitão-mor da Laguna

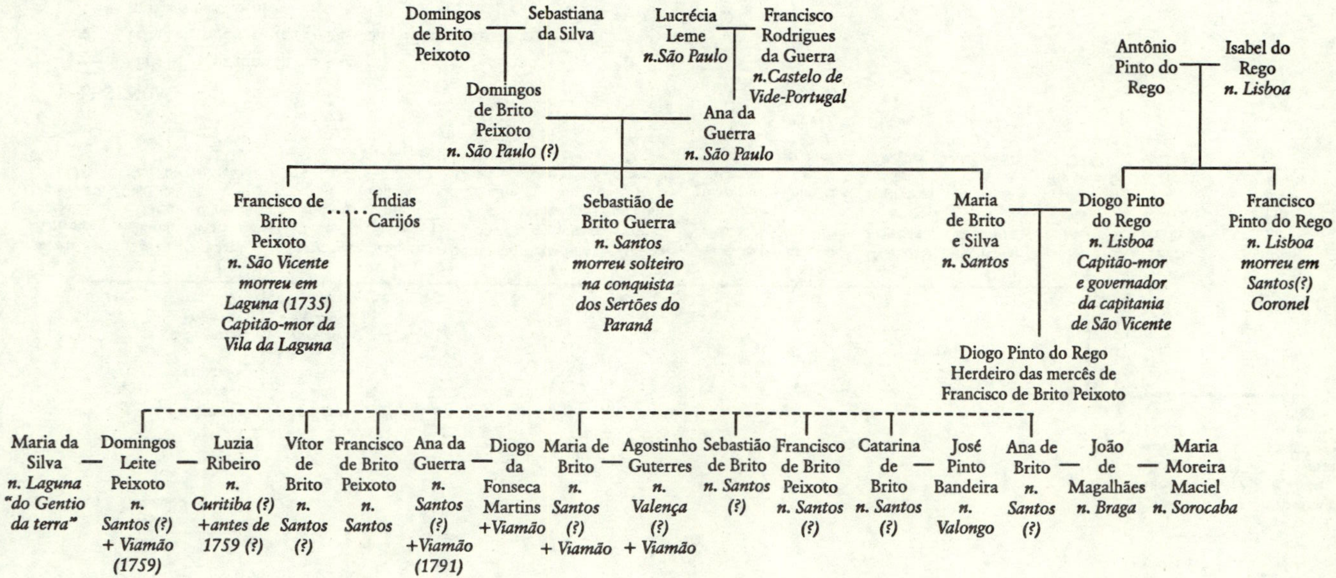

Legenda:

------- Filhos em ordem incerta, por não haver registro preciso de datas.
.... Uniões não sacramentadas.
\+ Indica morte

Fontes: Porto, 1943; Rheingantz, 1977; Cabral, 1976; AHCMPA – Livros 1 e 2 de Batismos de Viamão, Livro 1 de Óbitos de Viamão; ADPRG, livros 1 e 2 de Batismos de Rio Grande, Livro 1 de Óbitos de Rio Grande; Leme, 2002.

Quadro 5.2
Descendência de Nicolau e Antônio de Souza Fernando

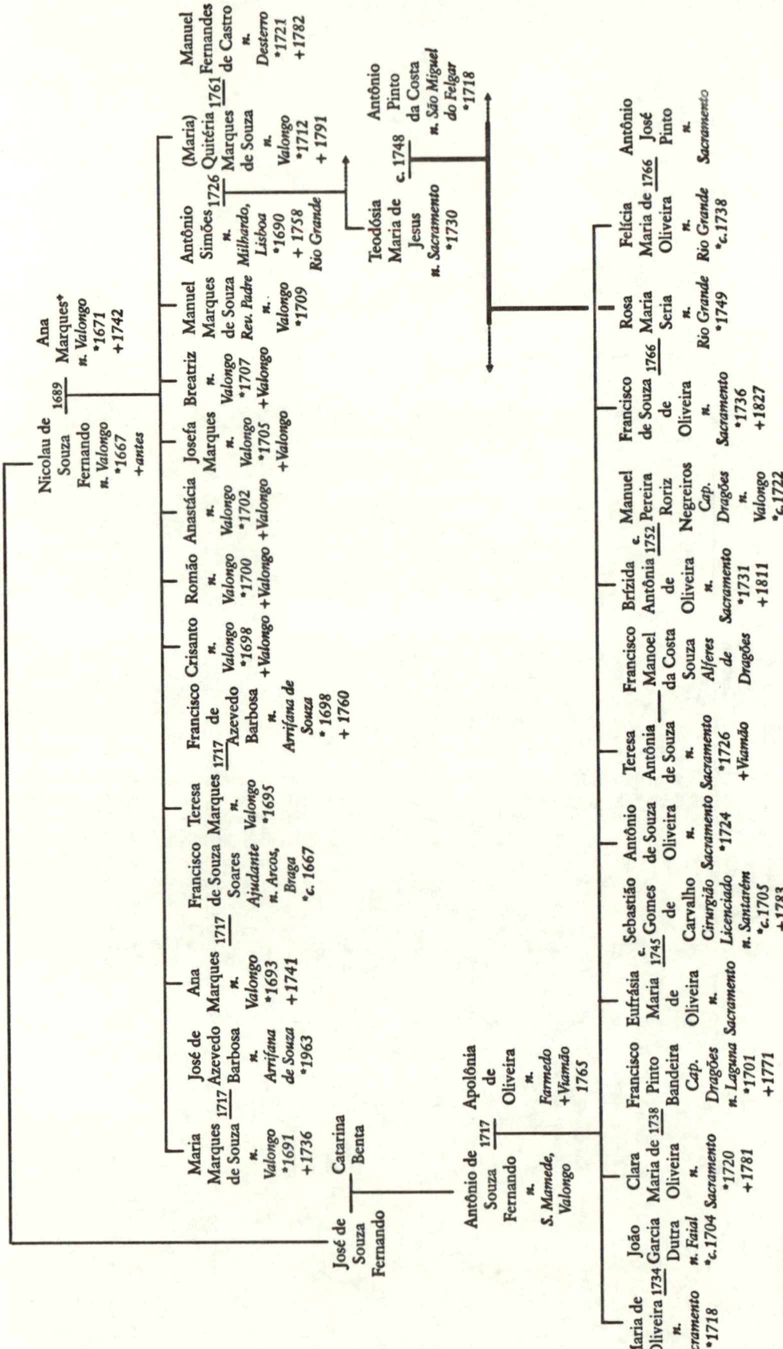

LEGENDA:

- ⟷ Mais filhos na direção das setas
- ✦ Prima em terceiro grau de Nicolau de Souza Fernando
- * Indica o nascimento
- \+ Indica a morte

Fontes: Rheingantz, 1976; AHCMPA – Livros 1 e 2 de Batismos de Viamão, Livro 1 de Óbitos de Viamão; ADPRG, Livros 1 e 2 de Batismos de Rio Grande, Leme, 2002.

Quadro 5.3
Francisco Pinto Bandeira — Ascendência, descendência e colateralidades

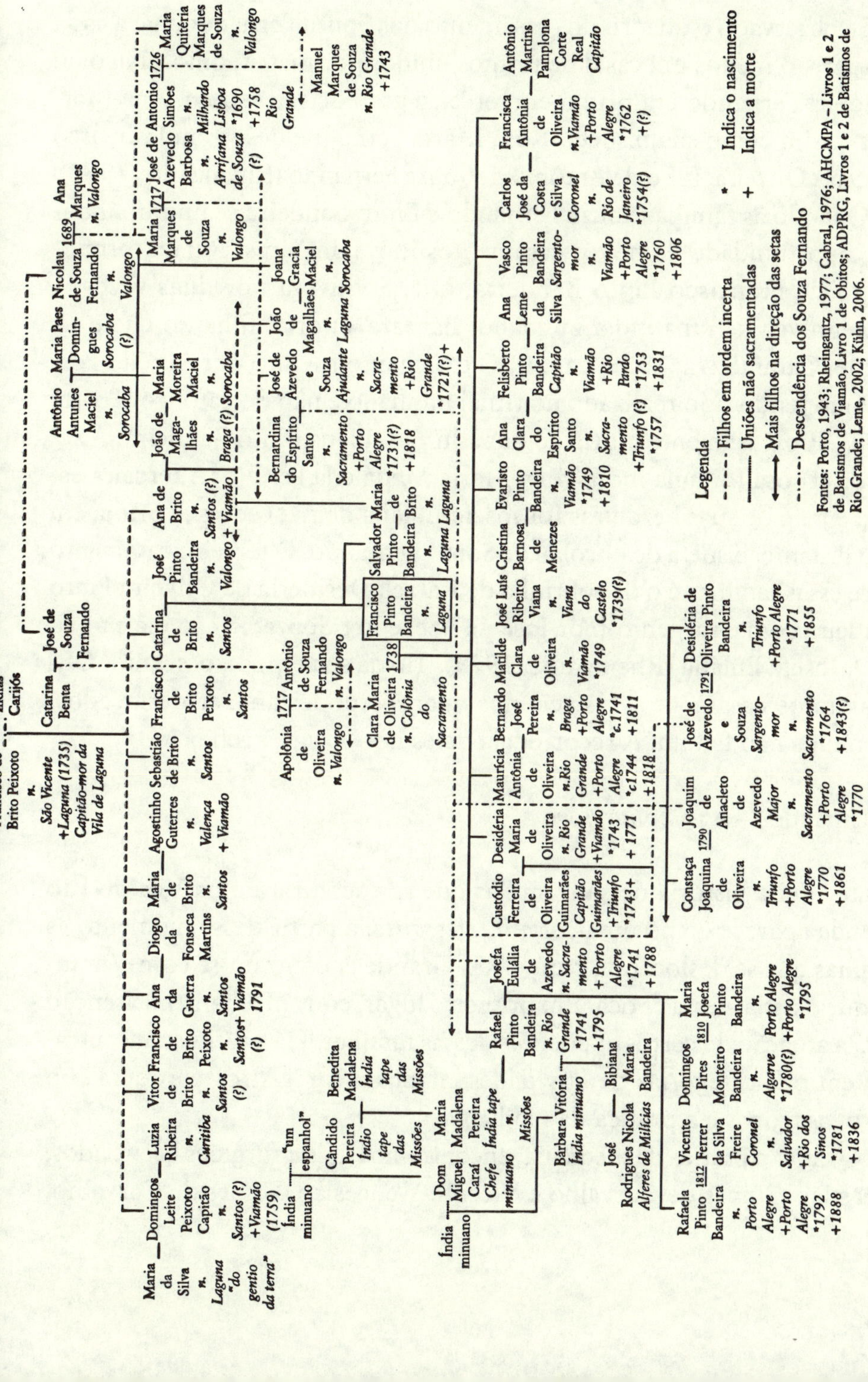

Fontes: Porto, 1943; Rheingantz, 1977; Cabral, 1976; AHCMPA – Livros 1 e 2 de Batismos de Viamão, Livro 1 de Óbitos; ADPRG, Livros 1 e 2 de Batismos de Rio Grande; Leme, 2002; Kühn, 2006.

religiosos ao matrimônio era amiúde justificado pelos noivos e liberado pelos párocos das localidades.

Se observado o quadro dos casamento dos Souza Fernando, há, a cada geração, ao menos um casal de primos unidos por matrimônio.[3] Nicolau de Souza Fernando era primo em terceiro grau de sua esposa, Ana Marques, assim como sua bisneta, Rosa Maria Séria que desposou Francisco de Souza Oliveira, filho de Antônio de Souza Fernando (Rheingantz, 1979).

Quando as famílias Souza Fernando e Pinto Bandeira se uniram, houve a oportunidade de novos casamentos intrafamiliares. Rafael, primogênito de Francisco Pinto Bandeira, que já viuvara por duas vezes, a primeira vez de uma índia minuano, Bárbara Vitória, filha do chefe D. Miguel Caraí (Silva, 1999, cap. I). O casamento foi dito por Aurélio Porto como tendo sido realizado no ritual minuano e não no católico (Porto, 1943). Provavelmente morta ao dar à luz a Bibiana Pinto Bandeira. A segunda esposa foi uma índia tape, Maria Madalena Pereira. A terceira esposa e mãe de suas herdeiras foi Josefa Eulália de Azevedo sua prima em grau distante, bisneta de Nicolau de Souza Fernando. O terceiro casamento entre essas famílias é o da sobrinha de Rafael, Desidéria de Oliveira Pinto Bandeira com o sargento-mor José de Azevedo e Souza, irmão mais novo de D. Josefa Eulália (Rheingantz, 1979). Tio da sua esposa, portanto. Outros tantos casamentos visíveis nos quadros poderiam ser destacados. Exemplos não faltam. A recorrência deles nos obriga à reflexão.

Rallentando — *o velho no novo*

Se até aqui a história dessas famílias que se encontraram na Vila do Rio Grande aparece como uma *coisa interessante*, a partir desse momento as famílias que se deslocaram para o Rio Grande encontram-se com o mundo que existia à essa época. Em primeiro lugar, convém chamar a atenção para a atuação de certos expoentes dessas famílias. Há a nítida concentração em três categorias de atividades citadas nos registros paroquiais: o clero, as tropas e a prática da medicina.

Quanto à prática da medicina, encontramos dois cirurgiões licenciados, Sebastião Gomes de Carvalho e Vicente Wenceslau Gomes de Carvalho, pai e filho, ambos exercendo o posto de cirurgião-mor (AN, cx. 749, pct. 03). Não foram encontrados médicos ou licenciados na geração seguinte à de Vicente Wenceslau.

O primeiro dos padres a atuar nessa família, ao que tudo indica, foi também o que melhor formação tinha. O reverendo padre Manuel Marques de Souza, como o próprio título indica, tinha a formação completa, ou seja, passara por Coimbra. Atuou com destaque na Colônia do Sacramento, posteriormente dirigindo-se para o Rio Grande. Seu sobrinho Feliciano Marques de Souza seguiu-lhe na carreira religiosa, mas não obteve tanto destaque. Paulo Joaquim de Souza Prates, primogênito de sua irmã, Joaquina Marques de Souza, assim como um primo de Feliciano, Francisco de Paula Batista também entraram para o clero. Na geração seguinte, cujo período extrapola em muito o aqui estudado, mais um dos homens desta família vestiu a batina (Rheingantz, 1979). Ou seja, em quatro gerações é possível encontrar no mínimo cinco homens da Igreja entre os homens descendentes dos Souza Fernando.

Por último, as carreiras militares. Não poderia ser diferente. A vila surgiu como decorrência das hostilidades entre as duas coroas ibéricas. Uma parcela significativa de seus primeiros povoadores eram evadidos da Colônia do Sacramento sob ataques e outra era composta de militares que se ocupavam da defesa dos territórios de Sua Majestade Fidelíssima. Ainda que a fundação da Vila do Rio Grande tenha ocorrido em um período de paz formalizada entre as duas nações e que esse contexto de paz formalizada não tenha se alterado até a execução do tratado de Madri, quando a resistência de algumas das reduções jesuíticas tenha motivado a assim chamada *Guerra Guaranítica*, esta fronteira ainda não tinha limites políticos consolidados. Era uma região sob conquista tanto das terras indígenas como das terras disputadas com Espanha. Hostilidades e agressões mútuas, muitas vezes veladas, ainda ocorriam durante o período de paz.

Estes três aspectos, quais sejam, os casamentos intrafamiliares, o investimento em certas carreiras e as atividades militares ou de milícias em áreas de posse não totalmente consolidada, vão encontrar eco em estudos anteriores.

Giovanni Levi, em *A herança imaterial*, chama a atenção para os dois primeiros deles: casamentos e atividades recorrentes como estratégia específica de famílias que são potentados locais. Diz Levi que as alianças devem ser relembradas (Levi, 2000). Aqui elas o são de forma geracional. Uma das formas de reiterar essas alianças é repetir, em cada geração, os vínculos estabelecidos anteriormente através dos matrimônios que passam a ocorrer entre primos ou tios e sobrinhos (Títulos Antônio de Souza Fernando e Nicolau de Souza Fernando, Rheingantz, 1979). Levi observa uma preferência familiar por certas atividades no Piemonte, como aqui também se observa. Se para a população estudada por Levi há concentração nas atividades clericais e ligadas à saúde — médicos e boticários —, para as famílias Souza Fernando e Pinto Bandeira, as atividades para as quais se direcionavam os homens da família são a clerical e a militar ou milícias voluntárias, sendo a clerical muito mais vinculada aos descendentes dos Souza Fernando e a militar aos homens da família Brito Peixoto/Pinto Bandeira. Ainda assim, convém frisar que os Souza Fernando não foram descuidados desse aspecto e sempre tiveram militares de altas patentes entre seus membros consangüíneos ou parentes por afinidade.

Os genros de Brito Peixoto atuaram em Câmaras de Vereadores. Entretanto, essa atividade de cunho político nas localidades onde se estabeleciam decaiu na preferência do ramo dos Pinto Bandeira. Não se tem aqui notícia de nenhum dos membros das famílias Pinto Bandeira ou Souza Fernando como oficiais da Câmara. Demanda estudos, portanto, qual a real importância das Câmaras de Vereadores no período estudado como parte das estratégias das famílias da elite local no Rio Grande. Percebe-se o poder dos Souza Fernando e dos Pinto Bandeira de diversas formas, desde a acumulação de bens — terras e escravos — ou no acúmulo de poder em funções diversas — nas tropas regulares, a Companhia de Dragões, nas Ordenanças, nas tropas de Auxiliares e na Cavalaria Ligeira, no Clero, na administração do Hospício da Vila. Entretanto, a Câmara, até onde foi possível verificar, não contou com a participação direta de membros dessas duas famílias.

Não há fontes suficientes para a que se possa proceder à afirmativa, uma vez que os livros de atas da Câmara de Vereadores da Vila do Rio Grande jamais foram localizados. Entretanto, como será visto no próximo movimento, o Continente do Rio Grande de São Pedro ainda possuía recursos e espaços suficientes, tanto para a exploração econômica como para exercício de poder e mando. Isso pode ter propiciado distintos "nichos de atuação" das famílias que exerciam mando sem que um forte e precoce enfrentamento viesse a ocorrer. Havendo esses espaços, com distintos "nichos", não entravam em concorrência por eles. Suas existências como famílias não se viam fortemente ameaçadas pela existência ou mesmo pelo fortalecimento de outras, já que por um largo tempo, não disputavam diretamente os mesmos recursos materiais ou sociais.

Como contra-exemplo para essas famílias que buscaram o exercício de cargos de mando efetivo, tais como cirurgião-mor do hospício da Vila, oficialato de altas patentes das tropas regulares ou de milícias e mesmo no exercício, ainda que interino, do governo do Continente, temos os genros de Antônio Furtado de Mendonça — uma outra parcela da elite local.

Deste outro grupo familiar, desde quando se pôde observar, houve no mínimo um exercendo cargo na Câmara e muitas vezes mais de um. Ainda que possuíssem patentes militares, concentraram sua atuação no ramo do comércio de bovinos e seus derivados, sendo ao mesmo tempo grandes proprietários de terras e gados, vereadores e detentores de mais de um triênio do contrato do Registro das Passagens dos Animais e vários triênios do contrato dos açougues. Na Câmara estabeleciam o preço da carne e em seu comércio faziam o munício das tropas e índios aldeados cujo pagamento estava a cargo dos cofres da Coroa no Continente (Kühn, 2002). Tampouco esses encontraram rivais fortes ou organizados que os afrontassem naquilo que, baseado em Fredrich Barth, aqui está sendo chamado de "nicho de atuação" (Barth, 2000, p. 40-41).

Muito do acúmulo de bens e posses foi fruto do período de conquista e defesa dos territórios de Sua Majestade em uma área conturbada. Durante a década de 1750, na Expedição de Demarcação dos Limites do Tratado de Madri, houve a distribuição de mais de cem sesmarias, boa parte delas medindo três léguas por uma légua. As famílias Souza Fernando e Pinto Bandeira foram agraciados com várias delas, espalhadas entre seus membros. Os demais descendentes de Francisco de Brito Peixoto, também envolvidos na conquista e defesa dos territórios e outros serviços à

Coroa também tiveram seu quinhão nessas benesses (RAPM, 1929; RAPM, 1933). Percebe-se, portanto, serem privilegiadas as famílias que primeiro chegaram a este território e participaram de sua incorporação, ainda que incerta, aos territórios portugueses. Esse aspecto também não é novidade na história do Estado do Brasil. Fragoso (2000) destaca o papel da conquista e as estratégias das famílias descendentes dos conquistadores na formação da primeira elite do Rio de Janeiro. Muito menos eram novidade para os dois impérios ibéricos que reconheciam a primazia dos conquistadores na redistribuição da riqueza obtida nas conquistas (Thomaz, 1994; Elliott, 1997).

A junção das duas famílias através dos matrimônios e dos compadrios em tempos de paz revelou-se sólida estratégia de manutenção de seu estatuto social nos tempos de guerra. Após o apaziguamento da *Guerra Guaranítica* uma nova ameaça chegou pelo sul. Em 1763, os moradores da Vila do Rio Grande abandonaram casas, lojas de fazendas, estâncias e puseram-se em fuga. Os espanhóis, vindos desde o Rio da Prata, tomando as posições lusas da Colônia do Sacramento e da Fortaleza do Chuí, chegaram ao Rio Grande. O "tempo da confusão, e corrida", como se referiu o vigário Manuel Francisco da Silva à tomada da Vila pelas tropas castelhanas (ADPRG, 1º L. Bat. Estreito, 1763-1776), roubou a paz dos moradores.

Sobre esse período pouco pode ser dito, já que não foram encontrados os livros paroquiais referentes à Vila tomada por espanhóis. Entretanto, pelos registros de seu entorno, um esboço da vida pode ser vagamente delineado. Muitos dos moradores conseguiram fazer vau à barra da Lagoa dos Patos e tentaram seguir a vida na parte norte do canal, no assim chamado Estreito ou Parte do Norte (ADPRG, 1º L. Bat-Estreito, 1763-1776; Biblioteca Rio-grandense, 1937).

Outros tantos foram aprisionados e conduzidos para San Carlos de Maldonado, na Banda Oriental. Segundo a *Relação de Moradores de 1784* para Rio Grande e imediações, é possível verificar que outra parte da população permaneceu onde estava, vivendo nos novos domínios de Sua Majestade Católica enquanto seus parentes, a poucos quilômetros de distância, fugidos para o Estreito, viviam nos domínios de Sua Majestade Fidelíssima. Os descendentes dos Souza Fernando e dos Brito Peixoto/Pinto Bandeira, a esse tempo, tinham sedes de fazendas um tanto mais ao norte, nas imediações de Viamão, que não fora ameaçada pela invasão espanhola. Interessante notar que, após a invasão de 1763, houve um certo distanciamento físico entre os homens e mulheres dessas famílias. Os homens, militares em sua maioria, seguiam batizando filhos de outrem no Estreito e as mulheres, acompanhadas de outros homens que não os seus maridos ou pais, faziam par à pia batismal na localidade de Viamão, a qual não sofreu ataques durante a investida espanhola, permanecendo como território luso intocado. A permanência das mulheres e crianças das famílias em local seguro denota claramente um contexto de guerra e a intenção de assegurar a sobrevivência delas.

O ano de 1763 é um marco na história do Rio Grande, pois seu território ainda sem uma conformação político-geográfica definida se vira reduzido a aproximadamente um terço da área anteriormente ocupada. Os Souza Fernando e os Pinto Bandeira engajaram-se nas tropas que atuaram na retomada do Rio Grande durante os quatorze anos que se seguiram. A guerra, novamente, proporcionou-lhes demonstrar seu valor e reiterar as conquistas territoriais dos ancestrais. Além da conquista, fizeram a reconquista da porção meridional de Sua Majestade. Esses feitos seriam rememorados nas solicitações de mercês anos depois. Essa prática de engajamento militar na defesa dos interesses régios foi reutilizada por largo tempo, sendo perceptível no descendente do Manuel Marques de Souza, herói da reconquista dos territórios rio-grandenses-do-sul, que atuou com igual destaque na Guerra do Paraguai. Ainda que fuja ao recorte temporal deste escrito, é bastante importante frisar que o enobrecimento desta família ocorreu. O herói homônimo de seu bisavô Marques de Souza foi agraciado com o título de Conde de Porto Alegre.

As famílias que se engrandeceram na conquista reiteraram seu valor e suas qualidades na reconquista. Foi-lhes dada uma segunda oportunidade de prestar serviço à Sua Majestade e ao bem comum. Conforme Barrington Moore, tão difícil quanto escalar os degraus da pirâmide social, para chegar ao topo, era manter-se neles. Nome, propriedades e nobreza nunca eram, por si só, suficientes para a permanência de pessoas e famílias como membros da elite. Há a constante necessidade de reiteração das qualidades que os alçaram a tais posições e de reinvenção dos mecanismos que as sustentam (Moore, 1988).

As constantes ameaças externas ao território de Sua Majestade e habilidades específicas para tratar as questões de fronteira, fossem elas militares, políticas ou comerciais, foram fundamentais na reiteração dos Souza-Fernando/Brito Peixoto, consubstanciados em Marques de Souza e Pinto Bandeira, em suas posições que tiveram seus primeiros esboços desde antes da fundação do primeiro povoado. Segundo Nuno Gonçalo Monteiro, o mérito decorrente de atuação em áreas de conflito do Império Português servia para alavancar e consolidar trajetórias familiares (Rego Monteiro, 1979). Dificilmente houve na América lusa, no século XVIII, fronteira mais conflituosa que a do extremo-Sul. As antigas práticas de Antigo Regime, tais como o sistema de distribuição de mercês da Coroa, a composição de uniões endogâmicas e exogâmicas das famílias com nobreza — de sangue ou por direito de conquista —, relações de compadrio e outras alianças que criavam vínculos de reciprocidade como fomentadoras da hierarquia social lusa, encontraram solo fértil nas aventuras de conquista e reconquista dos territórios meridionais.[4]

Viu-se até agora a existência das antigas práticas da sociedade lusa na nova localidade que se fundava. Adiante, ver-se-á que a reinvenção de antigas práticas sob forma de adaptações à realidade local e às conjunturas bem como o surgimento de novas soluções para antigos problemas, foram recursos utilizados para não decair em posição social nos anos que se seguiram e, sempre que possível, escalar mais um degrau. Se até aqui, então, foi mostrado o que de velho havia para dar a estruturação mínima do novo que se fundava, será visto o quanto as inovações e adequações dessa primeira elite crioula atuaram na mantença das antigas estruturas.

"Com pasmo dos naturais, assombro dos estranhos e horror dos inimigos": a elite e a guerra

As batalhas pela recuperação territorial lusa, nos seus domínios meridionais, durante os anos 1770 foram apenas mais um capítulo da longa série de guerras que testemunharam aqueles campos. A freqüência era tanta que poderíamos mesmo dizer que os conflitos não constituíam uma exceção mas, sim, parte do cotidiano daqueles habitantes. Isso manifestava-se não apenas no fato de que parte significativa dos chefes de família detinha patentes militares, mas na própria estrutura dos corpos militares que reproduziam, no próprio *front*, a hierarquia social. Além destes elementos, parte daquelas gentes percebia nestas lutas uma forma alternativa de ganhos, fosse para garantir a sobrevivência ou para aumentar seus cabedais (cf. Capítulo 3).

No ano de 1762, Ceballos atacou a Colônia de Sacramento, marcando o fim do período de paz frágil e duvidosa entre lusos e espanhóis que se iniciara em 1737. No ano seguinte, no avanço da invasão, os espanhóis também tomaram a Vila do Rio Grande e marcharam para Rio Pardo, onde foram detidos pelo esforço português. Esta operação foi comandada pelo então tenente de Dragões Francisco Pinto Bandeira, que chefiou seus soldados e mais os pelotões de "Aventureiros Paulistas". O governador do Rio Grande era, nesse momento, Francisco Barreto Pereira Pinto, o qual coordenou o ataque e o designou a Francisco Pinto Bandeira (Antunes, 1954).

Após algumas tentativas pouco exitosas, esparsas ao longo dos anos, os portugueses aceleraram sua retomada territorial no contra-ataque a novas investidas espanholas em 1773. Dali a três anos, os lusos seriam novamente senhores da Vila do Rio Grande, após 13 anos de lutas. Nessa reação, convém destacar três batalhas que são particularmente relevantes para a compreensão das elites locais: as tomadas das fortalezas de Santa Bárbara, São Martinho e Santa Tecla. Nestas operações participaram alguns dos mais destacados homens daquelas terras. O próprio comando terrestre das forças lusas foi conferido a um oficial da localidade, o então tenente de Dragões Rafael Pinto Bandeira (Rego Monteiro, 1979).

A conquista da fortaleza de Santa Tecla, em 1776, foi fundamental para a retomada territorial lusa na América meridional. Esta era uma das mais bem guardadas praças de guerra dos espanhóis naqueles territórios e estava estrategicamente localizada. Sua tomada foi difícil. No final de janeiro de 1775, Rafael Pinto Bandeira era questionado pelo governador sobre a viabilidade da empreitada, obtendo esta confirmação, se garantidos os reforços necessários: mais cinqüenta dragões e cem auxiliares. O ataque a

Santa Tecla pode servir como uma das portas de acesso à participação das elites na guerra, não como exemplar, mas como um caso possível dentro daquele universo. As estruturas hierárquicas daquela sociedade se reproduziram também naquele cerco.

É difícil a comparação das táticas empregadas por exércitos europeus com aquelas empreendidas pelos guerreiros no sul da América portuguesa. As principais táticas militares desenvolvidas depois do século XVI se pautavam pelo cerco às fortificações e pelo uso maior da infantaria, além de maiores contingentes previstos com armas de fogo e canhões, o que pressupõe um significativo crescimento dos exércitos regulares (Parker, 1981). Não era essa, exatamente, a realidade dos conflitos meridionais da América lusa.

A principal arma utilizada por Rafael Pinto Bandeira era a surpresa. Além disso, valia-se de muitos peões e escravos — seus e de outros senhores — nestas campanhas. As tropas regulares eram expressivas, mas nem tanto. A tomada de Santa Tecla contou com mais de seiscentas pessoas, sendo que, dessas, pouco mais de 270 (43%) eram de corpos regulares. Os auxiliares somavam cem guerreiros (15%), escravos e peões eram 180 (30%). O restante era dos corpos de "aventureiros", com uma organização semelhante aos auxiliares, em boa parte vindos de São Paulo. Com esses números percebemos quanto a Coroa dependia das elites locais para a manutenção de seus territórios.

A operação de tomada de Santa Tecla foi comandada por Rafael, tendo a participação de outros oficiais, especialmente o também sargento-mor Patrício José Correia da Câmara, o capitão de dragões Carlos José da Costa e Silva, o capitão de aventureiros Cipriano Cardoso, o capitão de auxiliares Antônio Gomes e o capitão João Batista. Com exceção do sargento-mor Patrício José, todos os demais estavam bem articulados nos arranjos locais de poder. Mesmo o capitão de dragões, Carlos José da Costa e Silva, já há tempos andava pelo Rio Grande e mantinha negócios com os Pinto Bandeira, inclusive de contrabando. Anos mais tarde, em 1784, este capitão se casou com uma das irmãs de Rafael (Gil, 2003).

O vínculo criado pelo casamento de Carlos José é exemplar do tipo de estratégia utilizada por aquelas elites. Não só pelo matrimônio em si, mas pela consumação dos relacionamentos travados durante os conflitos. O *front* era um espaço privilegiado de sociabilidade de diferentes sujeitos, tanto para criação como para a manutenção de relações. Esta prática não era exclusiva da elite, mas difundida também nos mais baixos estratos das tropas. Todavia, importa ressaltar aqui o quanto estes momentos comuns nos acampamentos serviram para a recriação das elites locais. É certo que Rafael Pinto Bandeira era herdeiro *e* "digno sucessor" (RMAPRGS, n. 23, p. 389) de seu pai, Francisco, tendo herdado recursos econômicos e sociais. Mas a sua transformação em líder só se deu neste contexto, comandando com êxito os efetivos terrestres portugueses. Ao fazer isso, também comandava alguns dos mais importantes senhores locais, além de muitos escravos seus e de outros proprietários e peões livres. Aos poucos ele se tornava o *primus inter pares*.

Os vencedores, contudo, não ganhavam somente prestígio, ainda que este fosse um dos principais *alimentos* das elites. Durante aqueles conflitos, a fronteira agrária lusa se expandiu, sendo que muitos terrenos foram rapidamente ocupados. A divisão das terras logo após os conflitos teve muito da participação de Rafael, ainda que não oficialmente. Muitos dos novos ocupantes eram também membros da elite e aparentados seus, como Custódio Ferreira de Oliveira Guimarães, seu cunhado, além de seus irmãos. O próprio Rafael se apropriou de muitas terras, entre elas, uma propriedade chamada "Estância do Pavão". Contudo, não apenas a elite se beneficiou com a tomada dessas terras. Vários peões e soldados, muitos deles envolvidos nos negócios de contrabando praticados por Pinto Bandeira, receberam terras neste momento. Este tipo de dádiva reforçava os vínculos da elite com sua base (Silva, 1999).

Os ataques aos fortes de Santa Bárbara, São Martinho e Santa Tecla também renderam outros bons frutos materiais, na forma de butim. Este rendimento era o principal atrativo para muitos dos soldados, peões e escravos que participavam das batalhas. E aqui, mais uma vez, era a elite local que administrava sua distribuição. Coube a Rafael Pinto Bandeira a arrecadação do que fosse tomado, para posterior redistribuição entre os partícipes. Este tipo de prebendas era fundamental para garantir e melhorar a posição dos Pinto Bandeira, consolidando sua base. Nesta perspectiva, a guerra não só era algo normal para aquela sociedade como era fundamental para a manutenção da ordem e da hierarquia social (Gil, 2003).

Com o fim dos conflitos, a ordem social estava preservada, mas transformada. Ainda que mais terras tenham sido incorporadas e alguma riqueza distribuída na forma de butim, aquele mundo continuava profundamente desigual e hierárquico, no qual as mesmas famílias continuavam a deter o maior número de cargos políticos e comandos militares, além de prestígio, respeito e temor público. Pode-se afirmar que a guerra contribuiu para aprofundar esta situação. Ela serviu, particularmente, para ampliar muito o prestígio pessoal de Rafael Pinto Bandeira não apenas no sul, mas no Rio de Janeiro e em Lisboa. A guerra contribuiu para o seu reconhecimento oficial como liderança local. Como parte desse reconhecimento, muitas de suas "faltas" do tempo da guerra, e mesmo vindouras, seriam perdoadas (Gil, 2003), (Silva, 1998). A estratégia utilizada por Rafael Pinto Bandeira, nos momentos de guerra, contribuiria para manter sua posição por muitos anos. As terras e a vasta teia de relacionamentos que foram construídas eram a base do poder e do respeito público que a sua família viria a ter na década seguinte.

Passadas as batalhas, Rafael Pinto Bandeira tornou-se coronel de uma "legião" da Cavalaria Ligeira, tendo também recebido o "Hábito da Ordem de Cristo". Poucos anos depois, em 1779, ele estaria sendo preso pelo governador José Marcelino de Figueiredo e seria submetido a um "Conselho de Guerra" no Rio de Janeiro, um tribunal militar para julgar denúncias de desvio de bens da Real Fazenda e outras acusações. O processo foi sumariamente encerrado no meio, sem conclusão, por determinação do vice-rei. Segundo Moysés Vellinho, a própria Rainha teria decidido o fim do julgamento (Vellinho, 1975). Rafael foi absolvido e o governador José Marcelino foi retirado de seu cargo.

A guerra serviu para garantir rearranjos dentro da própria elite. Se antes havia um certo equilíbrio de poderes entre algumas famílias, o início dos anos 1780 vai testemunhar uma grande concentração de forças no núcleo dos Pinto Bandeira. A liderança em tempos de guerra deu a esta família recursos econômicos e sociais suficientes para sua proeminência dentro da elite local. Mas não somente a guerra contribuiu para isso. As articulações matrimoniais feitas na família de Francisco Pinto Bandeira na década de 1760 contribuíram igualmente para esta pujança.

Os negócios desta elite, na década que se iniciava seriam, em muito, baseados no comércio ilícito com os espanhóis — que nunca deixou de ser feito, mesmo durante a guerra. Foram exatamente estes negócios durante a guerra que garantiram ao grupo de Rafael um grande destaque no comércio e contrabando nos tempos de paz. A Estância do Pavão, a maior de suas propriedades, ficava em uma rota de contrabandos próxima à Guarda do Beca, ao sul da Vila do Rio Grande (Gil, 2003). Já no início da década de 1770, uma devassa sobre contrabandos listava, entre outros, os nomes de Rafael e o capitão de dragões Carlos José da Costa e Silva, seu companheiro de armas e futuro cunhado. Junto com eles vários peões, que continuariam a aparecer em denúncias nas sucessivas investigações feitas nos anos 1780.

III. *ALLEGRO MA NON TROPPO* — O BANDO E O MANDO

O tempo da guerra testemunhou uma nova ordenação dos poderes locais, com a proeminência de uma facção sobre outras agrupações de notáveis, ainda que sem modificar as estruturas da política local. Isso não significa, todavia, a existência de apenas uma parcialidade. Podemos identificar a existência de vários grupos, mais ou menos articulados, atuando de distintas formas naquelas regiões. O bando de Rafael Pinto Bandeira estava muito enraizado na sociedade, além de manter uma forte correspondência com os poderes do centro, o que garantia condições para certas demonstrações públicas de poder, como as que se verão agora. Serão estas demonstrações, que vão desde ameaças e espancamentos até a distribuição de terras, juntamente com o acesso aos postos da governança, os principais norteadores da identificação destas elites. Não basta o acesso aos cargos: é preciso utilizá-los.

Os estudos sobre as elites, desde os trabalhos fundadores de Mosca e Pareto, têm preocupação com a dinâmica própria destes grupos, a alternância dos grupos de poder e as condições para o equilíbrio e a manutenção da ordem. Em linhas gerais, percebemos que desde as épocas mais remotas da conquista portuguesa do Rio Grande, poucas foram as famílias que "mandavam" naquelas comunidades. Há momentos de predominância de determinados grupos, alternados por períodos de equilíbrio, numa contínua negociação com os poderes do centro. Ainda que seja possível verificar uma tensão quase *diária* entre os grupos mais fortes, suas bases e os representantes de Lisboa, é possível pensar na existência de duas conjunturas distintas entre o final do século XVIII e o início do XIX.

1780-1800: período para piano e cordas

O início dos anos 1780 se afirma sob os despojos da última guerra. A tomada da Vila do Rio Grande, com a mudança da Câmara para Viamão, e depois para Porto Alegre, e a perda substancial de propriedades nos terrenos tomados foram eventos que contribuíram para um sensível enfraquecimento de alguns grupos. Além disso, os conflitos com os espanhóis serviram, como vimos, para notabilizar determinado grupo. Os bandos locais não foram homogeneamente para o campo de batalha. Além de poder participar na arrecadação do butim, Rafael Pinto Bandeira e seus aliados souberam capitalizar suas vitórias, transformando-as em motivos para mercês. Tudo isso contribuiu para um reposicionamento político, através do qual Rafael conseguiu impor sua *pax* aos notáveis locais.

O solista

Os musicistas costumam entender o solista romântico com uma analogia ao sujeito em conflito com o mundo (coerente com o romantismo), por sua posição destoante dentro do cenário musical. O solista clássico, por sua vez, é visto como um interlocutor de peso junto ao restante da orquestra e profundamente integrado a ela. Tal como este último, Rafael Pinto Bandeira impunha um ritmo próprio aos seus empreendimentos, ainda que estivesse amparado por uma ampla base social e por sua família.

Rafael nascera em 1740, na vila de Rio Grande. Ainda jovem iniciou-se na carreira militar, lutando na Guerra Guaranítica (1753-1756) ao lado de seu pai, tendo bem mais tarde, em 1765, assumido o posto de tenente de dragões na Companhia de seu pai. Em 1777, é feito coronel da Legião da Cavalaria Ligeira, ao mesmo tempo em que recebia o Hábito da Ordem de Cristo. Tendo sido governador provisório do Rio Grande entre 1784 e 1786, foi recebido pela Rainha em 1790, quando se tornou Brigadeiro. Casou-se três vezes. A primeira, aos 20 anos, com Bárbara Vitória, indígena minuano e filha do cacique D. Miguel Caraí. A segunda esposa foi Maria Madalena, indígena guarani. A terceira foi Josefa Eulália de Azevedo, da família Souza Fernando, nascida em Sacramento (Silva, 1999).[5]

Rafael entra nos anos 1780 já coronel de Cavalaria Ligeira e como líder de um forte *bando*. Ao longo dessa década, fora acusado diversas vezes, principalmente de contrabandista e por abuso de poder, sendo investigado em pelo menos duas ocasiões — nas devassas de 1784 e 1787. Mapeando as referências feitas a Rafael e seus aliados ao longo dos anos 1780, principalmente através das devassas (confrontadas com outros documentos), é possível ter uma boa idéia do quadro de relacionamentos mantido por Rafael e, assim, saber em que grupos se apoiava para garantir seu mando. Organizados em uma matriz, tais dados conformaram o Gráfico 5.1. Para efeito de contrastação, o Coronel em questão foi retirado da matriz, gerando o Gráfico 5.2:[6]

Gráfico 5.1
Com Rafael Pinto Bandeira

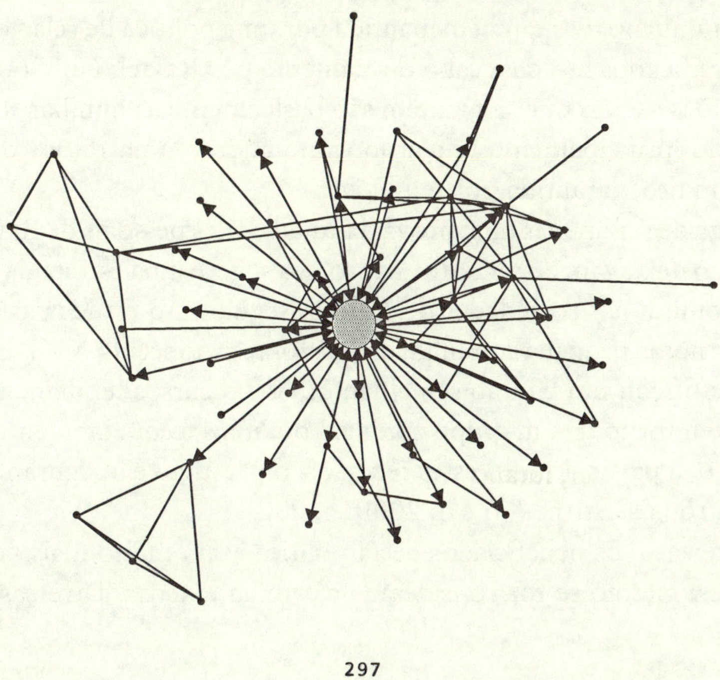

Gráfico 5.2
Sem Rafael Pinto Bandeira

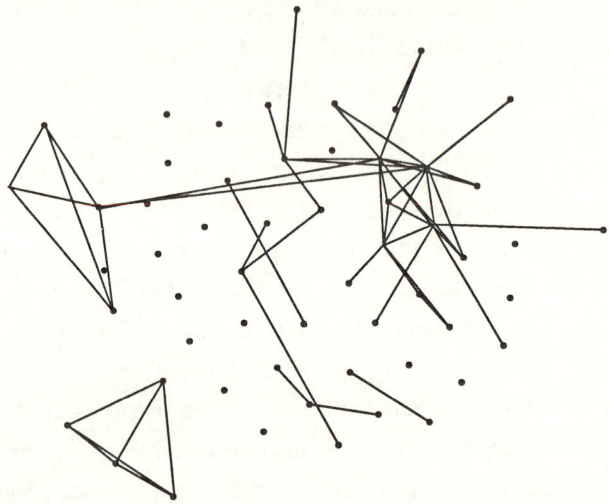

Percebe-se a importância deste sujeito no quadro dos negócios de sua família. Sua posição de líder era garantida não apenas por determinados grupos que lhe davam suporte, especialmente sua própria família e os indígenas minuano. Era também mantida por uma política de relacionamentos diversificados levada a cabo diretamente por Rafael. No Gráfico 5.2, as conexões sociais que se mantêm são basicamente as familiares (irmãos e cunhados principalmente) e o grupo minuano. A "amarração" do bando era, em muito, garantida por seu líder.

Longe de ser apenas uma prova das qualidades pessoais de Rafael, que tampouco deixavam de ser, este quadro nos sugere uma estratégia familiar muito comum nas sociedades de Antigo Regime. Ao estudar as relações de poder numa pequena comunidade piemontesa no século XVII, Giovanni Levi identificou um padrão semelhante: "Os recursos tendiam a se concentrar em torno de um grupo conjugal ou, mais freqüentemente, de um indivíduo, a partir do qual estes recursos, o prestígio e a segurança retornavam a toda a estirpe." (Levi, 2000, p. 232).

Neste caso, os beneficiados desta política eram muito mais do que os familiares, mesmo se for considerada a família extensa. Diversas pessoas que faziam parte da base social do bando de Rafael, como soldados, pequenos lavradores, tropeiros e peões de contrabando, sem falar nos escravos, também acabavam recebendo parte destes recursos. Estas experiências serão discutidas a partir de agora, iniciando pelos irmãos e cunhados.

Os violinos: irmãos, cunhados e aparentados mais próximos

É certo que os irmãos e cunhados de Rafael constituíam-se, também, em base de apoio. Mas as fontes de que dispomos alertam, principalmente, para o outro lado desta relação, que diz respeito ao aproveitamento desses sujeitos dos recursos familiares bancados pela figura do líder. As devassas contêm um grande repertório de ameaças, espancamentos, tráficos ilegais e abusos de poder praticados pelos mais prestigiosos membros do bando, depois de Rafael. Por outro lado, outros documentos fazem menção aos recursos próprios daqueles sujeitos, especialmente seus postos políticos locais, como comandantes de alguns dos mais significativos distritos daquela Capitania.

Em 1787, o capitão de ordenanças Manuel José de Alencastre escreveu uma carta-denúncia substancial contra Pinto Bandeira e seus aliados. Tal iniciativa se deu depois de um desentendimento com um cunhado de Rafael, Custório Ferreira de Oliveira Guimarães, por causa de uma rês. Nessa carta, Alencastre fazia muitas acusações ao próprio Custódio Ferreira como também a Evaristo Pinto Bandeira, irmão de Rafael. Uma destas acusações era sobre o comércio de contrabando de animais movimentado por Evaristo:

> [...] conduz, com o respeito que tem, *por ser irmão* do Coronel acima dito [Rafael] muitas tropas de contrabando, passando com elas por várias guardas as quais lhe não põem embargo por estarem a maior parte delas *comandadas por oficiais seus parentes* e outros do regimento [ilegível] do dito Coronel e em outras partes passando em passos esquecidos como veterano daquele país [...] (AN, cód. 104, v. 09, p. 314) [grifo dos autores].

Fica expressa aqui como a capilaridade do bando funcionava a favor de seus membros e como os recursos concentrados no líder eram igualmente usufruídos. Mas não apenas destes últimos vivia o bando. Este mesmo trecho nos fala dos conhecimentos que Evaristo tinha da região, andando por caminhos pouco povoados para não ser eventualmente detido. A Fazenda Real poderia enviar uma tropa para apreender contrabando, caso soubesse de sua ocorrência. E foi isso que o alferes de dragões Bernardo José Alves fora fazer na estância de Evaristo, em certa ocasião. A apreensão dos animais, contudo, não se efetuou:

> [...] por lho impedir o dito capitão Evaristo Pinto Bandeira, e que fora voz constante ter vindo com armas ofensivas, desatendendo ao dito alferes de Dragões com palavras pouco decentes, o que mesmo alferes sofreu em atenção a ser aquele capitão irmão do coronel Rafael Pinto Bandeira, comandante que era deste continente naquele tempo [...] (AN, cód. 104, v. 9, p. 336v).

De todo o conflito entre Alencastre e os Pinto Bandeira, resta ainda algo muito substantivo, em se tratando de conflitos de elites. A patente de capitão de ordenanças era, em todo o Império luso, um cargo de grande distinção, geralmente atribuído à melhor elite da terra. Mesmo com esta honraria, Alencastre acabou se retirando para o Rio de Janeiro em função de seus conflitos com os Pinto Bandeira. Sua humilhação atingiu tal ponto que, além de chegar a ser preso por Custódio Ferreira — quando da contenda entre ambos —, esse último ainda havia ameaçado retirar de Alencastre suas distinções militares e seu uniforme de capitão "[...] com que Sua Majestade foi servido honrar o suplicante [Manuel José de Alencastre] e o distinguir da plebe [...]". (AN, cód. 104, v. 9, p. 310).

Custódio Ferreira era igualmente ativo dentro do bando. Comandante do Distrito do Caí, ele era temido e respeitado naquela paragem. Segundo várias testemunhas da devassa de 1787 (AN, cód. 104, v. 9), muitas pessoas teriam ido embora daquele distrito por temor de seu comandante. Também reiterados relatos afirmavam que Custódio teria obrigado alguns tropeiros a se casar com suas filhas ou, ainda, mandado prender alguns peões que pediam pagamento de seus serviços. Mesmo que fossem calúnias, eram afirmações plausíveis, dada a constância com que apareciam nos testemunhos. O temor dos Pinto Bandeira e seu bando era tanto, que mesmo Bernardo José Pereira, outro dos cunhados de Rafael, do qual não se encontrou nenhuma denúncia de atitude violenta, era temido por muitos naquelas terras. Aquelas eram pessoas *poderosas*, como então muitos disseram nos seus informes, durante a investigação. Bernardo era mais um que se valia dos recursos de Rafael.

A reiteração do bando também dependia dos ganhos econômicos, que foram até agora pouco considerados. Já se viu que Evaristo mantinha um forte negócio de contrabando de animais, o que foi indicado por várias testemunhas na devassa. Este comércio era facilitado pelo fato de este último ser genro de um grande comerciante de animais com articulações em Curitiba, Luís Vicente Pacheco de Miranda. Mas Evaristo, certamente, não era o único. Custódio Ferreira e Rafael também mantinham amplo contato com vários tropeiros para quem vendiam animais de contrabando, especialmente mulas. Há inúmeras referências de que o líder do grupo também negociava com couros e com escravos, na rota que abrangia Rio Grande e Cerro Largo, nos domínios espanhóis. Outro dos irmãos envolvidos era Vasco Pinto Bandeira, que também fizera negócios com couros de contrabando (Gil, 2003).

Orquestra e coro: a base social e as relações com os poderes do centro

Outro irmão de Rafael, Felisberto Pinto Bandeira, era também comandante de Distrito na Freguesia do Triunfo. Pode-se ver quanto essas lideranças *distritais* eram significativas, especialmente no caso de Custódio Ferreira. Mas o *bando* se articulava de forma ainda mais diversa, se considerarmos outros *postos* de comando. Destaca-se, logo de saída, a relação entre Rafael e seu primeiro sogro, Miguel Caraí, líder dos indígenas minuano. Desde seu casamento, no início dos anos 1760 com Bárbara Vitória, em diversas outras ocasiões os minuanos estiveram articulados ao bando através da ação de D. Miguel. Ao longo dos anos 1780, estas relações se mantiveram fortes, ocasião em que foi considerada a possibilidade de os minuano se tornarem súditos da Coroa lusa, isso através da ação conjunta de D. Miguel e seu genro e aliado português (Silva, 1999; Porto, 1943, AN, cód. 104, v. 7, p. 743).

Os minuano eram um grupo coeso e relativamente bem organizado. Freqüentes são os relatos de espanhóis que descrevem estes indígenas como infiéis e irredutíveis. Por outro lado, os portugueses descrevem o mesmo grupo, com muita regularidade, como um eventual aliado, isso desde a ocupação da Laguna, no final do século XVII, pela família Brito Peixoto. A aliança desta família perpetuou-se no ramo de Rafael, que soube aprofundar estas relações. Suas relações transcendiam as questões políticas entre os dois grupos. Desde o início do século XVIII os minuano negociavam animais com os portugueses, sendo que durante as décadas de 1770 e 1780 há indícios de que ambos movimentavam contrabando conjuntamente, além do apoio bélico dos minuano no tempo da guerra.

Compreendendo a ação política de forma mais difusa, convém também considerar os líderes de pequenos grupos, chamados pelos espanhóis de *pandillas*. Um destes grupos era liderado por um sujeito chamado Romão Vareiro. Em 1773, ele era citado em uma devassa como peão de contrabando a mando de Rafael Pinto Bandeira. Em 1777, ele aparece liderando um grupo formado por Perico Serra, Antônio Tramandi, Inácio, José Dias, Antônio, Hilário, Francisco Santiaguinho, Izidoro, Santa Rita, Sebastião e João Antônio, que havia participado da *primeira corrida do gado*, uma expedição de ataque e saque a propriedades espanholas. Na devassa de 1787 ele era novamente mencionado como condutor de contrabandos. A liderança de Romão frente àquele grupo era importante para a manutenção dos poderes do bando, já que aumentava sua base social (Gil, 2003).

Da mesma forma que os irmãos de Rafael, também aqueles peões se valiam dos recursos do líder. Na *corrida do gado*, estes receberam parte do butim. O apoio ao bando era uma interessante estratégia de ganhos por parte daqueles homens, como forma alternativa de sobrevivência. Assim como Romão e seus amigos, havia outros tantos nesta lida. Era o caso de Inácio Morato, que durante muitos anos atuou como peão de contrabando, sendo citado por diversas pessoas em várias ocasiões, especialmente nas devassas de 1773 e 1787. O caso de Morato também apresenta outras questões relevantes sobre estes sujeitos que compunham a base social do bando. Durante a guerra, ocupou-se não apenas do contrabando mas, ao fazê-lo, também servia como espião das movimentações inimigas. Da mesma forma, ele ganhou seu quinhão de terra por concessão do governador, quando o próprio Rafael ocupava este posto. A redistribuição dos recursos do líder beneficiava todos os segmentos do bando.

Nos anos 1780, o bando andava bem estruturado e solidamente estabelecido não apenas pela sua forte base social. Havia um forte reconhecimento da Coroa lusa ao poder dos Pinto Bandeira naquelas regiões. Há vasta correspondência entre as autoridades metropolitanas, especialmente dos governadores com o vice-rei, e deste com o Secretário de Estado e Ultramar, que reconhecem a força de Rafael no Rio Grande e a impossibilidade (e desinteresse) de colocar este poder em xeque. A Coroa percebia nesta liderança local um aliado problemático, na medida em que suas atitudes iam, muitas vezes, contra o bem comum e poderiam prejudicar o interesse dos demais súditos, ameaçando a manutenção daqueles terrenos. Por outro lado, Rafael era quem melhor sabia "espantar os espanhóis", a principal ameaça aos interesses lusos na região. Por mais que a ambição de Rafael criasse problemas e contínuas queixas por parte de outros súditos, sua manutenção e fortalecimento eram do interesse de Sua Majestade. Tanto que, em 1790, ele era recebido em Lisboa e feito Brigadeiro pelas mãos da Rainha (RIHGRGS, 1929, p. 28, Silva, 1999).

Pausas: os conflitos intra-elites

Na década de 1780, o bando se mantinha num movimento *allegro ma non troppo*. Apesar de sua atuação forte e sólida, sofreu alguns reveses e, certamente, não era nenhuma unanimidade política. É possível perceber pelo menos dois outros grupos atuando com algum destaque naquelas regiões: um grupo de negociantes, não necessariamente organizado neste momento, mas com força crescente; o grupo vinculado à Câmara, ligado aos herdeiros políticos de Manuel Bento da Rocha e a Manuel Fernandes Vieira.

A devassa de 1787 (AN, cód. 104, v. 9) é um documento bastante apropriado para entender estes conflitos. Sua própria existência é indicativa do questionamento de determinados setores da elite com o bando. A denúncia que gerou a devassa fora feita por um aparentado dos Pinto

Bandeira, Manuel José de Alencastre, que mesmo vinculado ao grupo teve suas desavenças e levou sua denúncia até o vice-rei. Boa parte das testemunhas também manifestaram oposições ao grupo, sendo que muitas delas eram oficiais das tropas lusas no continente. Nesta mesma investigação, contudo, destacam-se os testemunhos de dois negociantes: Nicolau Cosme dos Reis e José Vieira da Cunha. Este último, ao morrer, em 1810, teria uma das maiores fortunas do Rio Grande.

José Vieira da Cunha andou enfermo e temeroso da morte em 1789, quando fez seu testamento. Nesta ocasião, afirmavam seus herdeiros em 1810, ele andava com poucos cabedais, situação muito diversa de vinte anos depois. Seu depoimento na devassa de 1787 indica uma série de negócios com Rafael Pinto Bandeira, alguns bastante *desvantajosos*. Rafael teria comprado produtos de Vieira da Cunha para revender, mas nunca havia pago, o que motivou protesto do credor. Depois de pagar o que devia, Rafael invadiu a casa do seu ex-credor e confiscou uma boa quantidade de couros de contrabando.

Esse caso, confirmado por Vieira da Cunha em seu depoimento (no qual conta inclusive como subornou um guarda para passar os couros) nos indica aspectos muito relevantes sobre aquele momento. Até então, poucas eram as evidências de contrabando praticado por outras pessoas de fora do bando de Rafael. Vieira da Cunha passou a se inserir cada vez mais nesses negócios, o que parecia desagradar ao coronel Pinto Bandeira. Não era somente isso. Rafael mantinha venda a varejo em sua propriedade na Estância do Pavão, algo que é apontado por várias testemunhas, e negociantes como Vieira da Cunha poderiam atrapalhar seus negócios. Sobre isso, muitas são as testemunhas que afirmam que Rafael teria "desalojado" muitos comerciantes do "Povo Novo" com o intento de ser o único a ter "logea" naquelas terras. O próprio Rafael confirma esta história ao vice-rei, afirmando que teria expulsado muitos "contrabandistas" do dito povoado. Seria apenas uma questão de "olhar"?

Por seu turno, a Câmara de Porto Alegre nunca chegou, até onde sabemos, a opor-se ao grupo de Rafael, ainda que nunca estivesse em suas mãos. Quem controlava tal instituição era outro bando, bastante organizado e coeso, que tinha como cabeças alguns dos mais prestigiosos homens daquelas paragens, entre os quais Manuel Bento da Rocha, Mateus Inácio da Silveira, Antônio Moreira da Cruz, Manuel Fernandes Vieira e Francisco Pires Casado. As manifestações mais explícitas da Câmara não chegaram jamais a questionar o poder de Rafael e em duas ocasiões, 1779 e 1788, esta instituição emitiu atestações de bons serviços prestados por aquele oficial. As determinações políticas da Câmara acabavam em muito se articulando com alguns dos interesses mais explícitos de seus membros, como o contrato do munício de carnes, que também estava na mão deste grupo. Neste sentido, parece haver uma política de compromisso entre estes sujeitos e o bando de Rafael, de forma a permitir que ambos tivessem seus espaços garantidos. Esta política estava amparada numa abundância de recursos. As terras conquistadas durante a guerra, o contrabando cotidiano e o crescente mercado externo da capitania permitiam àquelas elites um certo grau de convivência. Aos Pinto Bandeira, particularmente, interessavam os postos de controle relacionados ao governo da capitania, deixando a Câmara desembaraçada para o restante da cúpula local.

1795-1810: a polifonia nas novas articulações da elite local

A morte de Rafael Pinto Bandeira pode ser vista como um momento de inflexão no jogo da cúpula local. Um tanto pelo fato em si, já que teve suas conseqüências diretas para a manutenção daquele bando. Por outro lado, ela ocorre num período de mudanças, com o crescimento do papel dos negociantes, tanto no comércio de cabotagem com o Rio de Janeiro como no próprio contrabando, aproveitando as brechas deixadas pelo bando. Foge à idéia deste texto alongar muito o período de análise. Neste sentido, serão considerados apenas dois "manifestos" que são indicativos das novas políticas adotadas pelas elites do Rio Grande. Estas novas articulações, é importante ressaltar, eram tributárias daqueles conflitos mais tradicionais, significando, igualmente, uma pequena alteração dentro de um quadro de força constante naqueles territórios. A mudança mais significativa parece ser o crescimento do grupo de negociantes de Rio Grande.

Podemos identificar a existência de dois grupos distintos nos primeiros anos do século XIX. Ambos se apresentam em manifestos públicos, fazendo reivindicações. Um deles se apresentava como de "moradores e comerciantes", e envia carta em 1800 para o governador, para que encaminhasse ao Secretário de Estado e Ultramar. Tal documento reclamava de problemas do comércio de cabotagem, especialmente o contrabando com Montevidéu. (AHU-RS, cx. 7, doc. 47). O outro grupo, que se identifica como "povo que vive da cria de mulas", envia um abaixo-assinado em 1804, destinado ao Príncipe Regente, reclamando de um sujeito que tentava introduzir vinte mil mulas dos domínios espanhóis nos territórios portugueses (AHU-RS, cx. 9, doc. 570).

É claro que essas poderiam ser ligações pontuais, diante de uma reivindicação comum. Mas, é preciso considerar que as listas de assinaturas não têm nenhum nome comum a ambas. Ao cooptar seus aliados, mesmo em uma situação dramática, as elites locais sabiam bem com quem podiam contar e, mais do que isso, com quem *não* podiam. Não é possível associar estes grupos a algum tipo específico de atividade. Ambos continham membros que se dedicavam a uma diversidade de atividades, ainda que reivindiquem sua identidade a partir da sua dedicação "profissional". Pelo menos um dos grupos é herdeiro direto do legado de Rafael Pinto Bandeira. É difícil, com as fontes utilizadas até aqui, saber o quanto o outro pode ser tributário do bando do qual Manuel Bento da Rocha fazia parte, o qual controlava a Câmara de Porto Alegre.

Os herdeiros de Rafael

Nos primeiros anos do século XIX, Antônio Manuel de Jesus e Andrade encaminhou um pedido ao Príncipe Regente para receber vinte mil mulas dos domínios espanhóis como pagamento de dívidas que alguns castelhanos lhe deviam. Não encontrando nenhum impedimento, o Príncipe aceitou. Tal notícia não foi bem recebida por um grupo de pessoas que logo tratou de se mobilizar. Cerca de doze estancieiros que se designavam "povo desta capitania que vive da criação de bestas muares" escreveram ao governador solicitando a elaboração de uma relação dos estancieiros que criavam mulas no Rio Grande. Em outubro de 1804, era enviado ao monarca um abaixo-assinado que pedia a cassação da licença de Jesus e Andrade. Era um manifesto que reunia cerca de 170 assinaturas.

Tal documento contava com a assinatura do brigadeiro Manuel Marques de Souza, comandante da fronteira e portos do Rio Grande, primo de Rafael Pinto Bandeira e seu herdeiro político. Também subscreviam o termo, Vasco Pinto Bandeira, irmão de Rafael, Alexandre Elói Porteli, genro de Manuel Marques de Souza e engenheiro da demarcação de limites, José Vieira da Cunha, com quem o coronel Pinto Bandeira tanto havia conflitado, que agora era um aliado bem estabelecido e apoiava os "criadores de mulas".

Isso demonstra o quanto de renovação houve no bando. Além de agregar novos sujeitos, como o recém-chegado Alexandre Elói Porteli (que foi ao Rio Grande para as demarcações de limites, em 1783) e incorporar um antigo concorrente, como José Vieira da Cunha, o grupo parece ter se expandido a ponto de perder suas características mais próprias, tornando-se uma elite mais heterogênea. Foi possível identificar a presença de vários negociantes de cabotagem, alguns dos quais sediados em Rio Grande. É possível que muitos destes negociantes tivessem interesse em ver conquistadas algumas das reivindicações feitas pelo outro manifesto, redigido poucos anos antes. É bastante provável que sua não adesão àquele fosse resultado do arranjo de forças que se estava construindo naquele momento.

Os comerciantes: um grupo novo?

Em 1800, uma detalhada carta reclamava do contrabando existente entre Montevidéu e os portos do Rio de Janeiro, Pernambuco e Bahia. Afirmava que os *ambiciosos* comerciantes daquelas praças não estavam preocupados com o bem da República, o que provocaria a ruína da Capitania do Rio Grande. Exigiam o cumprimento das leis que impediam aquele negócio, além de solicitarem permissão para a construção de um armazém na cidade do Rio de Janeiro.

De forma análoga ao outro documento, essa lista contém muitos nomes novos. Da mesma forma, ela também contém alguns traços que apontam sua herança. O primeiro deles é ter sido dirigida à Câmara, instância dispensada pelo outro manifesto, que foi dirigido diretamente ao governador. Mas o aspecto mais interessante fica por conta de um determinado partícipe: Antônio Ferreira Leitão que estivera atuando na rota Rio Grande — Rio de Janeiro desde a década de 1750, antes de se casar, em 1760, com Maria Meireles de Menezes.

Há indícios das ligações entre Leitão e o grupo que controlava a Câmara de Porto Alegre. O filho de Leitão, Vicente, se casa em 1790 com Ana Borges Francisca da Silveira, filha de José Francisco da Silveira Casado, que pertencia ao bando de Francisco Pires Casado (eram irmãos) e Manuel Bento da Rocha. Esta busca pelo vínculo parental pode ser indicativa de outras alianças. O grupo de Manuel Bento pode ser, neste sentido, uma das origens dos organizadores deste manifesto (AHCMPA, Autos matrimoniais de Antônio Ferreira Leitão e Maria Meireles de Menezes, 1760; Kühn, 2005).

É igualmente certo que tal grupo não continha todos os negociantes do Rio Grande. Como vimos, muitos andavam associados a outros interesses. Mas, de fato, com o amadurecer do século XIX, os negociantes passaram a ser alguns dos mais prestigiosos e ricos senhores daquelas terras. A partir de uma amostra de inventários *post-mortem,* Helen Osório identificou que as dez maiores fortunas que encontrou na Capitania do Rio Grande, entre 1750 e 1825, se deram a partir de 1810, e, em sua maioria, pertenciam a negociantes. Um dos maiores, com inventário feito em 1810, era José Vieira da Cunha, do qual muito se falou (Osório, 1999). Sobre esse grupo, muito resta a investigar.

FINALE

A primeira metade do século XVIII assistiu à conquista da fronteira do Rio Grande. A segunda testemunhou a reconquista daquelas terras, que haviam sido ocupadas pelos espanhóis nos anos 1760. Muitos elementos são comuns aos dois processos, e não por acaso. Ao assaltar as fortalezas de São Martinho, Santa Bárbara e Santa Tecla, Rafael Pinto Bandeira nada mais fazia que renovar seu lugar de elite por direito de conquista. Ele representava a elite local, que assim era mais uma vez reconhecida e respeitada pelos poderes do centro.

Algumas práticas das famílias da elite, particularmente na estirpe dos Pinto Bandeira, eram estruturais das sociedades de Antigo Regime. Os casamentos intrafamiliares são, neste sentido, exemplares. Para as áreas em conquista também era prática recorrente o matrimônio com as elites autóctones. Não foi à toa que nasceram filhos "mestiços de carijós" de Francisco de Brito Peixoto. Tampouco foram à toa o matrimônio de Rafael com uma filha de chefe minuano e o vínculo deste ao bando mesmo após a morte de sua filha e os novos casamentos de Rafael. Ao longo de todo o século, as famílias estudadas tenderam a manter amarrados seus próprios laços parentais, enquanto mantinham, paralelamente, uma política de incorporação de novos aliados.

Há nesta apreciação um forte destaque para as continuidades. Mas a segunda metade do século XVIII também percebeu mudanças. A guerra serviu, em certa medida, para reforçar a posição de algumas famílias no arranjo político local, encerrando um período de relativo equilíbrio de forças. Este novo contexto modificou em parte a própria estratégia das famílias da cúpula local. Diante de uma abundância de recursos, fosse na tomada de terras, na atividade contrabandista ou no crescente comércio com o restante do Império, não havia necessidade de um embate violento entre os membros da elite. O acesso da família Pinto Bandeira ao contrabando e ao comércio externo, após sair de uma guerra onde houve farto butim e grande conquista de terras, parece ter permitido a este grupo abster-se de lutar por espaços na Câmara. A própria manutenção da base social deste grupo dispensava o controle daquela casa de governança.

Para a família Pinto Bandeira interessava diretamente o controle do governo da capitania, o que se deu em duas ocasiões. Esses períodos foram importantes para garantir a política de concessão fundiária promovida para seus aliados, além de aumentar a concentração de recursos na mão do líder do grupo, que servia de suporte para garantir recursos para todo o clã, inclusive o medo e o respeito públicos. Esta era mais uma estratégia típica de Antigo Regime que era incorporada no fazer-se da elite daquela *fronteira*.

Notas

1. Agradecemos aos professores Fábio Kühn e Eduardo Neumann pela cessão do material do projeto *Resgate de Fontes Paroquiais: Porto Alegre e Viamão — século XVIII*, à historiadora Vanessa Gomes de Campos pelo acesso às suas transcrições e bases de dados e a Jorge Pontual Waked pelo auxílio no gerenciamento das bases de dados e nas transcrições de documentos.
2. As trajetórias de Francisco e Rafael Pinto Bandeira já foram alvo de estudos. Para tanto, ver A. D. Silva, "Rafael Pinto Bandeira: De bandoleiro a governador. Relações entre os poderes privado e público no Rio Grande de São Pedro", *PPGH*, Porto Alegre, UFRGS, 1999. Para mais informações sobre a atuação desta família e mais conquistadores da fronteira meridional da América Lusa ver A. Porto, *História das Missões Orientais do Uruguai*, Rio de Janeiro, Imprensa Nacional, 1943.
3. Fenômeno que também ocorria com freqüência no caso das Minas Gerais no século XVIII (cf. capítulo 2).
4. Práticas que também ocorriam nas Minas Gerais dos primeiros tempos (cf. capítulos 2 e 3).
5. Um excelente trabalho biográfico sobre Pinto Bandeira é a dissertação de Augusto da Silva (Silva, 1999).
6. A metodologia empregada para a elaboração desses gráficos está baseada nas *Social Network Analisys* (Hanneman, 2001; Mitchell, 1974; Santilli, 2003).

CAPÍTULO 6

O comércio de escravos e a elite baiana no período colonial

Alexandre Vieira Ribeiro[1]

O desenvolvimento da economia colonial baiana esteve desde seu início atrelado à mão-de-obra escrava. Num primeiro momento, foram os índios a principal força motriz. Porém, ainda no século XVI, começaram a chegar as primeiras levas de africanos ao porto de Salvador. No setecentos, a presença do africano nas lavouras baianas já era superior à do nativo. Invariavelmente, a reposição desta mão-de-obra se dava via tráfico atlântico. Dentro desta lógica econômica, o porto de Salvador, na Bahia, desempenhou papel primordial na importação de africanos e no abastecimento de escravos aos mercados regionais do nordeste e demais áreas do interior do Brasil, tornando-se um dos principais portos negreiros das Américas. De um comércio incipiente durante os séculos XVI e XVII, o tráfico expandiu-se ao longo dos anos seguintes, tornando-se uma atividade mercantil lucrativa.

O escravo africano chegava ao porto de Salvador após a longa travessia do Atlântico, que durava de um a dois meses, aproximadamente, num estado de exaustão física e moral. Em sua terra de origem, fora capturado, posto a ferros, separado de seus familiares, percorrera longas distâncias até ser embarcado em negreiros apinhados de africanos, onde conhecera as desventuras de uma viagem forçada, convivendo com os maus-tratos dos seus condutores, a fome, a sede, a promiscuidade, as doenças e a morte. Ao desembarcar, seu proprietário o via como um importante investimento de capital. Muitos desses novos escravos eram destinados ao interior e às cidades litorâneas da América portuguesa. Nos séculos XVI e XVII, os escravos eram direcionados primordialmente para regiões de pequenas dimensões, próximas ao porto de desembarque, áreas onde se cultivava a cana-de-açúcar. A venda do africano se fazia ou por leilão ou de um particular a outro. Nesse período, os circuitos de redistribuição de cativos africanos ainda não eram tão desenvolvidos quanto os constituídos nos séculos XVIII e XIX. Tratava-se, portanto, de um circuito pequeno de compra e venda.[2]

Com a descoberta das jazidas de metais e pedras preciosas no interior da América portuguesa, incrementou-se a demanda por escravos na colônia, gerando um aumento no volume de africanos desembarcados na Bahia (cf. Tabela 6.1). Neste momento, os circuitos de redistribuição de cativos tornaram-se mais complexos, com o surgimento de levas de comerciantes ligando o mercado de Salvador àqueles que necessitavam de mão-de-obra no interior da colônia. Muitos desses redistribuidores eram também traficantes atlânticos.

Tabela 6.1
Estimativas de africanos desembarcados na Bahia, 1582-1851

Ano	nº de escravos	Ano	nº de escravos	Ano	nº de escravos
1582-1700	106.066	1751-60	75.833	1811-20	113.376
1701-10	85.719	1761-70	66.751	1821-30	99.437
1711-20	109.283	1771-80	73.267	1831-40	12.142
1721-30	106.962	1781-90	76.539	1841-51	64.329
1731-40	89.985	1791-1800	93.259		
1741-50	87.694	1801-10	89.066	TOTAL	1.349.724

Fonte: Eltis e Richardson, no prelo (doravante TSTD).

Da Bahia, muitos escravos partiam para seu derradeiro destino por via marítima ou por via terrestre. Em ambas as rotas, não estava excluída a possibilidade do *tráfico interno*, realizado por proprietários que revendiam seus escravos para outras capitanias em função da demanda de mão-de-obra. Em que pese a importância do tráfico interno, a Tabela 6.2 nos mostra que no intervalo temporal de 1760 a 1770 o contigente de africanos representava quase a totalidade (99,3%) dos 17.191 cativos despachados pelo porto de Salvador. Entre os africanos, 95,5% correspondiam a escravos novos. Dessa forma, podemos perceber que a atividade de redistribuição dos escravos na cidade de Salvador estava intimamente associada ao comércio atlântico e, portanto, deve ser entendida como um trecho da rota transatlântica — "terceira perna do tráfico" —, atividade distinta do tráfico interno.[3]

Tabela 6.2
Remessas anuais de escravos africanos (novos e ladinos) e crioulos de Salvador (1760-70)

Anos	Africanos				Crioulos		Total de escravos
	Nº novos	% novos	Nº ladinos	% ladinos	Nº	%	
1760	1.749	98,3	29	1,6	2	0,1	1.780
1761	1.119	91,9	96	7,9	2	0,2	1.217
1762	1.627	93,8	101	5,8	7	0,4	1.735
1763	1.637	96,0	65	3,8	4	0,2	1.706
1764	1.127	97,6	25	2,2	2	0,2	1.154
1765	1.243	98,5	13	1,0	6	0,5	1.262
1766	1.244	97,7	34	2,6	9	0,7	1.287
1767	1.102	95,1	51	4,4	6	0,5	1.159
1768	2.062	93,8	113	5,1	24	1,1	2.199
1769	1.012	85,0	149	12,5	30	2,5	1.191
1770	2.432	97,3	41	1,6	28	1,1	2.501
Total	16.354	95,1	717	4,2	120	0,7	17.191

Fonte: APEB, Códice 249.

Todos os escravos que se deslocavam de uma capitania a outra tinham que ser registrados no livro de despacho, mesmo aqueles transacionados no que conhecemos como tráfico interno. Na ausência de registros de compra e venda de escravos, documentação que surgiu apenas em meados do século XIX, podemos sugerir algumas hipóteses sobre o mercado de cativos na América portuguesa a partir dos dados obtidos na Tabela 6.2. Apenas 0,7% dos cativos despachados de Salvador era crioulo. Essa taxa pode estar baseada numa questão de ordem demográfica, no fato de o escravo ter vida curta na colônia, daí a necessidade constante de se repor a mão-de-obra via tráfico atlântico. Porém, podemos imaginar por trás desses números uma questão de caráter político do sistema escravista na América portuguesa: não era interessante a compra e a circulação de crioulos pela colônia. Vender um crioulo significava separá-lo de sua família, de seus amigos, o que poderia gerar conflitos que viessem a desestabilizar o sistema. Era comum a fuga de escravos no percurso entre a moradia de seu ex-senhor e o seu novo *lar*. Muitos se revoltavam fugindo ou agredindo o seu senhor ante uma possível venda. Tal hipótese política se fortalece quando observamos os números de ladinos despachados, apenas 712 (4,2% do total). Embora fosse africano, o escravo ladino já estava ambientado no mundo colonial, e era conhecedor de seus códigos e provavelmente já teria constituído laços de amizade em seu novo ambiente. Dessa forma, a venda e a circulação de escravos ladinos poderiam trazer também instabilidade à sociedade escravista. Florentino e Góes, estudando famílias escravas no Rio de Janeiro apontam que quando ocorria partilha entre herdeiros, cerca de 70% das famílias escravas encabeçadas por crioulos permaneciam unidas. Já para aquelas encabeçadas por africanos ladinos, ambientados na colônia, tal cifra alcançava 90% (Florentino e Góes, 1997, p. 116-17). Essas taxas apontam para o respeito que os senhores tinham com relação à estabilidade dos laços familiares construídos no cativeiro, retirando esses escravos do mercado, reafirmando a idéia da opção pelo africano novo.[4]

Com base nesses dados, podemos relacionar para o período de 1760 a 1770 os despachos dos escravos novos com as estimativas do tráfico atlântico. A Tabela 6.3 nos mostra que a variação dos escravos boçais diante do volume do comércio internacional era de 12,7% a 42,9%. Essa diferença é justificada por uma demanda fixa no número de cativos despachados. A média anual desse contingente era de aproximadamente 1.500. Independentemente do total de desembarcados em Salvador, pouca alteração ocorria nos números de africanos novos despachados. Havia uma demanda que era devidamente atendida. Na década de 1760-70, observamos que 22% dos escravos novos que chegaram a Salvador foram redistribuídos para regiões interioranas e outros portos da América portuguesa. Muito provavelmente os escravos novos que não eram despachados (78% do volume do tráfico internacional) deviam ser utilizados na própria cidade de Salvador ou eram comprados por senhores da área do Recôncavo Baiano.[5]

Tabela 6.3
Remessas anuais de escravos novos da Praça de Salvador diante das estimativas do tráfico atlântico de escravos (1760-70)

Ano	Nº novos	% novos (a)	% novos (b)	Total de escravos redistribuído	Nº tráfico atlântico
1760	1.749	98,3	23,4	1.780	7.465
1761	1.119	91,9	15,7	1.217	7.102
1762	1.627	93,8	25,6	1.735	6.357
1763	1.637	96,0	28,1	1.706	5.826
1764	1.127	97,6	33,3	1.154	3.381
1765	1.243	98,5	20,0	1.262	6.220
1766	1.244	97,7	12,7	1.287	9.772
1767	1.102	95,1	15,0	1.159	7.327
1768	2.062	93,8	27,4	2.199	7.535
1769	1.012	85,0	13,4	1.191	7.561
1770	2.432	97,3	42,9	2.501	5.670
1760-70	1.487 (c)			1.563 (d)	
Total	16.354	95,1	22,0	17.191	74.216

Obs.: (a) % de novos em relação aos despachados para o interior; (b) % de novos em relação ao tráfico atlântico; (c) média de escravos novos despachados anualmente entre 1760-70; (d) média de escravos despachados anualmente.
Fonte: APEB, Códice 249; TSTD.

Da Bahia os escravos eram redirecionados para a região aurífera das *Gerais* costeando o rio São Francisco e o rio das Velhas, percorrendo uma distância de aproximadamente duzentas léguas — c. 1.200 km (Antonil, 1976, p. 186-87). Os traficantes baianos foram os principais fornecedores de trabalhadores escravos para as minas pelo menos até a segunda década do século XVIII, quando os cariocas tomaram a frente dos negócios. O fato de estar mais próxima das *Gerais* favoreceu a praça mercantil do Rio de Janeiro. Com a abertura do *caminho novo* em 1711 o tempo de viagem entre o porto carioca e a região mineradora passou a ser de 12 dias. Pelo antigo caminho, via Parati, gastava-se de 43 a 99 dias, dependendo do número de paradas (Antonil, 1976, p. 184-86). Uma crônica da época relata que o então recém-construído caminho foi importante para que o Rio de Janeiro se destacasse no comércio com as minas em detrimento da antiga comunicação por terra que era realizada com grandes dificuldades a partir de Salvador ("A invasão francesa de 1711", *apud* França, 2000, p. 135). Apesar de não mais representar o mercado preferencial e estratégico da reposição de cativos, atividade que o Rio de Janeiro passou a desempenhar, a Bahia pôde ter exercido um papel complementar para o atendimento da demanda na região das *Gerais*, como podemos observar na Tabela 6.4. No mínimo cerca de 6.000 cativos por ano devem ter entrado na capitania mineira entre 1739-1759, sendo a Bahia responsável por aproximadamente 35% (c. de 2.100) do total desse volume. Essa tabela também ratifica a preponderância do comércio do Rio com Minas Gerais.

Tabela 6.4
Flutuações na importação de escravos na capitania de Minas Gerais saídos da Bahia e do Rio de Janeiro (1739-1759)

Triênio	Bahia	Rio de Janeiro
1739-41	9.200	11.900
1742-44	–	12.000
1745-47	7.300	12.000
1748-50	6.670	10.670
1751-53	6.670	10.700
1754-56	6.670	11.010
1757-59	6.330	6.850

Fonte: Goulart, 1975, p. 170.

A partir de 1760 esse volume foi reduzido. Observando a tabela 6.5, elaborada a partir dos despachos de escravos da Bahia, percebemos que, entre 1760 e 1770, cerca de 60% dos escravos despachados da Bahia eram remetidos para as Minas (média anual de 916).[6] Ao acreditarmos que todo escravo que saiu de Salvador tenha alcançado a região das *Gerais* vivo, teremos uma queda de mais de 50% dos escravos importados na capitania mineira, vindos da Bahia.

Mesmo com a queda no volume de cativos despachados, Minas Gerais continuou sendo o destino que concentrava as maiores remessas de escravos da cidade de Salvador. Talvez esses escravos não estivessem sendo remetidos apenas para a mineração, mas também para atividades econômicas majoritariamente voltadas para o mercado interno, constituído de pequenos e médios senhores.[7] Desta forma, o desempenho da economia mineira fez com que ela permanecesse como um dos grandes pólos de demanda por africanos.

A necessidade de mão-de-obra em outras regiões de mineração, como Goiás, Mato Grosso e o interior da Bahia (minas de Jacobina e Rio das Contas), deve ter contribuído no decréscimo do volume de escravos enviados para as Minas. Cerca de 10% dos escravos saídos de Salvador partiram para Goiás. Em 1767, essa taxa chegou a 1/3. Outro dado importante a observar é o aumento do número de escravos remetidos para o interior do Nordeste, área tradicionalmente voltada à agricultura. Se observarmos ainda a tabela 6.5, notamos que áreas como Alagoas, Piauí e, principalmente, Bahia (interior), conheceram uma expansão no número de escravos comprados em Salvador a partir de meados da década de 1760, atingindo cerca de 10%. Este acréscimo nos últimos anos deve estar relacionado à recuperação da economia agrícola do Nordeste brasileiro, tanto dos produtos de exportação como açúcar e fumo quanto dos voltados para o abastecimento do mercado interno como a farinha de mandioca e a pecuária.

O movimento de despachos de escravos para outras áreas, que não as *Gerais*, apontam para a diversificação da economia colonial. Surgiram novas áreas que se converteram em abastecedoras do mercado interno. É certo que as exportações brasileiras caíram cerca de 60% entre 1760 e 1776, mas o desempenho do tráfico atlântico e da redistribuição de cativos indica que à crise da mineração não se seguiu a decadência generalizada da economia colonial.

Tabela 6.5
Remessas anuais de escravos africanos e crioulos por capitania (1760-70)

	Minas Gerais (a)		Rio de Janeiro (b)		Bahia (c)		Pernambuco (d)		Rio Grande do Sul		Goiás (e)		Mato Grosso (f)		Piauí		Alagoas (g)		Colônia de Sacramento		Outros (h)		Total	
Ano	#	%	#	%	#	%	#	%	#	%	#	%	#	%	#	%	#	%	#	%	#	%	#	%
1760	1.669	93,8	25	1,4	13	0,7	0	—	0	—	42	2,4	0	—	0	—	0	—	30	1,7	0	—	1.779	100
1761	779	64,0	21	1,7	25	2,0	8	0,7	0	—	310	25,5	0	—	0	—	6	0,5	68	5,6	0	—	1.217	100
1762	1.389	80,0	104	6,0	41	2,4	12	0,7	4	0,2	153	8,8	0	—	0	—	0	—	0	—	32	1,8	1.735	100
1763	1.181	69,3	109	6,4	75	4,4	41	2,4	10	0,6	225	13,2	3	0,2	2	0,1	5	0,3	0	—	54	3,1	1.705	100
1764	920	79,7	21	1,8	17	1,5	2	0,2	0	—	173	15,0	0	—	0	—	1	0,1	2	0,2	18	1,5	1.154	100
1765	849	67,3	14	1,1	21	1,7	8	0,6	0	—	324	25,7	0	—	14	1,1	0	—	31	2,4	1	0,1	1.262	100
1766	826	64,2	14	1,1	37	2,9	55	4,3	4	0,3	243	18,9	62	4,8	1	0,1	2	0,1	16	1,2	27	2,1	1.287	100
1767	542	46,8	150	13,0	41	3,6	18	1,6	0	—	374	32,3	9	0,7	3	0,2	1	0,1	0	—	21	1,7	1.159	100
1768	562	25,6	751	34,1	326	14,8	20	0,9	34	1,5	247	11,2	6	0,3	92	4,2	18	0,8	0	—	143	6,5	2.199	100
1769	461	38,7	121	10,1	278	23,3	30	2,5	0	—	65	5,4	120	10,1	32	2,7	5	0,4	22	1,8	57	4,9	1.191	100
1770	903	36,1	749	29,9	503	20,1	19	0,7	5	0,2	55	2,2	19	0,7	50	2,0	5	0,2	42	1,7	151	6,1	2.501	100
1760-70	10.081	58,7	2.079	12,1	1.377	8,0	214	1,2	57	0,3	2.211	12,9	219	1,3	194	1,1	43	0,2	211	1,2	504	3,0	17.191	100

Obs.: (a) Inclui as regiões de Itacambira, das minas de Arassuaí, Curumataí, Paracatu, do rio das Mortes, do rio das Velhas, Serro do Frio e Traíras; (b) Inclui a cidade do Rio de Janeiro, e regiões de Parati e Campos dos Goitacases; (c) Inclui as regiões de Caeté, Cairu, Camamu, Caravelas, Cotinguiba (Comarca do Sergipe), Comarca do Espírito Santo, Ilhéus, Inhambupe de Cima, Jacobina, Porto Seguro, Serra do Tiúba, sertões do rio São Francisco, do rio das Contas, do rio Pardo e do rio Preto; (d) Inclui as regiões de Olinda e Recife; (e) Inclui as regiões das minas do rio Verde, de Natividade, de Tocantins, de São Félix e Vila Boa de Goiás; (f) Inclui as minas de Cuiabá; (g) Inclui as regiões de Maceió e Penedo; (h) Inclui as Províncias de São Paulo, Ceará, Paraíba, Santa Catarina e regiões não definidas.
Fonte: APEB, Códice 249.

Tabela 6.6
Tráfico atlântico: remessa de escravos novos por capitania

	Minas Gerais (a)		Rio de Janeiro (b)		Bahia (c)		Pernambuco (d)		Rio Grande do Sul		Goiás (e)		Mato Grosso (f)		Piauí		Alagoas (g)		Colônia de Sacramento		Outros (h)		Tráfico atlântico	
Ano	#	%	#	%	#	%	#	%	#	%	#	%	#	%	#	%	#	%	#	%	#	%	#	%
1760	1.641	21,9	25	0,3	13	0,2	0	—	0	—	40	0,5	0	—	0	—	0	—	30	0,4	0	—	7.465	100
1761	722	10,2	14	0,2	19	0,3	1	0,0	0	—	295	4,1	0	—	0	—	0	—	68	1,0	0	—	7.102	100
1762	1.322	20,8	94	1,5	27	0,4	2	0,0	4	0,1	146	2,3	0	—	0	—	0	—	0	—	32	0,5	6.357	100
1763	1.133	19,4	103	1,8	75	1,3	39	0,7	10	0,2	216	3,7	3	0,0	2	0,0	5	0,1	0	—	50	0,9	5.826	100
1764	895	26,5	21	0,6	17	0,5	1	0,0	0	—	172	5,1	0	—	0	—	1	0,0	2	0,0	18	0,5	3.381	100
1765	838	13,5	12	0,2	32	0,5	8	0,1	0	—	319	5,1	0	—	14	0,2	0	—	31	0,5	0	—	6.220	100
1766	802	8,2	11	0,1	31	0,3	53	0,5	4	0,0	239	2,4	62	0,6	1	0,0	1	0,0	14	0,1	27	0,3	9.772	100
1767	517	7,0	140	1,9	37	0,5	16	0,2	0	—	364	5,0	9	0,1	2	0,0	0	—	0	—	17	0,2	7.327	100
1768	524	6,9	729	9,7	287	3,8	19	0,2	31	0,4	246	3,3	0	—	86	1,1	12	0,2	0	—	128	1,7	7.535	100
1769	413	5,5	81	1,1	238	3,1	16	0,2	0	—	49	0,6	118	1,6	22	0,3	5	0,1	21	0,3	49	0,6	7.561	100
1770	895	15,8	721	12,7	491	8,7	12	0,2	5	0,1	55	1,0	19	0,3	42	0,7	5	0,1	42	0,7	145	2,6	5.670	100
1760-70	9.702	13,1	1.951	2,6	1.257	1,7	167	0,2	54	0,1	2.141	2,9	211	0,3	169	0,2	29	0,0	208	0,3	466	0,6	74.216	100

Obs.: As mesmas da tabela 6.5.

Fonte: APEB, Códice 249; TSTD.

Dos escravos novos que chegavam à Bahia, entre 1728 e 1748, período de grande produtividade mineira, calcula-se que 40% tenham sido redirecionados para Minas. Desta forma, podemos calcular a média anual de 3.530 cativos novos remetidos para Minas Gerais (Goulart, 1975, p. 165; TSTD). Já no período de 1760-70 houve uma queda significativa nesses números. Apenas 13% dos novos que chegaram a Salvador foram remetidos para as lavras mineiras, uma média anual de 882 escravos, como observamos na tabela 6.6. Inversamente, a Bahia passou a reter mais esses escravos boçais. Embora tenha ocorrido um declínio, o padrão das remessas de escravos para Minas Gerais permaneceu sendo de africanos novos. De um total de 10.081 escravos enviados para esta região os novos representavam 9.702 (96%). Isso reforça a idéia de que a sociedade colonial privilegiava a inserção do cativo boçal como uma questão política. Não sendo interessante para o sistema escravista a circulação do crioulo.

A capitania do Rio de Janeiro foi também uma importante praça receptora de escravos do mercado de Salvador. Isso nos sugere que muitos comerciantes acabavam desviando os escravos para outras regiões, como Minas Gerais, burlando as normas para o pagamento dos impostos, pois a taxa paga para levar um escravo da Bahia diretamente para as Minas era de 9$000 réis e para o Rio de Janeiro era de 4$500 réis. Mas podemos pensar que esse comércio entre Salvador e a praça carioca estava calcado num interesse pelos africanos *minas*. Originários da África Ocidental, os cativos *minas* representavam cerca de 60% dos desembarcados no porto de Salvador entre 1760-70. Os *minas* sempre foram apreciados pela sua capacidade de trabalho, pois eram grandes especialistas em mineração, sendo mais estimados que os de Angola, que pereciam rapidamente. Devido a dificuldades do comércio entre a Costa da Mina e o Rio de Janeiro, a Bahia deve ter exercido o papel de fornecedor de escravos *minas* à praça carioca ao longo do século XVIII. Entre os anos de 1759 e 1771, foram registradas 18 embarcações, que transportaram 5.196 escravos da Costa da Mina para o porto do Rio, 577 por ano, uma quantidade pequena para um mercado ávido por mão-de-obra (Cavalcanti, 2005, p. 55).

Um outro corpo documental nos permite estabelecer as rotas da redistribuição dos cativos para as diversas praças regionais do Brasil entre 1811-

20 (APEB, cód. 252). Infelizmente, nesta documentação não foi possível determinar a naturalidade do escravo despachado. No que tange às áreas receptoras, o cenário apresentado nesse período difere do anterior. Observando a Tabela 6.7, percebemos o reduzido número dos envios de escravos para as principais capitanias receptoras no século XVIII. Rumando para Goiás e Mato Grosso nenhuma leva teria partido de Salvador. Para as Minas foram achados apenas sete registros perfazendo um total de 14 escravos remetidos (c. 0,1% do total). Porém, calcula-se que entre os anos de 1780 a 1820 tenham sido incorporados aos plantéis mineiros 2.000 escravos por ano (Goulart, 1975, p. 170). Em que pese o fato de o Rio de Janeiro ter suplantado a Bahia no fornecimento de mão-de-obra escrava para as *Gerais*, nos parece irreal que entre 1811 e 1820 a Bahia tenha contribuído com apenas 14 escravos dos 20.000 que chegaram a Minas.

De todo modo, o principal destino para o período de 1811-20 é a província do Maranhão, que representa aproximadamente 1/3 das compras efetuadas no mercado de Salvador. Em 1817 e 1818 chegou a ser o ponto final para mais da metade dos cativos que partiam da Bahia. Provavelmente Pará e Maranhão tiveram dificuldades em atender suas demandas via tráfico internacional, pois suas principais fontes de abastecimento na África, Cachéu e Bissau, se fecharam com o Tratado de 1815, que proibia o comércio de almas ao norte da Linha do Equador. Desta forma, o mercado baiano tornou-se estratégico no fornecimento de cativos às províncias do Norte do Brasil.

Cerca de 40% dos escravos despachados para o Brasil entre 1811-20 se direcionavam para regiões do interior do Nordeste. Este dado aponta a praça de Salvador como grande fornecedora de mão-de-obra para áreas de abastecimento do mercado interno, tendência que já despontava no final da década de 1760. Já as regiões ao Sul do Brasil limitaram-se a uma participação de 13% no total dos escravos despachados de Salvador. As províncias do Rio de Janeiro, São Paulo e Rio Grande do Sul tinham o porto carioca como principal praça fornecedora de mão-de-obra cativa.

A partir do Códice 252 foi possível recuperar também a composição sexual dos escravos despachados para os anos de 1811 a 1820. Nesses despachos, observamos que a maioria dos escravos era do sexo masculino

Tabela 6.7
Remessas de escravos africanos e crioulos por províncias (1811-20)

	Alagoas (a)		Bahia (b)		Maranhão (c)		Pernambuco (d)		Piauí		Rio de Janeiro		Rio Grande do Sul		São Paulo (e)		Sergipe (f)		Outros (g)		Total	
Ano	#	%	#	%	#	%	#	%	#	%	#	%	#	%	#	%	#	%	#	%	#	%
1811	70	5,8	179	14,9	1	0,1	438	34,5	0	—	166	13,8	26	2,2	4	0,3	199	16,6	118	9,8	1.201	100
1812	174	6,1	604	21,1	728	25,4	136	4,7	46	1,6	244	8,5	254	8,9	150	5,2	123	4,3	406	14,2	2.865	100
1813	123	8,2	149	10,0	102	6,8	69	4,6	19	1,3	296	19,9	177	11,9	70	4,7	182	12,2	304	20,4	1.490	100
1814	9	0,7	170	13,8	536	43,6	11	0,9	65	5,3	11	0,9	192	15,6	0	—	59	4,8	176	14,3	1.229	100
1815	65	5,2	59	4,7	276	21,9	12	0,9	102	8,1	18	1,4	117	9,3	0	—	274	21,8	332	26,4	1.257	100
1816	111	8,2	139	10,3	332	24,5	2	0,1	121	8,9	21	1,6	73	5,4	1	0,1	339	25,0	155	11,4	1.354	100
1817	175	7,1	506	20,6	1.378	56,0	7	0,3	30	1,2	14	0,6	88	3,6	0	—	194	7,9	67	2,7	2.459	100
1818	270	11,1	263	10,8	1.353	55,6	2	0,1	267	11,0	8	0,3	12	0,5	2	0,1	160	6,6	96	3,9	2.433	100
1819	140	9,5	156	10,6	309	21,0	3	0,2	267	18,1	3	0,2	84	5,7	2	0,1	374	25,4	132	9,0	1.470	100
1820	239	18,9	131	10,3	162	12,8	7	0,6	139	11,0	1	0,1	153	12,1	5	0,4	333	26,3	96	7,6	1.266	100
1811-20	1.378	8,1	2.356	13,8	5.177	30,4	687	4,0	1.056	6,2	782	4,6	1.176	6,9	234	1,4	2.296	13,5	1.882	11,0	17.024	100

Obs.: (a) Inclui as regiões de Maceió e Penedo; (b) Inclui as regiões de Caeté, Caravelas, Freguesia de Santo Antônio do Urubu; Freguesia de São Sebastião do Sincorá, Itapicuru Grande, Jacobina, Porto Seguro, sertões do rio São Francisco, do rio das Contas, do rio Real; (c) Inclui as regiões de São Luís e Vila de Caxias; (d) Inclui as regiões de Olinda e Recife; (e) Inclui as regiões de Santos, São Sebastião e São Paulo; (f) Inclui as regiões de Cotinguiba, Freguesia de Santa Luzia; vilas do Lagarto e de Itabaiana; (g) Inclui as Províncias de Ceará, Espírito Santo, Pará, Rio Grande do Norte, Santa Catarina e regiões não definidas.
Fonte: APEB, Códice 252.

(76,2%) contra 23,8% do sexo feminino.[8] Tais resultados indicam uma elevada razão de masculinidade[9] (321), ou seja, para cada 100 mulheres temos 321 homens. Nos dados referentes à redistribuição de escravos por via marítima e terrestre a partir do Rio de Janeiro, entre 1822-1833, verificaremos que os cativos do sexo masculino representam 76,1% do total de escravos. Este percentual significa uma razão de masculinidade de 318 (Florentino, 1997, p. 221). São dados praticamente idênticos, mostrando uma simetria na forma como o tráfico atlântico atuava nas duas praças mercantis. Ora, sabemos que o percentual de escravos novos despachados do Rio neste período girava em torno de 80% (Fragoso e Ferreira, 2000, p. 5-6). Portanto, se concluímos que o padrão sexual dos escravos despachados de Salvador se assemelhava ao da redistribuição a partir do Rio de Janeiro, podemos supor que dos 17.024 escravos remetidos da Bahia, entre 1811-20, 80% fossem africanos novos, reiterando o padrão do comércio de boçais no interior do Brasil, mais uma vez apontando para a questão política que envolvia a recusa por parte do sistema de fazer circular o cativo crioulo.

Do mesmo modo que inferimos o número de novos a partir dos dados sexuais, podemos inverter a lógica para calcular as taxas sexuais dos escravos despachados nos anos de 1760-70. Neste período a taxa de africanos novos chegou a atingir 95%. Devido ao grande desequilíbrio sexual característico nas levas de africanos novos, algo em torno de três homens para cada mulher (Florentino, 1997, p. 59; Klein, 1978, p. 254-56), podemos supor que aproximadamente 75% dos cativos despachados no referido período deveriam ser do sexo masculino.

Tais hipóteses nos permitem supor que, se o padrão para ambos os períodos seguia o do tráfico atlântico, deviam ser adultos os escravos despachados. No caso do Rio de Janeiro, cerca de 80% dos escravos redistribuídos eram adultos — entre 15 e 49 anos (Florentino, 1997, p. 221). Portanto, podemos estabelecer que o padrão demográfico dos cativos despachados para os mercados regionais no interior do Brasil a partir de Salvador, era de africanos novos, do sexo masculino e de idade adulta.

Após abordar alguns aspectos do comércio negreiro, se faz necessário algumas palavras sobre os traficantes. Embora muitos negociantes participassem do comércio de africanos, poucos dominavam suas condições de operacionalização. A natureza empresarial do tráfico atlântico de escravos na praça de Salvador era bastante seletiva — 10% das empresas que mais fizeram viagens à África foram responsáveis por aproximadamente 40% do total de viagens. Poucos mercadores detinham capitais suficientes para pôr em marcha as engrenagens do tráfico, provendo-o dos recursos necessários e dele obtendo as maiores taxas de lucro possíveis. Tal monopolização era efeito da débil divisão social do trabalho na economia escravista brasileira e de suas derivações mais evidentes — a parca circulação monetária e, por conseguinte, a concentração da liquidez em poucas mãos, sobretudo quando se tratava de colocar em movimento negócios que demandavam alto investimento inicial e o atendimento da demanda em continuidade (Florentino,1997; Fragoso, 1998; Fragoso e Florentino, 1998). Do ponto de vista teórico, as mesmas razões que levavam à concentração ensejavam o papel estrutural da especulação. A frágil divisão social do trabalho e a debilidade de trocas faziam com que a atuação empresarial daqueles que detivessem alguma capacidade de crédito se pautasse por investimentos dispersos por vários setores. Por atuarem em um mercado restrito, com poucas opções, podemos sugerir que os traficantes buscavam investir diversificadamente, não apenas para garantir segurança às suas aplicações — afinal, tratava-se de um mercado instável por definição —, mas também para auferir as maiores taxas de lucro possíveis. Tal perfil caracterizava tanto os traficantes eventuais quanto os monopolizadores, embora estes últimos, ao deterem boa parte da liquidez das economias escravistas regionais, igualmente controlassem a própria reprodução física dos escravos e das relações escravistas de produção.

O investimento inicial para se montar uma viagem à África era alto devido aos gastos com a compra ou aluguel dos navios, com tripulação, instrumentos especializados e com produtos como tecidos, pólvora, armas de fogo, tabaco e aguardente. Mesmo quando o recurso à associação baixasse os custos, o investimento inicial de um traficante podia ser altíssimo. Na África pagava-se por tudo, desde o africano que ia capturar escravos no interior até o rapaz que protegia com um guarda-sol o capitão do navio negreiro. O custeio de 10:059$496 réis referentes à viagem do bergantim *Ceres* da Bahia para a Costa da Mina, em junho de 1803, nos dá uma idéia dos valores empregados no resgate de escravos. Com esse montante, na mesma época, podia-se adquirir o Engenho do Macaco, na Freguesia de São Gonçalo da Vila de São Francisco da Barra, com todas as suas casas, ferramentas, gado, cavalos, carros de boi, plantações de cana e moenda, e ainda assim sobrariam quase três contos de réis (APEB, Judiciário, 4/1741/2211/5).

A necessidade de vultoso capital para a garantia de seus negócios explica o número de sociedades formadas entre os traficantes. Cerca de 1/5 das viagens atlânticas baianas eram feitas por sociedades. Elas visavam minimizar os prejuízos e aumentar a segurança na obtenção de lucros em atividades de longa distância nas quais eram altos os riscos. Um tipo bastante comum de parcerias no Império português eram as relações entre os correspondentes que faziam a conexão entre os diversos portos. Nesses circuitos, desde o século XVII, foram utilizadas intensivamente as letras de crédito. Mercadores e financistas baianos mantinham procuradores nos destinos de seus negócios como forma de garantir o bom andamento de suas empresas (Nascimento, 1977, p. 10-11).

Francisco Pinheiro Neto, um importante comerciante português sediado em Lisboa, mantinha uma verdadeira rede de comissários pelas principais regiões da América lusa e portos africanos, na primeira metade do século XVIII. Seu irmão, Antônio Pinheiro Neto era o responsável pelos negócios no Rio de Janeiro. Em Salvador, Francisco Pinheiro contava com o apoio de Baltazar Álvares de Araújo. Além dessas duas praças, Francisco Pinheiro Neto possuía correspondentes em Angola, Minas, Pernambuco e em outras regiões da América lusa (Lisanti, 1975). Também, pela distância entre a África e a Bahia, muitos negociantes de Salvador mantinham correspondentes em diversos portos de embarque no continente africano, como José Narciso Soares, que tinha como sócio em Quilimane João Bonifácio Alves da Silva e Manoel José de Magalhães cujo correspondente era Francisco José Luís Vieira, estabelecido em Angola (BN, *Idade d'Ouro do Brasil — BA*). Outros mantinham sociedades com traficantes de outras praças mercantis no Brasil, como João Ferreira Guedes, sócio de José Soares, comerciante do Recife, José Antônio Rodrigues Viana, sócio da família carioca Ferreira dos Santos e José Ricardo da Silva, que era sócio da família dos Velho da Silva, também do Rio de Janeiro. As duas famílias cariocas estavam entre as mais especializadas no trato negreiro (BN, *Idade d'Ouro do Brasil* — BA; Florentino, 1997, p. 243).

Embora custoso, era altamente rentável o comércio de escravos. Com a quantia necessária à montagem de apenas parte de uma expedição negreira os comerciantes de africanos facilmente poderiam converter-se em senhores de terras e de homens. Se assim não o faziam — ou se em muitos casos o fizeram, mas continuaram a investir no tráfico —, é porque o retorno do aplicado no comércio negreiro era bem superior a investimentos produtivos como fazendas e engenhos. Enquanto na costa africana o cativo era resgatado por 6$000 a 12$000, seu valor no mercado de Salvador muitas vezes ultrapassava o valor de 100$000, em meados do século XVIII (BN, Anais, 1906). Desta forma, a venda de um carregamento médio de navio (230 escravos) poderia gerar 23:000$000.

Como mencionado anteriormente, a diversificação dos negócios era uma marca dos agentes comerciais. Grande parte dos traficantes atlânticos participava também do mercado de redistribuição de cativos. Cerca de 60% dos negreiros internacionais que atuavam na Bahia na década de 1760 estavam presentes no envio de cativos para o interior do Brasil (APEB, cód. 249; TSTD). Esses comerciantes controlavam as etapas de transferência do negro do litoral do continente africano ao interior da América portuguesa. Comandavam, dessa forma, diversos setores e redes de créditos que se espalhavam pela América portuguesa e portos de além-mar.

Ao controlarem o tráfico, homens como eles demandavam a venda em bloco de grandes lotes de mercadorias vivas, submetendo os pequenos traficantes do centro receptor e das áreas do interior. Semelhante vantagem surgia também quando se tratava de transacionar com os agentes metropolitanos nos portos coloniais ou na própria África, que ávidos por fecharem os negócios rapidamente, poderiam aumentar a velocidade de seu giro de capital, viam-se frente aos únicos agentes coloniais de quem podiam receber com garantia de liquidez. Isto conferia aos negreiros um novo status, permitindo-lhes redefinir as suas relações tanto com o mercado interno quanto com o internacional. Podemos postular, portanto, que em um contexto de absoluta hegemonia do capital mercantil, o capital traficante abarcava o topo da própria elite comerciante da América portuguesa.

Catherine Lugar constituiu duas listagens para os anos de 1788 e 1798, contendo cada uma vinte nomes dos maiores comerciantes que pagaram taxas de importação na alfândega da Bahia. Na primeira listagem, 1/5 dos comerciantes era traficante de escravos. Já no ano de 1798, oito dos vinte comerciantes arrolados eram negreiros, sendo que três ocupavam a lista nas primeiras colocações. Em que pese a crítica feita ao tipo de documentação levantada por Lugar, fica explicitado o lugar dos comerciantes negreiros no interior da elite mercantil: o topo (Lugar, 1980, p. 165-69).

Seguindo a trajetória de alguns traficantes de escravos, podemos apontar algumas estratégias utilizadas pelos negreiros no acúmulo de riqueza e prestígio social no período colonial.[10] Exemplos bem-sucedidos de traficantes foram Pedro Rodrigues Bandeira (pai e filho).

O primeiro descendente dessa família a se estabelecer na Bahia foi o comerciante português nascido em Viana do Castelo (Minho) no ano de 1709, Pedro Rodrigues Bandeira (o pai, falecido em Salvador no ano de 1778), possuidor de várias embarcações que faziam comércio para cidades da Europa, Ásia e África. Nos anos de 1750, ocupou os cargos de Ofício de Meirinho da Comarca da parte sul da Bahia, Ofício de Porteiro e corregedor de Folhas da Relação da Bahia, Ofício de escrivão dos órfãos da Câmara e Donativos da Vila de São Francisco do Sergipe do Conde, contador geral da Fazenda da Bahia. Foi capitão do Regimento dos Úteis em Salvador e membro da Ordem Terceira de São Francisco e Irmão da Santa Casa de Misericórdia (Lugar, 1980, p. 236; AHU, Bahia, docs. 8.904; 9.240; 9.250; 10.225; Bulcão Sobrinho, 1946, p. 3). Provavelmente, Pedro chegou à Bahia ainda na primeira metade do século XVIII. Neste período, grande parte dos comerciantes residentes na Bahia era portuguesa (83%), sendo que 61% eram originários das províncias do Douro e Minho, como o próprio Pedro Rodrigues Bandeira (Flory e Smith, 1978, p. 575).

A maioria desses mercadores chegava solteiro à Bahia. Buscavam constituir matrimônio com moças residentes na cidade de Salvador ou na área do Recôncavo Baiano. Rae Flory levantou o local de nascimento de 101 esposas de homens de negócios e comerciantes da cidade de Salvador entre os anos de 1680 a 1740 e constatou que aproximadamente 90% eram mulheres nascidas na Bahia. Foi possível apontar a profissão de 56 pais dessa moças, sendo 18 homens de negócios e 22 senhores de terra (Flory e Smith, 1978, p. 576-78). Tais números indicam as opções preferenciais dos negociantes por filhas da elite local no momento de constituir matrimônio. Contrapondo a idéia de rivalidade política existente entre esses dois grupos (Russell-Wood, 1981), o padrão na formação de alianças via casamento indica um mútuo interesse social e econômico por parte dos setores mercantil e agrário da Bahia. Para os membros da elite local, era a possibilidade de usufruir os conhecimentos e conexões dos homens de negócio bem como do capital mercantil. Para os negociantes, a garantia de respeitabilidade social e a constituição de laços familiares, o que devia ser de fundamental importância para os portugueses recém-chegados[11] (Flory e Smith, 1978, p. 577; Kennedy, 1973, p. 419).

Pedro Rodrigues Bandeira não foge a este padrão. No início da década de 1760 casou-se com a viúva D. Ana Maria de Jesus Magalhães Correia Lisboa, nascida na cidade de Cachoeira no Recôncavo Baiano em 1730, filha do abastado proprietário de terras e dos Ofícios de Tabelião e Escrivão dos Órfãos, coronel Lourenço Correia Lisboa com D. Maria dos Santos Magalhães (Bulcão Sobrinho, 1946, p. 3-4). Deste casamento, Pedro Rodrigues Bandeira teve quatro filhos: Joaquina Josefa de Santana Bandeira (1763), Clara Caetana do Sacramento Bandeira (1764), Maria da Encarnação Bandeira (1766) e Pedro Rodrigues Bandeira (1767).

Os matrimônios de suas filhas enquadram-se no padrão de alianças anteriormente mencionadas. A primogênita, D. Joaquina, casou-se no ano de 1782 com o comerciante português nascido no Douro Custódio Ferreira Dias, traficante de escravos e caixeiro de Pedro Rodrigues Bandeira. Sua segunda filha, Clara Caetana do Sacramento Bandeira constituiu núpcias em 1795 com o primeiro Barão do Rio das Contas, Francisco Vicente Viana, filho do também traficante português e recolhedor de tributos rurais Frutuoso Vicente Viana com D. Teresa de Jesus Gonçalves da Costa. Ainda jovem, Francisco Vicente Viana foi enviado para Coimbra onde terminou seus estudos no ano de 1773. De volta à Bahia, foi indicado no ano de 1775 para o cargo de Juiz de Órfãos e posteriormente, no ano de 1779, alçado ao posto de Ouvidor da Comarca baiana (Bulcão Sobrinho, 1946, p. 29; Kennedy, 1973, p. 423; AHU, Bahia, docs. 12.857 e 13.284). Já a terceira filha, Maria da Encarnação, permaneceu solteira como o quarto e único filho, Pedro Rodrigues Bandeira (Bulcão Sobrinho, 1946, p. 30). O casamento de Clara Caetana possibilitou a seu pai, Pedro Rodrigues Bandeira, a formação de uma aliança com Frutuoso Vicente Viana, pertencente a um grupo constituído pelos traficantes mais bem-sucedidos da Bahia, como Clemente e Inocêncio José da Costa e Antônio Cardoso dos Santos. Este último foi provedor da Santa Casa de Misericórdia quando Frutuoso ocupava o cargo de escrivão (Kennedy, 1973, p. 421).

Embora não tenha constituído matrimônio, Pedro Rodrigues Bandeira (o filho) conseguiu ao longo de sua vida amealhar uma fortuna. Era considerado um dos homens mais ricos e influentes do Brasil no início do século XIX. Foi um dos maiores exportadores de fumo e aguardente, muito em função de sua atividade como traficante de africanos. Também possuía embarcações que faziam o comércio para a Europa e Ásia. Foi proprietário de diversos prédios em Salvador, de seis engenhos de açúcar (Vitória, Buraco, Pilar, Moinho, Conceição e Subaré) nas vilas de Cachoeira e Santo Amaro no Recôncavo Baiano e de grandes fazendas de criação de gado no sertão. Devido a sua vultosa fortuna foi um dos homens mais respeitados de seu tempo, sendo um grande provedor da Fazenda Real e de diversas Instituições de caridade existentes na Bahia. Exerceu o cargo de Tesoureiro da Fazenda Real, de Diretor da Casa da Moeda e foi membro do Conselho Geral da Província da Bahia entre 1828-34. Foi também Deputado representando a Bahia nas *Cortes Gerais* em Lisboa no ano de 1821. Como seu pai, foi membro da Santa Casa de Misericórdia na Bahia, tornando-se seu Provedor em 1826. Foi condecorado com o título de Fidalgo Cavaleiro da Casa Real e Comendador da Ordem de Cristo. Faleceu em Salvador aos 68 anos, em 1835, solteiro e sem filhos, deixando uma herança calculada em 15 mil contos de réis (Bulcão Sobrinho, 1946, p. 30-32; Lugar, 1980, p. 236).

Com o sucesso financeiro e a constituição de laços com a elite agrária, os traficantes de escravos buscaram garantir acesso ao poder governamental na Colônia. Um Decreto Real de 1740 assegurou aos homens de negócios da Bahia a possibilidade de disputar as eleições do Conselho Municipal (Russell-Wood, 1981, p. 50). Mais do que uma tentativa de mudança social, os comerciantes negreiros almejavam reconhecimento e status.

Alguns exemplos ilustram a atuação de negreiros nos órgãos da burocracia colonial. Luís Coelho Ferreira foi um dos negociantes mais atuantes tanto no comércio atlântico de escravos quanto na sua redistribuição para as áreas mineradoras da América portuguesa. Entre 1760-70 remeteu para as *Gerais* e Goiás 17 levas de escravos (TSTD; APEB, cód. 249). Atuou como procurador da Câmara em duas oportunidades, em 1748 e em 1767. Na década de 1760 arrematou por 16 mil cruzados a hereditariedade do cargo de Guarda-mor da Alfândega da Bahia. Serviu também como mestre-de-campo no Regimento dos Úteis na cidade de Salvador. Próximo ao ano de seu falecimento (1784), fez um requerimento à Coroa portuguesa solicitando a renúncia do cargo de guarda-mor em prol de seu filho, Luís Coelho Ferreira do Vale Faria, então desembargador da Relação da Bahia. Este cargo permaneceu em poder da família até 1799, quando o então Vereador do Senado da Câmara de Salvador, Luís Coelho Ferreira do Vale Faria, renunciou ao posto devido a compromissos com outras atividades administrativas (AHU, Bahia, docs. 6.530; 11.537; 13.054; 13.641; 13.673; 13.792; 15.011; Kennedy, 1973, p. 421). Já a filha de Luís Coelho Ferreira, Luísa Francisca Severim, casou-se em 1769 com Antônio Moniz Barreto de Sousa e Aragão, membro de uma das principais famílias baianas, os Moniz Barreto. Antônio era sargento-mor e fidalgo cavaleiro da Casa Real (Jaboatão, 1946, p. 39).

Tal qual Luís Coelho Ferreira, outros traficantes atuaram em cargos administrativos como Clemente José da Costa que antecedeu o próprio Luís no cargo de Guarda-mor, arrematado no ano de 1757 por um período de três anos ao custo de 750$000 (AHU, Bahia, doc. 10.229). O irmão de Clemente, Inocêncio José da Costa, especialista no tráfico atlântico ocupou o cargo de procurador da administração do tabaco na Bahia (TSTD; Kennedy, 1973, p. 421).

Seguindo a trajetória de alguns homens de negócio, podemos sugerir que a ligação entre os traficantes e a burocracia colonial visava atender não só os interesses do grupo mercantil como também da elite administrativa. Os mercadores de escravos, devido à alta rentabilidade de seus empreendimentos, podiam oferecer aos membros da governança baiana oportunidades de negócios e vultosos empréstimos, muitos dos quais nunca saldados. Ao mesmo tempo, essas conexões garantiam ao mercador proteção aos seus negócios, muitas vezes sendo favorecido em disputas comerciais, isenção de pagamento de algumas taxas e, até mesmo, tolerância de atividades ilegais como o contrabando de ouro para a África. Cabe ressaltar mais uma vez que tanto as alianças com a elite agrária quanto com a elite administrativa visavam ao prestígio e ao reconhecimento social desses homens de negócio.

O investimento em terras foi bastante difundido entre os traficantes. Eram propriedades focadas na plantação de cana-de-açúcar e tabaco na área do Recôncavo Baiano e em fazendas de criação de gado no sertão. Nestas fazendas produziam o fumo e a aguardente indispensáveis no comércio em portos africanos. Embora aplicassem capital em propriedades rurais, os negociantes permaneciam focados em sua carreira mercantil, como mencionamos anteriormente, devido à alta rentabilidade do comércio de africanos. Muitas vezes eram os filhos desses mercadores que comandavam os negócios da família no meio rural. Essa era uma estratégia dos maiores homens de negócios baianos que, desta forma, procuravam desviar seus filhos das práticas mercantis, estabelecendo-os como senhores de terras em áreas próximas à cidade de Salvador, adicionando status e prestígio a suas famílias (Flory e Smith, 1978, p. 576-82; Kennedy, 1973, p. 423-24).

Para além da constituição de um bom casamento, compra de cargos administrativos, constituição de alianças com a burocracia e alta rentabilidade nos negócios, havia outras formas de se obter status na sociedade colonial baiana, como a inserção em associações de irmandades e ordens religiosas. A mais prestigiosa delas, sem dúvida, foi a Santa Casa de Misericórdia. Segundo Rae Flory a entrada de homens de negócios na Santa Casa se deu desde o século XVII, contrapondo-se ao estudo de Russel-

Wood, que defende que esse movimento se iniciou apenas em princípios do século XVIII, quando os comerciantes baianos começaram a suplantar as riquezas dos proprietários rurais. Flory aponta que entre 1673-1700, pelo menos 54 dos 324 homens admitidos como irmãos de alta posição eram negociantes. Na primeira metade do Setecentos aferimos que dos 34 Provedores da Santa Casa que foram eleitos, nada menos que sete destes homens eram traficantes de escravos[12] (Flory, 1978, p. 262; Russell-Wood, 1981, p. 115, 295-98; TSTD).

É claro que nem todos os traficantes de escravos se tornaram homens poderosos com vultosas fortunas, possuidores de prestígio e merecedores de respeitabilidade por parte da sociedade baiana colonial. Muitos negociantes tiveram insucessos nas suas investidas comerciais devido aos riscos inerentes ao tráfico de escravos — mortes, fugas, raptos, etc. Outros, talvez por escolha ou uso de uma estratégia que se mostrou equivocada, não puderam desempenhar um papel de destaque na vida político-social na Bahia.[13]

De todo modo, são inúmeros os casos bem-sucedidos de traficantes que conseguiram se inserir no interior da elite baiana durante o período colonial. Esta mobilidade social se deveu ao caráter da economia colonial, na qual predominava um regime compulsório de produção, no qual a debilidade da circulação monetária reduzia as opções de investimento, restringindo a riqueza a um pequeno número de agentes econômicos que detinham liquidez suficiente para pôr em funcionamento os mecanismos econômicos para além de esferas locais, motivo pelo qual a circulação de mercadorias surgia como o grande mecanismo de acumulação da época, em especial o tráfico de africanos. Homens de negócios bem-sucedidos, possuidores de grandes fortunas, os maiores comerciantes de escravos puderam, portanto, buscar ao longo de suas vidas, através de alianças com as elites agrária e administrativa, o prestígio e a respeitabilidade social na Bahia colonial.

Notas

1. Pesquisa financiada pelo CNPq.
2. Diferente do comércio de africanos, havia um complexo circuito que distribuía índios aprisionados na região amazônica e até em São Paulo para as áreas produtoras de açúcar do Nordeste (Graham, 2002, p. 122).
3. Denominamos de terceira perna do tráfico atlântico o deslocamento de escravos entre o porto de desembarque na América portuguesa até o seu destino no interior do continente. Já a primeira perna era o percurso do sertão africano (interior) até os portos de embarque no litoral e a segunda a própria travessia do Oceano Atlântico. Tal expressão foi cunhada por Roberto Martins num estudo sobre as remessas de cativos do Rio de Janeiro para Minas Gerais no início do século XIX.
4. Como na Bahia, os despachos de novos na cidade do Rio de Janeiro também eram superiores aos demais, cerca de 80%, para os anos de 1819-30. Tais dados reafirmam a idéia de manutenção da sociedade escravista a partir da inserção do africano novo (Fragoso e Ferreira, 2000, p. 5 e 6).
5. Não foi encontrado registro de guia de despacho entre os 2.592 existentes na documentação para a região do Recôncavo Baiano.
6. Goulart estima que entre os anos de 1760 e 1765 1.100 escravos/ano tenham entrado na capitania mineira saídos da Bahia. Números próximos aos observados na Tabela 6.5, que nos dá uma média anual de 1.131 (Goulart, 1975, p. 170).
7. Sobre a mudança das atividades econômicas em Minas Gerais no final do século XVIII e início do XIX, cf. Martins, 1983; Almeida, 1994.
8. De um total de 3.300 escravos foram identificados os sexos de 3.221 cativos (97% do total) (APEB, cód. 252).
9. A razão de masculinidade calcula-se dividindo o número total de homens pelo número total de mulheres e multiplicando o resultado por cem.
10. Aqui, tomo como base as considerações do antropólogo Fredrik Barth, para quem as ações individuais estavam calcadas em escolhas e cálculos. Os recursos que cada indivíduo possuía para tomar suas decisões estavam atrelados a sua cultura, a sua percepção de mundo. Porém, cabe ressaltar que os conhecimentos, as experiências e as orientações de cada sujeito variavam, do mesmo modo que eram diferenciados os resultados obtidos, muitas vezes não sendo aqueles esperados (Barth, 2000).
11. Sobre as relações entre elite agrária e elite mercantil, ver Capítulo 4.
12. Pedro Barbosa Leal (1703; 1704), José de Araújo Rocha (1716), Antônio Ferrão Castelo Branco (1718), Antônio Gonçalves da Rocha (1725), Francisco Lopes Vilas Boas (1726), André Marques (1739, 1749), Custódio da Silva Guimarães (1743).
13. Mais uma vez me apóio nas análises do antropólogo Fredrik Barth sobre as opções de escolhas individuais. Cf. Barth, 2000.

CAPÍTULO 7

De ex-escravo a elite escravista: a trajetória de ascensão social do pardo alferes Joaquim Barbosa Neves (Porto Feliz, São Paulo, século XIX)

Roberto Guedes

INTRODUÇÃO

Em 2 de julho de 1797, a escrava mulata Maria foi ao cartório registrar sua carta de alforria, passada por seu senhor, Salvador Barbosa Neves. O teor da carta era o seguinte:

> Digo eu Salvador Barbosa Neves que possuo uma escrava mulata de nome Maria, que comprei de Plácido das Neves desta freguesia de Araritaguaba e [ilegível] avaliar o seu valor puseram o preço da dita mulata minha escrava de duzentos mil réis, de cujo preço perdôo cem mil réis do que me toca na minha parte; há de me dar outros cem mil réis que toca a meus herdeiros, e dava a dita escrava dois anos para me dar a dita quantia de cem mil réis [...] Freguesia de Araritaguaba, 2 de julho de 1797.

Cem mil réis para uma escrava pagar por sua alforria em 1797 não era nada desprezível. Não há certeza se Maria era a mãe do pardo forro Joaquim Barbosa Neves, cujo nome forma parte do título deste trabalho. Presumi que fosse porque a mãe de Joaquim se chamava Ana Maria de Jesus e viveu com ele até 1813, como consta da lista nominativa da vila de Porto Feliz e no testamento de Joaquim. Também não é difícil imaginar que Joaquim Barbosa Neves fosse filho de Salvador Barbosa Neves, tendo em vista a possibilidade de senhores, quando pais, libertarem as mães e os filhos, mesmo sem reconhecer a paternidade. Mas a única evidência explícita que liga Joaquim a Salvador é o "sobrenome".[1] Destarte, até mesmo se não fosse filho de Salvador, a manutenção do sobrenome por Joaquim, prática bastante comum por parte de libertos, era uma maneira de levar consigo o prestígio do antigo senhor (Soares, 2002, p. 189).

Quando o pardo Joaquim Barbosa Neves morreu, em 1828, era senhor de 41 escravos. Em sua trajetória, deve ter nascido em cativeiro, mas ingressou na elite escravista do Brasil de outrora.[2] Como isto foi possível?

Por meio da análise de fragmentos de trajetória familiar, este capítulo aborda o percurso da mobilidade social deste personagem e de seus descendentes. Para elaborá-lo, utilizarei como fontes listas nominativas, ordenanças, testamento, prestação de contas de testamento, inventário *post-mortem*, registros paroquiais de batismo e casamento.[3] Propõe-se aqui aplicar o método da micro-história para contemplar forros e descendentes em busca da ascensão social ao longo das gerações. O uso intensivo de fontes seriais visa percebê-los em suas distintas relações sociais — o que Ginzburg chamou de circunscrição da análise (1991, p. 173-75). A trajetória será descrita passo a passo, como recurso metodológico, a fim de apreender as estratégias. Não me furtei ainda a permanecer no terreno da hipótese toda vez que a evidência empírica deixou margem a dúvidas. Daí o *talvez*, o *provavelmente* etc. serão constantes, como, de resto, para quase tudo. Trata-se do aspecto experimental da pesquisa.

Ao analisar mobilidade social, não perco de vista que abordo uma sociedade eminentemente agrária, na qual a ascensão social é restrita. Ainda assim, procurarei demonstrar que essa mobilidade era funcional, já que enlaçava elite e grupos subalternos, incorporava egressos do cativeiro ao universo senhorial, gerava consenso social, referendava o *status quo* e reproduzia a ordem escravista. Em geral, as estratégias de ascensão combinavam trabalho, estabilidade familiar, solidariedade intragrupal e aliança com as elites.

MOBILIDADE SOCIAL E COR EM UMA SOCIEDADE ESTAMENTAL-ESCRAVISTA

Reportar-se à mobilidade social impõe a análise de estruturas sociais, tendo em vista que ascensão social pressupõe movimento em meio a hierarquias. Assim, o conceito de mobilidade social aqui empregado tem de condizer com o tipo de sociedade analisada, isto é, não se trata apenas de enriquecimento e tampouco o aspecto econômico é o principal critério indicador de mobilidade social. Não abordo uma sociedade burguesa, capitalista. Diferentemente, mobilidade social é considerada em uma sociedade com traços estamentais, profundamente hierarquizada, social e juridicamente, nas quais signos de deferência, acesso a cargos diversos, costumes, direitos, privilégios, honrarias, isenções fiscais, exclusivismos etc. expressam, ao mesmo tempo em que definem, a posição dos grupos sociais. Enfim, estou baseado na idéia de que a mobilidade social não é entendida exclusivamente como enriquecimento. Antes, é a reputação social que é priorizada, para o que o enriquecimento podia, ou não, colaborar, mas prevalecendo a primeira (Marischal, 1968, p. 121-40). Por isto, julgo pertinente ressaltar o aspecto estamental da sociedade colonial/imperial de outrora.

Pelo exposto, ao abordar uma sociedade com traços de Antigo Regime, mas também escravista, há que se atentar para suas formas de mobilidade social. Confluente com outros estudos que enfatizam a ascensão entre estamentos (Delumeau, 1968, p. 150-62; Stone, 1985, p. 270-98), a passagem de um estamento a outro é um nível de ascensão social, que, em uma sociedade escravista, se associa à transposição jurídica da condição de escravo à de forro, de forro à de livre. De outro lado, a mobilidade social de forros e descendentes não é entendida apenas como passagem de uma categoria jurídica a outra. Busco, preferencialmente, a ascensão social no interior do grupo.[4]

A hierarquia em uma sociedade escravista se define não só pela presença da mão-de-obra escrava, mas "principalmente devido às distinções jurídicas entre escravos e livres, aos princípios hierárquicos baseados na escravidão e na raça, às atitudes senhoriais dos proprietários e à deferência dos socialmente inferiores" (Schwartz, 1988, p. 209).[5] Desse modo, a escravidão estabelece referenciais de hierarquia, distinguindo social e juridicamente escravos, livres, forros e descendentes de escravos, e a transposição de uma categoria jurídica a outra e o posterior afastamento de um passado escravo são passos na hierarquia social. O movimento de ascensão social se dá gradativamente, ao longo do tempo, é geracional. Para forros, passíveis de reescravização, mobilidade social podia ser a própria manutenção de sua condição de liberto[6] (o que já os mantinha diferenciados dos escravos); para seus descendentes, seria o afastamento paulatino de um passado escravo. Para egressos do cativeiro, estes são movimentos importantes de reinserção social.[7]

Pelo exposto, a população livre colonial, em especial o segmento formado por forros e descendentes, se analisada em bloco, desconsidera um contingente eclético com realidades distintas, mas há discordâncias no que concerne à hierarquia entre eles. Eduardo França Paiva afirma categoricamente:

> Partindo de suas condições sociais e deixando de lado o que era chamado de "qualidade" naquela época (branco, preto, crioulo, pardo, mulato, cabra, entre outras designações) é possível dividi-los em três grandes grupamentos: livres, libertos (incluídos os negros e os mestiços nascidos livres) e escravos. Os descendentes de libertos nascidos após as alforrias das mães eram juridicamente livres. Contudo, estavam sujeitos às restrições sociais impostas aos ex-escravos e, por isso, estiveram muito mais próximos ao mundo dos libertos e de seus ascendentes cativos que da liberdade ostentada pelos brancos. Isso justifica a inclusão desses indivíduos entre os libertos. Não há, portanto, motivos para o estabelecimento de um quarto agrupamento social (Paiva, 2001, p. 66-67).

A meu ver, tal perspectiva — talvez porque deixe de lado o que era chamado de *qualidade* naquela época[8] — despreza diferenças entre egressos da escravidão e tampouco a mobilidade social é entendida em seu aspecto geracional. Outras abordagens abriram espaço para pensar o oposto do destacado por Paiva. Peter Eisenberg ressaltou que as designações pardo e mulato não se referiam necessariamente à aparência da tez, também remetiam à condição de livre de ascendência escrava. O termo *trabalhador livre* dilui dessemelhanças. Para Hebe Mattos, na vigência da escravidão a palavra pardo, por exemplo, indicava um distanciamento de um passado escravo como afirmação de liberdade, ao passo que negro ou, preferencialmente, preto designavam a condição de escravo. Ademais, pardo geralmente se referia a filhos de forros e, portanto, seria a primeira geração de descendentes de escravos nascida livre, conforme argumenta Sheila Faria (Eisenberg, 1989, p. 269-70; Castro,

1995, p. 34 e segs; Faria, 1998, p. 115, 120, 133-37; Faria, 2005, p. 66-78). Sendo desta maneira, a projeção social remonta à escravidão e se prolonga na liberdade.

Embora os significados de expressões que referem à cor variem em cada época e lugar, o que pesquisas têm sugerido é um afastamento gradativo do passado escravo expresso na cor/condição, o que implica dizer que se vão modificando com o tempo os espaços de (re)inserção social, e as *qualidades* (preto/negro, pardo) podem-se alterar em uma família. Obviamente, isto não elimina a distinção entre livres, libertos e escravos, mas sublinha a necessidade de distinguir forros e descendentes, em termos de distanciamento da escravidão. Em suma, a mobilidade social é geracional e, por conseguinte, de âmbito familiar. Não se podem desprezar as diferenças entre forros e seus descendentes. É o que consta em um episódio ocorrido em Itu, em 1797. Tomás de Aquino fez uma solicitação para que seu próprio filho, Alexandre Garcia, fosse preso. O pedido foi aceito pelo governador e a captura efetuada pelo capitão-mor da vila. Porém, o capitão disse que o requerimento era "cheio de falsidade", acrescentando que:

> No mencionado dia 5 do corrente [julho] requereu ele prisão e praça ao dito seu filho a fim de não efetuar-se o injusto e desigual casamento pretendido, quando este já há vinte e dois dias se achava efetuado, pois no dia 13 de junho próximo pretérito, pública e constantemente se receberam. [O pai] alegou também que estava tratado para casar com a filha de uma negra, quando é filha de Gabriel Antunes e de sua mulher, Maria Leite, pardos em grau remoto, que, sendo em qualidade de sangue, pouco ou nada diferentes do casal do Suplicante, que é conhecida gentalha; excedem muito a este em seus procederes, pois é o dito Gabriel Antunes, e sua família, de muita verdade e temor de Deus, o que falta ao Suplicante, que até padece a nota de ladrão. Inculca-se o mesmo suplicante com estímulos de honra não convindo neste casamento por ignominioso [...] quando ele mesmo há tempos ajustou esse casamento, e ao depois [...] procurou desfazer o ajuste [...] me consta ao certo que o Suplicante variara daquele ajuste por induções de seu irmão, Agostinho Garcia, que procurava casar o dito Alexandre, seu sobrinho, com outra moça de seu empenho [...] Itu, 20 de julho de 1797.

Ainda que dirigisse palavras ríspidas a Tomás de Aquino, o capitão-mor concordava com ele em que havia diferença entre a filha de uma negra, provavelmente forra, e pardos em *grau remoto*. Em *qualidade de sangue*,[9] pouco ou nada se diferenciavam entre si, talvez, pelas palavras do capitão, mas se distanciavam, ao longo das gerações, de uma negra, ainda que em grau remoto, segundo Tomás de Aquino, o pai do noivo. O episódio demonstra que, em sociedades de Antigo Regime, a mobilidade social tem no movimento geracional/familiar uma de suas expressões fundamentais.[10] Esta é uma diferença básica entre a mobilidade social em sociedades capitalistas e em sociedades estamentais. Evidentemente, isto não quer dizer que, nas segundas, uma pessoa não possa, em sua vida, ascender socialmente, em termos econômicos ou no gozo de estima social. Porém, se a ascensão não se perpetua em seus descendentes e não se expressa no âmbito familiar — em sentido amplo — está-se no campo do *self made man* da sociedade burguesa industrial.

Trocando em miúdos, em sociedades estamentais, mais do que nos indivíduos, é na esfera familiar que a mobilidade social deve ser encarada — e isso é condição *sine qua non*, quando se trata de Brasil colonial, tendo em vista o papel que a família assumiu outrora — onde o traço geracional é primordial para seu entendimento. Daí se compreende todo o esforço de Tomás de Aquino, estimulado por seu irmão, em casar seu filho com moça de *melhor empenho*. É a posição da família e sua perpetuação o que está em causa, não o indivíduo. Até o capitão se referia ao casal de pais da noiva, bem como ao pai e ao tio do noivo, não a indivíduos.

Por outro lado, também sobressai nas palavras do capitão, o aspecto intragrupal da mobilidade social e o afastamento do antepassado escravo. Quiçá, sentir-se diferente não só da negra, mas dos demais pardos, fazia com que Tomás de Aquino quisesse casar seu filho *com outra moça de seu empenho*. Almejava um casamento que julgava melhor para sua família. Eram pardos em grau remoto, não eram negros. Sem esquecer que negro era atribuído, mais freqüentemente, a escravos ou forros, pouco ou nada se diferenciava, nas palavras do capitão, mas não era o que Tomás pensava, que se inculcava com *estímulos de honra* perante a *gentalha*.

Portanto, embora pareçam pertencer ao universo do indistinto, há diferenças entre forros e seus descendentes. Assevere-se, como Paiva, que descendentes de forros estavam muito mais próximos do mundo dos libertos e de seus ascendentes cativos que da liberdade ostentada pelos brancos, mas, se isto se dá na vivência cotidiana, não significa que tenham a mesma posição social. Seria uma perspectiva de socialmente brancos, que, mesmo tendo sido dominante, não foi exclusiva. Caso se leve em conta que diferenças de condições sociais não se resumem ao aspecto material, o capitão-mor não deixou totalmente de lado a *qualidade*. Disse *pouco ou nada*. Por pouco que fosse, reconhecia-se uma distinção de qualidade expressa na cor, uma hierarquia social entre pessoas com ascendência escrava, ainda que eu não saiba precisar qual era.

O certo é que a ascensão social podia levar à mudança de cor. Em uma passagem famosa de seu relato, o inglês Henry Koster perguntou a um empregado se um capitão-mor seria mulato. O empregado lhe respondeu: "Era (mulato), porém já não o é." Surpreso, Koster indagou como seria possível e recebeu a resposta: "Pois, senhor, capitão-mor pode lá ser mulato?" (Koster, 2002, v. 2, p. 598). Koster tocou num ponto central: a cor no passado colonial brasileiro expressa a condição social, e não só a aparência da pele (Eisenberg, 1989, p. 269-70; Castro, 1995, p. 34-35; Faria, 1998). Por isto, considero a cor como condição social. Historiadores não deixaram isto passar despercebido. Prado Júnior, baseado em Koster, asseverou que a classificação do indivíduo se faz, no Brasil, "muito mais pela sua posição social; e a raça, pelo menos nas classes superiores, é mais função daquela posição que dos caracteres somáticos" (Prado Júnior, 1983, p. 41). Embora operasse com a idéia de raça, às vezes de forma biologizante, Prado Júnior destacou que a cor era socialmente definida e, mesmo que isto fosse mais intenso nas classes superiores, não era exclusividade dela. Ademais, quer em Koster, quer em Caio Prado, uma mesma pessoa podia mudar de cor. Constatado por muitos, o fenômeno tem sido pouco explorado por pesquisadores e geralmente é analisado quando a cor muda para *cima*. Mais, nem sempre se destaca quando a posição social não acarreta mudança de cor, como se verá no caso de Joaquim Barbosa Neves.

No Brasil colonial/imperial, a escravidão deixou marcas profundas, moldando comportamentos e expressando princípios hierárquicos, inclusive os calcados na cor (Schwartz, 1988, p. 209). A escravidão também marcou forros e descendentes, que carregaram consigo um certo estigma da ascendência escrava (Faria, 2000; Davis, 2000, p. 73-74, 165-71, 299, 314-24). Por outro lado, destacando que a *cor* remete a um lugar social, Hebe Mattos sublinha que, entre fins do século XVIII e inícios do XIX, o crescimento da população de homens livres de cor reordenou os termos classificatórios, surgindo novas categorias:

> A própria construção da categoria "pardo" é típica do final do período colonial e tem uma significação muito mais abrangente do que a noção de "mulato" (este, sim, um termo de época diretamente ligado à mestiçagem) ou mestiço que muitas vezes lhe é associada. Na verdade, durante todo o período colonial, e mesmo até bem avançado do século XIX, os termos "negro" e "preto" foram usados exclusivamente para designar escravos e forros. Em muitas áreas e períodos, "preto" foi sinônimo de africano, e os índios escravizados eram chamados de "negros da terra". "Pardo" foi inicialmente utilizado para designar a cor mais clara de alguns escravos, especialmente sinalizando para a ascendência européia de alguns deles, mas ampliou sua significação quando se teve que dar conta de uma crescente população para a qual não era mais cabível a classificação de "preto" ou de "crioulo", na medida em que estes tendiam a congelar socialmente a condição de escravo ou ex-escravo. A emergência de uma população livre de ascendência africana — não necessariamente mestiça, mas necessariamente dissociada, já por algumas gerações, da experiência mais direta do cativeiro — consolidou a categoria "pardo livre" como condição lingüística para expressar a nova realidade, sem que recaísse sobre ela o estigma da escravidão, mas também sem que se perdesse a memória dela e das restrições civis que implicava. Ou seja, a expressão "pardo livre" sinalizará para a ascendência escrava africana, assim como a condição "cristão novo" antes sinalizara para a ascendência judaica. Era, assim, condição de diferenciação em relação à população escrava e liberta, e também de discriminação em relação à população branca; era a própria expressão da mancha de sangue (Mattos, 2000, p. 6-18).

Além da recuperação da cor como lugar social, um dos méritos da autora, dentre outros, é o de chamar atenção para a construção histórica das categorias classificatórias expressas na cor, o que implica dizer que há modificações no tempo e no espaço.

Nas listas nominativas e nos mapas de população de Porto Feliz, no que tange aos escravos, há cinco termos empregados, preto, negro, mulato, crioulo e pardo.[11] Nos mapas de população da vila, classificam-se brancos, pardos, mulatos e pretos livres, isto é, pardos livres, *pretos livres*, mulatos. Não há *negro livre*[12] em nenhuma ocasião. Se os pardos, os mulatos e os pretos livres são forros ou ingênuos não é possível saber.

Por sua vez, as expressões pardo forro e pardo liberto, e não pardo livre, aparecem, às vezes, em registros de batismo e em ordenanças. Pardo pode, ou não, indicar um distanciamento geracional maior em relação ao cativeiro. Nas listas nominativas, muitos pardos eram forros, o que se nota a partir do cruzamento de fontes. Por exemplo, Renovato José Machado e sua esposa, Gertrudes Maria, eram pardos nas listas de 1824, mas, no registro de batismo de seu filho, em 24 de maio de 1815, eram "libertos". Mesmo na Corte do Rio de Janeiro, a categoria pardo forro também está presente em certas fontes, embora forro ou liberto sejam mais associados a pretos, e algumas vezes a cabras. Em registros de batismo de escravos da Freguesia de São José, entre 1802 e 1821, havia 565 padrinhos forros, dos quais 118 pardos, 314 pretos, 59 crioulos, 18 cabras, três de nação e para 53 não há informação sobre cor, eram apenas forros. Entre 211 madrinhas forras, uma era cabra, 19, crioulas, uma, de nação, 29, pardas, 142, pretas e, para 19, não se descreveu a cor.

Apesar das diferenças em Porto Feliz, concernentes às tendências apontadas por Mattos, isto não implica rompimento com a idéia de que o termo pardo, quando aplicado a livres, indique uma posição social distinta em relação a outros descendentes de escravos ou forros (pretos e negros), e a brancos. É necessário analisar como tais expressões são definidas nas situações sociais.

Em primeiro lugar, há o problema de quem atribui ou auto-atribui a cor e de quem faz o registro, além da variação nas fontes etc. Nem sempre há consonância entre os termos utilizados por autoridades que elaboraram os mapas e os utilizados por recenseadores que fizeram as listas. Pode ser que pardo, negro, mulato e preto nem sempre fossem empregados do mesmo modo, embora designassem descendentes de escravos. No ano de 1803, por exemplo, os mapas informam 2.315 brancos, 1.666 pretos e 1.155 mulatos. Dentre os mulatos, 881 eram livres, mas nas listas não há menção a mulatos entre os chefes de domicílio, apenas a pardos, que somam 177 pessoas. Pode ser que o vocábulo mulato, utilizado pelas autoridades que elaboraram os mapas, corresponda ao termo pardo, usado pelos recenseadores, já que, se eu adicionasse, posto que não os contabilizei, os cônjuges, os agregados e os filhos pardos, o número total de pardos das listas de 1803 talvez se aproxime do de mulatos livres dos mapas; aliás, afirma-se que, na documentação em questão, pardo e mulato são quase sinônimos (Marcílio, 2000, p. 118).

No que concerne aos pretos dos mapas, em 1803 eles somam 1.666, sendo 155 pretos livres e 1.511 pretos cativos, mas, nas listas, há apenas um chefe de fogo preto e 18 negros. Os recenseadores utilizavam-se mais do termo negro do que preto, diferentemente do descrito no mapa. Os pretos dos mapas correspondem aos negros das listas. A designação dos recenseadores diferia um pouco da de quem tabulava os mapas, mas ambas podiam-se referir a uma mesma cor/condição. Até mesmo em uma freguesia podia haver diferenças. No ano de 1805, as listas dividem três companhias de ordenança e uma freguesia, a de Piracicaba, que só informa a cor de pardos e pretos. Na freguesia, há dez cabos-de-ordenanças. Se os cabos são responsáveis pelas informações, o critério deve ser pontual. No ano de 1813, nas listas, todos os chefes de fogos mulatos estavam na Freguesia de Piracicaba, o que sugere que quem elaborou as listas deste local designou os pardos como mulatos. Já nos mapas de cada companhia, utilizou-se ora pardo, ora mulato. Em 1818, os mulatos somem das listas e dos mapas. Neste ano, as cores empregadas nos mapas são quase as mesmas que as das listas, salvo negros, o que consta nos mapas é preto. No ano de 1824, nas listas há pardos, negros e brancos. Os mapas, porém, utilizam preto, em vez de negro. Em 1829, isso se repete.

Minha hipótese é a de que as cores indicam ora uma coletividade abstrata, ora uma observação pontual, dirigida aos membros dos fogos. Isso dependia da fonte e da idiossincrasia de quem registrava. Preto, pardo e mulato eram usados principalmente na elaboração dos mapas para referir uma coletividade. Por outro lado, quando utilizados nas listas, eram classificações personalizadas. No caso de os responsáveis pelos mapas e pelas listas serem as mesmas pessoas, também se observa uma designação abstrata para uma coletividade e outra, pontual. Ao que tudo indica, os mapas, por serem tabulações das listas, suprimem suas sutilezas. O que sugere uma caracterização pontual e personalizada nas listas é que as mesmas pessoas freqüentemente mudavam de cor. Em 1803, Alexandre de Madureira e sua esposa Inácia Maria eram negros, mas, em 1808, ambos eram pardos. Antônio de Pontes e sua esposa Beatriz Maria eram mulatos em 1813, e negros em 1818. Outro caso é o de Antônio Gonçalves. Em 1803, 1808 e 1813, ele e sua mulher, Constantina Maciel, eram pardos, mas, em 1818, eram brancos. Geralmente, quando a cor do chefe de fogo muda, a dos seus parentes acompanha, se filhos ou esposas. Prova de que a mobilidade e o lugar social são familiares.

Carlos Bacellar afirma que uma mesma pessoa pode ser designada como parda em um ano e como branca em outro, e que o pardo pode ser considerado branco, mas não o contrário. Atribui isto a possíveis equívocos dos recenseadores ou à "falta de critérios para se estabelecerem os limites entre o branco e o pardo" (Bacellar, 1994, p. 369-70). Discordo. Ainda que eu não saiba os critérios de outrora, uma hipótese é que a mobilidade social, dentre outros aspectos, podia fazer com que contemporâneos "confundissem" negros com pardos, pardos com brancos. Provavelmente, a mudança das cores reforce a possibilidade de os recenseadores lançarem mão de um critério pontual dirigido a determinadas pessoas em certas situações (no que as relações pessoais podiam interferir), bem como indica o lugar social conforme as relações sociais.

Em um caso ocorrido em Itu, de forma explícita, nota-se o poder de escrita de quem fazia ou tinha influência na elaboração do registro e o modo como as relações sociais geravam a mudança de cor. O pintor, músico, entalhador e arquiteto, o mulato Jesuíno de Paula Gusmão, depois padre Jesuíno do Monte Carmelo, era uma liderança política e religiosa na vila de Itu de finais do século XVIII e inícios do XIX. Nasceu em Santos, em 1764, migrou para São Paulo, onde trabalhou nas reformas do Convento do Carmo. Findo este trabalho, transferiu-se para Itu a convite dos carmelitas para a reforma do Hospício do Carmo. Na vila de Itu, onde se estabeleceu, realizou a edificação da igreja de Nossa Senhora do Patrocínio e se casou com uma aristocrata arruinada economicamente. Quando enviuvou, em 1793, Jesuíno quis tornar-se frade na Ordem dos Carmelitas Calçados, mas teve seu intento impedido porque era mulato, não tendo "sangue suficientemente puro", no entender dos Frades Carmelitas Superiores do Rio de Janeiro. Diante do problema de Jesuíno, que não pôde ingressar na ordem por ser mulato, o capitão-mor de Itu, atendendo a seu pedido, fez com que Jesuíno passasse a constar como branco nas listas nominativas a partir de 1810. No desfecho, conseguiu tornar-se clérigo secular, Jesuíno do Monte Carmelo.[13]

A intenção do mulato era entrar na ordem dos Carmelitas Calçados, o que ele podia considerar, além das conotações religiosas, um passo na hierarquia social. Mesmo que não tenha conseguido, as relações pessoais podiam definir sua cor/condição social, que, de modo algum era fixa, mas variável de acordo com as circunstâncias sociais. Para os Frades Superiores do Rio de Janeiro, era mulato, mas, para o capitão-mor de Itu, Jesuíno podia ser branco. Na localidade, tinha atributos que modificavam sua cor de mulata para branca: era um grande artista, uma liderança religiosa e, principalmente, bem relacionado com o capitão. Assim, provavelmente o que mais pesou para sua mudança de cor foi a rede de relações de poder e de clientela na qual estava incluído. Foi a influência da maior autoridade da vila que redefiniu sua cor/condição social.[14]

Em Porto Feliz, vários descendentes de escravos também mudaram de cor/condição social. Para citar só um exemplo, em 1798, Plácido das Neves era pardo, branco em 1803, 1805 e 1808, mas voltou a ser pardo em 1813, continuando a sê-lo em 1815, 1818 e 1820. Em 1824, novamente mudou de cor, estava branco, permanecendo assim em 1829. Em 1843, era pardo. Sua família, mulher e filhos, mudavam de cor junto com ele (Ferreira, 2005, cap. 5).

Perguntar-se-á, talvez, o leitor: como, então, defini-lo como descendente de escravo, ou como socialmente pardo, se sua cor/condição varia tanto? Por comparação. Há pessoas que nunca mudam de cor, e os exemplos seriam inúmeros. Plácido era senhor de engenho, mas não deixou de ter atributos que o definiam ora como pardo, ora como branco, mas que permanecem desconhecidos. Nunca foi preto ou negro. Difícil saber o que gerava a mudança de cor. Sejam quais forem os condicionantes, tendo a achar muito pouco provável que os recenseadores "trocassem as cores" aleatoriamente, ou apenas porque cometessem equívocos. Inseridos na comunidade local, tinham certos cuidados na referência das cores de seus recenseados, sendo um tanto detalhistas na percepção de hierarquias locais expressas nas cores.

Na verdade, as listas produzidas em uma sociedade escravista demonstram uma hierarquia fluida da cor, e sua mudança sugere negociações dos lugares sociais de pessoas/famílias. Desse modo, uma sociedade estamental-escravista comporta uma certa fluidez; daí que a mudança de cor implicaria uma aliança entre grupos subalternos e as elites dirigentes. A mobilidade social, não acessível a todos, e manifesta na mudança de cor, contribuía para a manutenção das hierarquias sociais, das regras, posto que se dá em meio a negociações entre subalternos e elites dirigentes, o que implica preservar a deferência e a assimetria, reconhecendo o poder e o *status quo* instituídos e a incorporação de parcela dos grupos subalternos. Neste sentido, a mobilidade social é crucial para a reprodução da estrutura social. Ainda que de forma tensa, engendra e consolida um consenso social. Foi este o caso de Jesuíno e do capitão-mor.

Enfim, não se deve congelar a posição social pela *cor*. Por isto, creio que a hierarquia e a posição social manifestas na *cor* eram fluidas e dependiam de circunstâncias sociais, sendo reatualizadas, negociadas. É a perspectiva relacional que deve ser considerada.[15] Plácido das Neves só apareceu como pardo nas listas nominativas. Nas demais, sempre foi descrito como branco ou "sem cor".[16] Era pardo e senhor de engenho, podia ser branco. Era senhor de engenho branco que virava pardo. Não apenas Henry Koster estranhou a mudança de cor. Auguste de Saint-Hilaire, ao passar em Porto Feliz, por volta de 1820, reportando-se a senhores de engenho, asseverou que, dentre os colonos da vila, "devia haver um bom número de mestiços que passavam por brancos" (Saint-Hilaire, 1976, p. 182). Era a mobilidade social que transformava um pardo em branco, um branco em pardo, um pardo em negro...

PORTO FELIZ (SÉCULO XIX)

A vila de Porto Feliz acompanhou o processo geral de desenvolvimento da economia canavieira no Oeste Paulista,[17] entre finais do século XVIII e meados do XIX, Porto Feliz é um dos municípios situados no "Quadrilátero do

Açúcar", área compreendida entre Sorocaba, Piracicaba, Mogi-guaçu e Jundiaí. Em 1858, a vila foi elevada a cidade, quando a economia açucareira não apresentava mais a vivacidade de outrora (Petrone, 1968, p. 8, 47 e segs.; Souza, 1979, p. 67). Porto Feliz, porém, não vivia só de açúcar, pois a pecuária e a produção de alimentos, sobretudo milho, também compunham a base das atividades econômicas no município. Ademais, o comércio das monções, rota fluvial que ligava a vila a Cuiabá, era significativo até a terceira década do oitocentos (Ferreira, 2005, cap. 1). Neste contexto de expansão econômica, o segmento formado por pardos e negros tinha um peso demográfico importante, já que os chefes de domicílio assim designados nunca perfizeram menos de 22,7% do total, entre 1798 e 1843 (Quadro 7.1).

Quadro 7.1
Cor/condição social dos chefes de domicílios de Porto Feliz, 1798-1843

	Pardo[(a)]		Branco		Negro[(b)]		Não informa[(c)]		Total	
Ano	#	%	#	%	#	%	#	%	#	%
1798*	131	25,5	376	73,2	7	1,3	0	—	514	100
1803	177	24,5	444	61,6	19	2,6	81	11,2	721	100
1805	184	26,2	406	57,9	12	1,7	99	14,1	701	100
1808	156	24,1	468	72,3	16	2,5	7	1,1	647	100
1810	227	26,3	599	69,6	16	1,9	19	2,2	861	100
1813	242	24,3	734	73,7	20	2,0	0	—	996	100
1815	248	22,1	782	69,8	90	8,0	1	0,1	1.121	100
1818	298	23,9	927	74,3	22	1,8	0	—	1.247	100
1820	267	27,8	672	69,9	18	1,9	4	0,4	961	100
1824	193	22,7	633	74,5	24	2,8	0	—	850	100
1829	230	20,7	836	75,2	22	2,0	24	2,2	1.112	100
1836	161	26,2	424	69,1	27	4,4	2	0,3	614	100
1843	387	31,4	811	65,7	36	2,9	0	—	1.234	100

Obs.: (a) inclui mulatos; (b) inclui pretos; (c) inclui ilegíveis. *Não informa os brancos, e o critério para caracterizá-los como tal foi a ausência de cor, tendo em vista que alude a pardos e negros.
Fonte: Ferreira, 2005, p. 231.

Quadro 7.2
Chefes de domicílios escravistas por cor/condição social

	Pardos			Brancos			Total*		
	(a)	(b)	(c)	(a)	(b)	(c)	(a)	(b)	(c)
1798	18	131	13,7	174	376	46,3	193	514	37,5
1803	25	177	14,1	210	444	47,3	249	721	34,5
1805	22	184	12,0	202	406	49,8	239	701	34,1
1808	19	156	12,2	215	468	45,9	235	647	36,3
1810	18	227	7,9	237	599	39,5	270	861	31,3
1813	19	242	7,8	275	734	37,5	296	996	29,7
1815	20	248	8,1	294	782	37,6	319	1.121	28,5
1818	23	298	7,7	358	927	38,6	382	1.247	30,6
1820	30	267	11,2	282	672	42,0	314	961	32,7
1824	16	193	8,3	265	633	41,9	282	850	33,2
1829	18	230	7,8	319	836	38,2	347	1.112	31,2
1836	13	161	8,1	146	424	34,4	160	614	26,0
1843	23	387	5,9	307	811	37,8	332	1.234	26,9

Obs.: (a) escravistas; (b) total de chefes de fogos no grupo; (c) percentual de escravistas no grupo, *inclui ilegíveis.
Fonte: Ferreira, 2005, p. 231.

A presença de pardos e negros entre chefes de fogos (ou domicílios) se aproxima da proporção do Brasil em 1822, quando o país comportava uma das maiores, senão a maior, população livre de cor do continente. Ainda em 1780, cerca de 1/3 da população fosse composta por homens livres com ascendência escrava, preferencialmente designados como pardos (Mattos, 2000, p. 7-16). O contingente de chefes de fogos pardos e negros em Porto Feliz também era próximo ao da média da província. Em 1829, em 41 municípios paulistas que agregavam 215.390 habitantes, os não-brancos (livres, forros e escravos), eram 46%. Dentre eles, 27% eram escravos e 19% livres de cor, forros ou ingênuos. A participação de livres de cor na província/capitania cresceu em termos absolutos, de 47.000 em

1803 para 63.000 em 1836, um aumento de 34% (Klein e Luna, 2003, p. 161-162, 243). Em Porto Feliz, entre 1803 e 1843, foi significativa a dilatação do grupo em questão, mais do que duplicando, pelo menos entre os chefes de fogos, indicando que, em proporção, o crescimento foi maior em Porto Feliz. A expansão econômica que a vila atravessava na primeira metade do século XIX contribuiu para esta diferença.

Quadro 7.3
Cor/condição social dos chefes de domicílios proprietários de escravos

	Pardo		Branco		Negro		Não informa		Total	
	#	%	#	%	#	%	#	%	#	%
1798	18	9,3	174	90,1	1	0,6	—	—	193	100,0
1803	25	10,0	210	84,3	0	—	14	5,6	249	100,0
1805	22	9,2	202	84,5	1	0,4	14	5,9	239	100,0
1808	19	8,1	215	91,5	1	0,4	0	—	235	100,0
1810	18	6,6	237	87,7	1	0,4	14	5,2	270	100,0
1813	19	6,4	275	92,9	2	0,7	0	—	296	100,0
1815	20	6,3	294	92,2	5	1,6	0	—	319	100,0
1818	23	6,0	358	93,7	1	0,3	0	—	382	100,0
1820	30	9,6	282	89,8	1	0,3	1	0,3	314	100,0
1824	16	5,7	265	94,0	1	0,4	0	—	282	100,0
1829	18	5,2	319	92,0	1	0,3	9	2,5	347	100,0
1836	13	8,1	146	91,3	0	—	1	0,6	160	100,0
1843	23	6,9	307	92,4	2	0,7	0	—	332	100,0

Fonte: Ferreira, 2005, p. 231.

Parte pequena dos pardos e dos negros teve acesso à propriedade escrava. Entre 5,9% e 14,1% pardos eram escravistas e perfaziam entre 5,2% e 10% dos senhores,[18] com uma tendência decrescente ao longo do período. Algo diverso se observa entre os brancos, já que eram a esmagadora maioria dos proprietários de escravos, e nunca menos de 37,5% deles eram senhores (Quadros 7.2 e 7.3). Por outro lado, brancos se assemelham a pardos na tendência de diminuição da proporção de proprietários de escravos, reflexo da redução no universo de senhores na vila como um todo (Ferreira, 2005, p. 108-10).

Observa-se também, no Quadro 7.3, que, a partir de 1803, a presença de escravistas brancos tendeu a aumentar, ao passo que a de pardos diminuiu, ou seja, os senhores brancos se fizeram um pouco mais assíduos em detrimento dos pardos. Talvez os pardos tenham assistido, como grupo, a uma redução de suas possibilidades de acesso a escravos durante as décadas iniciais do XIX ou, o que é mais provável, proprietários de escravos eram registrados como brancos, tendo em vista as representações sociais expressas na cor/condição social.[19] Isto contribuiu para a criação de uma categoria de homens que mudam de cor. Em uma sociedade escravista, uma das maiores, senão a maior, expressões de mobilidade social é a passagem da condição de forro ou egresso do cativeiro à de proprietário de escravos. Ora, não se deve esquecer das palavras de Saint-Hilaire, ao passar em Porto Feliz por volta de 1820, que asseverou que na vila "devia haver um bom número de mestiços que passavam por brancos" (Saint-Hilaire, 1976, p. 182). Embora eu não saiba o que era branco e mestiço para o viajante, ele ressaltou que a cor era uma representação da posição social, e, por conseguinte, as pessoas podiam mudar de cor. Ainda que não para todos, a posse de escravos contribuía para alterar a cor (Ferreira, 2005, cap. 5; Faria, 2005, p. 76; Slenes, 1997, p. 247-48).

JOAQUIM BARBOSA NEVES: UM LIBERTO DE *ABUNDOSOS BENS*

Em 1828, ao atingir o patamar de senhor de 41 escravos, Joaquim Barbosa Neves integrava a elite escravista local. Apesar disso, ele e sua esposa, Maria Rosa, sempre aparecem como pardos nas listas nominativas, salvo em 1820, quando eram brancos. Para entender o porquê da não mudança de cor, é preciso acompanhar sua trajetória. Como se viu, provavelmente Joaquim nasceu escravo, pois sua mãe devia ser escrava. Já em 1813, Joaquim tinha 34 anos de idade e sua esposa, 22. No domicílio, estava agregada a mãe de Joaquim, Ana Maria, 54 anos, viúva, parda. Joaquim vivia do ofício de alfaiate e possuía uma loja de fazenda. O casal ainda não tinha filhos, mas era senhor de dois escravos africanos adultos. Em 1815, aos 35 anos, ele era soldado miliciano, mascate de fazenda seca e pai de dois filhos, Maria e Joaquim. Havia dois agregados pardos e três escravos adultos em idade produtiva. Neste ano de 1815, Joaquim Barbosa Neves tirou licença da Câmara para sua loja de fazenda seca, sendo reconhecido como alferes, ou seja, ascendeu na hierarquia social, deixando de ser soldado miliciano. Em 1816, uma nova filha do casal veio ao mundo, Ana, e, no registro de batismo, informa-se que Joaquim Barbosa Neves e Maria Rosa eram libertos. Assim, embora nas listas nominativas fossem pardos, deviam ser forros.

Em 1818, Joaquim Barbosa Neves, 39 anos, ainda era casado com a parda Maria Rosa de Araújo, laço que manteve até o os últimos dias de sua vida. Vivia de negócio de fazenda seca, a filha Maria tinha 6 anos, o filho Joaquim, 4, e ainda era pai de Ana, batizada em 1816. O fogo tinha 7 africanos adultos.

Em 1820, Joaquim Barbosa contava 40 anos de idade e era "alferes reformado". Maria Rosa era também mãe de Francisca, de 8 meses, enquanto os filhos Joaquim, Maria e Ana estavam com 6, 8 e 4 anos, respectivamente. Os escravos João Congo e Perpétua se casaram e o domicílio possuía dez escravos, oito adultos. Joaquim estava branco, única vez em que mudou de cor, continuando "negociante de fazenda seca".

Em 1824, Joaquim Neves, aos 42 anos de idade, ainda era "alferes reformado", título que carregou até a morte. O filho Joaquim estava com 10 anos, Maria, com 12, Ana, com 8, Francisca, com 4, acompanhados de mais um irmãozinho, José, de 9 meses. Maria Rodrigues era uma agregada de 14 anos. Joaquim Neves permanecia negociante de fazenda seca e era senhor de 12 escravos. De 1820 a 1828, o alferes obteve licenças da Câmara para o funcionamento da sua loja de fazenda seca, o que já fazia desde 1815. Seu inventário com livros de contas data de 1828, isto é, durante quase 15 anos realizou comércio.

Nessa trajetória de vida, observa-se a solidez de suas relações familiares (casado pelo menos há 15 anos), o que certamente era uma condição indispensável para a manutenção da fortuna. Em termos de investimento, Joaquim Neves adquiria escravos, mas não abandonou a atividade comercial. Afastou-se somente do ofício mecânico, mas não do mundo do trabalho, sempre com a identidade associada à atividade comercial. Portanto, ascendeu ao patamar dos grandes proprietários de escravos e continuou comerciando, o que contribuiu sobremaneira para seu enriquecimento. Parte da fortuna de Neves foi investida em escravos. Ao chegar ao topo dos escravistas, ingressou na atividade açucareira, então em expansão na vila porto-felicense, possuindo um sítio e terras com "casas de moradas com engenho e fábrica de açúcar e formas de pau". Quando de sua morte, em 1828, tinha 41 escravos.

Neves possuía a fortuna de 21:113$914 réis (2.722,7 libras), um dos inventariados mais aquinhoados. Descontados 5:202$300 de passivas, o líquido foi de 15:911$614. Em testamento, declarou que os bens que possuía eram livres e desembargados. Disse que devia 1:400$000 réis no Rio de Janeiro ao também alferes Antônio Tertuliano dos Santos, bem como ao capitão João Manoel da Silva, por crédito de seis escravos que comprou em São Paulo. Portanto, a extensão de seus negócios atingia as cidades de São Paulo e Rio de Janeiro.

A origem da fortuna de Joaquim Barbosa Neves não adveio de herança, ou ao menos boa parte dela foi construída. Em 1813, era alfaiate, tinha loja de fazenda e apenas dois escravos. Não houve um crescimento brusco no número de escravos no decorrer do tempo, pois, em 1813, eram dois, três em 1815, sete em 1818, oito em 1820, 12 em 1824. Até aí, a aquisição de escravos foi relativamente gradativa.

Em 1828, 15 anos depois da primeira vez em que está nas listas, além de comerciante, era senhor de numerosa escravaria e de terras, apesar de não ser referido com o título de senhor de engenho. A consolidação de seu patrimônio deve ter advindo do comércio e, também, dos empréstimos a juros que fazia, já que em seu inventário há quatro cadernos de contas da loja e mais contas "que devem por crédito". A inversão na atividade açucareira foi talvez o maior investimento, por causa do custo de mão-de-obra. As dívidas eram relativas à compra de escravos.

A mobilidade social de Joaquim Barbosa Neves o posicionou no seleto grupo de grandes proprietários de escravos. Além do comércio, a ascensão social foi reiterada pela renda extraída do trabalho escravo, diferenciando-o dos próprios pardos, ou melhor, diferenciando-o da grande maioria dos demais homens livres (Finley, 1991).

Às vésperas da morte, Joaquim Barbosa Neves ditou testamento, onde se nota, dentre outros aspectos, a extensão de seus negócios:

> Declaro que sou natural desta vila, digo de Itu, filho de pai incógnito e de Ana Maria de Jesus, já falecida, e que tenho herdeiros necessários que são minha mulher e filhos: minha mulher, Dona Maria Rosa de Araújo; filhos: Maria, Joaquim, Ana, Francisca, José e Antonio. Declaro que os bens que possuo são livres e desembargados, dos quais minha mulher tem cabal conhecimento. Declaro que tenho contas com o alferes Antônio Tertuliano dos Santos no Rio de Janeiro, tenho algum dinheiro existente em seu poder, foram remessas mas por via de meu correspondente de Santos, Francisco José Barroso, em ajuste de contas de dez escravos que a prêmio recebi, julgo poderei restar um conto e quatrocentos mil réis. Declaro que devo por crédito de seis escravos que comprei do capitão João Manoel da Silva em São Paulo, a quantia e condição declarada no crédito que lhe passei. Declaro que disponho da minha terça na forma seguinte: [...] é minha vontade deixar forros e livres de qualquer cativeiro aos meus escravos João Velho e Perpétua, ambos de nação, que meu testamenteiro lhes passará suas cartas de liberdade, com a condição de se conservarem acostados com minha mulher, [e] suas avaliações sairão da minha terça [...] Declaro que deixo cem mil réis para as obras de Nossa Senhora Mãe dos Homens desta Vila. Declaro que deixo de esmola trinta mil réis a Ana Manoela, mulher de Benedito Correia. Declaro que meu testamenteiro distribuirá duzentos mil réis pelos legítimos pobres desta vila, e dez mil réis à minha afilhada Francisca, filha de Ana da Candelária, quando a dita minha afilhada tiver para se casar. Declaro que todas essas disposições sairão da minha terça, e o seu remanescente se partirá em duas partes, uma por todos os meus seis filhos em partes iguais, e a outra, conforme a minha intenção que [dúvida] tenho. Declaro que excetuando a minha terça, todo o mais instituo aos meus filhos legítimos herdeiros acima nomea-

dos. Rogo em primeiro lugar ao reverendo padre Antônio Teixeira da Silva, em segundo lugar ao reverendo padre José de Almeida Campos, e em terceiro e último lugar à minha mulher, D. Maria Rosa Araújo, que por serviço de Deus queiram ser meus testamenteiros [...] Porto Feliz, 18 de julho de 1828.

As testemunhas que presenciaram o testamento foram José Pedroso de Oliveira, Salvador das Neves, Joaquim do Vale Pereira, Miguel Pinto Nunes e Floriano de Santa Rosa Salles. Uma das testemunhas, o pardo Salvador das Neves, também era comerciante. Miguel Pinto Nunes tirou várias licenças da Câmara para abrir lojas entre 1819 e 1828. Floriano de Santa Rosa Sales também obteve licenças em 1827 e 1828 para trabalhar com sua tenda de alfaiate, aliás, o mesmo ofício que Joaquim Barbosa Neves exercia no início de sua vida produtiva. Joaquim do Vale Pereira era solicitador de causas e alfaiate e, por fim, José Pedroso de Oliveira fazia telha, era ferreiro e caldeireiro. O mundo do trabalho — o comércio e o artesanato — unia esses homens a Joaquim. Pelo menos o comerciante Salvador das Neves lhe devia "por conta corrente". Salvador das Neves é filho de Plácido das Neves, que, em 1797, vendeu Maria mulata para Salvador Barbosa Neves, prováveis mãe e ex-senhor do inventariado Joaquim Barbosa Neves. Uma teia de relações pessoais sem-fim.

Os laços de Joaquim Barbosa Neves eram amplos, abarcando desde comerciantes e artesãos, com os quais devia conviver nas ruas da vila, até comerciantes, como Antonio Tertuliano dos Santos, da Corte do Rio de Janeiro. Suas dívidas eram basicamente oriundas da compra de cativos. Tertuliano dos Santos vendeu 192 escravos boçais entre 1828 e 1830, despachados a partir da Corte do Rio de Janeiro, 139 dos quais enviados para São Paulo. Joaquim comprou um pouco mais de 5% de seus escravos, para o que o crédito pessoal foi fundamental, envolvendo inclusive seu correspondente em Santos.

Joaquim Barbosa Neves era um homem de "abundosos [*sic*] bens", afirmava um juiz da vila de Porto Feliz, ao solicitar, em 1828, uma carta precatória ao juiz de órfãos da vila de Constituição (Piracicaba) para a avaliação de bens deixados pelo forro. Mais de uma centena de pessoas lhe eram devedoras, como consta das "dívidas de conta" de seus quatro cadernos, além de dívidas por crédito, sem contar as várias vezes em que aparece como credor em inventários alheios. Tudo isto demonstra, no contexto local, a capacidade de crédito do forro Joaquim Barbosa Neves.

Porém, quando de sua morte, 20,2% de seus bens eram em imóveis, 58,5% em escravos, e apenas 7,6% em dívidas ativas e 4% em fazendas de sua loja. Por outro lado, apresentava um passivo de 25% de sua fortuna, derivado, principalmente da compra de escravos. A João Manoel da Silva devia 2:700$000, a Antônio Tertuliano dos Santos, 1:825$036, ou seja, dos 5:202$300 de dívidas passivas, 86,9% eram derivadas da aquisição de escravos.

Os investimentos no decorrer de sua vida produtiva e as dívidas na hora da morte sugerem que estava a meio caminho da conversão de comerciante em senhor de engenho. As terras incultas na sesmaria[20] que ele obtivera e a substancial compra de escravos a partir de 1824 indicam que, nas vésperas de seu falecimento, Joaquim Barbosa Neves se estava transmutando em senhor de terras e de homens, parafraseando João Fragoso e Manolo Florentino (1993). Na verdade, ele foi-se "aristocratizando", devido à sua projeção social.

A partir de 1815, quando foi reconhecido como *alferes*, devia ter uma certa nobreza, tal como o também alferes Joaquim José Teixeira, que, na Corte do Rio de Janeiro de 1811, declarou-se em "estado de nobreza pelo posto de alferes" (Ferreira, 2005, p. 222). Joaquim José Teixeira, como Joaquim Barbosa Neves, também se dedicava ao comércio, remetendo escravos do Rio para Campos dos Goitacases, além de ser também sapateiro. Portanto, quer na Corte do Rio de Janeiro, quer em Porto Feliz, o artesanato e o comércio não inviabilizaram uma certa estima social, ao menos a expressa no título ou no cargo de alferes. Quiçá, um forro, alferes, com ideal aristocrata. Por que não? Mas sem deixar de trabalhar.

O posto de alferes exigia uma dose de ostentação, expressa no vestuário de Neves. Tinha uma sela nova com arreios de prata, cinco pares de colheres, garfos, um par de esporas, um copo, tudo de prata, um relógio usado com ladros de ouro, duas facas com cabo de prata, um par de dragonas de alferes, uma lauda, um fecho de espada, um oratório com imagens etc. Não só isto, Joaquim Barbosa Neves possuía uma casa térrea e era senhor de "uma morada de casas assobradadas [...] cobertas de telhas inda por se acabarem na rua da Ponte", avaliada em 800$000. Ademais, Joaquim era senhor de "um sítio e terras citas no Rio das Pedras com [...] umas casas de moradas com engenho, fábrica de açúcar e formas de pau", e, ainda, de uma "sesmaria [...] em matos incultos [...] com três quartos de légua de testada, e légua e meia de sertão, sem benefício algum". Enfim, chegou a senhorear 41 escravos.

Apesar de toda a mobilidade social ascendente, Joaquim Barbosa Neves era forro, e quase sempre foi reconhecido socialmente como pardo, mas nada disto impediu de ter suas qualidades reconhecidas pelas elites locais. Mais ainda, suas relações se estendiam até as praças de Santos e do Rio de Janeiro. Considerando que o crédito era o cerne dos negócios (Sampaio, 2002, p. 29-47), o que as dívidas de Joaquim Barbosa Neves, mencionadas em testamento, comprovam, nota-se que sua rede de alianças era ampla.

Então, como eram suas alianças com diferentes grupos sociais?

Diferente de outros pardos forros, Joaquim não foi padrinho de casamento de nenhum escravo, inclusive dos seus oito cativos que casaram. Isto indica uma hierarquia entre os pardos, posto que uns eram senhores de homens, e outros, não. Quase não testemunhar casamento de seus escravos foi um comportamento tipicamente senhorial na vila de Porto Feliz, que, em outras searas, se manifesta também em batismos de escravos (Gudeman e Schwartz, 1988; Neves, 1989; Rios, 1990; Botelho, 1997; Ferreira, 2000). Para além da possibilidade de uma recusa dos cativos, implicaria talvez em aproximações que dificilmente manteriam cadeias hierárquicas entre senhores e escravos. Porém, não era tão rígido assim, pois mesmo que senhores não apadrinhassem seus parentes ou pessoas próximas o faziam, sugerindo uma certa fluidez (Bruggüer, 2002, cap. 5; Ferreira, 2005, cap. 5).

Por isso, Joaquim testemunhou o casamento do forro Generoso José Rocha, quando este, em 1827, se casou com Maria Rodrigues Prudência, filha de pai incógnito e de Ana Candelária. Maria Rodrigues devia ser a agregada de Joaquim das Neves, em 1820, e Ana Candelária, a mãe de uma legatária, referidas no testamento. O noivo Generoso foi alforriado pelo Vigário Colado André da Rocha Abreu, cunhado do capitão-mor.

Como padrinho de batismo, aparece três vezes, sempre de filhos de pais sem título. Os batismos atestam que ascender na hierarquia social não significa o distanciamento dos egressos do cativeiro. Em 1809, com sua mãe, Joaquim apadrinhou o filho de uma pessoa sem título. Em 1813, ele e a esposa batizaram o filho de Ana Maria, solteira, e, em 1821, a filha de Joaquim Godoi e Rosa Maria, lavradores brancos sem escravos. Nenhum dos pais tinha títulos de distinção.

Esse tipo de projeção se dava apenas entre os sem título, já que quase nunca um forro ou descendente de escravo foi padrinho de alguma criança, cujos pais tinham título de distinção. Tampouco testemunhavam casamento de alguém das elites locais. Joaquim não foge à regra e até aqui sua relação de aliança se estabelece entre iguais. Todavia, as relações intragrupais não vedam os elos com as elites, e vice-versa. Significa apenas que o tipo de relação e de reputação social variava de acordo com o grupo relacional. Joaquim foi testemunha de casamento e padrinho entre seus pares, mas, como de praxe, quando batizou seus filhos os padrinhos em geral tinham posição social superior.

Resumindo, o modo de se aproximar ou se afastar de relações com escravos, forros, pessoas com ascendência escrava e as elites variava conforme as circunstâncias e as posições sociais, mas não havia uma barreira rígida e intransponível.

As alianças para cima de Joaquim Barbosa Neves e sua esposa se observam pelo batismo de seis filhos. Joaquim, em julho de 1814, foi apadrinhado pelo capitão viúvo Gabriel Antonio de Carvalho e por D. Maria Álvares Araújo. Em maio de 1816, Ana foi batizada pelo sargento-mor Joaquim Duarte do Rego; a madrinha foi D. Isabel Duarte, solteira. Francisca foi batizada em abril de 1820 pelo capitão-mor Joaquim Duarte do Rego e por D. Isabel Novaes de Magalhães, sua esposa; Gertrudes, em dezembro de 1822, pelo Reverendo Antonio Teixeira Silva e por D. Alexandrina Teixeira; José, em março de 1824, pelo Reverendo Joaquim Duarte Novaes e por D. Veridiana Duarte Novaes; outra Gertrudes, por Salvador Correa Leite e D. Maria Isabel, em março de 1825 (Diagrama 7.1).

Diagrama 7.1 — Joaquim Barbosa Neves e Maria Rosa

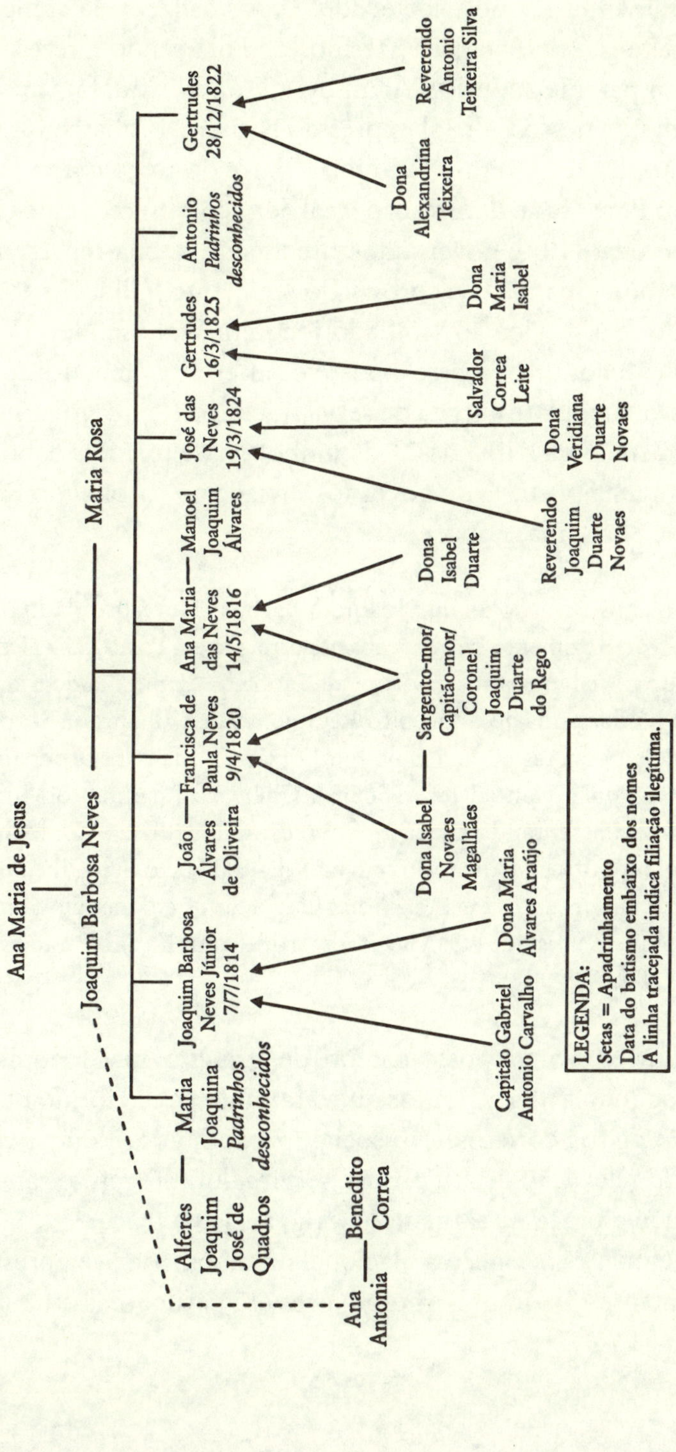

Não é preciso gastar muita tinta e papel para dizer que os padrinhos eram proeminentes naquela sociedade. Todos os laços de compadrio foram ascendentes, sem exceção. Mesmo Joaquim sendo alferes, os padrinhos tinham patente superior. Além do afeto, etc., qual a vantagem em ser compadre de pessoas de tal expressão social? Dois batismos merecem mais atenção, os que tiveram Joaquim Duarte do Rego como padrinho.

Joaquim Barbosa se dedicou ao Real Serviço. Em recompensa, no dia 26 de junho de 1818, o governador, atendendo a uma representação do próprio Joaquim, mandava o coronel do regimento miliciano de Sorocaba dar baixa do real serviço ao "soldado Joaquim Barbosa Neves". O caminho para que Joaquim atingisse o posto de alferes também foi conseguido passo a passo, mediante a troca de serviços com o Rei. O governador soube retribuir. Além da baixa de 26 de junho, quase um mês depois, em 24 de julho, em uma portaria do governo, enviada ao coronel do Regimento dos Úteis de Sorocaba, nota-se:

> Tendo consideração ao que Joaquim Barbosa Neves, soldado da 6ª Companhia do Regimento de Sorocaba aquartelada em Porto Feliz além de haver servido por alguns anos na Tropa de Linha da Capitania de Mato Grosso, serve há dez anos no Sobredito Regimento de Milícias de Sorocaba, sem que nele possa ter aumento ou [em] razão de sua cor. Ordenamos ao Senhor Coronel Manoel José Ribeiro, Chefe do Regimento Miliciano dos Úteis, que assentando praça ao sobredito Soldado na Companhia que o Regimento do seu Comando tem na Vila [de] Porto Feliz, lhe declare logo a praça de sargento, em atenção aos serviços que o mencionado Joaquim Barbosa tem prestado a S. Majestade, o que cumpra. São Paulo, 24 de Julho de 1818 [...].

A portaria era para o posto-patente de sargento, mas Joaquim chegou a alferes. Joaquim tinha atributos que o faziam merecedor do posto. Apesar da *razão* de sua cor/condição social (pardo liberto), que inviabilizava seu *aumento* (elevação de seu posto), servira durante muitos anos ao Rei, o que lhe deu a praça de sargento. Como se deu a troca?

Provavelmente, o aspecto relacional da mobilidade se apresenta aqui de forma latente. Joaquim Barbosa Neves era pardo, mas cruzou as fronteiras da cor/condição social, demonstrando que nem sempre é válido segmentar pela cor, de forma estática e rígida, as hierarquias sociais e a posição ocupada em meio a elas. Descontadas as diferenças temporais, o que sucedeu a Joaquim não difere do que afirma Oracy Nogueira, em sua análise sobre clubes recreativos em São Paulo de inícios do século XX:

> [...] um clube recreativo no Brasil pode opor maior resistência à admissão de um indivíduo de cor que à de um branco; porém se o indivíduo de cor contrabalançar a desvantagem da cor por uma superioridade inegável, em inteligência e instrução, em educação, profissão e condição econômica [...] poderá levar o clube a lhe dar acesso, "abrindo-lhe uma exceção", sem se obrigar a proceder da mesma forma com outras pessoas com traços raciais equivalentes ou, mesmo, mais leves [...] onde o preconceito é de marca [como no Brasil], as relações pessoais, de amizade e admiração, cruzam facilmente as fronteiras de marca (cor) [...] Assim, no Brasil, um indivíduo pode ter preconceito contra as pessoas de cor, em geral, e, ao mesmo tempo, ser amigo particular, cliente ou admirador de determinada pessoa de cor [...] (Nogueira, 1954, p. 79, 83).

Os atributos de Joaquim franquearam o ingresso no *clube* dos brancos, dirigido pelo governador. Com efeito, ao destacar os óbices em função da cor, o governador atestou que considerava Joaquim socialmente inferior, mas ultrapassou as fronteiras de sua discriminação, baseada na cor/condição social, ao reconhecer as qualidades de Joaquim. Em suma, características do pardo suplantaram hierarquias sociais da cor. Que características?

Uma delas era a rede de relações pessoais, que, acrescento, deveriam ser de submissão por parte dos pardos. Submissão, entendida como reconhecimento do poder instituído.

Ora, asseverar que a base de mobilidade social de forros e descendentes congrega desempenho do trabalho, estabilidade familiar e relacionamento pessoal submisso com potentados locais implicaria em partilhar a perspectiva de grupos dominantes.[21] É isto mesmo, mas vou além, não reduzindo a complexidade da questão. Evidente que a desigualdade permeava as relações entre elites locais e egressos do cativeiro, submetendo os segundos aos primeiros, mas a dependência e a submissão não devem ser entendidas apenas de forma unilateral, sendo preciso atentar para o interesse do dependente pela dependência, do submisso pela submissão. Podem ser estratégicas, uma maneira de tentar aumentar a segurança em meio aos recursos disponíveis e às incertezas dos intentos. Por exemplo, como dizia o padre Diogo Antonio Feijó, em 1834, referindo-se ao "recrutamento perpétuo": "Os capitães-mores querendo vingar-se de qualquer inimigo, ou de quem quer que tratasse menos bem ao seu compadre, imediatamente remetia o filho para a praça [...] Enfim, não é tão remota a época do despotismo [...]" (*apud* Ricci, 1993, epígrafe).

Joaquim deixou de ser soldado e virou alferes. Como ir para a praça como soldado não era muito desejado, confrontar potentados locais traria problemas, mas cair em suas graças ou em sua dependência propiciaria vantagens. A relação vertical entre as elites e os grupos subalternos, é óbvio, era calcada na desigualdade, na assimetria, mas nem por isto deixava de ser uma relação de troca, alicerçada na reciprocidade. Reciprocidade não é sinônimo de equivalência (Mauss, 1988, p. 68-69, 107-10). Uma relação injusta? Não. O que é justiça? Em sociedades pré-industriais de base católica, o que fornece referenciais de justiça é o princípio distributivo, isto é, a cada um conforme o seu lugar na hierarquia social, há princípio de eqüidade. Justiça não tem nada que ver com igualdade (Levi, 2002).

Provavelmente, o governador, ao receber serviços de Neves, se sentia na obrigação de elevar sua patente. Daí talvez se entenda a busca de aliança com as elites.

Estas reciprocidades desiguais, que se manifestam em momentos específicos, sugerem que os elos entre elites dirigentes e grupos subalternos não eram frutos do acaso. Por que Joaquim Barbosa Neves, e não outros? As portarias para a elevação do posto de Joaquim Barbosa Neves foram reiteradas, indicando a reatualização das relações de reciprocidade entre o governador e o pardo. Logo, uma das trocas possíveis deve ter se expressado através da prestação de serviços e das portarias do governador. Para ocorrerem trocas pontuais, é preciso que elas derivem de uma estabilidade nas relações pessoais cotidianas, que se constroem ao longo do tempo, são alianças permanentemente refeitas.

Ignoro a exata cadeia de intermediação entre o pardo forro Joaquim Barbosa Neves e o governador, mas a ênfase do governador em apressar a patente de sargento indica que os elos com o pardo eram fortes. Considerando que Joaquim atingiu o posto de alferes, hierarquicamente superior ao de sargento, certamente a cadeia se estendeu no tempo. A aliança submissa com as elites locais com patente militar deve ter sido crucial para a elevação do posto de Joaquim Barbosa Neves, lembrando que o capitão-mor, e depois coronel, Joaquim Duarte do Rego, era seu compadre, tinha 159 escravos, parte dos quais estava em Campinas, em sociedade com outra pessoa. Aliás, era um dos poucos da elite de senhores de engenho do Oeste Paulista com mais de um engenho (Bacellar, 1997, p. 192). Talvez o compadre tenha ajudado Neves a chegar a alferes, àquela *certa nobreza*. Foi da seguinte maneira que o governador tratou o compadre de Barbosa Neves:

> Para o sargento mor Joaquim Duarte do Rego
> A generosa oferta que V. M^ce^ acaba de fazer da quantia de 500$000 rs. para as urgências do Estado, como me anuncia na sua carta de 22 do mês passado, é uma decisiva prova da fidelidade e amor que V. M^ce^ consagra ao nosso incomparável Soberano. Eu, pois, lha agradeço em nome de S. Mag^e^, a cuja Real Presença farei chegar sem demora este seu procedimento, com que desempenha o honrado, e bem conhecido caráter dos Paulistas e pelo qual se faz V M^ce^ muito digno de toda minha consideração, e acaba de confirmar o distinto conceito que já de muito tempo me merecia. Deus guarde a V. M^ce^. São Paulo, 3 de junho de 1817 — Conde de Palma [Francisco de Assis Mascarenhas, capitão general da capitania de São Paulo].

Joaquim deve ter recebido uma mãozinha do compadre. Desse modo, as estratégias foram as mesmas empreendidas pelos outros pardos (Ferreira, 2005, cap. 5): trabalho artesanal e/ou comercial, estabilidade familiar, vínculos com seus iguais e alianças hierarquicamente inferiores com as elites. Era alferes, e seus compadres, capitães, capitães-mores, coronéis, donas etc.

O caminho de ascensão social de Joaquim Barbosa Neves difere de um quadro de rigidez da sociedade colonial, segmentada pela cor, como destaca, por exemplo, Caio C. Bosch, embora pretendesse analisar a mobilidade social "no quadro social e na perspectiva das camadas socais dominadas". O autor afirma que foram os "brancos que definiram os limites da aquisição de status social das outras camadas" e, por isto, "as alternativas de ascensão ou de obtenção de privilégios foram sempre concessões feitas pelos brancos e não conquistas obtidas por iniciativa dos mulatos" (Boschi, 1986, p. 165-74). Situar-se somente nesta perspectiva é manter-se na esfera dos grupos que se pretendem dominantes. Joaquim, apesar de dependente e submisso em relação às elites, era elite entre seus pares. O que sobressai na trajetória de Neves é seu patamar elevadíssimo de ascensão social, um homem de "abundosos bens": senhor de 41 escravos, alferes, aparentado com as elites, situado entre os mais ricos da vila. Assim, considerando que a mobilidade social é intragrupal, um forro ou descendente de escravo não priorizaria ser um barão, mas o rei dos forros e dos descendentes de escravos.

Por que não *embranqueceu*? Não tenho resposta definitiva e permaneço no campo da hipótese. Koster disse que capitão-mor não podia ser mulato e Joaquim era apenas alferes, o posto de mais baixa oficialidade. Era rico, mas a ascensão em sociedades estamentais não é medida só em números. Era senhor de 41 escravos, tinha bens ostentatórios, bem relacionado com as elites, ultrapassou a barreira da linha de cor. Ora, por que não *embranqueceu*? Provavelmente porque era a primeira geração livre na família. Talvez sua mãe fosse escrava e o próprio Joaquim chegou a ser considerado liberto. A mobilidade é geracional/familiar, não bastam a riqueza e o prestígio individuais. Talvez as gerações seguintes *embranquecessem*.

Foi possível aos herdeiros de Joaquim preservar a mobilidade social?

Logo depois da morte de Joaquim Barbosa Neves, sua filha, Maria Joaquina das Neves, em 22 de agosto de 1828, se casou com Joaquim José de Quadros. Os noivos não tinham cor. Ele era natural da vila de Itu, filho do tenente Reginaldo de Quadros Leite. Reginaldo não era proprietário de escravos em 1813; só senhoreava dois cativos em 1824 e um, em 1825. Não era da elite escravista, como Joaquim Barbosa Neves, mas os pais dos nubentes eram iguais em outras coisas. Reginaldo era mulato, tenente-de-milícias reformado, vivia de seu negócio em Itu, em 1825; em 1813 e 1824, era alfaiate, as mesmas ocupações do pai da noiva. Eram semelhantes em cor, ofício e oficialidade, embora Joaquim estivesse em uma patente abaixo. O noivo mulato, em 1813, aos 21 anos, já era tenente, mas, em 1824 e 1825, era alferes. Provavelmente, o contrato de casamento entre os pais dos noivos foi, em parte, estimulado pelo fato de praticarem o mesmo ofício, terem a mesma condição, mulato, e, acima de tudo, para manterem ou ampliarem sua posição social: tenente-alferes.

Sobre outros membros da família, a mulher de Joaquim Barbosa Neves se tornou *Dona*, como ele disse em testamento, e seria sua inventariante devido às recusas dos padres. Porém, ela sofria de "sandice", e quem se tornou inventariante foi o também alferes Joaquim José de Quadros, genro de Barbosa Neves. O forro deixou os seguintes filhos legítimos: Joaquim Barbosa, 14 anos de idade, Maria Joaquina, 16, Ana Maria das Neves, 12, Francisca das Neves, 8, José das Neves, 5, e Antônio, de apenas 10 meses, os quais, junto à mãe, seriam os únicos herdeiros.

O genro alferes Joaquim José de Quadros tornou-se tutor de seus cunhados menores. Para saldar as dívidas deixadas por Joaquim Barbosa Neves, lançou mão de 15 cativos, no valor de 5:202$300. Para o pagamento das disposições testamentárias, no valor de 1:187$000, nenhum bem de raiz foi vendido, e o engenho se conservou entre os herdeiros, porém mais dois escravos deixaram de lhes pertencer, pelo menos até a morte de Rosa Maria. Trata-se dos cativos alforriados João Velho e Perpétua, avaliados, respectivamente em 400$000 e 300$000. Esses cativos se casaram em 1820.

João Velho, de nação Congo, era alfaiate, mesmo ofício de seu senhor (uma das raras vezes em que o inventário informa ocupação). No fogo desde 1813, trabalhou ao lado de Joaquim, contribuindo para o impulso de sua fortuna. Perpétua, de nação Rebolo, é a cativa descrita no fogo em 1818. Neves manifestou sua gratidão para com estes cativos, sendo os serviços prestados e o tempo de convívio motivos preponderantes para libertá-los, lançando-os em sua própria terça. As alforrias correspondiam a mais da metade do valor das verbas testamentárias.

Tempo de convívio e reconhecimento, aliás, que ele não tivera com sua filha bastarda. Sem explicar o porquê, deixou 30$000 réis em testamento para *Ana Manoela*,[22] mulher de Benedito Correa. Sua filha queria mais, como consta de uma petição anexa ao inventário, na qual seu marido afirmou, em 3 de fevereiro de 1834:

> Ilmo. Sr. juiz de Órfãos
> Diz Benedito Correa desta vila, como cabeça de sua mulher Ana Joaquina, por meio de seu procurador bastante Joaquim do Vale Pereira, que havendo convencionado com os herdeiros do finado Alferes Joaquim Barbosa Neves, que reconheceram a mulher do suplicante por filha natural do dito alferes, e por isso com direito a sucessão dos bens do dito falecido, a fim de proceder-se um novo cálculo de partilhas compreendendo à mulher do suplicante como herdeira, igual direito aos demais co-herdeiros, e à vista dos autos do inventário daquele dito falecido, obrigando-se os referidos co-herdeiros a pagarem em dinheiro, a parte em que cada um for responsável, à mulher do suplicante, como tudo se evidencia dos termos juntos; requer a V. Senhoria que mandando proceder o dito cálculo na forma da lei para o suplicante com ele haver dos co-herdeiros a parte que legitimamente pertencer a sua referida mulher E. R.M[ce].

Em resposta de 1835, na vila de Capivari, os herdeiros Joaquim Barbosa das Neves Júnior e José Álvares de Oliveira discordaram veementemente, afirmando que não podiam de maneira alguma convir na "pretensão da suplicante porque nós lhe negamos a qualidade de filha, quanto mais herdeira do falecido nosso pai, e sogro Joaquim Barbosa Neves". Os demais herdeiros não puseram óbices.

Ana Maria, que se casara com Manoel Joaquim Alves, asseverou, também na vila de Capivari, em 1° de agosto de 1835, que reconhecia "para sempre" a mulher de Benedito Correa como filha natural do "falecido alferes Joaquim Barbosa Neves, havida enquanto este solteiro e com mulher também solteira, sem que entre eles houvesse impedimento algum pelo qual não pudessem casar".[23] Voltando atrás de sua decisão, o mesmo afirmou José Álvares de Oliveira, por cabeça de sua mulher, Francisca de Paula das Neves, seguindo o exemplo do alferes Joaquim José de Quadros, por sua mulher Maria Joaquina, e como tutor do órfão José.

O único a não reconhecer voluntariamente a irmã natural como herdeira foi Joaquim Barbosa Neves Júnior, fazendo-o apenas como réu. Pediu vistas do processo por 15 dias, do que nada mais se tem informação. De todo modo, o filho homônimo de Joaquim Barbosa Neves, que, por sua vez, era filho de pai incógnito, não quis reconhecer seu parentesco com a irmã natural, provavelmente para não perder parte da herança. No desfecho, cada herdeiro teve de dar uma parcela de sua herança paterna, em dinheiro, para Ana Joaquina. Da legítima paterna, cada filho legítimo, bem como a viúva, haviam herdado 945$149, do que se descontaram 157$523 para a filha natural.

Salvo os menores José e Antônio, em 1836, todos os filhos do alferes Joaquim Barbosa Neves estavam casados e suas trajetórias se perdem, uma vez que foram residir na vila de Capivari. Apenas a filha natural permaneceu em Porto Feliz. Em 1836, o pardo Benedito Correa era jornaleiro, ganhava 50$000 por ano, tinha uma casa, provavelmente havida por cabeça de sua mulher, a parda Ana Joaquina, de 50 anos.

No desfecho da história, dificilmente os filhos teriam a prosperidade material do pai. Criados em meio à escravaria, continuaram a viver parcialmente dos frutos do trabalho escravo, ou ao menos lançaram mão dos cativos no início de suas vidas econômicas. Quando o alferes Joaquim José de Quadros prestou contas, referindo-se ao herdeiro Joaquim Barbosa Neves Júnior, aludiu às "despesas feitas com seu escravo Vicente, em 4 anos que andou aprendendo ofício". De qualquer modo, a família provavelmente empobreceu devido à partilha dos bens.

Pela trajetória de Joaquim Barbosa Neves, constata-se que deixou bens significativos para seus herdeiros, o trabalho em atividade artesanal/comercial, a estabilidade familiar e a aliança com as elites, bem forte em Joaquim, cujo grau de ascensão social o colocou entre a elite escravista e as maiores fortunas da vila. Seus vínculos de compadrio demonstram que se dirigiu ao universo dos livres de elite. Aliás, deixou legados à Igreja Matriz e não para as irmandades de pardos e negros, como outros egressos do cativeiro faziam. Sem dúvida, afastou-se da escravidão e distinguiu-se dos demais livres, pardos, negros e brancos. Foi senhor de 41 homens.

CONCLUSÃO

Da trajetória analisada aqui, podemos concluir que a lógica de mobilidade social incluía algum tipo de habilidade no exercício de uma função (comércio), a estabilidade familiar e alianças, sobretudo com as elites. Constatei que em Porto Feliz nenhum egresso do cativeiro, por maior que tenha sido o grau de mobilidade, batizou filhos de alguém com patente/título, e a grande maioria deu filhos para serem batizados por pessoas em posição mais privilegiada na hierarquia social. Em certos casos, as alianças via compadrio não eram pontuais e se perpetuavam entre famílias, ao longo do tempo. Quando eram relações herdadas de antigos senhores, os alforriados tentaram preservar os vínculos como estratégia de sobrevivência ou continuidade da mobilidade social (Ferreira, 2005, cap. 5). Daí que a preservação do nome senhorial marcava a nova identidade da família, diferenciando-a na comunidade local. A demanda por estas alianças revela o compromisso e a participação dos subalternos na reprodução da desigualdade social, referendando o poder estabelecido e o *status quo* dominante.

Em Porto Feliz, as relações clientelísticas desiguais eram fundamentais para a alocação social das famílias. A submissão engendrava espaços de mobilidade social para egressos do cativeiro não só em termos materiais, talvez nem mesmo principalmente. Transformou o pardo Jesuíno do Monte Carmelo em branco, atenuou as barreiras da linha de cor para Joaquim Barbosa Neves, elevando sua patente de soldado pardo a alferes. Assim, a submissão por parte dos forros ou descendentes era estratégica, uma maneira disponível de disputar recursos e se afastar do antepassado escravo. A dominação das elites não pôde, no entanto, prescindir de mecanismos de incorporação de grupos subalternos. Logo, a sociedade estamental-escravista necessitava de um grau de elasticidade suficiente para preservar-se. A mobilidade social cumpria este papel.

Adentrar ou preservar a mobilidade social em uma sociedade escravista implicava preferencialmente distanciar-se de um (ante)passado escravo e reinserir-se no mundo da liberdade, se possível chegando à condição senhorial. O investimento na mão-de-obra escrava, expressão da ascensão social, significa a reprodução da ordem escravista por parte dos egressos do cativeiro.

No caso de Joaquim Barbosa Neves, a forma de acesso a bens também se deu pelo comércio e sua preservação se deve à manutenção da unidade familiar. Enfim, nada disto gerava uma ruptura total com outros egressos do cativeiro. As alianças também se estabeleciam entre iguais, principalmente no casamento.

Notas

1. "Sobrenome" significa o "nome, ou apelido, que se junta ao nome de batismo". "Nome" é o "substantivo, ou parte da Oração, com que damos a conhecer, e significamos os indivíduos" (Moraes e Silva, 1813).
2. Apenas 34 (10%) dos 347 senhores em Porto Feliz tinham mais de 40 escravos em 1829 (LNPF, ano 1829). No Recôncavo baiano de 1816-1817, proprietários tinham 7,2 escravos em média. Só 6,9% senhores tinham mais de 20 escravos (Schwartz, 1988, p. 357 e 374). No agrofluminense, os senhores com mais de 20 escravos eram 19,6% entre 1790 e 1807, 32,7% entre 1810 e 1825 e 32,7% entre 1826 e 1830 (Florentino e Góes, 1997, p. 53). Em Campos dos Goitacases de 1785, havia 35 escravos em média entre os donos de engenho, seis entre os lavradores de cana (Faria, 1998, p. 248). Em Campinas de 1801, apenas 3 (2,3%) em 130 fogos escravistas tinham 40 ou mais cativos, números que são, respectivamente, de 39 (12,4%) e 321 no ano de 1829 (Slenes, 1999, p. 263-64). Estes autores enfatizam a pulverização da propriedade escrava e não um quadro no qual as escravarias seriam compostas por grande número de cativos. No mesmo sentido, Motta (1999, cap. 2) e Marcondes (2002).
3. Este texto resulta do capítulo V de minha tese de doutorado (Ferreira, 2005). Em função disso, do cruzamento de fontes e para não sobrecarregar o texto com referências a fontes, estas se encontram na tese.
4. Segundo Giovanni Levi, "[...] uma tal uniformidade dos comportamentos, assim como a regra da imitação social, não é absolutamente ponto pacífico. É preciso que os atores tenham razão para imitar. As sociedades medievais e modernas não eram estratificadas apenas em função dos níveis de fortuna ou das barreiras jurídicas que definiam estatutos. Sua segmentação se baseava também na existência de culturas, de estratégias de sobrevivência, de formas de consumo diferentes. Não devemos

imaginar a burguesia em busca do modelo aristocrático, os trabalhadores do modelo burguês, os mendigos do modelo assalariado etc. — sob pena de nos impedirmos de entender os fenômenos de mobilidade social [...].

Numa sociedade segmentada em corpos, os conflitos e as solidariedades freqüentemente ocorriam entre os iguais, estes competiam no interior de um segmento dado, que se caracterizava pela existência de formas de consumo organizadas, hierarquizadas e intensamente investidas de valores simbólicos [...] Para usar uma imagem, um mendigo aspirava antes a tornar-se o rei dos mendigos do que um comerciante pobre" (Levi, 1998, p. 211-12).

5. Os socialmente inferiores são os escravos, e *raça* não tem conotação biológica.
6. Baseio-me em G. Levi, que, reportando-se a camponeses na Itália do século XVI, afirma: "[...] dada a sociedade que estudamos, os aspectos de conservação, de igualdade, mais do que os aspectos de maximização. Em sociedades camponesas deste tipo [...] a fuga da pobreza acontece no quadro de uma predominância da conservação do status mais do que do enriquecimento como valor dominante. É uma sociedade muito hierárquica, mas com uma conflitualidade mais ou menos latente, que é mais ligada à sobrevivência do que à ascensão social. Por isso, conservação, que não quer dizer entretanto transações entre bens ou situações iguais, mas formas redistributivas que de algum modo tendem a melhorar, ou melhor, a evitar uma piora, das condições diversas para ambos os contratantes, e na qual operam mecanismos de defesa contra o empobrecimento e a perda de status, não faltam sanções sociais contra o enriquecimento, que criam obstáculos para o matrimônio, por exemplo, de um pobre com uma moça rica" (*apud* Lima Filho, 1999, p. 251).
7. Cacilda Machado destaca que, em uma sociedade escravista, nem sempre a mobilidade social é ascendente, já que há situações nas quais filhos podem ser escravos, e seus pais, livres ou forros. A ressalva da autora é importante, porque corrige, de fato, a impressão de que a mobilidade social de egressos do cativeiro é sempre para cima (Machado, 2006, capítulos 3 e 4). Porém, continua sendo geracional e familiar, ainda que descendente, mas é muito pouco provável que o movimento de retorno ao cativeiro seja o preferencial por parte de forros e descendentes. Outra ponderação importante da autora diz respeito à não necessária consonância entre mudança de condição jurídica e status. Isto é possível, mas não na maioria das vezes. Se o apadrinhamento for um critério para aferir status, em Porto Feliz, entre 1807 e 1860, em 7.854 registros de batismo de livres, 60 madrinhas e 81 padrinhos eram escravos. Além disto, filhos de forras quase nunca eram caracterizados como forros e, na maioria das vezes, sequer tinham a cor mencionada.
8. Russell-Wood, ao relacionar cor da pele e mobilidade social na América portuguesa, ressalta que qualidade é uma palavra que "foge à definição, mas que todo mundo entendia" (Russell-Wood, 2005, p. 297).

9. A *qualidade de sangue* não tem a conotação racialista que iria assumir no século XIX. Antes, deriva do estatuto de pureza de sangue, vigente no império luso, baseado na ascendência (Mattos, 2000, p. 14-15).
10. Referindo-se a Portugal de Antigo Regime, afirma Nuno G. Monteiro que "a adoção do referido conceito de nobreza ao longo do século XVI criou zona de fluidez na hierarquia do espaço social: não era difícil um filho de lavrador sugerir que seus pais 'se tratavam à lei da nobreza', com 'bestas e criados'. Embora a mobilidade social fosse, como todas as sociedades dominantemente agrárias, quantitativamente limitada, essa zona de fluidez podia potenciar, em determinadas condições e conjunturas, a oportunidade para rápidos processos de ascensão social" (Monteiro, 1997, p. 344-345). O conceito de nobreza implica em "viver à lei da nobreza", isto é, com signos e comportamentos que, embora juridicamente sancionados, podiam sofrer variações locais, dependendo de uma série de fatores. Mais ainda, incluía uma nobreza civil e política, às quais não era vedado o acesso aos de origem humilde, mas diferenciada da nobreza de sangue, hereditária. Sobre o conceito de nobreza da terra no Brasil, cf. Fragoso (2001) e Bicalho (2001). Para uma discussão sobre a noção de nobreza principal da terra, no Rio de Janeiro setecentista, ligada a idéia de "viver à lei da nobreza" ver Capítulo 1 do presente livro.
11. Listas nominativas e mapas de população fazem parte de um mesmo *corpus* documental, geralmente referido por pesquisadores como *listas nominativas, mapas de população, censos*. Porém, para efeito de exposição textual, diferencio listas de mapas. As listas são a descrição dos domicílios isoladamente, um a um. Os mapas de população, de ocupação etc. são tabulações feitas a partir das listas.
12. Isso assemelha Porto Feliz à Carolina do Sul do XVIII, onde *free* e *black* eram quase uma contradição, em termos (Olwell, 1996, p. 1-2). A diferença é que em Porto Feliz há pretos livres, nos mapas.
13. O caso Jesuíno foi montado a partir de Ricci (1993, p. 3, 125-27).
14. Sobre o entendimento das relações sociais entre senhores e os ditos estratos subalternos como resultado de negociações ver capítulo 1 deste livro.
15. Afinal, "[...] a concepção de branco e não branco, varia, no Brasil, em função do grau de mestiçagem, de indivíduo para indivíduo, de classe para classe, de região para região" (Nogueira, 1954, p. 80-81). Sobre a redefinição constante e relacional das hierarquias sociais, ver Barth, 2000 e Cerruti, 1998.
16. Plácido das Neves, além das listas, foi encontrado em mais de quarenta referências documentais em que aparece como autor, réu, apelante, apelado. Sem contar as ocasiões em que foi registrado como testemunha, padrinho etc. Nunca foi negro, apenas pardo, branco ou sem cor (Ferreira, 2005, cap. 5).
17. As vilas do oeste, no século XVII, eram Itu e Jundiaí, respectivamente fundadas em 1654 e 1655. Como enfatizo o período até meados do XIX, considero "oeste

paulista" as vilas criadas até 1850, a saber: Itu, Jundiaí, Mogi-Mirim, Campinas, Capivari, Piracicaba, Franca, Tietê, Batatais, Rio Claro, Limeira (Marcílio, 2000, p. 140; Bacellar, 1997, p. 35-36).

18. Sobre a posse de escravos entre forros e descendentes de escravos, ver Paiva (1995, 2001), Faria (2001), Luna e Costa (1980), Barickman (1999), Oliveira (1979). Acerca dos desprovidos de escravos, afirma-se que entre eles não "havia qualquer anomalia ou anomia [...] que o contrapusesse [aos proprietários]" (Costa, 1992, p. 69).

19. Tal aspecto tem sido pouco enfatizado por estudiosos. Klein e Luna (2003, p. 113) não consideram isto em sua abordagem, o que os leva a concluir que os livres de cor, em Minas Gerais, teriam mais acesso à propriedade escrava, além de serem mais numerosos e ricos do que os da capitania paulista. Pode ser, mas não se deve desconsiderar que as maneiras de aludir à cor variam no tempo e no espaço.

20. A sesmaria de Barbosa Neves data de 1818 (Campos, 2003, p. 106).

21. Acerca das imagens de grupos dominantes sobre homens forros no Oeste Paulista, ver Ricci (1993, p. 170 e segs.), Xavier (1996, p. 71-104).

22. Presumo que Joaquim Babosa Neves se tenha "equivocado" sobre o nome de sua filha. Propositalmente, talvez. Não é Ana Manoela, é Ana Joaquina.

23. Pode ser que alegar que não havia impedimento para o casamento fosse uma retórica para permitir que a filha natural pudesse ser herdeira. Filhos legitimados podiam herdar, mas os adulterinos, não.

PARTE III “Se quisermos que tudo fique como está é preciso que tudo mude”

CAPÍTULO 8

Os Rodrigues Martins: notas sobre trajetórias e estratégias de uma das famílias mais "distintas em qualidade e riqueza" no Grão-Pará (de meados do século XVIII a fins do XIX)

Luciana Marinho Batista[1]

Em um trabalho recente analisei alianças sociais, particularmente as constituídas por meio de casamentos e de amizades, entre setores da elite paraense durante a segunda metade do século XIX. Apontei que tais alianças, juntamente com relações de favores mantidas com esferas da política na região, foram de fundamental importância para a preservação do *locus* social ocupado por aquelas famílias (Batista, 2004). Contudo, quando da investigação sobre elites no Grão-Pará oitocentista, pude remontar a presença de sete das vinte famílias então priorizadas a posições sociais semelhantes no século anterior. Ou seja, em ambos os períodos aquelas famílias ocupavam o topo da pirâmide social local.

O meu interesse neste texto é demonstrar certos mecanismos que viabilizaram a permanência de algumas famílias em posições sociais de destaque durante a segunda metade do século XVIII e ao longo do XIX, sem deixar, contudo, de considerar a presença de tensões nessas trajetórias. Além do mais, embora meados do setecentos seja entendido como um período em que a Coroa portuguesa tenta obter um maior controle sobre a Amazônia lusa, como veremos mais adiante, procurarei demonstrar que a sociedade então existente próxima à linha do Equador ainda se pensava segundo parâmetros normativos do Antigo Regime.[2] Para tanto, tomarei como centro da análise a família Rodrigues Martins e, a partir desta, outras com as quais ela estabeleceu alianças. Por fim, buscarei sublinhar que, por se estar aqui tratando de sociedades pré-industriais (Polanyi, 2000, p. 62-75), algumas daquelas estratégias eram, grosso modo, coincidentes nos dois citados períodos. Estas são questões que ficarão mais claras no decorrer deste texto.

OS RODRIGUES MARTINS NO OITOCENTOS

Por uma década ao menos, entre 1838 e 1848, João Marcelino Rodrigues Martins foi Inspetor do Tesouro Público Provincial, sendo que naquele último ano já possuía a patente de brigadeiro (RPP, 1/10/1848), e pertencia a um grupo familiar dedicado à atividade comercial, inclusive de exportação. Era casado com Josefa Florêncio de Oliveira Pantoja, oriunda de uma antiga família da elite local e, juntos, tiveram dois filhos, por nomes Marcos Antônio Rodrigues Martins e José Joaquim Rodrigues Martins. Este último, ao desposar Maria Emília, filha do armador Agostinho Brandão de Castro — também envolvido com o comércio, até mesmo o de escravos (Marin, 1985, p. 165) —, teve rebentos que irão ampliar os negócios da família: Maria Emília, como a mãe, Rita, Emílio Adolfo e José Antônio.

Maria Emília se consorciou com João Augusto Ribeiro Malcher (Marin, 1985, p. 165). Embora somente tenha sido possível localizar João Augusto como professor de Retórica e Poética do Colégio Paraense, em 1863 (RPP, 1/11/1863), o mesmo era filho de João Diogo Clemente Malcher, procurador-geral da Santa Casa da Misericórdia do Pará em 1873 (Vianna, 1992, p. 227), além de deputado provincial, em diversas legislaturas, de 1852 a 1879, Juiz Municipal da Capital em 1868 e, no ano de 1870, também Juiz, só que Suplente (Marin, 1985, p. 165; AIP).

Quanto a Rita, casou-se com o inglês Frederico Pond, sócio da firma Samuel G. Pond & Cia., a qual, em 1882, era a quarta empresa em importância na exploração da borracha no Pará (Marin, 1985). Presente na Província ao menos desde a década de 1860 (AIP), Frederico compôs a diretoria da Associação Comercial do Pará durante os anos de 1870, 1872 e 1875 (Cruz, 1996).

Os rapazes, por sua vez, Emílio Adolfo e José Antônio, eram os responsáveis pela casa comercial Martins & Cia. que, nos anos de 1880, ocupava o quinto lugar na exportação da borracha pelo Pará e o primeiro lugar entre os exportadores nacionais. Emílio foi, ainda durante a mesma década, Despachante da Alfândega (Marin, 1985, p. 165), além de diretor da

Associação Comercial do Pará entre 1886 e 1888, e vice-presidente da mesma em 1891 e 1892 (Cruz, 1996).

Além do posto ocupado por Emílio Adolfo na Alfândega, seu tio paterno, o Comendador Marcos Antônio Rodrigues Martins, foi Administrador da Recebedoria Provincial, desde a sua criação em 1839, ao menos, até 1855 (Cruz, 1996; RPP, 1/10/1848; RPP, 20/8/1852; RPP, 2/8/1855). Enquanto o primeiro cargo colocava o ocupante como responsável direto pelas exportações feitas pelo Pará, o segundo era encarregado de arrecadar todos os impostos sobre aquele tipo de comércio. Sendo assim, mesmo não podendo ir adiante com esta sugestão, é difícil não imaginar que o próprio tempo em que estiveram naqueles cargos, bem como a inserção da administração construída durante esse mesmo período, tenham sido utilizados para facilitar as atividades comerciais desenvolvidas pela família.

Emílio Adolfo, cabe ainda mencionar, era casado com Máxima Ferreira Leal, a qual tinha uma irmã que, por sua vez, era esposa de Manoel Antônio Pimenta Bueno, filho de José Antônio Pimenta Bueno, o Marquês de São Vicente (Marin, 1985, p. 165), Conselheiro de Estado entre 1859-1872, e Presidente do Conselho de Ministros no 24º Gabinete de 29 de setembro de 1870. Chegando ao Grão-Pará para dirigir a Companhia de Navegação do Amazonas, pertencente ao Barão de Mauá, Manoel Antônio foi, também, Presidente da Associação Comercial do Pará, quando da criação da mesma em 1864 e, posteriormente, nos anos de 1867 e 1868 (Cruz, 1996). Através de sua cunhada, portanto, Emílio estava próximo a uma família de destaque que extrapolava os limites provinciais, chegando à Corte Imperial.[3]

Constituição de alianças por meio de casamentos com pessoas também vinculadas à atividade comercial; controle sobre cargos da administração ligados à feitura de leis, à execução da justiça e ao desempenho da economia provincial. Estas foram algumas das estratégias postas em prática por membros dos Rodrigues Martins visando à preservação de seu locus social. Na verdade, como se verá, essa foi uma das famílias que procurou e conseguiu lidar com diferentes conjunturas por que passou o Grão-Pará entre os séculos XVIII e XIX.[4] Para completar esse raciocínio, no entanto, é necessário um recuo no tempo. Voltemos, pois, ao setecentos.

"SERTÕES CHEIOS DE PRECIOSÍSSIMOS TERRENOS": A AMAZÔNIA PORTUGUESA E O PROJETO POMBALINO

O ano de 1750, quando Sebastião José de Carvalho e Melo assumiu a Secretaria de Estado dos Negócios Estrangeiros e de Guerra, prenunciava uma inflexão da política reinol relativamente à Amazônia portuguesa, pois as medidas a partir de então pensadas significaram uma atenção para aquela área do Império nunca antes observada, bem como uma primeira tentativa sistemática de desenvolvimento da mesma. E isto em função não somente das riquezas que de lá poderiam ser obtidas, mas, também, pelo posicionamento estratégico da Amazônia, rodeada de castelhanos, franceses e holandeses, para a preservação do importante Estado vizinho, o Brasil (Mendonça, 1963, p. 63). Não se pode deixar de lembrar, contudo, que tais ações estavam relacionadas a mudanças iniciadas em Portugal, grosso modo, a partir de meados do século XVIII, as quais tendiam a uma maior centralização política.[5]

Uma breve exposição acerca dos objetivos que nortearam a implementação de determinadas medidas voltadas para o Estado do Grão-Pará e Maranhão são indicativos dos interesses da Coroa portuguesa. Assim, a criação da Companhia Geral do Grão-Pará e Maranhão (1755) intentava incentivar a produção local, viabilizando o escoamento dos gêneros até os seus mercados consumidores. Também, com a Companhia, pretendia responder a duas outras constantes reclamações dos colonos: o fornecimento de créditos[6] e a importação de escravos africanos (Dias, 1970; Sampaio, 2001, p. 165-75).

A abolição da escravidão indígena (1755), com a posterior instituição do *Diretório* (1757), visavam não somente dinamizar a produção entre os próprios índios, como atender às necessidades de mão-de-obra dos particulares e do serviço real. Também em função do Tratado de Madri, era planejada a transformação dos indígenas em sujeitos políticos hábeis na tentativa de efetivar a posse de áreas estratégicas no território, sobretudo aquelas de fronteiras, através da difusão de um sentimento de pertencimento ao Império português. Aliás, reforçando este último ponto, e acompanhando as reformas administrativas decretadas pelo marquês de

Pombal, foram estimulados os casamentos entre europeus e nativos americanos, de ambos os sexos (Alvará de 4/4/1755 e Diretório). Segundo o argumento formal da Coroa, tal medida estava voltada para o crescimento demográfico e a difusão de *bons costumes* nas povoações indígenas. Nesse sentido, foi proibida a discriminação para os que se casassem com os nativos, sendo que tanto aqueles quanto os seus filhos mestiços teriam prioridade no acesso a terras, ferramentas e tecidos, na solicitação de trabalhadores índios, bem como na própria ocupação de determinados cargos da República, em todas as localidades em que se estabelecessem, durante a vigência do Diretório (Almeida, 1990; Sampaio, 2001).

Estas medidas tinham como objetivos últimos o fortalecimento do poder da Coroa, a redução do poder da Igreja, especialmente o da Companhia de Jesus, e o incentivo às atividades agrícolas, extrativas e mercantis.

Não podem ser elididos, ainda, outros propósitos postos em prática pelo Reino, todos em estreita relação com os interesses deste em assegurar o seu domínio sobre o território da Amazônia lusa. Neste sentido, foram erigidas inúmeras fortalezas em áreas de fronteira, bem como realizadas expedições de demarcação do Tratado de Madri (Vianna, 1905; Reis, 1993; Castro, 1999). Também, procurou incentivar o comércio entre o Pará e a Capitania do Mato Grosso, por meio da intensificação da navegação no rio Madeira, com especial interesse de evitar incursões castelhanas em territórios lusos (*apud* Cortesão, 1951, p. 133-34). Igualmente, a Coroa implementou modificações na organização militar do Pará e do Rio Negro (Nogueira, 2000), e estimulou a ocupação e o povoamento de alguns espaços, sobretudo de fronteira, como as vilas de Macapá e Mazagão (Ferreira, 1996; Marin, 1999; Ravena, 1999).

Outra medida tomada pelo Reino que vai ao encontro do intuito de obter mais controle sobre o território e os habitantes da Amazônia foi a releitura, por parte da Coroa, em 1758, dos privilégios dos cidadãos do Porto concedidos aos de Belém no ano de 1655, em remuneração à participação destes na expulsão dos holandeses da cidade de São Luís do Maranhão (AHU-PA, doc. 3.943). Após os longos pedidos para a confirmação daquela mercê feitos pelo Senado de Belém, foi solicitado o parecer do então Governador interino do Pará, Bispo D. Frei Miguel de Bulhões e Sousa. Este, em 4 de dezembro de 1756, recomendou ao rei a abolição dos privilégios, pois:

> [...] sendo todos os privilégios odiosos pelos perniciosíssimos efeitos, que o abuso deles costuma produzir, ainda são mais prejudiciais, e odiosos nas Conquistas, nas quais, pela dificuldade do recurso a Vossa Majestade, tantos seriam os privilegiados, quanto os régulos, que com os seus absolutos procedimentos perturbassem a paz, e o sossego público. Pelo que me parece, que Vossa Majestade não deveria deferir ao requerimento dos oficiais da Câmara, e que atendendo aos serviços, que eles alegam, lhes permitisse unicamente o poderem gozar daquela nobreza civil, que logram os oficiais das câmaras de qualquer das vilas notáveis desse Reino, ordenando Vossa Majestade juntamente, que não entrasse na dita Câmara pessoa, em que não concorressem as qualidades pessoais [...] (AHU-PA, doc. 3.833).

No trecho anterior, fica patente o receio do Bispo em relação à possibilidade de o poder da Coroa naqueles rincões ser, de alguma forma, ameaçado, com o abuso daquelas prerrogativas. O Real Serviço, a defesa e a conservação do Estado, bem como o sossego entre os súditos de Sua Majestade, foram elementos utilizados na argumentação do referido parecer dirigido ao Rei sobre a utilidade de não serem confirmados os privilégios solicitados pelo Senado da Câmara de Belém (AHU-PA, doc. 3.833). De todo modo, não se pode negar a prudência do Bispo em reafirmar a nobreza civil de que todos os oficiais da Câmara deveriam gozar, desde que estes possuíssem merecimentos e qualidades. E tais requisitos, dentro da lógica de uma sociedade de Antigo Regime, englobavam valores como a fidelidade, a honra, o serviço, o parentesco e a amizade, além dos elementos mais evidentes relativos às diferenciações jurídicas que atuavam no sistema normativo daquele tipo de sociedade (Xavier e Hespanha, 1998, p. 339-43).

Após a opinião emitida pelo Bispo Governador, foram, então, ouvidos os Procuradores da Fazenda e da Coroa, sendo que ambos concordaram com aquele. Mesmo os Conselheiros do Ultramarino também anuíram com Miguel de Bulhões, mas o parecer final deste órgão, em consonância com o ordenado por Sua Majestade, foi que, por terem sido os privilégios em questão concedidos em remuneração de serviços, os mesmos não poderiam ser simplesmente anulados. Contudo, em vista da *utilidade pública*, alterações e esclarecimentos próprios *ao estado da terra* foram feitos. Entre estes, os cidadãos não podiam mais portar quaisquer tipos de armas ofensivas e defensivas; seus caseiros, lavradores e outras pessoas que continuadamente vivessem com eles deixavam de ter a prerrogativa de não serem constrangidos a servir em guerras, mesmo que desacompanhados de seus amos; e as casas, bestas e outras coisas dos cidadãos poderiam lhes ser tomadas, contra as suas próprias vontades, desde que fossem em benefício do Real Serviço. Também foi expressamente recomendada a observância das qualidades entre aquelas pessoas que fossem eleitas para os cargos que as constituíam na graduação de cidadãos, a fim de que pudessem, com honra e justiça, gozar dos privilégios concedidos aos que digna e legitimamente os ocuparam.

As informações acerca da confirmação dos privilégios dos cidadãos de Belém, iguais àqueles possuídos pelos do Porto, remetem-nos para duas questões interessantes que devem ser aqui destacadas. A Coroa, ao deferir a solicitação do Senado da Câmara de Belém, deixava claro que não podia abrir mão de uma das bases institucionais — e, portanto, de sustentação — de seu Império, qual seja, as múltiplas relações de direitos e favores que a ligava a seus súditos. Particularmente no caso da remuneração ter sido decorrente da reconquista de territórios da monarquia, aquela não poderia ser revogada. Por outro lado, o fato da querela em questão ter chegado aos órgãos do poder central e, talvez, mais do que isso, o resultado ter sido uma releitura de privilégios concedidos ainda no ano de 1655, apontam para uma fragilidade, ou mesmo perda de legitimidade social por parte, ao menos, de frações da elite que dizia descender dos primeiros conquistadores e povoadores da terra. Na verdade, é bastante provável que os motivos que levaram ao pedido de confirmação desta mercê estejam relacionados com o definhamento de, pelo menos, parte daquele grupo.

Situação diferente da relatada ocorreu no Rio de Janeiro, onde, mesmo na segunda metade do século XVIII, a nobreza da terra usava os Privilégios do Porto para referendar a sua situação como descendente dos conquistadores e, por isso, arrogava-se o monopólio sobre os cargos camarários, conseguindo-os. Mesmo com a promulgação de leis, como a proibição do porte de armas em todo o Império, que iam de encontro ao constante nos Privilégios do Porto, estes continuaram a ser instrumentalizados pela nobreza da cidade de São Sebastião a fim de preservar a sua posição estamental (Fragoso, 2005a).[7]

As diretrizes do ministério pombalino para a Amazônia lusa indicam, pois, entre outras coisas, por um lado, uma tentativa de afirmar e ampliar a autoridade da Coroa na região, mesmo que, para tanto, fosse preciso contrariar interesses de certos setores da elite local, que se dizia de antiga nobreza e descendente dos conquistadores e primeiros povoadores. Por outro lado, em vista do amplo programa de intervenção que o Reino se propunha a fazer, modificando pontos centrais da vida daquela sociedade, parece evidente que não era possível prescindir da cooperação de grupos constituídos na região.

Nesse sentido, a pesquisa que venho desenvolvendo tem sugerido um processo de consolidação de um grupo, em meados do século XVIII, que não se arrogava privilégios por ser a primeira nobreza da terra. Argumentava, sim, a prontidão no Real Serviço à custa de sua fazenda e a fidelidade à Coroa lusa, que, em última análise, proporcionavam honra e *qualidade*, permitindo, assim, compartilhar o mando da República com Sua Majestade. Com isso, não afirmo que, na falta de uma melhor expressão, aquela antiga elite tenha sido eliminada; tampouco que seus integrantes também não lançassem mão de, ao menos, alguns dos recursos[8] de que o outro grupo se utilizava. Ou, ainda, que frações do novo grupo não tenham se aliado a parte do antigo. O que a documentação vem indicando é que certas pessoas e grupos se aproveitaram das oportunidades proporcionadas pelo projeto pombalino visando ao acrescentamento em suas *qualidades* e a consolidação de suas posições na hierarquia social. E, para tanto, parecem ter tirado proveito do cerceamento de regalias possuídas pela primeira nobreza da terra promovido pelo Reino. É nesse contexto, portanto, que famílias como a Rodrigues Martins atuaram.

OS RODRIGUES MARTINS NO SETECENTOS

Quando o feitor Pedro Ferreira, no ano de 1760, solicitou um pedido de devassa contra o Sargento-Mor das Ordenanças de Belém Antônio Rodrigues Martins, este já possuía um grande prestígio social. O motivo para tanto era a agressão física sofrida pelo feitor, levada a cabo por índios e escravos negros, a mando de Antônio. Dizendo que não havia motivos para esses *insultos*, Pedro Ferreira solicitava a Sua Majestade que a devassa fosse realizada no período de tempo determinado pela lei, pois o sargento-mor era "[...] pessoa muito poderosa na dita Cidade [de Belém] eiatendido [sic] dos mayores della" (AHU-PA, doc. 4.195). Este documento aponta para a existência de relações de reciprocidade mantidas entre Antônio e os chamados grupos subalternos da sociedade colonial, pois, mesmo não sendo possível ir adiante com esta afirmação, é lícito supor que algo em troca deveriam receber aqueles índios e escravos, os quais, sozinhos, teriam agredido o feitor Pedro, a mando do sargento-mor. E quando falo em reciprocidade, obviamente tudo de acordo com os parâmetros que organizavam uma sociedade de Antigo Regime.

É bem provável, inclusive, que, devido àquele prestígio que Antônio demonstrou possuir, em 1771 o mesmo tenha sido provido com a patente de mestre-de-campo das Ordenanças de Belém, pelo então governador Fernando da Costa de Ataíde e Teive, tendo antes já ocupado o posto de sargento-mor da Ilha Grande de Joanes. Tal promoção, aliás, pode corroborar a ascendência social tida por Antônio Martins, pois postos desse tipo pressupunham que os seus ocupantes fossem, no mínimo, respeitados na localidade e, assim, tivessem a sua *qualidade* reconhecida na sociedade. Dito de outra forma, por um lado, como essa patente era dada pelo governador e, depois, confirmada pelo rei, o alcance da mesma, por parte de Antônio, informa que a ascendência social dele era reconhecida pelo maior representante luso na Capitania do Pará.

Por outro lado, igualmente indica que a legitimidade social de Antônio perpassava os vários estratos sociais que compunham esta sociedade, desde os altos funcionários da Coroa, aos índios e escravos negros. Auxiliando o Reino na manutenção da ordem social naqueles rincões do ultramar, Antônio recebia, portanto, benefícios como uma forma de reconhecimento e de respeito a sua posição de mando nessa sociedade. Uma troca de favores, na verdade, alicerçava essas relações, já que ao compartilhar o poder com a Coroa no Grão-Pará, Antônio realizava um acrescentamento à sua trajetória que então lhe permitia ocupar o topo da hierarquia na Capitania. De todo modo, até ser reconhecido como um dos *maiores* da cidade de Belém, Antônio Martins soube bastante bem ir construindo a sua trajetória. Mesmo não sendo possível, até o momento, recuar muito as ações dele para antes da década de 1750, temos alguns dados.

Ao menos durante os anos de 1742 a 1747, Antônio foi Almoxarife da Fazenda Real (AHU-PA, doc. 2.537, e AHU-PA, doc. 2.766). Em 1741, pediu a confirmação real para uma carta de data e sesmaria localizada nas margens do rio Murucussá (AHU-PA, doc. 2.218). Por sua vez, Francisco Xavier de Mendonça Furtado, quando era Governador do Estado do Grão-Pará e Maranhão, sugeriu, em 1755, ao seu irmão, Carvalho e Melo, o nome de Antônio para compor a administração da Companhia Geral de Comércio. O motivo alegado era a destreza de Antônio Martins na feitura de contas comerciais, pois o mesmo havia demonstrado esse seu conhecimento ao ser encarregado, pelos dois governadores anteriores, da venda de alguns gêneros que lhes pertenciam. Mendonça Furtado também justificou a indicação por ser Antônio, como negociante, o principal responsável pelos gêneros que chegavam ao Pará originários do Mato Grosso (AHU-PA, doc. 3.678). Se ele assumiu o tal posto ainda não sei; no entanto, contaram para a sua indicação as relações mantidas com outros governadores e os negócios com a Capitania que a Coroa buscou, por toda a segunda metade do século XVIII, incentivar o seu comércio. Aliás, o nome de Antônio consta entre os maiores devedores da Companhia de Comércio (APEP, cód. 332), sendo possível que, pelo menos parte da quantia devida tenha sido empregada nos negócios que ele costumava ter com o Mato Grosso, pois aquela instituição realizava adiantamentos para a formação de comboios que navegassem entre as duas Capitanias.

Apesar dos poucos documentos relativos à atuação de Antônio Rodrigues Martins em anos anteriores ao de 1750, certo é que ele já era uma pessoa com um amplo respaldo social quando Mendonça Furtado chegou ao Pará. Afinal, como visto, em 1760 ele era um dos *maiores* de Belém, e tal ascendência social não é algo que se alcance rapidamente. De toda forma, foi a partir de meados do setecentos que, como o próprio volume de documentação relativa à família e suas informações indicam, a posição social dos Rodrigues Martins se consolidou.

Pela primeira vez, em 1752, seu nome aparece entre os membros do Senado da Câmara de Belém (AHU-PA, doc. 3.145). Curiosamente — ou propositalmente, se pensarmos no cerceamento de regalias que a Coroa procurou fazer à primeira nobreza da terra —, aquela vereança sucedeu a que deu origem a uma série de episódios que culminaram com a releitura dos privilégios de cidadãos do Porto possuídos pelos de Belém e a prisão dos então camaristas (AHU-PA, doc. 3.833). No ano de 1769, ao menos, o nome de Antônio Martins volta a constar entre os vereadores da cidade de Belém[9] (AHU-PA, doc. 5.552).

Exerceu, também, a função de tesoureiro geral do comércio dos índios, desde a implantação do Diretório até fins da década de 1770 (AHU-PA, doc. 4.340; AHU-PA, doc. 5.831),[10] quando foi substituído no cargo por seu filho João Manuel Rodrigues (AHU-PA, doc. 7.243). É válido ressaltar que, em carta de 23 de dezembro de 1757, Antônio se ofereceu para pagar à sua custa homens para trabalharem na arrecadação dos gêneros e índios para lidarem com os produtos colhidos no interior (AHU-PA, doc. 7.233).

João Manuel Rodrigues, por sua vez, antes de assumir o cargo de tesoureiro geral dos Índios, foi provido, em 1761, no posto de Tesoureiro das fazendas e currais de gado que pertenceram aos jesuítas, até que essas propriedades fossem distribuídas e/ou vendidas entre colonos (AHU-PA, doc. 4.715). Muito embora João Manuel não tenha recebido nenhuma das antigas fazendas daquela ordem religiosa, foi beneficiado com duas sesmarias (ABAPP, 1904, p. 77). Um outro filho de Antônio, contudo, Vitorino da Silva, quando era Tenente de Infantaria Auxiliar de um dos Regimentos de Macapá, recebeu, como mercê, uma fazenda que tinha sido da Companhia de Jesus, em 1762, no rio Canotim (ABAPP, 1904, p. 157-58). Aliás, para o alcance daquela patente, Vitorino contou com recomendações de Mendonça Furtado. Quanto às patentes de João Manuel, foi apenas possível localizá-lo como Capitão de Infantaria Auxiliar. Em 1778, seu nome aparece entre os vereadores do Senado de Belém (AHU-PA, doc. 6.568).

Diante disso, não causa estranheza a relação de proximidade que Mendonça Furtado e Antônio Martins parecem ter criado durante o tempo em que aquele esteve no Pará. Como exemplo, tem um ofício escrito por Antônio ao então Secretário de Estado da Marinha e do Ultramar, em 1761. Neste documento, Antônio trata de questões relativas à sua atividade de Tesoureiro dos Índios, bem como agradece o *favor* recebido de Mendonça Furtado por um de seus filhos, além de indicar mesmo a existência de relações de compadrio — sem explicitar de qual tipo — entre a sua mulher (de Antônio) e o Secretário:

> Agradeço a V. Exª o cuidado que tem de meu filho Vyturino da Silva em o recomendar ao sr General deste Estado, e eu conheço o amor que o dito Snr. lhe tem, e agora entendo que passará a thenente, e todo este favor devo a V. Exª. [...]
> Minha consorte, e comadre de V. Exª, e minhas filhas, e filhos se recomendão a V. Exª com mtas Lembranças e saudades, e elles e eu em V. Exª temos hum Pay, para nosso amparo (AHU-PA, doc. 4.715).

No trecho anterior fica claro o peso das relações pessoais no acrescentamento de trajetórias ainda em finais do Antigo Regime. Também, como laços construídos por agentes da Coroa e súditos no Ultramar podiam se manter mesmo quando os primeiros faziam a viagem de volta no Atlântico, articulando o Reino e outras partes do Império de uma forma nem um pouco dicotômica no que toca aos diferentes interesses envolvidos. Antes, aponta que, juntamente com as contradições que por vezes se faziam presentes, intensas barganhas, negociações e, por que não cooperações compunham os intricados elos sustentadores do Império luso.

As mercês em forma de terras, patentes e cargos na administração, recebidas pelos Rodrigues Martins, ao que tudo indica representavam a parte mais visível de toda uma rede de relações de reciprocidade[11] — tanto com a Coroa e seus agentes na Capitania quanto com os chamados grupos subalternos — que a família tinha começado a construir antes de 1750, mas que, sem dúvida, durante o gabinete pombalino ganhou importantes reforços. Deste modo, recursos possuídos por Antônio Martins, como poder social, negócios com governadores, participação em redes de comércio com o Mato Grosso, foram elementos certamente levados em consideração por Mendonça Furtado tendo este em vista a missão de que fora encarregado ao atravessar o Atlântico. Em virtude do ambicioso projeto pombalino para a Amazônia, a participação de Antônio Martins na tentativa de viabilização dos interesses da Coroa não podia ser simplesmente desconsiderada. Todavia, ao entrar naquelas redes, ou melhor, ao optar por integrar aquele jogo de interesses, Antônio soube bastante bem encontrar benefícios tanto para si quanto para a sua família.

É certo, no entanto, que a manutenção da *qualidade* por uma pessoa e/ou uma família necessita de contínuos esforços neste sentido. Assim, gastos de sua própria fazenda em benefício do Real Serviço, fidelidade à Coroa e relações de reciprocidade com autoridades do Império Português foram práticas correntes entre gerações dos Rodrigues Martins.

Um neto de Antônio, o qual chegou a ser cavaleiro da Ordem de Cristo, filho de João Manuel, por nome João Antônio Rodrigues Martins, ao solicitar o hábito da mesma Ordem, em 1802, disse que seu pai, de *sua fazenda*, costumava socorrer a Real Fazenda *com empréstimos avultadíssimos*. Além do mais, o requerente, dizendo-se pertencer a uma das casas mais *distintas* de Belém *em qualidade e riqueza*,

> [...] tem servido a V.M., tanto com seus bens, como em pessoa, tendo-se occupado no exercício Militar, e em as Fortificaçoes daq^{la} Cid^{e}, em q. tem gasto de sua caza e empregado m^{to} tempo, sempre com honra, promptidão e gosto no Real Serviço [...] (AHU-PA, doc. 9.382).

Tanto ou mais interessante quanto as alegações feitas por João Antônio para alcançar a mercê que pretendia, é o parecer do Conselho Ultramarino sobre a causa, em 25 de maio de 1802, no qual recomenda a remuneração, sem, contudo, deixar de pontuar algumas questões:

> Parece ao Conselho que os serviços do Suplicante não se achando processados na forma do Alvará de 10 de Março de 1690 não estão no caso de dever ser remunerado de rigorosa justiça, como justamente pondera o Desembargador Final das Mercês; porém são eles tão relevantes, e é tão moderada a graça que pede em retribuição, que o Conselho entende que V. A. obraria muito conforme a sua Régia benignidade, e aos princípios da política com que tem pretendido animar com exemplos os habitantes do Brasil a contribuírem voluntariamente com os seus cabedais para as defesas e obras de pública defesa e utilidade, dignando-se conferir ao Suplicante a mercê do Hábito da Ordem de Cristo com a tença ordinária; muito principalmente quando não tendo ele ocultado em seu requerimento a falta da legalidade acima ponderada, e havendo V.A.R ordenado que ele lhe fosse consultado, esta primeira contemplação lhe deva fazer esperar que V.A.R se digne decidir a sua súplica pelo merecimento intrínseco dos documentos com que prova a importância dos seus serviços, dispensando graciosamente a sobredita falta de legalidade.

Embora João Antônio Martins não estivesse apto a ser *remunerado de rigorosa justiça*, de acordo com juízo do desembargador Finas das Mercês e do Conselho Ultramarino, o emprego do solicitante em atividades de defesa e conservação da Amazônia portuguesa faziam-no merecedor da mercê. E este era um dos pontos vitais da política reinol para aquela região. Alie-se a isto os gastos de sua própria fazenda naquelas ações, feitos pelo requerente, tais serviços se revestiam de grande utilidade para a tarefa da Coroa de governar aquela parte do seu Império. Mais ainda: o tipo de participação no Real Serviço alegado colocava João Antônio na posição de compartilhar o mando da República com Sua Majestade. Portando, nada mais justo que ele fosse remunerado com o Hábito da Ordem de Cristo.

Sendo assim, provavelmente em função da solicitude demonstrada por João Antônio perante a Coroa, é que ele apareça em 1819 como Intendente da Marinha (AHU-PA, doc. 11.507) e, no ano seguinte, possuindo a patente de Brigadeiro (AHU-PA, doc. 11.575). Mais do que isso, João Antônio, como seu avô paterno, procurou preservar as relações de alianças entre a sua família e importantes autoridades do Império Português. Em um ofício datado de 20 de março de 1806 do então Governador do Estado do Grão-Pará e Rio Negro, D. Marcos de Noronha e Brito, para o Secretário de Estado da Marinha e Ultramar, D. João Rodrigues de Sá e Melo, era recomendada a *proteção* ao requerimento de João Antônio. Mesmo não explicitando o conteúdo do tal requerimento, o interessante desse documento é a justificativa dada pelo 8º Conde dos Arcos para o seu pedido:

> [...] devo agora por Gratidão e amizade aquele official, e Negociante mãos abonado desta Praça, declarar a V. Exª que nenhum dos Habitantes desta Capital he mais digno da mercê que pede; ou seja pelas qualidades pessoaes, ou bem pelas militares [...] (AHU-PA, doc. 10.372).

Eleito em fins do século XVIII diversas vezes para o Senado de Belém (AHU-PA, doc. 9.382), João Antônio Rodrigues Martins, pois, inserido nas redes de reciprocidades construídas e reiteradas pela sua família, acumulou grande prestígio social e riqueza no Grão-Pará. A respeito do último ponto, em particular, suas atividades econômicas eram tanto vinculadas ao comércio quanto à agricultura. Negociante de longo curso e armador, as suas rotas passavam por Lisboa, África, Maranhão e Pará, sendo que, ao menos durante os anos que foi possível acompanhá-lo na documentação consultada, esteve nesta atividade de 1803 a 1821 (AHU-PA, doc. 9.775, e AHU-PA, doc. 11.604). Em relação às suas propriedades rurais, as mesmas eram três: os engenhos de Mocajuba, Utinga e Murucutu, localizados nas cercanias de Belém (Marin, 1985, p. 164).

Pois bem, conforme mencionei no início deste texto, um filho de João Antônio, por nome João Marcelino Rodrigues Martins, casou-se com Josefa Florêncio de Oliveira Pantoja (Marin, 1985, p. 164). A última família é considerada como fazendo parte dos povoadores de Belém e, durante a primeira metade do XVIII, teve vários membros ocupando assentos no Senado da Câmara de Belém. O primeiro dos seus a chegar no local foi José de Oliveira Pantoja, o qual se consorciou com Luísa Maria de Bittencourt, neta do capitão general do Estado do Maranhão, entre 1644 e 1646, Feliciano Correa (Sampaio, 2002, p. 101).

Um pedido de mercê feito pelo pai de Josefa, Amandio José de Oliveira Pantoja, fornece informações interessantes sobre a trajetória de sua família no Pará. Ao solicitar o Hábito da Ordem de Cristo ou de São Bento de Avis — no que foi atendido com o da segunda Ordem em 1803 —, foram anexados vários atestados dos serviços prestados por Amandio à Coroa portuguesa. Na consulta feita pelo Conselho Ultramarino ao regente D. João, acerca do pedido de Amandio, consta que a sua família, ao menos desde fins do século XVIII, possuía o direito de usar brasão de armas (AHU-PA, doc. 9.544). O pai de Amandio, inclusive, foi familiar do Santo Ofício no Pará (Sampaio, 2002, p. 101). Assim, todo o esforço do requerente teria sido "[...] imitando aquelles de quem descende, que sempre se contárao no numero dos mais Nobres, e antigos cidadõens daquella Cidade [Belém] [..]" (AHU-PA, doc. 9.544).

Como capitão de um dos Regimentos de Milícias de Cametá, na década de 1790, por exemplo, Amandio José forneceu *gratuitamente* todos os víveres necessários para os indivíduos sob o seu comando que iam, freqüentemente, combater os mocambos formados na Capitania. Aliás, este exemplo serve como um indício da ascendência social tida por Amandio na região. Considerando os riscos envolvidos em empreitadas desta natureza, se ele conseguia reunir um grupo de homens que o seguiam, deviam existir fortes laços sociais ligando-os. Quem sabe, as pessoas que o acompanhavam recebiam alguma recompensa depois de terem alcançado os seus intentos com a operação. De todo modo, e continuando a demonstrar a sua solicitude perante as necessidades da Coroa, Amandio colocou trinta escravos seus, inclusive fornecendo-lhes alimentos, à disposição do governo local, quando se fez necessária a construção de uma muralha em Belém para a melhor defesa da cidade. Reconhecidamente dedicado às atividades agrícolas, proprietário até de um Engenho Real, repetidas vezes, em fins do século XVIII, socorreu os Reais Armazéns com farinha, chegando a ponto de se oferecer para comprar esse gênero de outros lavradores, a fim de empregar o obtido no mesmo fim.

ALGUMAS CONSIDERAÇÕES

Diante dos pequenos fragmentos de trajetórias apresentados, questões podem ser pensadas. Com o projeto de características centralizadoras voltado para o Pará a partir de 1750, ao que tudo indica, iniciou-se um processo de consolidação de um novo grupo no topo da hierarquia social local, pois, assim como os Rodrigues Martins, outras famílias também tiveram percursos semelhantes.[12] Tendo, pois, o interesse em criar melhores condições para a efetivação daquelas medidas, a Coroa procurou cercear certas prerrogativas possuídas pela primeira nobreza da terra. Certamente, mudanças internas ao Pará, assim como nas relações dessa Capitania com a Coroa, já estavam ocorrendo antes mesmo do ministério pombalino, proporcionando um fortalecimento de determinados grupos que passaram, de alguma forma, a representar uma ameaça à autoridade da primeira nobreza.[13] Não me parecem à toa as freqüentes solicitações do Senado de Belém para que os seus privilégios de cidadãos do Porto fossem confirmados. Tais movimentos, agindo conjuntamente, parecem ter culminado com o fortalecimento e a consolidação de um novo grupo na pirâmide social da Capitania.

O sugestionamento anterior não significa que tenha deixado de haver barganhas entre os diferentes atores então envolvidos. Ou seja, quero dizer que a sociedade existente à época se considerava naturalmente desigual, que os homens da governança se sentiam compartilhando o poder com a Coroa e, por esse motivo, eram detentores de direitos e privilégios.

Nesse momento, penso ser interessante levantar algumas questões. É possível pensar em um aparente paradoxo na relação entre o Reino luso e elites locais nas regiões de fronteira da América Portuguesa.[14] Mesmo visando ao aumento na intervenção e no controle sobre essas áreas, como é o caso da Amazônia, o Reino parece ter tido uma maior flexibilidade em suas relações com esses territórios. Em função da posição estratégica dos mesmos e das sempre presentes ameaças de invasões estrangeiras, bem como dos ainda precários aparelhos burocrático e militar da Coroa, a cooperação da elite local na consecução da política reinol não podia ser preterida. Assim é que foram aqui entendidos os financiamentos de construções de fortificações militares, a cessão de escravos para obras públicas, e os socorros aos Armazéns Reais, por exemplo. De todo modo, não pode ser elidido que camaristas de Belém algumas vezes foram presos por governadores, durante a primeira metade do XVIII, fato que novamente se repetiu, entre outros momentos, em 1751, quando da origem da discussão que levou à releitura dos privilégios dos cidadãos do Porto tidos pelos de Belém, em 1758. Com relação a este ponto, se, por um lado, as prisões dos homens da governança podem ser vistas como um desrespeito por parte da Coroa para com os privilégios dos mesmos, por outro lado, os sete anos que se passaram até o parecer final acerca daquele imbróglio, e o parecer final dado sobre essa questão, indicam o cuidado com que a Coroa procurou cercar a sua ação. Este assunto, de qualquer forma já possui aqui, acredito, alguns indícios. É preciso, pois, refinar a análise acerca do grau de tais negociações, bem como dos recursos que então os vassalos possuíam.

Mas, voltemos para o caso da família Rodrigues Martins. Certamente já possuindo ascendência social na Capitania e estando inserida em redes de reciprocidades durante a primeira metade do setecentos, foi, todavia, a partir da chegada de Mendonça Furtado ao Pará que a posição social daquela família se consolidou. Participação no Senado da Câmara de Belém, atividades junto aos indígenas e ao sistema de defesa do território, serviço militar, ascendência social, relações de amizade e alianças sociais que atravessavam o Atlântico e ligavam os Rodrigues Martins a altos funcionários da Coroa, foram elementos que alicerçaram o *locus* social da família. Além disso, e talvez mais importante ainda, tenha sido a prontidão no Real Serviço com gastos de sua própria fazenda, para colocar a família na posição de compartilhar o mando da República com Sua Majestade e receber as mercês em forma de patentes, terras e cargos na administração que seus membros sucessivamente conquistaram ao longo da segunda metade do século XVIII.[15] Ao usar a sua fazenda no serviço real, os Rodrigues Martins agiam motivados pela busca da preservação do *bem comum*. Em contrapartida, a Coroa os remunerava na forma de diferentes mercês. Ou seja, os valores mencionados anteriormente, como amizade, parentesco, fidelidade, honra e serviço, cimentaram as diferentes redes de relações construídas pelos Rodrigues Martins e a posição social por eles ocupada.

É interessante notar o grande relevo dado às atividades militares, ao ser solicitada uma remuneração, tanto por parte do requerente, quanto de autoridades em Lisboa. Isto aponta não somente para a preocupação relativa à defesa e à preservação do território amazônico nutrida na Corte, mas também indica um dos elementos que atuaram na afirmação desses novos integrantes da elite local. Diferentemente da antiga nobreza, o novo grupo não se outorgava privilégios a partir de um passado remoto, ou seja, por descender dos primeiros povoadores e conquistadores. Sua *qualidade* derivava, sim, e em parte, do serviço militar prestado à Coroa, mas em consonância com as expectativas e medidas que estiveram voltadas para a Amazônia a partir de meados do setecentos. E na expressão "serviço militar" estão incluídos tanto o exercício de uma dada patente quanto, e sobretudo, a participação e o financiamento do sistema de defesa da região, bem como o poder de mando. Em poucas palavras, tais ações estavam voltadas para a manutenção da ordem social e do *bem comum*.

De todo modo, apesar de modificações na maneira de se auto-representar por parte de novos membros, ao menos, da elite do Pará, esta também almejava velhos recursos que lhes proporcionariam distinção social: patentes, hábitos de ordens militares, cargos na administração, alianças parentais e de amizades, e atos beneficiais com a Coroa lusa. Dentro dessa lógica, não devem ser esquecidas alianças feitas entre alguns integrantes da primeira nobreza da terra e do novo grupo que então vinha ganhando espaço, como, entre outras de diferentes naturezas, o casamento de João Marcelino Rodrigues Martins com Josefa Florêncio de Oliveira Pantoja. É provável que em virtude da nova conjuntura de meados do século XVIII, este tenha sido um mecanismo de mão dupla: ao possibilitar a permanência de, pelo menos, algumas das antigas famílias no mando da Capitania, contribuiu para consolidação de outras com aquele mesmo estatuto. Deste modo, no caso das famílias aqui tratadas, por um lado, temos os Rodrigues Martins, originalmente ligados a atividades mercantis, investiram em atividades rurais,[16] galgaram postos de comando da República, estabeleceram diferentes tipos de alianças sociais. Por outro lado, havia famílias, como a Oliveira Pantoja, tradicionalmente vinculadas às atividades rurais, com um longo passado no mando dessa sociedade e que puderam e souberam lidar com as mudanças verificadas na segunda metade do setecentos. De negociações e disputas envolvendo ambos os grupos entre si e com o restante da sociedade, além da própria Coroa, é que parecem ter saído aqueles que ocuparam o topo da hierarquia social local no período aqui tratado.

E, assim, podemos voltar para o século XIX. De forma semelhante ao ocorrido no setecentos, existem indícios que os Rodrigues Martins continuaram alerta aos novos ventos. Em fins do oitocentos, diversificaram as suas atividades econômicas, com a exploração e a comercialização da borracha. Contraíram núpcias com estrangeiros que chegaram ao Pará atraídos pelas possibilidades que a economia gomífera vinha acenando. Realizaram alianças sociais com pessoas que tinham acesso aos altos níveis da administração provincial e mesmo imperial, além de eles próprios terem buscado manter o controle sobre cargos vitais do governo local. Em suma, embora tenham procurado e conseguido lidar com mudanças vivenciadas pelo Pará ao longo de cerca de dois séculos, continuaram a praticar velhos ensinamentos: alianças sociais e controle sobre a política ainda eram elementos de extrema importância para o acúmulo de cabedal e prestígio social.

Notas

1. As questões que tratarei aqui sobre elites no Pará do século XVIII constituem-se nas reflexões iniciais da pesquisa que venho realizando para a minha tese de doutoramento. Os resultados até então obtidos são, portanto, parciais. Pesquisa financiada pelo CNPq.
2. Sobre a concepção de sociedade de Antigo Regime, baseio-me no proposto por Xavier e Hespanha, 1998, p. 113-22. Destaco que não discutirei a mudança na concepção de sociedade, na qual há toda uma linha de trabalho que postula ter havido, a partir de meados do século XVIII, uma maior centralidade da Coroa em relação aos assuntos de esfera local em Portugal. Cf., dentre outros, Subtil, 1998, p. 141-67; e Xaxier e Hespanha, 1998, p. 113-22. De todo modo, alguns esclarecimentos se fazem ne-

cessários. Certo é que, por um lado, percebe-se um maior esforço da Coroa lusa no sentido de intervir na Amazônia com a política pombalina. Por outro lado, existem indicações de que os vassalos naqueles rincões do ultramar ainda se pensavam de acordo com elementos normativos do Antigo Regime e, mais do que isso, o Reino participava de negociações com grupos locais segundo tais parâmetros. Esquadrinhar essas questões, no entanto, foge aos limites deste artigo.

3. Sobre as redes familiares das elites imperiais, ver o capítulo 9.
4. Para outras famílias também bem-sucedidas nesta empreitada, ver Batista, 2004. Devo deixar claro que foge à minha preocupação neste texto trabalhar com processos políticos como o de independência do Brasil, o da Cabanagem e as conseqüências deles sobre a elite do Pará.
5. Sobre o assunto, ver, entre outros, Falcon, 1982; Azevedo, 2004; Maxwell, 1996; Monteiro, 2003; Xavier e Hespanha, 1998, p. 113-22; Subtil, 1998, p. 141-67; Pedreira, 1995.
6. Na verdade, a venda a crédito foi uma medida adotada pela Companhia de Comércio poucos anos após a sua instituição, devido a uma solicitação feita pelo Senado da Câmara de Belém. Cf. AHUPA, doc. 4.067.
7. Para um estudo detalhado da nobreza fluminense, ver capítulo 1 deste livro.
8. Sobre a noção de recurso, ver Barth, 1981.
9. Devo ressaltar que a grande maioria dos membros da Câmara de Belém, até meados do século XVIII, identificava-se e era identificado como vinculado às atividades rurais. É apenas no decorrer da segunda metade do Setecentos, sobretudo em finais desse século, que negociantes, como os Rodrigues Martins, aumentaram os seus espaços naquela instituição.
10. O tesoureiro era responsável pela comercialização de todos os gêneros provenientes das povoações, tendo, inclusive, a atribuição de lhes fixar os preços. Isso era feito mediante uma lista dos produtos obtidos nas expedições aos *sertões*, preparadas pelos Diretores, bem como dos gêneros que eram enviados ao Tesoureiro, o qual devia prestar conta de todas as suas atividades ao governador.
11. Trabalho aqui especialmente com a noção de *economia do dom*. Sobre o assunto, ver, dentre outros, Xavier e Hespanha, 1998, p. 339-49; Mauss, 2003; Godelier, 2001.
12. Algumas destas famílias foram trabalhadas, mesmo que brevemente, em outro estudo. Ver Batista, 2004.
13. Um dos elementos, dentre outros, que podem elucidar tal problema é a análise do recrutamento desse novo grupo: se vinham dos ofícios régios (militares ou civis), do comércio, de outras partes do Império, ou se pertenciam a famílias dos primeiros povoadores, mas com menos prestígio etc.

14. Tiago Gil, por exemplo, a partir do *bando* liderado por Rafael Pinto Bandeira, analisa como a prática do contrabando de couro e gado, no Rio Grande de São Pedro setecentista, estava assentada em redes de relações sociais e postos de governo. Cf. Gil, 2003.
15. Para proposições semelhantes, ver a clássica discussão de Lawrence Stone sobre o *ethos* da aristocracia inglesa: Stone, 1985.
16. Sobre a importância e o significado da prática de negociantes investirem em atividades agrárias, ver Fragoso e Florentino, 1998.

CAPÍTULO 9

Os tempos da mudança: elites, poder e redes familiares no Brasil, séculos XVIII e XIX

Maria Fernanda Martins[1]

Se quisermos que tudo fique como está é preciso que tudo mude.

(T. Lampedusa)

A história das elites brasileiras, para além de todas as vantagens que estudos dessa natureza podem oferecer, deve ainda proporcionar algumas reflexões acerca das continuidades nas relações de poder no que se refere ao Brasil oitocentista e mesmo ao período colonial. De fato, é preciso considerar que as rupturas verificadas na história das instituições não necessariamente implicam descontinuidade nessas relações, que permanecem guardadas e protegidas por uma cultura cujo tempo de mudança é mais longo do que aparenta.[2]

Não se pretende negar a importância ou mesmo diminuir o papel dessas mudanças, mas cabe observar que as grandes alterações na estrutura político-institucional verificadas no período imperial não são acompanhadas por drásticas alterações nos quadros dirigentes dessas mesmas instituições, o que em alguma medida deve relevar a periodização tradicional, que aponta uma série dessas rupturas: a Independência em 1822, a abdicação do imperador em 1831 — que instalou o regime das regências —, a aprovação do Ato Adicional de 1834 — que provocou profundas transformações na política administrativa, particularmente com a criação das assembléias provinciais — e o chamado *Regresso,* a partir da regência de Araújo Lima, marquês de Olinda, que culmina com a declaração da maioridade de Pedro II em 1840.

Cada um desses momentos trouxe novas variáveis ao cenário político brasileiro e assinalou irrefutáveis alterações na estrutura administrativa, promovendo o progressivo fortalecimento de uma autoridade central, a proliferação e a especialização de cargos e funções e a criação de novas instituições e instâncias jurídicas, políticas e administrativas.

Entretanto, pode parecer curioso constatar, por exemplo, que o primeiro ministério pós-Independência só seria organizado cerca de um ano e meio depois, em 17 de julho de 1823, o que significa que foi mantido até então o gabinete de 16 de janeiro de 1822. Naturalmente que nesse caso caberia argumentar-se a permanência do próprio monarca, o que diminuiria o impacto desse fato como ruptura. Mas o mesmo não se diria em relação à abdicação em 1831, evento que não apenas afastou o imperador d. Pedro I, mas ainda instalou o regime de regências e possibilitou a eclosão de uma série de movimentos de caráter separatista que, em geral, vinham questionar a autoridade central do Império.

Do ponto de vista historiográfico, o sete de abril — considerado pelos contemporâneos a *revolução do sete de abril,* assim chamada também por Joaquim Nabuco, que já escrevia longos anos depois — parece demonstrar a culminância de um processo de abertura à participação nos cargos dirigentes a uma elite mais brasileira do que portuguesa, que vinha se afirmando institucionalmente e se organizava progressivamente em instâncias várias de poder, nas províncias e na Corte, dentro e fora do aparelho de Estado, considerando as associações econômicas e comerciais e, principalmente, a própria Câmara dos Deputados, e que não via com bons olhos a monopolização desses cargos nas mãos de um grupo estreitamente identificado ao Paço. Mas mesmo essa elite não pode ser considerada *emergente,* no sentido que, quando se aproxima o olhar, verifica-se sua força e continuidade em relação aos períodos anteriores. Parecia tratar-se, portanto, de uma elite tradicional que já ocupava cargos administrativos coloniais e que se adaptava às conjunturas impostas pelo novo regime.

Observe-se, por exemplo, as duas primeiras edições dos Conselhos imperiais. O Conselho dos procuradores-gerais das Províncias, convocado em fevereiro de 1822 por iniciativa de José Bonifácio Ribeiro de Andrada, era um órgão que vinha atender a uma demanda crescente de constituição de um fórum das províncias e de adequação e questionamento das leis portuguesas que eram então impostas à colônia (Lyra, 1978, p. 70).

O Conselho de procuradores já era composto por membros de importantes oligarquias regionais, assim como o primeiro Conselho de Estado, de caráter vitalício e não mais representativo, criado logo após a Independência, em 1823, onde se reuniram famílias como os Nogueira da Gama e os Ribeiro de Rezende, de Minas Gerais, os Cavalcanti de Albuquerque, de Pernambuco, os Azeredo Coutinho, do Rio de Janeiro, os Ribeiro de Andrada, de São Paulo, e os Carneiro de Campos da Bahia, além de uma série de nomes cuja continuidade e permanência de suas famílias e redes nas altas esferas do poder datavam do século XVIII e assim permaneceriam ao longo de todo o período imperial.[3]

De fato, pode-se observar que algumas personagens, ao longo do período, não apenas mantiveram como ainda fortaleceram progressivamente suas ligações com o poder central, principalmente no que se refere à ocupação dos mais importantes cargos dirigentes no país. Entre diversos exemplos, pode-se destacar o político fluminense João Vieira de Carvalho, marquês de Lages (1781-1847), conselheiro de Estado e ministro da Guerra no primeiro gabinete ainda em 1822. Em sua trajetória política Lages seria ainda o titular da mesma pasta em sucessivos gabinetes, de 1824 a 1827, em quatro diferentes ocasiões, e ainda em 1831 e 1839. O caso do regente marquês de Olinda (1793-1870) é ainda mais significativo, quando se observa que desde sua primeira nomeação ministerial até a última transcorreram 42 anos, um longo período profundamente marcado por turbulências e conflitos, principalmente quando se considera os anos entre a Independência e a declaração da maioridade. Olinda aparece como ministro do Império em 1823 e 1827, dos Negócios estrangeiros em 1832 — portanto, após a abdicação —, novamente como ministro do Império em 1837, ano que marca o *Regresso*, e após a maioridade foi ainda presidente do Conselho de Ministros em 1848, 1857, 1862 e 1865, alternando as pastas dos Estrangeiros e do Império. Assim, a trajetória do político pernambucano demonstra que alguns poderiam transpor o tempo das rupturas, mantendo-se no poder apesar das transformações em curso.

Mas se a sobrevivência a essas transformações na política institucional poderia se justificar pelos dons, escolhas e estratégias individuais, que tinham limites na própria longevidade das personagens, o mesmo não se poderá dizer de suas redes de relações, que parecem construídas para durar séculos. O próprio marquês de Olinda, por exemplo, encontrava-se diretamente ligado à família de origem pernambucana dos Cavalcanti de Albuquerque, à qual pertenciam os viscondes de Albuquerque, Suassuna e Camaragibe, além de diversos políticos e senhores de engenho. A família tem suas origens no século XVI e, desde então, seus membros construíram progressivamente uma vasta estrutura de poder especialmente no âmbito local, espalhando-se por toda região Norte do país, constituindo engenhos e redes comerciais e ocupando importantes cargos jurídicos, militares, eclesiásticos e político-administrativos.[4]

Fundamental ao entendimento desse processo, portanto, torna-se a identificação das redes de sociabilidade e parentesco que envolviam essas personagens, no sentido de compreender essa elite dirigente não como a representação de um grupo isolado, a partir de suas características internas de formação e composição, mas considerando ainda suas relações dinâmicas e constantes com a sociedade, através das estratégias de aliança e jogos de interesses que se constroem e se refazem permanentemente ao seu redor.[5]

A prática relacional espelha objetivos precisos, individuais ou de grupos, que se podem observar a partir de suas relações de continuidade no que se refere aos principais grupos econômicos do país — os grandes negociantes e proprietários de terras e escravos — e as antigas famílias que controlavam os poderes locais e estendiam sua esfera de influência não só para além dos próprios limites provinciais como em direção ao poder central, cobrindo a geopolítica de antigas redes comerciais. Tratava-se de uma estrutura social onde a própria identidade individual ainda se encontrava fortemente vinculada às relações familiares e às redes sociais às quais estavam associados, o que fazia com que, com freqüência, antes de serem homens públicos, fossem os representantes dos interesses e negócios dos grupos e famílias que os aproximaram do poder.

No centro da noção de rede encontram-se, portanto, as famílias, uma vasta estrutura de integração que se verifica em diversos níveis, teias que englobam as relações decorrentes de estratégias de aliança — principalmente por meio do casamento —, constituindo laços que se estreitam diante das incertezas colocadas pelas mudanças e transformações que enfrentam determinadas sociedades em seu sentido amplo, quer de natureza econômica, social, política ou cultural (Lima, 1999, p. 207).

Nesse sentido, a prática relacional extrapola o sentido exclusivamente econômico, ligado à necessidade de estabelecer alianças vantajosas do ponto de vista material ou de manutenção dos bens e propriedades da família, para assumir o sentido de busca de uma maior previsibilidade e mesmo interferência no ritmo dos acontecimentos. É exatamente essa abordagem que abre espaço para a atuação direta e estabelecimento de estratégias de ação. A necessidade da montagem dessas estratégias torna-se mais premente quanto mais se distancia a esfera de decisão, o que ocorre em geral nos processos de progressiva centralização do poder. Essa situação gera maior insegurança mas, por outro lado provoca, no nível local, a necessidade constante de adaptação dessas famílias, de reorganização de poder e criação de vias de acesso à informação (Levi, 2000, p. 104). Assim, a noção de rede complementa a compreensão do sentido que assume o termo *elites*, pela consideração de que formam grupos com identidades construídas a partir de suas relações.

A análise do comportamento das elites nacionais no período pode ser ampliada a partir do quadro seguinte, no qual se procura identificar as redes familiares às quais pertenciam alguns exemplos entre os detentores dos principais cargos políticos imperiais, assim considerados em função de suas trajetórias e carreiras individuais, avaliando-se a composição das três edições do Conselho de Estado e os diversos gabinetes ministeriais. Nesse quadro procurou-se selecionar algumas personagens ligadas ao menos a uma rede familiar de cada uma das províncias mais dinâmicas do país, Rio de Janeiro, Bahia, Pernambuco, Minas Gerais e São Paulo, em função da concentração de seus negócios e atividades políticas.

Cabe ressaltar que a atuação política dos representantes dessas famílias não se restringia ao Executivo central, estendendo-se ainda progressivamente por toda a estrutura administrativa, incluindo as diversas instâncias do Poder Judiciário, as câmaras municipais e assembléias legislativas provinciais, além do próprio Parlamento, uma vez que a grande maioria

Quadro 9.1

Presença das redes familiares nos cargos dirigentes imperiais, 1822-1889

Famílias/províncias	Representantes	Conselhos de Estado			Gabinetes ministeriais		
		1822 1823	1823 1834	1842 1889	1822 1831	1831 1840	Pós-1840
Casado Lima,	Manuel Clemente Cavalcanti de Albuquerque	X					
Cavalcanti de Albuquerque	Pedro de Araújo Lima, marquês de Olinda			X	2	2	4
Almeida e Albuquerque, Rego Barros (PE)	Antônio Francisco de Paula e Holanda Cavalcanti de Albuquerque, visconde de Albuquerque			X	1	3	4
	Francisco de Paula e Holanda Cavalcanti de Albuquerque, visconde de Suassuna					1	
	Sebastião do Rego Barros					1	1
	Diogo V. Cavalcanti de Albuquerque, V. de Cavalcanti			X			2
Carneiro de Campos	José J. Carneiro de Campos, 1º marquês de Caravelas		X		3		
e Ferreira França (BA)	Carlos Carneiro de Campos, 2º marquês de Caravelas			X			3
	Francisco Carneiro de Campos				1	1	3
	Manuel Alves Branco, 3º marquês de Caravelas			X		3	3
	Ernesto Ferreira França						1
	Clemente Ferreira França, marquês de Nazaré		X		2		

Famílias/províncias	Representantes	Conselhos de Estado			Gabinetes ministeriais		
		1822 1823	1823 1834	1842 1889	1822 1831	1831 1840	Pós-1840
Meneses Dória, Cunha Menezes, Argollo (BA)	João L. da Cunha Paranaguá, 2º marquês de Paranaguá			X			5
	José C. Pereira de Almeida Torres, visconde de Macaé			X			3
	Franklin Américo de Menezes Doria, barão de Loreto						3
	João Maurício Wanderley, barão de Cotegipe						4
Azeredo Coutinho (RJ/ES), Duque Estrada, Macedo Freire, Álvares de Azevedo (RJ)	José Mariano de Azeredo Coutinho	X					
	Aureliano de S. Oliveira Coutinho, visconde de Sepetiba				2	2	1
	Joaquim José Rodrigues Torres, visconde de Itaboraí			X		2	4
	Paulino J. Soares de Sousa, visconde de Uruguai			X			1
	Paulino José Soares de Sousa			X			1
Caldeira Brant (BA), Oliveira Horta (MG)	Felisberto Caldeira Brant Pontes, marquês de Barbacena		X		2		
	João Severiano Maciel da Costa, marquês de Queluz		X		1	1	
	José E. Alvares de Almeida, marquês de Santo Amaro		X		1		
Nogueira da Gama, Carneiro Leão (RJ/MG)	Manoel J. Nogueira da Gama, marquês de Baependi		X		2	1	
	Luiz José de Carvalho e Mello, visconde de Cachoeira		X		1		
	Honório H. Carneiro Leão, marquês de Paraná			X		1	2
	Jerônimo J. Teixeira Jr., visconde do Cruzeiro			X			1
Ribeiro de Andrada, Pais de Barros, Aguiar, Vergueiro (SP)	Estevão R. de Resende, marquês de Valença	X	X		2		
	José Bonifácio R. de Andrada				1		
	Martim Francisco R. de Andrada				1	1	

Quadro 9.1

Presença das redes familiares nos cargos dirigentes imperiais, 1822-1889 (cont.)

Famílias/províncias	Representantes	Conselhos de Estado			Gabinetes ministeriais		
		1822 1823	1823 1834	1842 1889	1822 1831	1831 1840	Pós- 1840
	Antônio Carlos R. de Andrada					1	
	Nicolau de Campos Vergueiro					1	1
	José Bonifácio de Andrada e Silva						2
	Martim Francisco R. de Andrada			X			1
	José da Costa Carvalho, marquês de Monte Alegre			X			1
	Francisco de Paula Sousa e Mello			X			2
	Bento Francisco de Paula Sousa						1
Vieira de Carvalho, Lima e Silva, Fonseca Costa, (RJ)	João Vieira de Carvalho, marquês de Lages		X		6	3	
	Caetano P. de Miranda Montenegro, marquês da Praia Grande		X		2		
	Manoel da Fonseca Lima e Silva, barão de Suruí					3	
	Luís Alves de Lima e Silva, duque de Caxias			X			3
	José J. Lima e Silva, visconde de Magé			X			

Fontes: Javari, 1962; Lyra, 1978; Smith Vasconcellos, s.d.

daqueles que chegariam à cúpula da administração imperial, como os gabinetes ministeriais e os Conselhos de Estado, já possuíam carreira no Senado e na Câmara dos Deputados, bem como diversos membros de suas redes de relações.

Portanto, considerando-se essas facções das elites, mesmo a abdicação ou o *golpe da Maioridade* não parecem promover profundas alterações, mantendo-se no poder as lideranças do I Reinado. Assim, as raízes desse processo devem ser buscadas no período pré-Independência, quando podem ser reconstituídas as bases de poder desses grupos, procurando-se identificar os diferentes aspectos em que se assentava sua longevidade e que permitiram a continuidade de sua presença sempre próxima ao governo central, apesar de todas as intensas transformações que caracterizam, no país, a passagem do século XVIII para o XIX.

No Brasil, o período que se descortina entre meados do século XVIII e o início do oitocentos também é marcado por uma série de grandes rupturas que irão influir diretamente na composição e equilíbrio de forças e interesses na colônia. Quanto às suas relações com a metrópole portuguesa o principal marco foi a nomeação do marquês de Pombal, Sebastião José de Carvalho e Melo, para o cargo de Secretário de Estado do rei Dom José I, que governou entre 1750 e 1777.

De início, Pombal procurou promover uma série de reformas de modo a reverter a situação de crise que vivia o reino português e que, para se realizarem, necessitavam de uma autoridade central fortalecida. Visando a ampliar os mecanismos de controle da colônia, a administração pombalina promoveu medidas como a extinção das últimas capitanias hereditárias, a unificação dos estados do Brasil e do Maranhão, a criação do Tribunal da Relação no Rio de Janeiro e de juntas de Justiça e de Fazenda nas demais capitanias reais, assim como a constituição de novas capitanias nas fronteiras. Paralelamente, promoveu a mudança da capital colonial, até então localizada na Bahia, para a cidade do Rio de Janeiro em 1763, medida que procurava, principalmente, racionalizar o controle quanto ao acesso à região das minas (Bethencourt e Chaudhuri, 1998, p. 35-36).

As reformas pombalinas na colônia atingiram diretamente a estrutura administrativa, promovendo a progressiva especialização e ampliação dos cargos e a extensão do controle sobre as províncias, particularmente no que se referia ao sistema fiscal e judiciário, no qual se destaca a criação das juntas regionais. A política reformista teve continuidade, após a queda de Pombal, nos reinados de D. Maria I (1777-1792) e do príncipe regente D. João (1792-1816), quando assumiram os Negócios ultramarinos, respectivamente, Martinho de Mello e Castro e Dom Rodrigo de Sousa Coutinho, conde de Linhares.

Além das transformações verificadas em finais do século XVIII, a instalação da Corte portuguesa no Brasil em 1808 provocou uma nova e profunda alteração na estrutura administrativa, com a chegada de um número significativo de nobres e potenciais funcionários a compartilhar e disputar com as elites locais os cargos existentes e, principalmente, aqueles que ainda seriam criados, com o objetivo de adaptar o país à nova conjuntura. Ao atingirem principalmente o equilíbrio de poder entre agentes da Coroa e potentados locais, essas transformações tiveram ainda conseqüências diretas sobre as práticas políticas de negociação e intermediação, que também precisaram se adequar aos novos tempos.[6]

De fato, tais elites já vinham se inserindo progressivamente nas estruturas de mando e governo da colônia, processo que parece ter sobrevivido ao impacto das reformas. Nesse sentido, o quadro a seguir procura demonstrar a amplitude de seu poder político e econômico ainda no período colonial, com ênfase no século XVIII. Com o objetivo de recompor seu status, a partir de alguns exemplos e seguindo os mesmos grupos selecionados no quadro anterior, priorizaram-se as atividades econômicas, distinções de caráter político-social e a extensão do controle exercido por suas famílias, que incluía os cargos *militares-administrativos* tanto quanto cargos jurídicos, cuja posse já era um indicativo da importância de seus detentores.

Como pode ser observado, entre cargos diversos e mercês, as redes familiares que permaneciam próximas ao governo central apresentavam um histórico que revela uma base sólida e incontestável no que se refere às estruturas de mando e controle social e econômico já no século XVIII. Assim, os representantes dessas famílias nos cargos dirigentes imperiais

Redes familiares nos principais cargos e atividades coloniais (séculos XVII e XVIII)

Famílias/províncias	Representantes	Cargos e atividades
Araujo Lima, Cavalcanti de Albuquerque, Rego Barros (PE)	Francisco de P. Cavalcanti de Albuquerque	Capitão-mor
	Joaquim Manuel Carneiro da Cunha	Capitão-mor
	João do Rego Barros	Provedor da Fazenda, PE, 1759
	Francisco Xavier Carneiro da Cunha	Capitão-mor; familiar do Santo Ofício, 1754
	Balthazar de V. Cavalcanti de Albuquerque	Oficial da Alfândega, BA; familiar do Santo Ofício, 1747
	Francisco Casado Lima	Negociante; familiar do Santo Ofício, 1778
	Francisco Xavier Carneiro da Cunha	Capitão-mor; familiar do Santo Ofício, 1754
	Antônio de Araújo Lima	Negociante, BA; familiar do Santo Ofício, 1702
	Gaspar de Araújo Lima	Negociante, BA; familiar do Santo Ofício, 1712
	João de Araújo Lima	Senhor de engenho, BA; familiar do Santo Ofício, 1703
	João de Araújo Lima	Negociante, PE; familiar do Santo Ofício, 1784
	Antônio Cavalcanti de Albuquerque	Capitão-mor, PA, 1630
	Manuel Cavalcanti de Albuquerque	Capitão-mor da Capitania de Taipu, 1754
	João Cavalcanti de Albuquerque, o Bom	Vereador, PE, 1665; Juiz Ordinário, PE, 1671, 1675 e 1685; capitão de Ordenanças; senhor de engenho, PE
	João Cavalcanti de Albuquerque	Vereador, Olinda, 1707 e 1713; Capitão e coronel de Cavalaria de Muribara; fidalgo da Casa Real, 1714
	Jerônimo Cavalcanti de Albuquerque	Capitão-mor, Itamaracá, 1660; Cavaleiro da Ordem de Cristo e Moço Fidalgo da Casa Real
	Manoel de Araújo Lima	Negociante, BA; familiar do Santo Ofício, 1724

Quadro 9.2

Redes familiares nos principais cargos e atividades coloniais (séculos XVII e XVIII) (cont.)

Famílias/províncias	Representantes	Cargos e atividades
	João Maurício do Rego Barros	Capitão de ordenanças, PE; Fam. do Santo Ofício, 1780
	Francisco do Rego Barros	Sargento-mor, PE; familiar do Santo Ofício, 1773
Carneiro de Campos, Ferreira França (BA)	Antônio Muniz Barreto	Sargento-mor
	José Carneiro de Campos	Negociante, BA; familiar do Santo Ofício, 1765
	Joaquim Ferreira França	Negociante, BA; familiar do Santo Ofício, 1765
	Francisco Muniz Barreto	Capitão; familiar do Santo Ofício, 1778
	José da Costa Barros	Capitão-mor
	José Manuel de Azevedo	Oficial da Secretaria de Estado dos Negócios do Brasil
	Manuel Carneiro de Campos	Conselheiro
Azeredo Coutinho (RJ/ES), Duque Estrada, Macedo Freire, Álvares de Azevedo (RJ)	Manuel Pereira Ramos (1682-1746?)	Capitão-mor
	Domingos Pereira da Silva	Senhor do engenho de Itaúna
	Clemente Pereira de Azeredo Coutinho (1673-1739) Cosme de Azeredo Coutinho	Capitão-mor, Sabará (MG); senhor de engenho, RJ e Sabará Capitão; senhor do engenho de Itapacorá, c. 1700
	José da Costa Barros	Capitão-mor
	Miguel de Azeredo	Capitão e Governador da Fortaleza do Espírito Santo
	Marcos de Azeredo (1562-?)	Fid. da Casa Real; Cap. da Capitania do Espírito Santo
	Vasco Fernandes Coutinho	1° Donatário da Capitania do Espírito Santo
	Francisco de Macedo Freire	Senhor de engenho, RJ; Fam. do Santo. Ofício, 1776

Quadro 9.2

Redes familiares nos principais cargos e atividades coloniais (séculos XVII e XVIII) (cont.)

Famílias/províncias	Representantes	Cargos e atividades
	Antônio de Azeredo Coutinho, o Flexa	Senhor do engenho de Itapacorá, RJ
	Marcos de Azeredo Coutinho	Tenente-coronel; Senhor de engenho em Itapacorá, RJ, c. 1730
	João Freire de Azeredo Coutinho	Capitão de Companhia do Esquadrão de Cavalaria; Senhor de Engenho em Itapacorá, RJ
	João Pereira Ramos de Azeredo Coutinho	Desembargador do Paço; procurador da Coroa, c. 1770
	José Joaquim da C. de Azeredo Coutinho	Bispo de Pernambuco, 1794; Bispo de Elvas, 1806
	Clemente Pereira de Azeredo Coutinho	Governador da Capitania do Maranhão
	Manuel P. R. Azeredo Coutinho Ramalho	Desembargador
	Francisco de Lemos Pereira de Faria Coutinho n. 1778	Desembargador; 3° Senhor do Morgado de Marapicu, Rio de Janeiro
	Francisco de M. Freire de A. Coutinho	Senhor de Engenho; Capitão-mor de Cabo Frio, 1803
	José de Azeredo Coutinho e Melo	Familiar do Santo Ofício, RJ, 1755
Caldeira Brant (BA) Oliveira Horta (MG)	João dos Santos Horta	Negociante; familiar do Santo Ofício, BA, 1762
	Francisco Paes de Oliveira Leite	Familiar do Santo Ofício, MG, 1753
	Maximiano de Oliveira Leite	Guarda-mor das minas do Carmo, MG, 1701
	Gregório Caldeira Brant	Coronel, MG
	José Caetano Rodrigues Horta	Tenente-coronel; Fidalgo da Casa Real
	Ambrósio Caldeira Brant	Sargento-mor; comandante de tropas — Emboabas
	Felisberto Caldeira Brant	Contratador de Brilhantes

Quadro 9.2

Redes familiares nos principais cargos e atividades coloniais (séculos XVII e XVIII) (cont.)

Famílias/províncias	Representantes	Cargos e atividades
	Manuel Furtado Leite de Mendonça	Capitão-mor
	Fernão Dias Paes	Governador
	Joaquim Caldeira Brant	Arrematante de diamantes, c. 1770
	Sebastião Caldeira Brant	Arrematante de diamantes, c. 1770
	José Alvares Pinto de Almeida	Fidalgo Cavaleiro da Casa Real; Capitão-mor, BA
	Luís Alves (Álvares) Maciel	Guarda-mor, MG
Carneiro Leão Nogueira da Gama Monteiro de Barros (RJ/MG)	José Inácio Nogueira da Gama	Capitão-mor; fidalgo da Casa Imperial, c. 1790
	Antônio Neto Carneiro Leão (n. 1730)	Capitão-mor, Paracatu, MG
	João Netto Carneiro Leme (1774-1842)	Negociante, Corte, 1730-42
	Brás Carneiro Leão (1732-1808)	Negociante; Familiar do Santo Ofício, 1764
	Tomé Rodrigues Nogueira do Ó	Capitão-mor, Baependi, MG, c. 1720
	Manuel José Monteiro de Barros (n. 1716)	Guarda-mor das Minas de Ouro Preto
	Tomé Nogueira do Ó	Capitão-mor, Baependi, MG
	Nicolau Antonio Nogueira	Vereador do senado da Câmara, S.J. d'El-Rei, MG, 1771
	Lucas Monteiro de Barros, visconde de Congonhas do Campo	Juiz de Fora Açores, 1783-93, e Salvador, 1794-1802; ouvidor, Ouro Preto, 1802; desembarg. Relação, BA
	Manuel José Monteiro de Barros	Guarda-mor das minas de Vila Rica, 1761
	Alexandre da Cunha Matos	Guarda-mor, MG, 1737
	André da Cunha Matos	Familiar do Santo Ofício, MG, 1753

Quadro 9.2

Redes familiares nos principais cargos e atividades coloniais (séculos XVII e XVIII) (cont.)

Famílias/províncias	Representantes	Cargos e atividades
Ribeiro de Andrada	José Ribeiro de Andrada	Negociante, Santos, SP
Pais de Barros	Bonifácio José de Andrada	Negociante, 2ª fortuna de Santos, SP
Aguiar, Vergueiro	Tobias Ribeiro de Andrada	Tesoureiro-mor da Sé episcopal de São Paulo
(SP)	Antônio Pais de Barros, B. de Piracicaba	Fazendeiro, São José do Rio Claro, SP
	Antônio de Barros Penteado	Minerador, MG; fazendeiro, SP
	Bento Pais de Barros	Capitão-mor, SP
	José de Carvalho e Silva	Tenente-coronel, SP
	José da Costa Carvalho	Patrão-mor Barra da Bahia c. 1770
	Calixto do Rego Sousa e Mello	Guarda-mor das minas de Araçariguama, 1763
	João de Almeida Prado	Capitão-mor, SP
	Antônio da Silva Prado	Capitão-mor, Santos, SP
	Antônio José de Sousa (f. 1792)	Ouvidor, SP
	Lourenço Castanho Taques (o moço)	Juiz ordinário e de órfãos, SP, c.1740
Vieira de Carvalho	José Joaquim de Lima e Silva	Sargento-mor, 1792; marechal de campo, 1818
Lima e Silva, Fonseca	João Francisco da Costa, n. 1676	Sargento-mor
Costa, Oliveira Belo	Luiz Alves de Freitas Belo n. 1740	Sargento-mor; cel. de milícias, Rio das Mortes, MG
(MG)	Paulo Fernandes Viana	Desembargador; Intendente de Polícia, Corte
	Manuel Alvares da Fonseca Costa	Coronel de milícias, RJ c.1790
	José da Costa Barros, n.1755	Capitão-mor

Quadro 9.2

Redes familiares nos principais cargos e atividades coloniais (séculos XVII e XVIII) (cont.)

Famílias/províncias	Representantes	Cargos e atividades
	Alexandre da Costa Barros	Sargento-mor
	Antônio Lopes de Oliveira Belo	Coronel de milícias, Rio das Mortes, MG, c.1790
Meneses Dória, Cunha Menezes, Argollo (BA)	Simão Manuel de Argollo de Menezes	Juiz ordinário, S. Francisco do Conde; Senhor de engenho, BA; Familiar do Santo Ofício, 1756
	Bartolomeu de Argollo de Menezes	Sargento-mor, St^{o} Amaro, BA, 1748; juiz ordinário, S. Francisco do Conde; senhor do engenho de Itacuipe
	João Maurício Wanderley	Capitão-mor, BA
	Paulo de Argollo	Senhor de engenho, Passé e Ilhéus, 1600; provedor da Alfândega BA; vereador do Senado da Câmara, 1607
	Rodrigo de Argollo Vargas Cirne de Menezes	Cel. Cavalaria BA, 1770; sargento-mor; vereador do Senado da Câmara; escrivão da Casa da Moeda, 1780
	José Joaquim de Teive e Argollo	Fidalgo da Casa Real, 1783; vereador do S. da Câmara S. Francisco do Conde; senhor de engenho, BA
	Paulo de Argollo e Gusmão	Fidalgo da Casa Real; vereador do Senado da Câmara BA; familiar do Santo Ofício 1771; senhor de engenho, BA
	Vicente de Argollo e Menezes	Capitão-mor de Jaguaripe, 1723
	José de Argollo de Gusmão	Capitão-mor N^{a} S^{a} do Monte de Recôncavo, 1720

Fontes: Barata e Bueno, 1999; Soveral; Veiga, 1998; Rheingantz, 1965; Silva Leme.

eram, em geral, integrantes das antigas redes que controlavam a política, os cargos administrativos e as atividades econômicas no país desde o período colonial, principalmente na estrutura local, filhos, netos e bisnetos da antiga nobreza da terra ou de portugueses que aqui se uniram a famílias de origens paulistas, baianas e fluminenses, que na maior parte dos casos se deslocaram para Minas Gerais nos áureos tempos do ouro (cf. Capítulos 1 e 2).

Essa cultura, essa forma de atuar das elites coloniais, manteve-se no período imperial, com a manutenção e reorientação das estratégias de alianças, de acordo com as diferentes conjunturas. Suas estreitas relações são ainda evidenciadas a partir de laços matrimoniais e relações de parentesco e compadrio, que unem o grupo a diversos setores dominantes, seja no nível local, seja numa rede mais ampla. Nesse contexto, o capital e poder político de um indivíduo correspondiam não apenas ao seu status, mas ainda relacionavam-se à sua capacidade de oferecer e retribuir benefícios, em um amplo esquema de trocas cuja função estruturante, no entanto, verificava-se em um nível mais básico das relações de poder, nas negociações cotidianas, nas ações normativas regulares, nas nomeações e concessões de privilégios. Na prática, consistiam em aspectos informais a conviver com as estruturas formais de governo e ordenação política e social, transformando-se progressivamente em práticas marginais na proporção em que se complexificava o aparelho de controle e administração do Estado (Xavier, 1998, p. 339).

Dessa forma, as práticas clientelares e as redes que estas alimentaram exerceram papel fundamental no próprio processo de centralização. Como poderes paralelos, poderiam funcionar como obstáculos à expansão do poder real mas, paradoxalmente, uma vez controlados, abriam caminho para um maior domínio da política e para o próprio reforço da unidade central. Embora principalmente em Portugal as redes familiares e institucionais começassem a perder sua força a partir da legislação pombalina em fins do séc. XVIII, no Brasil tais práticas não desapareceram instantaneamente, mas adaptaram-se às novas estruturas da política e do próprio Estado — considerando-se o aprimoramento dos processos eleitorais, a especialização institucional, a proliferação de cargos etc. —, mantendo-se ainda por tempo considerável no universo cultural da política luso-brasileira (Xavier, 1998, p. 347). Tratava-se, assim, de uma persistente cultura política que reforçava uma prática de governo e dominação que resistia às mudanças impostas pelas novas conjunturas.[7]

Em diversos sentidos, mesmo na Europa o sucesso da política real para a formação dos estados dependera grandemente da capacidade da monarquia em lidar e negociar com as elites tanto quanto, em um processo de dupla direção, dos interesses e estratégias desses grupos para se manterem próximos ao Estado em formação. Essa relação se dava de diversas maneiras, incluindo a distribuição de títulos e honrarias, a concessão de privilégios, a representação nos conselhos e órgãos da administração central e, principalmente no início, a transferência dos mecanismos fiscais-burocráticos para particulares, ou seja, uma certa privatização de serviços na ausência de um aparelho burocrático capaz de dar conta das atividades inerentes ao novo Estado centralizado, de forma que "longe de ser imposto de fora, o poder estatal era inseparável da ordem social em qualquer nível e estava imbricado em uma complexa rede de valores e relações sociais. Era o produto de um processo em duas direções" (Henshall, 2000, p. 66).

Tendo em vista esses pressupostos, no caso das continuidades que tais redes familiares apresentam em relação ao poder central, é necessário investigar as bases e características dessa *permanência*. No que se refere às elites coloniais deve-se considerar, portanto, suas estratégias para a ascensão política e perpetuação no poder, qualquer que seja sua natureza, com especial ênfase nas alianças matrimoniais e na diversificação de atividades e atuação. A ação dessas elites parece demonstrar que muitas vezes o capital econômico dos indivíduos, especialmente daqueles cuja fortuna tinha origem no comércio, ou mesmo as distinções e mercês de caráter estritamente militar-nobiliárquico, por si não pareciam suficientes para que estes alcançassem ou mantivessem prestígio político e status social. Tanto a aquisição de um patrimônio territorial ou as alianças com famílias já tradicionalmente associadas à terra e aos cargos de governança seriam estratégias recorrentes no sentido da estabilidade e reprodução do poder, atitudes que terminaram por influenciar diretamente o modelo político-administrativo que se construía no país (Langue, 2005).

Nesse sentido, a política matrimonial parecia fundamental, particularmente a habilidade em combinar casamentos endogâmicos, no interior do grupo familiar — além dos aspectos culturais, uma estratégia importante para a proteção do patrimônio e heranças —, com alianças a grupos e redes que possibilitassem a diversificação de atividades, no sentido de que permitiriam a superação das instabilidades e a adequação às diferentes conjunturas (cf. capítulo 1). Os laços matrimoniais proporcionavam a construção e formalização de laços estratégicos, reiterando ou consolidando antigas e novas relações comerciais e políticas.

De um modo geral pode-se afirmar que as famílias aqui consideradas, aquelas que sobrevivem às rupturas assinaladas, são as que buscam associar um comportamento aristocrático clássico, similar ao de uma *nobreza* fechada, excludente, caracterizado por alianças matrimoniais horizontais, entre iguais na tradição, nome e sangue, com a reiteração das associações a setores emergentes e enriquecidos pelo ouro ou pelo comércio, seja através do casamento, seja via o estabelecimento de sociedades empresariais (cf. capítulo 2). Tais alianças, em geral, abriam a possibilidade de diversificação dos negócios da família, ou seja, uma forma de combinar uma modernidade nas estratégias econômicas com comportamentos e sociabilidades tradicionais.[8]

Assim, a abertura nas associações matrimoniais, clientelares e empresariais, ao desenvolver e fortalecer as redes familiares, poderia proporcionar a preservação e ampliação do patrimônio material, mediante a união com comerciantes e mineradores, o *enobrecimento* e ascensão social, a partir da aquisição de terras e das relações com grandes proprietários, ou mesmo o favorecimento de aspirações políticas no nível central ou local — através de casamentos em famílias que possuíam fortes ligações com os cargos burocráticos e administrativos. Nesse sentido, cabe assinalar a importância do estabelecimento de laços de parentesco na direção das famílias de magistrados e altos funcionários portugueses, que com freqüência crescente instalavam-se no Brasil. Essa proximidade, que se ampliava malgrado as medidas em contrário constantemente empreendidas pelas autoridades metropolitanas, paulatinamente promoveu a progressiva ascensão de uma elite mais efetivamente colonial e brasileira, que aos poucos começou a solapar o monopólio dos altos cargos jurídicos e administrativos na colônia, até então privilégio das elites reinóis.[9]

É preciso considerar ainda que quanto maior a rede em que os indivíduos estão envolvidos, principalmente no que se refere às aspirações políticas, maiores suas chances de sucesso, não apenas pela amplitude das práticas clientelares, mas também porque as relações baseadas exclusivamente no parentesco, em casamentos endogâmicos, no nível local provocavam a formação de rígidas oligarquias que poderiam ser malvistas pelas autoridades governamentais em função da concentração de poder. Daí as estratégias mais eficientes estarem relacionadas a casamentos e alianças externas não só à família mas também à própria região (Bearman, 1992, p. 47).

Entre diversos exemplos de grupos que seguiram essas estratégias, pode-se destacar a família de origem luso-bandeirante dos Carneiro Leão, que no século XVIII estabeleceu diferentes ramos em Pernambuco, Minas Gerais e Rio de Janeiro. Entre os descendentes do casal tronco, Pedro Carneiro e Maria Antônia Leão, originários da cidade do Porto, encontrava-se o neto Manoel Carneiro Leão (1685-1740), senhor de engenhos em Jaboatão, dando origem ao ramo pernambucano da família, e Brás Carneiro Leão (1732-1808), bisneto daquele casal, fidalgo da Casa Real, familiar do Santo Ofício e Cavaleiro da Ordem de Cristo, que se instalou no Rio de Janeiro onde se tornou um dos negociantes mais ricos do país.

Na Corte, os filhos de Brás Carneiro Leão fizeram importantes casamentos, unindo sua família aos mais representativos nomes da administração régia. Uma de suas filhas casou-se com o poderoso intendente de polícia e desembargador do Paço Paulo Fernandes Vianna, assim como duas outras se uniram aos futuros ministros de Estado marquês de Baependi e visconde de Cachoeira. Da mesma forma, sua neta, filha do conde de Vila Nova de São José, José Fernando Carneiro Leão, casar-se-ia com o marquês de Maceió, por sua vez filho do ministro e secretário de Estado português D. Rodrigo de Sousa Coutinho, conde de Linhares, um dos mais importantes nomes da administração portuguesa no país. Outra neta, filha de Fernandes Vianna, se tornaria esposa do duque de Caxias, cujo pai, brigadeiro Francisco de Lima e Silva, seria regente do império entre 1831 e 1835, e o tio, barão de Suruí, ministro de Estado em 1831, 1835 e 1836. Seguindo também a prática de casamentos endogâmicos, o visconde de São Salvador de Campos, José Alexandre Carneiro Leão, casou-se com sua sobrinha, também filha dos condes de Vila Nova de São José.

Às associações políticas, às atividades agrícolas e ao grande comércio se somaria ainda a mineração, uma diversificação de atuação que se reproduziria nas gerações seguintes. De fato, um terceiro ramo estabeleceu-se em Minas Gerais, ao que tudo indica atraído pelas ricas minas da região de Paracatu, na década de 1760, quando aí se instalou o capitão Antônio Netto Carneiro Leão, também bisneto de Pedro Carneiro. Entre seus filhos encontram-se Antônio Netto Carneiro Leão (1769-1846) e João Netto Carneiro Leme (1774-1842). Enquanto o primeiro seguia carreira militar em Vila Rica, onde se ligou por casamento a uma tradicional família da região de Diamantina, João Netto casou-se em Paracatu e estabeleceu-se na Corte, ali vivendo até 1830, tornando-se "homem de negócios ordeiro e pertinaz, que ao cabo de alguns anos conseguira juntar apreciáveis haveres, fazendo-se conhecido e relacionado" (Teixeira Filho, 1968, p. 12). Ao que consta, tal fortuna iniciara-se com uma fábrica de preparar arroz, mas logo se lançou ao comércio de alimentos por comissão e, principalmente, ao comércio de escravos, que comprava no Valongo e vendia para Minas Gerais e para a própria província do Rio de Janeiro (Leão, 1931, p. 276).

De um modo geral, a família seguia estratégias que promoviam tanto a preservação e ampliação do status e patrimônio como a diversificação das atividades, alternando alianças motivadas por interesses políticos e econômicos, mediante casamentos endogâmicos e exogâmicos, o que também pode ser observado nas gerações seguintes, já no século XIX. O próprio João Netto casara uma de suas filhas com o comerciante português Jerônimo José Teixeira e outra com seu sobrinho — filho de seu irmão Antônio Netto — Honório Hermeto Carneiro Leão, futuro marquês de Paraná, que em breve se tornaria um dos mais influentes políticos de seu tempo. A partir do casamento com sua prima, Honório Hermeto fortalecia ainda mais os laços internos na família, tornando-se ainda cunhado do capitalista Jerônimo Teixeira e tio e sogro do visconde do Cruzeiro,

Jerônimo José Teixeira Júnior, que também se casou com a prima, filha do próprio Paraná. Os demais filhos de Paraná casaram-se fora da família, sendo que o primogênito uniu-se aos herdeiros dos Azeredo Coutinho através dos Rodrigues Torres, por sua vez ligados aos Soares de Sousa, famílias que, no Segundo Reinado, incluíram diversos ministros, juízes, senadores e deputados provinciais e gerais. Seu outro filho, barão de Paraná, uniu-se a uma tradicional família paulista.

Por sua vez o visconde do Cruzeiro seguiu a política de diversificação de atividades que parecia caracterizar sua família. Além de estabelecer laços estreitos com a política local no vale do Paraíba fluminense — região que representou por diversas ocasiões na assembléia provincial, na Câmara dos Deputados e no Senado —, como o avô Carneiro Leme Teixeira Júnior também constituiria vultosa fortuna. Empresário e capitalista, foi fundador e presidente da Companhia de Navegação Niterói & Inhomirim em 1855, ano em que se tornou um dos diretores da Companhia Estrada de Ferro D. Pedro II, da qual se tornaria vice-presidente em 1859, além de diretor do Banco do Brasil (1865-69), do Banco Rural e Hipotecário do Rio de Janeiro (1857) e do Banco Industrial e Mercantil (1876-85). Seus filhos se casaram em importantes famílias de capitalistas, fazendeiros e políticos, como os Teixeira Leite (barões de Itambé, Vassouras e Barra Mansa), Pereira de Faro (barões de Rio Bonito) e Soares de Sousa (visconde de Uruguai).

Por outro lado, enquanto Paraná seguia brilhante carreira política na Corte, seu meio-irmão, Nicolau Neto Carneiro Leão, barão de Santa Maria, estabelecia-se como fazendeiro de café no vale fluminense, onde se tornou importante liderança política na região de Vassouras, assim como seu filho, segundo barão de Santa Maria, que lhe herdou a fazenda, as dívidas e as alianças políticas locais.

Já a família Nogueira da Gama, ligada aos Carneiro Leão através do comerciante Brás Carneiro Leão, sogro do marquês de Baependi, parece iniciar-se com Tomé Rodrigues Nogueira do Ó, que nasceu por volta de 1674 na Ilha da Madeira e faleceu em cerca de 1736, em Baependi, Minas Gerais, filho do nobre fidalgo português Antônio Nogueira e de Francisca Fernandes do Valle.[10] Chegou ao Brasil por volta de 1700, estabelecendo-se antes de 1711 na região de Taubaté, São Paulo, onde se casou com Maria Leme do Prado. Partiu para Minas Gerais atraído pelas notícias das descobertas de ouro, estabelecendo-se nas margens do Rio Baependi onde já possuía terras por volta de 1726, e onde nasceram seus nove filhos, tornando-se capitão-mor na matriz de Baependi (1736). Sua esposa era filha do paulista capitão Antônio da Rocha Leme, trineta do bandeirante Antônio Bicudo, tetraneta de Antônio Bicudo Carneiro, "que, ali foi da governança da terra, ouvidor da comarca e capitania pelos anos de 1585", e trineta do Capitão Francisco de Alvarenga, que veio ao Brasil acompanhando Martim Afonso de Sousa (Leme, 1905, v. II).

Alguns de seus filhos também se casaram em São Paulo e lá se estabeleceram; outro, Nicolau Nogueira da Gama, nascido em Minas Gerais, seguiu mais tarde para Goiás como intendente do ouro, onde enriqueceu, embora retornasse a Minas falido. Entretanto, a família ainda dispunha de influência para garantir o casamento de seu filho, Manoel Jacinto Nogueira da Gama, futuro marquês de Baependi, com a filha do rico comerciante Brás Carneiro Leão no Rio de Janeiro; os filhos desse casal, o conde de Baependi, senador Brás Carneiro Nogueira da Costa e Gama, e os barões de Santa Mônica e de Juparanã, já aparecem em meados do século XIX como proprietários e fazendeiros de café no vale fluminense, controlando a política local inclusive através da participação nas assembléias municipais e provinciais. Entretanto, parte da família manteve-se em Minas Gerais, renovando as relações com outras famílias detentoras de terras e cargos locais, como os Monteiro de Barros e Manso da Costa Reis. Ligavam-se ainda à família Netto dos Reis, dos barões de Carapebus, que tinha grande influência na política local na região de Campos dos Goitacases. O barão de Santa Mônica, grande fazendeiro e chefe político na mesma cidade, casou-se com a filha do conselheiro duque de Caxias, reiterando os laços com a família Lima e Silva.

Os Nogueira da Gama, por sua vez, apresentavam intensas e contínuas relações com a família Monteiro de Barros, à qual também se uniram os Carneiro Leão, uma vasta rede que se estendia pelas províncias do Rio de Janeiro, São Paulo e Minas Gerais. Os Monteiro de Barros descendiam de Manuel José Monteiro de Barros, guarda-mor das minas de Vila Rica, que ali havia obtido sesmaria em 1761. Em 1766 casou-se com a filha de Alexandre da Cunha Mattos, comerciante português estabelecido em Minas Gerais desde a década de 1730, e que logo se uniu a Antônia de Negreiros, membro de uma família de negociantes e proprietários baianos que aparecem como juízes e vereadores da cidade da Bahia desde o século XVII.[11]

Dentre os filhos de Manuel Monteiro de Barros, um deles casou-se com a irmã do marquês de Baependi (Nogueira da Gama) e dois outros com membros das famílias Negreiros de Castro e Manso da Costa Reis, de Minas Gerais; outro filho, o visconde de Congonhas do campo, desenvolveu relações políticas e comerciais em São Paulo, onde se casaram e iniciaram carreira alguns de seus filhos. Seu irmão, o comendador Monteiro de Barros, transferiu-se para Leopoldina, onde sua família manteve sempre a chefia política, sua representação na Assembléia Provincial, na Câmara Geral e no Senado (Horta).

A questão da diversificação de atividades e a extensão permanente de seus poderes em direção à estrutura organizacional do Estado, seja no período colonial, seja no Império, adaptando-se permanentemente às transformações políticas que se operavam nas instituições governativas e administrativas bem como ao cenário político mais amplo, foram as principais estratégias no sentido da sobrevivência política, econômica e social dessas elites. No entanto, cabe lembrar que esse não parece ser um fenômeno específico das elites brasileiras mas, ao contrário, pode ser observado também na América espanhola, considerando-se naturalmente as especificidades locais.[12] Da mesma forma, diversos estudos acerca dos estados nacionais europeus vêm demonstrando como a integração entre as antigas aristocracias e os novos setores econômicos emergentes, do ponto de vista relacional, configurou-se em um aspecto fundamental para o fortalecimento político e econômico dessas monarquias.[13]

No sentido das aspirações políticas, outra estratégia importante representou a preparação educacional das elites luso-brasileiras para a ocupação dos cargos burocráticos, quando se observa a prática de se educarem nas melhores universidades européias desde meados do século XVIII, em especial na escola de Direito da Universidade de Coimbra.[14] Tal comportamento, associado à acumulação das funções de controle administrativo no nível local, permitiu uma aproximação maior ao poder central, não só no que se referia a uma preparação efetiva para o exercício dessas funções, mas ainda um desenvolvimento cultural e intelectual para o qual contribuiria a proximidade dos eventos e os debates políticos no cenário europeu, que influenciaria decisivamente a reformulação de sua identidade política. Assim, na medida em que avançava a especialização de cargos e funções, em que se consolidava o modelo administrativo, fazia-se necessária uma certa *profissionalização* das elites, até então acostumadas a um reconhecimento de valor ligado diretamente ao seu status socioeconômico ou à sua atuação militar, tão inerente à conquista do território e à colonização (Wallace, 2002, p. 15-42) (Fuentes, 2002).

Mas o que poderia parecer um processo de profissionalização também não deve levar à conclusão de que se forma uma nova classe política emergente. Do ponto de vista da história e comportamento das elites é preciso considerar, também nesse aspecto, a continuidade de grupos tradicionais, que usam a profissionalização como uma estratégia de aproximação do poder central, particularmente em momentos de fortalecimento dessa autoridade.

Essa atitude parece estar presente na maioria das redes analisadas. No que se refere apenas à Universidade de Coimbra, em especial nos cursos de Direito e Filosofia entre os anos de 1772 e 1800, esse seria o caso da rede que envolvia os paulistas Ribeiro de Andrada (cinco estudantes), os Carneiro Leão (10 estudantes), os Cavalcanti de Albuquerque (cinco estudantes) e os baianos Carneiro de Campos (oito estudantes) (Morais, 1940).

Considere-se, por exemplo, o caso dos Azeredo Coutinho, família de ricos proprietários rurais e donos de engenhos na província do Rio de Janeiro, além de donatários da Capitania do Espírito Santo ainda no século XVI. No período setecentista a família uniu-se aos primos Macedo Freire e aos Duarte de Azevedo, grupo ao qual pertencia o mestre-de-campo Alexandre Alvarez Duarte de Azevedo, proprietário de grandes extensões de terra na freguesia da Santíssima Trindade, no vale do Macacu, cujo engenho, fundado em 1648, recebeu elogios do marquês de Lavradio. Outro descendente, Francisco Macedo Freire de Azeredo Coutinho, era grande proprietário de terras em Cabo Frio e Araruama, além dos engenhos de Fora e de Santa Ana. Sua filha casou-se com um primo, João Alvarez de Azevedo, dono do Engenho de Itapacorá e descendente de Duarte de Azevedo.

A partir do século XVIII a família parece perceber a importância em investir na formação educacional das gerações seguintes de forma a garantir novas vias de acesso ao aparelho burocrático de governo. De fato, na relação dos brasileiros matriculados na universidade de Coimbra entre 1772 e 1827 os fluminenses Azeredo Coutinho apresentam ao menos 11 estudantes. Por outro lado, todas as filhas do já citado João Alvarez de Azevedo casaram-se com parentes, tendo sido os maridos importantes políticos, ministros e governadores do Império e, como tal, formados em Direito nas universidades de Coimbra e São Paulo: Bernardo Belisário Soares de Sousa, Paulino José Soares de Sousa, visconde do Uruguai, e José Joaquim Rodrigues Torres, visconde de Itaboraí, que descendia ainda de outra grande família da região, os Duque Estrada.

Assim, analisando as redes às quais pertenciam os principais nomes da cúpula da administração e da política imperial, pode-se observar que suas origens remontam efetivamente ao período colonial. Entretanto, no sentido contrário, cabe lembrar que nem sempre as estratégias e as práticas de negociação utilizadas foram bem-sucedidas, observando-se o paulatino declínio de diversas famílias, fortunas e lideranças que não puderam sobreviver às rupturas assinaladas, o que leva ainda a considerar um progressivo processo de concentração de poder, a ascensão daqueles grupos de elite que foram capazes de superar as instabilidades políticas e econômicas que marcaram o período.

Portanto, as estratégias desenvolvidas não devem ser vistas como um projeto predeterminado, como um conjunto de ações coerentes e homogêneas por parte das elites. Ao contrário, esses grupos parecem mover-se a partir das tensões características entre a tradição — no sentido das permanências de uma antiga cultura política, baseada principalmente nas relações pessoais — e a mudança, entendida não apenas como a emergência de novas conjunturas externas ao grupo, mas ainda relativas à própria dinâmica das redes às quais pertenciam. São essas tensões e conflitos que, ao colocarem freqüentemente novas situações, ameaças e oportunidades, permitem que redirecionem suas ações, compreendendo o risco de declínio do status político-social e econômico que representava a exclusão e impermeabilidade aos novos grupos emergentes e às transformações vivenciadas por essa sociedade (Dewald, 1996, p. 15-59).

Em um período de intenso movimento no que se referia à estrutura administrativa portuguesa na colônia brasileira na passagem do século XVIII para o XIX, considerando-se ainda todos os eventos que a caracterizam, especialmente a instalação da Corte reinol e a decorrente necessidade de reestruturação da administração colonial, fazia-se necessária a revisão e atualização das atitudes e comportamentos frente à política e ao Estado, inclusive no que se referia ao ingresso na nova estrutura burocrática em formação e à composição e recomposição das relações de força no âmbito local e central, o que lhes permitiria a renovação de antigos privilégios e mercês.

Portanto, longe de caracterizar a imobilidade, a permanência dessas redes familiares no poder baseia-se, paradoxalmente, na mudança, na sua própria dinâmica interna, na capacidade de perceber as novas oportunidades de negócios, os novos caminhos para a participação política, de reagir às conjunturas desfavoráveis buscando novas alianças estratégicas, portanto, transformando-se permanentemente. Nesse sentido, sua continuidade ancorava-se em um intenso e constante movimento de revisão de seu comportamento político e econômico, na freqüente adaptação às transformações internas e externas às suas próprias redes, de forma a minimizar o impacto das mudanças conservando suas estreitas relações com o poder.

Notas

1. Pesquisa financiada pelo CNPq e Faperj.
2. O termo *elite* está sendo utilizado em seu sentido clássico e mais amplo, de forma a abarcar aqueles indivíduos que se encontram no topo da hierarquia social. Nesse sentido, segundo John Scott, surge como uma vasta zona de investigação científica

cobrindo profissionais da política, empresários, legisladores etc., e não evoca nenhuma implicação teórica particular (Scott, 1995, p. 9).

3. Essas mesmas famílias estariam ainda representadas direta ou indiretamente no segundo Conselho de Estado, que funcionou entre os anos de 1842 e 1889 (Martins, 2005, cap. III). No capítulo 2 deste livro estuda a construção da rede de alianças e prestígio de um dos ramos dos Oliveira Horta do século XVIII se projetando até o período imperial.
4. Os Cavalcanti de Albuquerque descendiam do fidalgo italiano e negociante D. Felipe Cavalcanti (Florença — a.1614, Olinda, PE), que passou a Portugal por volta de 1558 e mais tarde para Pernambuco, onde dedicou-se ao comércio de açúcar branco. Já em Portugal obteve uma certidão de sua nobreza datada de 1559 e assinada pelo próprio Rei Cosme I de Medici. Felipe Cavalcanti deixou vasta descendência de sua união com Catarina de Albuquerque, "A Velha" (1538, PE-1614, Olinda, PE), filha de Jerônimo de Albuquerque, da qual derivam diversas famílias (Barata e Bueno, 1999).
5. A noção de *rede* é entendida como a representação das interações contínuas das diferentes estratégias individuais. Segundo M. Gribaudi, o conceito implica a necessária identificação dos grupos que atuam em um determinado contexto, grupos e indivíduos que se cruzam e se sobrepõem, mas que nem por isso perdem suas identidades próprias, suas histórias e suas relações. Implica basicamente a definição das reais ligações que mantêm os grupos sociais e os conteúdos que neles são negociados (Gribaudi, 1993, p. 11-24).
6. Sobre o impacto desses eventos, ver especialmente Dias, 1986, p. 160-84, e Buarque de Holanda, 2004. Sobre as mudanças na administração com a chegada da Corte portuguesa ver Gouvêa, 2005.
7. A expressão *cultura política* é aqui entendida exclusivamente no sentido do conjunto de valores, comportamentos e formas de conceber a organização político-administrativa, resultado de um longo e dinâmico movimento de interações e de acumulação de conhecimentos e práticas que se tornam predominantes em uma determinada sociedade e em um dado tempo histórico, no qual, entretanto, nem ela é exclusiva, ou muito menos definitiva (Bernstein, 1998; Lagroye, 1991; Rosanvallon e Viverett, 1971).
8. Em estudo comparado sobres as elites mexicanas e venezuelanas, por exemplo, Frédérique Langue demonstra que quanto mais as redes extrapolavam os círculos familiares mais restritos, maiores as chances de sobrevivência das famílias frente às diferentes conjunturas. Esse seria o caso das elites *mineradoras* mexicanas, ao contrário do que ocorreria com esses setores na Venezuela que, em geral, apresentaram um comportamento mais fechado, priorizando os laços de sangue (Langue, 2005).

9. As relações com as elites locais são particularmente observadas a partir dos juízes e desembargadores das Relações, freqüentemente acusados de parcialidade e corrupção: "Apesar das tentativas reais para fazer com que os juízes fossem simples representantes dos direitos reais, e para os separar da sociedade colonial por intermédio de altos salários, das promoções por bons serviços e da proibição dos contatos locais, os magistrados desenvolveram os seus próprios interesses de classe e entraram constantemente em relacionamentos com as sociedades locais, comprando propriedades, casando-se com noivas coloniais e estabelecendo laços de negócios e de família. Dos 169 juízes que serviram na Relação da Bahia entre 1609 e 1755, 10 eram brasileiros, 15 casaram com noivas coloniais e muitos outros tinham laços de compadrio, de negócios, de amizade ou familiares com a sociedade local" (Schwartz, 1998, p. 149-50). Quanto às estratégias de ascensão política e social de grandes negociantes ver ainda Fragoso, 1992, cap. IV e Gouvea, 2002.
10. "Era dos legítimos e nobre Nogueiras de Portugal", como se atesta pela carta de brasão dos Nogueiras, concedida a seu neto, o marquês de Baependi, Manuel Jacinto Nogueira da Gama, a qual foi passada a 28 de agosto de 1798 e está registrado no Cartório da Nobreza, Livro VI, fls. 37v. (Baependi, 1880).
11. Os Negreiros da Bahia parecem descender de Gaspar de Barros Magalhães, fidalgo que viveu no recôncavo baiano e que casou-se com Catarina Lobo Barbosa de Almeida, nascida em 1541, uma das 3 irmãs órfãs que a rainha enviou para casarem-se com importantes figuras da província (Barata e Bueno, 1999. p. 1606.)
12. Ver, por exemplo, o estudo para o México de Victor M. Uribe (Uribe, 1995); para o caso da Venezuela, ver os trabalhos de Frederique Langue (Langue, 1998 e 2005).
13. Em diversos sentidos, por exemplo, a fraqueza dessa integração no caso da dinastia habsburgo na Áustria, na virada do século XVII/XVIII, influenciou diretamente o enfraquecimento da monarquia, ao contrário da França, onde a prática relacional, em um jogo complexo que envolveu a estrutura burocrático-institucional do Estado, a burguesia emergente e as elites tradicionais, propiciou o fortalecimento da monarquia Bourbon, em especial no que se refere à unificação territorial do país, promovendo a integração entre setores mercantis urbanos e setores proprietários rurais, bem como o próprio enobrecimento dessa burguesia, que assim passava a ocupar cargos burocráticos. Essa política ainda reforçava os poderes regionais pelo incremento dos cargos administrativos no nível local. Pesquisando a cidade renista de Freiburg, na fronteira entre ambos os países, e como tal sujeita ao longo do período alternadamente à dominação dos habsburgos e dos Bourbons, Peter G. Wallace procura demonstrar as diferenças entre as práticas de centralização política das duas monarquias, mostrando, com base na análise dos distintos sistemas de patronagem oficial e mobilidade social, como a administração francesa promoveu uma reversão

no processo de declínio da cidade, como vinha ocorrendo sob o domínio habsburgo (Wallace, 2002, p. 15-42).

14. Com relação à presença crescente de estudantes brasileiros nas universidades européias, ver especialmente os trabalhos de Kenneth R. Maxwell (Maxwell, 1973), e Francisco de Morais (Morais, 1940).

Referências bibliográficas

ALMEIDA, Cândido Mendes de. *Código Philipino*. Rio de Janeiro: Typografia do Instituto Philomantico, 1870.

ALMEIDA, Carla Maria C. de. *Alterações nas unidades produtivas mineiras: Mariana — 1750-1850*. Dissertação de mestrado, PPGH, UFF, Niterói, 1994.

——. "Homens ricos em Minas colonial". Em BICALHO, Maria Fernanda; FERLINI, Vera Lúcia Amaral. *Modos de governar: idéias e práticas políticas no Império Português, séculos XVI a XIX*. São Paulo: Alameda, 2005.

——. "Trajetórias imperiais: imigração e sistema de casamentos entre a elite mineira setecentista". Em ALMEIDA, Carla Maria Carvalho de; OLIVEIRA, Mônica Ribeiro de. *Nomes e números: alternativas metodológicas para a história econômica e social*. Juiz de Fora: Ed. UFJF, 2006.

ALMEIDA, José Raimundo Correia de. "Traços gerais do sistema de comércio português no Atlântico — esboço de caracterização (1475-1750)". Em *Primeiras jornadas de história moderna*. Lisboa: s.e, 1986, p. 951-972.

ALMEIDA, Maria Regina Celestino de. *Os Vassalos D'El Rey nos Confins da Amazônia. A Colonização da Amazônia Ocidental — 1750/1798*. Dissertação de mestrado, PPGH, UFF, Niterói, 1990.

AMARAL, Manuel. *Portugal — Dicionário Histórico, Corográfico, Heráldico, Biográfico, Bibliográfico, Numismático e Artístico*, v. VI, edição eletrônica, 2000. Disponível em: http://www.arqnet.pt/dicionario/queluzm.html.

ANASTASIA, Carla. *Vassalos rebeldes: violência coletiva nas Minas na primeira metade do século XVIII*. Belo Horizonte: C/Arte, 1998.

ANTONIL, André João. *Cultura e opulência do Brasil*. São Paulo: Melhoramentos, 1976.

ARAÚJO, J. S. Pizarro. *Memórias Históricas do Rio de Janeiro*. Rio de Janeiro: Imprensa Nacional, 1935. 9v.

ARAÚJO, Luiz Antônio Silva. *Contratos e Tributos nas Minas Setecentistas: o estudo de um caso — João de Souza Lisboa (1745-1765)*. Dissertação de Mestrado, PPGH, UFF, Niterói, 2002.

Autos da Devassa Sobre a Entrega da Vila do Rio Grande às Tropas Castelhanas — 1764. Rio Grande: Biblioteca Rio-Grandense, 1937.

AZEVEDO, João Lúcio de. *O Marquês de Pombal e a sua Época*. São Paulo: Alameda, 2004.

BACELLAR, Carlos de Almeida Prado. *Família e Sociedade em uma economia de abastecimento interno (Sorocaba, séculos XVIII e XIX)*. Tese de doutorado, Universidade de São Paulo, São Paulo, 1994.

——. *Os senhores da terra: família e sistema sucessório entre os senhores de engenho do Oeste paulista*. Campinas: Centro de Memória da Unicamp, 1997.

BAEPENDI, Braz C. Nogueira da Gama, Conde de. "Apontamentos biográficos da família Carneiro Leão". *Revista do Instituto Histórico e Geográfico Brasileiro*, v. 43, n. 61, 1880, p. 365-84.

BARATA, C. E.; BUENO, A. H. *Dicionário das famílias brasileiras*. São Paulo: Ibero-América, 1999.

BARICKMAN, B. J. "As cores do escravismo: escravistas 'pretos', 'pardos' e 'cabras' no Recôncavo Baiano, 1835". *População e Família*, n. 2, São Paulo, CEDHAL, 1999, p. 7-62.

BARTH, Fredrik. *Process and Form in the Social Life*. Londres, Boston/Henley: Routledge/Kegan Paul, 1981.

——. *Sohar, culture and Society in an Oman Town*. Baltimore: Johns Hopkins University Press, 1983.

——. *O guru, o iniciador e outras variações antropológicas*. Rio de Janeiro: Contra Capa Livraria, 2000.

BATISTA, Luciana Marinho. *Muito Além dos Seringais: Elites, Fortunas e Hierarquias no Grão-Pará, c.1850 — c.1870*. Dissertação de mestrado, PPGHIS, UFRJ, Rio de Janeiro, 2004.

BEARMAN, Peter S.; DEANE, Glenn. "The structure of opportunity: Middle-class opportunity in England, 1548-1689". *American Journal of Sociology*, v. 98, n. 1, 1992, p. 30-66.

BELCHIOR, Elysio. *Conquistadores e Povoadores do Rio de Janeiro*. Rio de Janeiro: Brasiliana, 1965.

BERNSTEIN, Serge. "A cultura política". Em RIOUX, Jean-Pierre; SIRINELLI, Jean-François (dirs.). *Para uma História Cultural*. Lisboa: Editorial Estampa, 1998, p. 349-363.

BETHENCOURT, Francisco; CHAUDHURI, Kirti (dirs.). *História da Expansão Portuguesa*. Lisboa: Círculo do Livro, 1992, v. 2.

——. *História da Expansão portuguesa*. Lisboa: Círculo de Leitores, 1998, v. 3.

BICALHO, Maria Fernanda Baptista. "As câmaras ultramarinas e o governo do Império". Em FRAGOSO, João. BICALHO, Maria F.; GOUVÊA, Maria de F. (orgs.). *O Antigo Regime nos trópicos: a dinâmica imperial portuguesa (séculos XVI — XVIII)*. Rio de Janeiro: Civilização Brasileira, 2001, p. 189-222.

——. *A cidade e o Império: o Rio de Janeiro no século XVIII*. Rio de Janeiro: Civilização Brasileira, 2003.

BLAJ, Ilana. "Agricultores e comerciantes em São Paulo nos inícios do século XVIII: o processo de sedimentação da elite paulista". *Revista Brasileira de História*, v. 8, n. 36, 1998, p. 281-296.

BOSCHI, C. César. *Os leigos e o poder. Irmandades e política colonizadora em Minas Gerais*. São Paulo: Ática, 1986.

BOTELHO, Tarcísio R. "Batismo e compadrio de escravos: Montes Claros (MG), século XIX". *Locus*: Revista de História, Juiz de Fora, Ed. UFJF, v. 3, 1997, p. 108-115.

BOXER, Charles R. *A idade de ouro do Brasil (dores de crescimento de uma sociedade colonial)*. 2ª ed. São Paulo: Companhia Editora Nacional, 1963.

——. *Salvador de Sá e a luta pelo Brasil e Angola, 1602-1686*. São Paulo: Editora Nacional, Edusp, 1973.

——. *O império marítimo português: 1415-1825*. São Paulo: Companhia das Letras, 2002.

BRAUDEL, Fernand. *Civilização material, economia e capitalismo (séculos XV-XVIII): os jogos das trocas*. São Paulo: Martins Fontes, 1998. 3v.

BRETTELL, Caroline B. *Homens que partem, mulheres que esperam: conseqüências da emigração numa freguesia minhota*. Lisboa: Dom Quixote, 1991.

BROTERO, F. de Barros. *A Família Monteiro de Barros*. São Paulo: João Bentivegna, 1954.

BRÜGGER, Silvia Maria Jardim. *Minas patriarcal: família e sociedade em São João Del Rei (séculos XVIII-XIX)*.Tese de doutorado, PPGH, UFF, Niterói, 2002.

BURGUIÈRE, A. "As mil e uma famílias da Europa". Em BURGUIÈRE, A. *et al*. *História da Família*. Lisboa: Terramar, 1987, p. 55-70.

BULCÃO SOBRINHO, Antônio de Aragão. *Famílias bahianas*. Salvador: Imprensa Oficial, 1946, v. 3.

BUSINO, Giovanni. *Elites et élitisme*. Paris: Presses Universitaires de France, 1992.

CABRAL, Oswaldo Rodrigues. *Santo Antônio dos Anjos da Laguna — seus valores históricos e humanos*. Florianópolis: Imprensa Oficial do Estado de Santa Catarina, 1976.

CALAINHO, Daniela B. *Em nome do Santo Ofício: familiares da inquisição portuguesa no Brasil colonial*. Dissertação de mestrado, PPGHIS, UFRJ, Rio de Janeiro, 1992.

CAMPOS, J. *Porto Feliz histórico*. Itu: Editora Ottoni, 2003.

CAMPOS, Maria Verônica. *Governo de mineiros: "de como meter as Minas numa moenda e beber-lhe o caldo dourado" 1693 a 1737*. Tese de doutorado, FFLCH, USP, São Paulo, 2002.

CARRARA, Ângelo Alves. *Agricultura e pecuária na capitania de Minas Gerais (1674-1807)*. Tese de doutorado, PPGHIS, UFRJ, Rio de Janeiro, 1997.

CARSTEN, F. L. "A nobreza de Brandenburgo e da Prússia dos séculos XVI a XVIII". Em MOUSNIER, Roland. *Problemas de estratificação social*. Lisboa: Livraria Martins Fontes, 1988, p. 199-213.

CASTRO, Adler Homero Fonseca de. "O Fecho do Império: História das Fortificações do Cabo Norte ao Amapá de Hoje". Em GOMES, Flávio dos Santos (org.). *Nas Terras do Cabo Norte: Fronteiras, colonização e escravidão na Guiana Brasileira — séculos XVIII/XIX*. Belém: Editora Universitária da UFPA, 1999, p. 129-193.

CASTRO, Hebe Maria Mattos de. *Das cores do silêncio: os significados da liberdade no sudeste escravista*. Rio de Janeiro: Arquivo Nacional, 1995.

Catálogo Nominal dos Posseiros de Sesmarias. Pará: Typographia do Instituto Lauro Sodré, t. III, 1904.

CAVALCANTI, Nireu. "O comércio de escravos novos no Rio setecentista". Em FLORENTINO, Manolo (org.). *Tráfico, cativeiro e liberdade: Rio de Janeiro, séculos XVII-XIX*. Rio de Janeiro: Civilização Brasileira, 2005, p. 15-77.

CERRUTI, Simona. "Processo e experiência: indivíduos, grupos, e identidades em Turim no século XVII". Em REVEL, Jacques. *Jogos de Escalas. A experiência da microanálise*. Rio de Janeiro: Fundação Getulio Vargas, 1998, p. 173-202.

CESAR, Guilhermino. *História do Rio Grande do Sul*. Porto Alegre: Globo, 1979.

——. *Os Primeiros Cronistas do Rio Grande do Sul*. Porto Alegre: Ed. da UFRGS, 1998.

CHAUSSINAND-NOGARET, Guy. "Elites". Em BURGUIERE, André (org.). *Dicionário das Ciências Históricas*. Rio de Janeiro: Imago, 1993, p. 283-286.

COARACY, Vivaldo. *Memórias da cidade do Rio de Janeiro*. Rio de Janeiro: José Olympio Editora, 1995.

Códice Costa Matoso. Belo Horizonte: Fundação João Pinheiro, 1999, v. 2.

CORTESÃO, Jaime. *Alexandre de Gusmão e o Tratado de Madrid (1750)*. Rio de Janeiro: Ministério das Relações Exteriores, 1951.

COSTA, Fernando Dores; OLIVAL, Fernanda. "Elites econômicas". Em LAINS, Pedro; SILVA, Álvaro Ferreira da (org.). *História econômica de Portugal, 1700-2000*, v. 1: O século XVIII. Lisboa: Imprensa de Ciências Sociais, 2005, p. 323-344.

COSTA, Iraci del Nero. *Arraia-miúda. Um estudo sobre os não-proprietários de escravos no Brasil*. São Paulo: MGSP Editores, 1992.

COUTINHO, André Ribeiro. "Memória dos Serviços Prestados pelo Mestre-de-Campo André Ribeiro Coutinho no Governo do Rio Grande de São Pedro, dirigida a Gomes Freire de Andrade — 1740". Em Bibliovirt/Liphis, 2002, disponível em http://www.liphis.com/buscadorcodigo/codigo.htm.

CRUZ, Ernesto. *História da Associação Comercial do Pará*. Belém: Ed. Universitária do Pará, 1996.

CUNHA, Mafalda Soares da. *A Casa de Bragança, 1560-1640: práticas senhoriais e redes clientelares*. Lisboa: Editorial, Estampa, 2000.

DAEMON, Basílio Carvalho. *Província do Espírito Santo: sua descoberta, história cronológica, sinopse e estatística*. Vitória: Tipografia do Jornal O Espírito-santense, 1879.

DAVIS, David Brion. *O problema da escravidão na cultura ocidental*. Rio de Janeiro: Civilização Brasileira, 2000.

DELUMEAU, J. "Mobilidad social: ricos y pobres em la época del Renascimiento". Em ROCHE, Daniel (org.). *Ordenes, estamentos y classes*. Madri: Siglo Veinteiuno de España, 1978, p. 150-162.

Demarcação do Sul do Brasil. Revista do Arquivo Público Mineiro, Belo Horizonte, Imprensa Oficial, v. XXIII/XXIV, 1929, 1933.

DEWALD, Jonathan. *European Nobility, 1400-1800*. Cambridge: Cambridge University Press, 1996.

DIAS, Manuel Nunes. *Fomento e Mercantilismo: A Companhia Geral do Grão-Pará e Maranhão (1755-1778)*. Belém: UFPA, 1970.

DIAS, Maria Odila Silva. "A interiorização da Metrópole (1808-1853)". Em MOTTA, Carlos Guilherme (org.). *1822, Dimensões*. São Paulo: Perspectiva, 1986, p. 160-184.

Discurso apresentado ao Exm^{o} Snr. Dr. José Joaquim da Cunha, Presidente da Provincia do Gram Pará pelo Commendador Fausto Augusto d'Aguiar, por ocasião de entregar-lhe a administração da Provincia no dia 20 de Agosto de 1852. Pará: Typographia de Santos & Filhos, 1852.

Documentos Interessantes para a História e Costumes de São Paulo, v. XIII. São Paulo: Typographia da Industrial de São Paulo, 1895.

DOMINGUES, Ângela. "Para um melhor conhecimento dos domínios coloniais: a constituição de redes de informação no Império português em finais do Setecentos". *História, Ciências, Saúde — Manguinhos*, v. VIII (suplemento), 2001, p. 823-838.

DONOVAN, William M. *Commercial enterprise and luso-brazilian society during the brazilian gold rush: the mercantile house of Francisco Pinheiro and the Lisbon to Brazil trade, 1695-1750*. Tese de doutorado, University of Maryland, Baltimore, 1990.

DUBY, G. *As três ordens ou o imaginário do feudalismo*. Lisboa: Editorial Estampa, 1982, p. 319-334.

EISENBERG, Peter. *Homens esquecidos. Escravos e trabalhadores livres no Brasil — Séculos XVIII e XIX*. Campinas: Ed. Unicamp, 1989.

ELLIOTT, John. "La conquista española y las colonias de América". Em BETHELL, L. (org.). *Historia de América Latina*. Barcelona: Editorial Crítica, 1990, v. 1, p. 125-169.

——. "A Conquista Espanhola e a Colonização da América". Em BETHELL, Leslie (ed.). *América Latina: A América Latina Colonial*, v. 1. São Paulo/Brasília: Edusp/Funag, 1997.

ELLIS Júnior, Alfredo. *Os Primeiros Troncos Paulista*. 2ª ed. São Paulo: Companhia Editora Nacional, 1976.

ELTIS, David; RICHARDSON, David. *The Trans-Atlantic Slave Trade: a Dataset CD-ROM* (no prelo) — TSTD, s.d.

Exposição apresentada pelo Exmº Senr. Conselheiro Sebastião do Rego Barros Presidente da Provincia do Gram-Pará, por occasiaõ de passar a Administraçaõ da mesma Provincia ao 1º Vice-Presidente o Exmº Senr. Dr. Angelo Custodio Correa. Pará: Typographia de Santos & Filhos, 1855.

Fala dirigida pelo Exmº Snr. Conselheiro Jeronimo Francisco Coelho Presidente da Provincia do Gram-Pará à Assembléa Legislativa Provincial, na abertura da Sessaõ Ordinaria da sexta Legislatura no dia 1º de Outubro de 1848. Pará: Typographia de Santos & Filhos, 1848.

FALCON, Francisco José Calazans. *A Época Pombalina: Política econômica e monarquia ilustrada*. São Paulo: Ática, 1982.

FARIA, Sheila de Castro. *A colônia em movimento. Fortuna e família no cotidiano colonial*. Rio de Janeiro: Nova Fronteira, 1988.

——. "Mulheres forras — riqueza e estigma social". *Tempo*, Rio de Janeiro, Sette Letras, v. 5, n. 9, 2000, p. 65-92.

——. "Sinhás Pretas: acumulação de pecúlio e transmissão de bens de mulheres forras no sudeste escravista (séculos XVIII e XIX)". Em SILVA, Francisco C. T. *et al*. *Escritos Sobre História e Educação: homenagem à Maria Yedda Linhares*. Rio de Janeiro: Mauad/Faperj, 2001.

——. *Domitila de Castro*. Em VAINFAS, Ronaldo (org.). *Dicionário de Brasil Imperial (1822-1889)*. Rio de Janeiro: Objetiva, 2002.

——. *Sinhás pretas, damas mercadoras. As pretas minas nas cidades do Rio de Janeiro e de São João Del Rey*. Tese para Concurso de Professor Titular em História do Brasil, Departamento de História, UFF, Niterói, 2005.

FAZENDA, José Vieira. *Os provedores da Santa Casa da Misericórdia da Cidade de São Sebastião do Rio de Janeiro*. Rio de Janeiro: Jornal do Comércio, 1912.

FERLINI, Vera L. A. *Terra, Trabalho e Poder*. São Paulo: Brasiliense, 1988.

FERREIRA, Eliana Ramos. "Estado e Administração Colonial: a vila de Mazagão". Em MARIN, Rosa Elizabeth Acevedo (org.). *A Escrita da História Paraense*. Belém: NAEA/UFPA, 1996, p. 93-114.

FERREIRA, Roberto Guedes. *Na pia batismal: família e compadrio entre escravos na freguesia de São José no Rio de Janeiro*. Dissertação de mestrado, PPGH, UFF, Niterói, 2000.

——. *Pardos: trabalho, família, aliança e mobilidade social. Porto Feliz, São Paulo, c.1798-c.1850*. Tese de doutorado, PPGHIS, UFRJ, Rio de Janeiro, 2005.

FIGUEIREDO, Luciano R. de A. *Revoltas, fiscalidade e identidade colonial na América portuguesa. Rio de Janeiro, Bahia e Minas Gerais (1640 — 1761)*. Tese de doutorado, FFLCH, USP, São Paulo, 1996.

FINLEY, Moses. *Escravidão Antiga e Ideologia Moderna*. Rio de Janeiro: Graal, 1991.

FLORENTINO, Manolo Garcia. *Em costas negras: uma história do tráfico atlântico de escravos entre a África e o Rio de Janeiro (séculos XVIII e XIX)*. Rio de Janeiro: Arquivo Nacional, 1995.

——. *Em Costas Negras: uma história do tráfico de escravos entre a África e o Rio de Janeiro*. São Paulo: Cia. das Letras, 1997.

FLORENTINO, Manolo; GÓES, José Roberto. *A paz das senzalas: famílias escravas e tráfico atlântico, Rio de Janeiro, c.1790-c.1850*. Rio de Janeiro: Civilização Brasileira, 1997.

FLORY, Rae Jean Dell. *Bahian society in the mid-colonial period: the sugar planters, tobacco growers, merchants, and artisans of Salvador and the Recôncavo, 1680-1725*. Tese de doutorado, University of Texas, Austin, 1978.

FLORY, Rae; SMITH, David Grant. "Bahian Merchants and Planters in the Seventeenth and Early Eighteenth Centuries". *Hispanic American Historical Review*, 58 (4), 1978, p. 571-594.

FONSECA, Carlos Eduardo Calaça Costa. *'Xstãos Novos' naturais do Reino e moradores na cidade do Rio de Janeiro (1680-1710)*. Dissertação de mestrado, USP, São Paulo, 1999.

FORTES, João Borges. *Rio Grande de São Pedro — povoamento e conquista*. Rio de Janeiro: Ministério da Guerra/Biblioteca Militar, 1941.

——. *O Brigadeiro José da Silva Paes e a Fundação do Rio Grande*. Porto Alegre: Erus, 1980.

——. *Troncos Seculares — o povoamento do Rio Grande do Sul*. Porto Alegre: Martins Livreiro, 1998.

FRAGOSO, João Luís R. *Homens de grossa aventura: acumulação e hierarquia na praça mercantil do Rio de Janeiro (1790-1830)*. Rio de Janeiro: Arquivo Nacional e Civilização Brasileira, 1992, 1998.

——. "Hierarquias sociais e formas de acumulação no Rio de Janeiro (Brasil), século XVII". *Colonial Latin American Review, v. 6, n. 2*, Oxford, Carfax, 1997, p. 151-164.

——. "A nobreza da República: notas sobre a formação da primeira elite senhorial do Rio de Janeiro (séculos XVI e XVII)". *Topoi: Revista de História*, Rio de Janeiro, v. 1, 2000, p. 45-122.

——. "A formação da economia colonial no Rio de Janeiro e de sua primeira elite senhorial". Em FRAGOSO, João; BICALHO, Maria F.; GOUVÊA, Maria de F. (orgs.). *O Antigo Regime nos trópicos: a dinâmica imperial portuguesa (séculos XVI — XVIII)*. Rio de Janeiro: Civilização Brasileira, 2001a, p. 29-70.

——. "Um mercado dominado por 'bandos': ensaio sobre a lógica econômica da nobreza da terra do Rio de Janeiro Seiscentista". Em SILVA, Francisco C. T. da; MATTOS, Hebe M.; FRAGOSO, João Fragoso (orgs.). *Escritos sobre História e Educação: Homenagem à Maria Yedda Linhares*. Rio de Janeiro: Mauad /Faperj, 2001b, p. 243-286.

——. "Afogando em nomes: temas e experiências em história econômica". *Topoi: Revista de História*, Rio de Janeiro, v. 5, 2002a, p. 41-71.

——. "Knights, 'Archer Indians' and the Atlantic World: Rio de Janeiro in the 17th century". Em *Imperial (Re)visions: Brazil and the Portuguese Seaborne Empire — Conference in Memory of Charles R. Boxer*. Yale University, 2002b.

——. "A nobreza vive em bandos: a economia política das melhores famílias da terra do Rio de Janeiro, século XVII — algumas notas de pesquisa". *Revista Tempo*, v. 15, Niterói, UFF, 2003, p. 11- 35.

——. *À Espera das frotas: micro-história tapuia e a nobreza principal da terra (Rio de Janeiro, c.1600 — c.1750)*. Conferência apresentada no Concurso Público para Professor Titular de Teoria da História do Departamento de História da Universidade Federal do Rio de Janeiro (texto inédito), 2005a.

——. "Potentados coloniais e circuitos imperiais: notas sobre uma nobreza da terra, supra capitanias, no Setecentos". Em GONÇALO MONTEIRO, Nuno F.; CARDIM, Pedro; CUNHA, Mafalda Soares (orgs.). *Optima Pars — Elites Ibero-Americanas do Antigo Regime*. Lisboa, ICS, 2005b, p. 133-168.

FRAGOSO, João Luís; FERREIRA, Roberto Guedes. "Alegrias e artimanhas de uma fonte seriada: despachos de escravos e passaportes da Intendência da Polícia da Corte, 1819-1833". Em: BOTELHO, Tarcísio; SAMPAIO, Antonio Carlos Jucá de; CERQUEIRA, Adriano; MARQUES, Cláudia; FAVERSANI, Fábio (orgs.). *História quantitativa e serial: um balanço*. Goiânia: ANPUH-MG, 2001, p. 239-278.

FRAGOSO, João Luís; FLORENTINO, Manolo. *O arcaísmo como projeto. Mercado Atlântico, sociedade agrária e elite mercantil no Rio de Janeiro, c. 1790 — c. 1840*. Rio de Janeiro: Diadorim, Sette Letras e Civilização Brasileira, 1993, 1998 e 2001.

FRANCO, Francisco de Assis Carvalho. *Dicionário de bandeirantes e sertanistas do Brasil*. Belo Horizonte: Itatiaia; São Paulo: Edusp, 1989.

FUENTES, Juan F. "La Formación de la Clase Política del Liberalismo Español: análisis de los cargos públicos del Trienio Liberal". *Revista Electrónica de Historia Constitucional*, n. 3, 2002.

FURTADO, Júnia Ferreira. *Homens de negócio: a interiorização da metrópole e do comércio nas minas setecentistas*. São Paulo: Hucitec, 1999.

——. *Chica da Silva e o contratador dos diamantes: o outro lado do mito*. São Paulo: Companhia das Letras, 2003.

GIL, Tiago Luís. "Reciprocidade e parentesco: um estudo das relações entre portugueses e minuanos no Rio da Prata do século XVIII". Em 23ª Reunião da Associação Brasileira de Antropologia. Gramado: s.e., 2002, p. 2-3.

——. *Os Infiéis Transgressores: os contrabandistas da fronteira. Rio Grande e Rio Pardo, 1760-1810.* Dissertação de mestrado, PPGHIS, UFRJ, Rio de Janeiro, 2003.

GINZBURG, Carlo. *A micro-história e outros ensaios.* Lisboa: Difel, 1991.

GODELIER, Maurice. *O Enigma do Dom.* Rio de Janeiro: Civilização Brasileira, 2001.

GODINHO, Vitorino Magalhães. *Estrutura da sociedade portuguesa.* Lisboa: Arcádia, 1997.

——. *Ensaios II*, Lisboa: Sá da Costa, 1978.

GOULART, Maurício. *Escravidão africana no Brasil: das origens à extinção do tráfico.* São Paulo: Alfa-Ômega, 1975.

GOUVÊA, Maria de Fátima. "Poder, autoridade e o Senado da Câmara do Rio de Janeiro, ca. 1780-1820", in: *Tempo*, n. 13, Niterói, UFF, 2002, p. 111-155.

——. "As Bases institucionais da construção da unidade. Dos poderes do Rio de Janeiro joanino: administração e governabilidade no império luso-brasileiro". Em JANCSÓ, István (org.). *Independência: história e historiografia.* São Paulo: Hucitec, 2005, p. 707-752.

GRAHAM, Richard. "Nos tumbeiros mais uma vez?: o comércio interprovincial de escravos no Brasil". *Afro-Ásia*, v. 27, Salvador, UFBA, 2002, p. 121-160.

GREENE, Jack. *Negotiated authorities. Essays in colonial political and constitutional history.* Charlottesville/Londres: The University Press of Virginia, 1994.

GRIBAUDI, Mauricio. *Relazioni sociali e strategie individuali in ambiente urbano*: Torino: Torino nel Novecento, 1993.

GUDEMAN, Sthepen; SCHWARTZ, Stuart. "Purgando o pecado original: compadrio e batismo de escravos na Bahia no século XVIII". Em REIS, João José (org.). *Escravidão e Invenção da Liberdade.* São Paulo: Brasiliense, 1988, p. 33-59.

GUIMARÃES, Carlos Gabriel. "O fidalgo-mercador Francisco Pinheiro e o 'negócio da carne humana', 1707-1715", s.d., Mimeo.

HAMEISTER, Martha Daisson. "Na Pia Batismal: estratégias de interação, inserção e exclusão social entre os migrantes açorianos e a população estabelecida na Vila do Rio Grande através do estudo das relações de compadrio e parentescos fictícios (1738-1763)". Em *Anais do V Congresso Brasileiro de História Econômica.* Caxambu: ABPHE, 2003. Disponível em http://www.abphe.org.br/congresso2003/Textos/Abphe_2003_91.pdf.

——. *Para dar calor à nova povoação. Estudo sobre estratégias sociais e familiares a partir dos registros de batismos da Vila do Rio Grande (1738-1763).* Tese de doutorado, PPGHIS, UFRJ, Rio de Janeiro, 2006.

HANNEMAN, Robert A. *Introducción a los Métodos del Análises de Redes Sociales*, 2001. Disponível em http://revista-redes.rediris.es/webredes/text.htm.

HENSHALL Nicholas. "El absolutismo de la edad moderna, 1500-1700. Realidad politica o propaganda?". Em DUCHHARDT, Heinz; ASCH, Ronald G. (eds.). *El Absolutismo, un mito? Revision de un concepto historiografico clave*. Barcelona: Idea Books, 2000.

HESPANHA, Antônio M. "Para uma Teoria da História institucional do Antigo Regime". Em Hespanha, A. M. (org.). *Poder e Instituições na Europa do Antigo Regime*. Lisboa: Fundação C. Gulbenkian, 1984, p. 9-89.

——. *Às vésperas do Leviathan*. Coimbra: Liv. Almedina, 1994.

——. "O Corporativismo da segunda escolástica". Em HESPANHA, A. M. (coord.). *História de Portugal — O Antigo Regime*. Lisboa: Ed. Estampa, 1993, 1998, p. 118-121.

——. *Cultura jurídica européia*. Madri: Tecnos, 2002.

HOLANDA, Sérgio Buarque de. "A mineração: antecedentes luso-brasileiros". Em HOLANDA, Sérgio Buarque de (org.). *História geral da civilização brasileira*. Rio de Janeiro: Bertrand Brasil, t. 1, v. 2, 1997, p. 228-258.

——. *História Geral da Civilização Brasileira*. Rio de Janeiro: Bertrand Brasil, t. II, O *Brasil Monárquico*, 5v, 2004.

HORTA, Cid Rebelo. "Famílias governamentais em Minas Gerais". Em *II Seminário de Estudos Mineiros*, UFMG, 1956, p. 44-91.

JABOATÃO, Fr. Antônio de S. Maria. "Genealogia baiana ou o catálogo genealógico de Fr. Antônio de S. Maria Jaboatão, adaptado e desenvolvido por Afonso Costa". *RIHGB*, Rio de Janeiro, Imprensa Nacional, v. 191, 1946, p. 3-279.

JAVARI, Barão de. *Organizações e Programas Ministeriais*. Rio de Janeiro: DIN, 1962.

KELMER MATHIAS, Carlos L. *Jogos de interesses e estratégias de ação no contexto da revolta mineira de Vila Rica, c. 1709 — c. 1736*. Dissertação de mestrado, PPGHIS, UFRJ, Rio de Janeiro, 2005.

KENNEDY, John Norman. "Bahian Elites, 1750-1822". Em *Hispanic American Historical Review*, 53 (3), 1973, p. 415-39.

KLEIN, Herbert S. *The middle passage: comparatives studies in the atlantic slave trade*. Princeton: Princeton University Press, 1978.

KLEIN, Herbert S.; LUNA, Francisco Vidal. *Slavery and the economy of São Paulo (1750-1850)*. Standford: Standford University Press, 2003.

KOSTER, Henry. *Viagens ao Nordeste do Brasil* (1816). Recife: Massangana, 2002, v. 2.

KULA, W. *Teoria Econômica do Sistema Feudal*. Lisboa: Ed. Presença, 1979.

LAGROYE, Jacques. *Sociologie Politique*. Paris: Dalloz, 1991.

LANGUE, Frédérique. "¿Estrategas o patriarcas?". Em *Nuevo Mundo Mundos Nuevos*, BAC, ref. 22 de junho de 2005, disponível em: http://nuevomundo.revues. org/document630.html.

LEÃO, H. H. Carneiro. "Discurso autobiográfico, pronunciado pelo então visconde de Paraná, presidente do Conselho, em 31 de julho de 1854". *RIHGB*, v. 236, jul.-set., 1957, p. 275-284.

LEME, Luiz Gonzaga da Silva. *Genealogia Paulistana* — CD, v. 2., São Paulo, Macromedia, (org. Maria Amato), 2002.

LEME, Pedro Taques de Almeida Paes. *Notícias das minas de São Paulo e dos sertões da mesma capitania*. Belo Horizonte: Itatiaia; São Paulo: Edusp, 1980.

LEVI, Giovanni. "Carrières d'artisans et marches du travail à Turin (XVIIIe. — XIXe. Siècles)". *Annales ESC*, n. 6, nov.-dez. 1990, p. 1351-1366.

——. "Comportamentos, recursos, processos: antes da 'revolução' do consumo". Em REVEL, Jacques (org.). *Jogos de Escala. A experiência da microanálise*. Rio de Janeiro: Fundação Getulio Vargas, 1998, p. 203-224.

——. *A herança imaterial: trajetória de um exorcista no Piemonte do século XVII*. Rio de Janeiro: Civilização Brasileira, 2000.

——. "Reciprocidad Mediterránea". *Revista Tiempos Modernos*, Buenos Aires, n. 2, 2002.

LEWIN, Linda. *Política e Parentela na Paraíba*. Rio de Janeiro: Record, 1993.

LIMA, Henrique Espada. *Microhistória: escalas, indícios e singularidades*. Tese de doutorado, Unicamp, Campinas, 1999.

LISANTI FILHO, Luís. *Negócios Coloniais (uma correspondência comercial do século XVIII)*. Brasília/ São Paulo: Ministério da Fazenda /Visão Editorial, 1973, 5 v.

LISBOA, Balthazar S. *Anais do Rio de Janeiro*. Rio de Janeiro: Typ. de Seignot-Plancher e C., 1835.

LOCKHART, John. *Spanish Peru, 1532-1560*. Madison: Wisconsin Press, 1968.

LUGAR, Catherine. *The merchant community of Salvador, Bahia, 1780-1830*. Tese de doutorado, State University of New York, Story Book, 1980.

LUÍS, Washington. *Na Capitania de São Vicente*. São Paulo, Livraria Mardins Ed., 1956.

LUNA, Francisco Vidal; COSTA, Iraci Del Nero. "A presença do elemento forro no conjunto de proprietários de escravos". *Revista Ciência e Cultura*, 32(7), São Paulo, FEA/ USP, 1980.

LYRA, Tavares de. *Instituições Políticas do Império*. Brasília: Senado Federal, 1978.

MACHADO, Cacilda. *A Trama das Vontades. Negros, pardos e brancos na produção da hierarquia social (São José dos Pinhais — PR, passagem do XVIII para o XIX)*. Tese de doutorado, PPGHIS/UFRJ, Rio de Janeiro, 2006.

MAGALHÃES, Joaquim. R. *O Algarve Econômico, 1600-1773*. Lisboa: Estampa, 1988.

——. "A fazenda". Em MAGALHÃES, Joaquim. R (coord.). *História de Portugal — No Alvorecer da Modernidade*. Lisboa: Ed. Estampa, 1993, v. 3, p. 89-102.

MARAVALL, José Antônio. *Poder, Honor y elites en el siglo XVII*. Madri: Siglo XXI, 1989.

MARCÍLIO, Maria Luiza. *Crescimento demográfico e evolução agrária paulista (1700-1836)*. São Paulo: Hucitec, 2000.

MARCONDES, Renato Leite. "A propriedade escrava no vale do Paraíba Paulista durante a década de 1870". *Estudos Históricos*, Rio de Janeiro, Fundação Getulio Vargas, n. 29, 2002, p. 51-74.

MARIN, Rosa Elizabeth Acevedo. "Alianças Matrimoniais na Alta Sociedade Paraense no Século XIX". *Estudos Econômicos*, n. 15, 1985, p. 153-167.

——. "Prosperidade e Estagnação de Macapá Colonial: As experiências dos colonos". Em GOMES, Flávio dos Santos (org.). *Nas Terras do Cabo Norte: Fronteiras, colonização e escravidão na Guiana Brasileira — séculos XVIII/XIX*. Belém: Editora Universitária da UFPA, 1999, p. 33-62.

MARISCHAL, Dorothy. "A estrutura social na Inglaterra no século XVIII". Em *Problemas de estratificação social*. Lisboa: Livraria Martins Fontes, 1968, p. 121-140.

MARTINS, Maria Fernanda Vieira. *A velha Arte de Governar: um estudo sobre política e elites a partir do Conselho de Estado (1842-1889)*. Tese de doutorado em História, PPGHIS/UFRJ, Rio de Janeiro, 2005.

MARTINS, Roberto. "Minas Gerais, século XIX: tráfico e o apego à escravidão numa economia não-exportadora". *Estudos Econômicos*, 13 (1), São Paulo, FIPE, 1983, p. 181-209.

MARTINS, William de Souza. "Caridade e clientelismo no Rio de Janeiro setecentista: a testamentária de Inácio da Silva Medela à Ordem Terceira de São Francisco". *Anais da XX Reunião da SBPH*. Rio de Janeiro, SBPH, 2000, p. 171-177.

MATTOS, Hebe Maria. *Escravidão e Cidadania no Brasil Monárquico*. Rio de Janeiro: Zahar, 2000.

MATTOSO, Kátia. *Bahia, Século XIX — uma província no império*. Rio de Janeiro: Editora Nova Fronteira, 1992.

MAUSS, Marcel. *Ensaio sobre a dádiva*. Lisboa: Edições 70, 1988.

——. "Ensaio sobre a Dádiva: Forma e razão das trocas nas sociedades arcaicas". Em MAUSS, Marcel. *Sociologia e Antropologia*. São Paulo: Cosac & Naify, 2003, p. 183-314.

MAXWELL, Kenneth R. "The Generation of the 1790s and the idea of luso-brazilian empire". Em ALDEN, Dauril (ed.). *Colonial roots of modern Brazil:* papers of the Newberry Library Conference. Berkeley/Los Angeles: University of California Press, 1973, p. 107-144.

——. *Marquês de Pombal: Paradoxo do Iluminismo*. Rio de Janeiro: Paz e Terra, 1996.

MELLO, Evaldo Cabral de. *O nome e o sangue*. São Paulo: Companhia das Letras, 1989.

——. *A fronda dos mazombos: nobres contra mascates, Pernambuco, 1666-1715*. São Paulo: Companhia das Letras/Ed. 34, 1995, 2003.

MENDONÇA, Marcos Carneiro de. *A Amazônia na Era Pombalina: Correspondência inédita do governador e capitão-general do Estado do Grão-Pará e Maranhão Francisco Xavier de Mendonça Furtado, 1751-1759*. Rio de Janeiro: IHGB, 1963, 3v.

METCALF, Alida. *Families of Planters, Peasants and Slaves: strategies for survival in Santana de Parnaíba, Brazil, 1720-1820*. Tese de doutorado, Universidade do Texas, 1983.

MITCHELL, J. Clyde. "Social Networks". *Annual Review of Anthropology*, v. 3, 1974, p. 279-299.

MONTEIRO, Jônathas da Costa Rego. *A Colônia do Sacramento 1680 -1777*. Porto Alegre: Globo, 1937.

——. *A Dominação Espanhola no Rio Grande do Sul (1763-1777)*. Rio de Janeiro: IHGB/IGHMB, 1979.

MONTEIRO, Nuno Gonçalo Freitas. "Elites e mobilidade social em Portugal nos finais do Antigo Regime". *Análise Social*, v. XXII, 141, 1997, p. 335-368.

——. *O crepúsculo dos grandes: a casa e o patrimônio da aristocracia em Portugal (1750-1825)*. Lisboa: Imprensa Nacional/Casa da Moeda, 1998a.

——. "Poder senhorial, estatuto nobiliárquico e aristocracia". Em HESPANHA, Antônio M. (coord.). *História de Portugal — Antigo Regime*, v. 4, Lisboa: Ed. Estampa, 1998b.

——. "A consolidação da dinastia de Bragança e o apogeu do Portugal barroco: centros de poder e trajetórias sociais (1668-1750)". Em TENGARRINHA, José (org.). *História de Portugal*. Bauru/São Paulo/Lisboa: Edusc/Unesp/Instituto Camões, 2000, p. 249-283.

MOORE, Barrington. *Aspectos Morais do Crescimento Econômico*. Rio de Janeiro: Record, 1988.

MORAES SILVA, Antonio de. *Dicionário da Língua Portuguesa*. Lisboa: Tipografia Lacerdina, 1813.

MORAIS, Francisco de (org.). Estudantes Brasileiros na Universidade de Coimbra (1772-1872). *Anais da Biblioteca Nacional*, v. 62, 1940.

MOSCA, Gaetano. *La Clase Política*. México: Fondo de Cultura Económica, 1992.

MOTTA, José Flávio. *Corpos escravos, vontades livres: posse de escravos e família escrava em Bananal*. São Paulo: Fapesp/Annablume, 1999.

NASCIMENTO, Anna Amélia Vieira. *"Letras de risco" e "carregações" no comércio colonial da Bahia, 1660-1730*. Salvador: Centros de Estudos Baianos/UFBA, 1977.

NAZZARI, Muriel. *O Desaparecimento do Dote*. São Paulo: Companhia das Letras, 2001.

NEUMANN, Eduardo. "Fronteira e identidade: confrontos luso-guarani na Banda Oriental 1680-1757". *Revista Complutense de Historia de América*, (26), 2000, p. 73-92.

NEVES, Maria de F. Rodrigues das. "Ampliando a família escrava: compadrio de escravos em São Paulo do século XIX". Em *História e População*. São Paulo: Abep/Iussp/Celade, 1989, p. 237-243.

NOGUEIRA, Oracy. "Preconceito Racial de Marca e Preconceito Racial de Origem". *Anais do XXI Congresso Internacional de Americanistas*, São Paulo: s.e., 1954, p. 72-93.

NOGUEIRA, Shirley Maria Silva. *Razões para Desertar: Institucionalização do exército no Estado do Grão-Pará no último quartel do século XVIII*, Dissertação de mestrado, Núcleo de Altos Estudos Amazônicos, UFPA, Belém, 2000.

NOVINSKY, Anita W. *Inquisição: inventários de bens confiscados a cristãos-novos — fontes para a história de Portugal e do Brasil (Brasil, Século XVIII)*. Rio de Janeiro: Imprensa Nacional/Casa da Moeda, 1976.

——. *Inquisição: rol dos culpados: fontes para a história do Brasil (século XVIII)*. Rio de Janeiro: Expressão e Cultura, 1992.

OLIVEIRA, Maria Inês C. *O liberto: o seu mundo e os outros, Salvador, 1790-1890*. Salvador: Ed. Corrupio, 1979.

OLWELL, Robert. "Becoming Free: manumission and the genesis of a free black community in South Carolina, 1740-1790". *Slave and Abolition*, v. 17, n. 1, 1996, p. 1-19.

O Rio de Janeiro no século. XVII — Acordões e Vereanças do Senado da Câmara, 1635-1650. Rio de Janeiro: Diretoria Geral do Patrimônio, Estatística e Arquivo, 1935.

PAIVA, Eduardo F. *Escravos e libertos nas Minas Gerais do século XVIII*. São Paulo: Annablume, 1995.

——. *Escravidão e Universo Cultural na Colônia: Minas Gerais, 1716-1789*. Belo Horizonte: Ed. UFMG, 2001.

PARANHOS ANTUNES. *Os Dragões do Rio Pardo*. Rio de Janeiro: Bibliex, 1954.

PARETO, Vilfredo. "As elites e o uso da força na sociedade". Em SOUZA, Amaury de (org.). *Sociologia Política*. Rio de Janeiro: Zahar, 1966, p. 51-69.

PARKER, Geoffrey. *Europa en Crisis*. Madri: XXI Editores, 1981.

PARSCAU, Guillaume François. "A invasão francesa de 1711". Em FRANÇA, Jean Marcel Carvalho (org.). *Outras visões do Rio de Janeiro Colonial: antologia de textos (1582-1808)*. Rio de Janeiro: José Olympio, 2000, p. 135.

PEDREIRA, Jorge Miguel de Melo Viana. *Os homens de Negócio da Praça de Lisboa — de Pombal ao Vintismo (1755-1822): diferenciação, reprodução e identificação de um grupo social*. Tese de doutorado, Faculdade de Ciências Sociais e Humanas, Universidade Nova de Lisboa , 1995.

PEÑA, J. *Oligarquía y Propiedad en Nueva España, 1550-1624*, México: Fundo de Cultura Económica, 1983.

PETRONE, Maria Thereza S. *A lavoura canavieira em São Paulo: expansão e declínio (1765-1851)*. São Paulo: Difusão Européia do Livro, 1968.

PIJNING, Ernst. "Contrabando, ilegalidade e medidas políticas no Rio de Janeiro do século XVIII". *Revista Brasileira de História*, São Paulo, v. 21, n. 42, 2001, p. 397-414

POLANYI, Karl. *A Grande Transformação: As origens da nossa época*. Rio de Janeiro: Campus, 2000.

PORTO, Aurélio. *História das Missões Orientais do Uruguai*. I. Rio de Janeiro: Imprensa Nacional, 1943.

PRADO JÚNIOR, Caio. *Formação do Brasil contemporâneo*. São Paulo: Brasiliense, 1983.

PRADO, Fabrício Pereira. *Colônia do Sacramento: o extremo sul da América Portuguesa*. Porto Alegre: F. P. Prado, 2002.

PUJOL, Xavier Gil. "Centralismo e Localismo? Sobre as Relações Políticas e Culturais entre Capital e Territórios nas Monarquias Européias dos Séculos XVI e XVII". *Penélope — Fazer e desfazer a história*. v. 6, 1991, p. 119-144.

QUEIROZ, Maria Luiza Bertulini. *A Vila do Rio Grande de São Pedro*. Rio Grande: FURG, 1987.

RAVENA, Nírvia. "'Maus Vizinhos e Boas Terras': Idéias e experiências no povoamento do Cabo Norte — século XVIII." Em GOMES, Flávio dos Santos (org.). *Nas Terras do Cabo Norte: Fronteiras, colonização e escravidão na Guiana Brasileira — séculos XVIII/XIX*. Belém: Editora Universitária da UFPA, 1999, p. 63-95.

Relatório apresentado à Assembléia Legislativa da Provincia do Para na segunda sessão da XIII legislatura, pelo Excellentissimo Senhor Presidente da Provincia Doutor Francisco Carlos de Araujo Brusque, em 1º de Novembro de 1863. Pará: Typographia de Frederico Carlos Rhossard, 1863.

REIS, Arthur Cezar Ferreira. *Limites e Demarcações na Amazônia Brasileira*. Belém: Secult, 1993, 2v.

RHEINGANTZ, Carlos G. *Primeiras famílias do Rio de Janeiro (séculos XVI e XVII)*. Rio de Janeiro: Livraria Brasiliana Editora, 1965, 3 v.

——. "Povoamento do Rio Grande de São Pedro. A contribuição da Colônia do Sacramento". *Anais do Simpósio Comemorativo do Bicentenário da Restauração do Rio Grande (1776-1976)*, v. II. Rio de Janeiro: IHGB/IGHMB, 1979, p. 9-524.

RIBEIRO, Mônica. *Razão de Estado e administração: Gomes Freire de Andrade no Rio de Janeiro, 1733-1748*. Dissertação de mestrado, PPGH/UFF, Niterói, 2006.

RICCI, Magda Maria de Oliveira. *Nas fronteiras da independência: um estudo sobre os significados da liberdade na região de Itu (1777-1822)*. Dissertação de mestrado, Unicamp, Campinas, 1993.

RIOS, Ana Maria Lugão. *Família e Transição (Famílias Negras em Paraíba do Sul, 1872-1920)*.Dissertação de mestrado, PPGH/UFF, Niterói, 1990.

RODRIGUES, Teresa F. "As estruturas populacionais". Em: MAGALHÃES, Joaquim. R. (coord.). *História de Portugal — No Alvorecer da Modernidade*. Lisboa: Ed. Estampa, 1993, v. 3, p. 179-218.

ROSANVALLON, P.; VIVERETT, P. *Pour une nouvelle culture politique*. Paris: Seuil, 1971.

ROSENTHAL, Paul-André. "Construir o 'macro' pelo 'micro': Fredrik Barth e a 'microstoria'. Em REVEL, Jacques (org.). *Jogos de Escala: a experiência da microanálise*. Rio de Janeiro: Editora FGV, 1998.

RUCQUOI, Adeline. *História Medieval da Península Ibérica.* Lisboa: Editorial Estampa, 1995.

RUSSELL-WOOD, A. J. R. *Fidalgos e Filantropos: a Santa Casa da Misericórdia da Bahia, 1550-1755.* Brasília: Ed. UnB, 1981.

——. *Escravos e libertos no Brasil colonial.* Rio de Janeiro: Civilização Brasileira, 2005

SÁ, Simão Pereira de. *História Topográfica e Bélica da Nova Colônia do Sacramento do Rio da Prata, Escrita por Ordem do Governador e Capitão Geral do Rio de Janeiro em 1737 e 1777.* Porto Alegre: Arcano 17, 1993.

SAINT-HILAIRE, Auguste de. *Viagem à província de São Paulo.* Belo Horizonte: Itatiaia, 1976.

SALDANHA, José. "Diario Rezumido, e Historico ou Relação Geographica das Marchas e Observações Astronomicas, com Algumas Notas sobre a Historia Natural, do Paiz por José de Saldanha Bacharel em Philozophia, Formado em Mathematica Geographo, e Astrónomo de Sua Majestade Fidelissima, na 1ª Partida". *Anais da Biblioteca Nacional*, v. LI, 1938.

SALVADOR, José G. *Os Cristãos-Novos e o Comércio no Atlântico Meridional.* São Paulo: MEC/Ed. Pioneira, 1978.

SAMPAIO, Antônio Carlos Jucá de. "Os homens de negócio do Rio de Janeiro e sua atuação nos quadros do Império português (1701-1750)". Em FRAGOSO, João; BICALHO, Maria F.; GOUVÊA, Maria de F. (orgs.). *O Antigo Regime nos trópicos: a dinâmica imperial portuguesa (séculos XVI — XVIII).* Rio de Janeiro: Civilização Brasileira, 2001, p. 73-105.

——. "O mercado carioca de crédito: da acumulação senhorial à acumulação mercantil (1650-1750)". *Estudos Históricos*, Rio de Janeiro, Fundação Getulio Vargas, n. 29, 2002, p. 29-49.

——. *Na encruzilhada do império: hierarquias sociais e conjunturas econômicas no Rio de Janeiro (c. 1650 — c. 1750).* Rio de Janeiro: Arquivo Nacional, 2003.

SAMPAIO, Patrícia Maria Melo. *Espelhos Partidos: Etnia, legislação e desigualdade na colônia. Sertões do Grão-Pará, c.1755 — c.1823.* Tese de doutorado, PPGH/UFF, Niterói, 2002.

——. Representación gráfica de redes sociales. Un método de obtención y un ejemplo histórico. *Mundo Agrário*: Revista de estudios rurales. La Plata: Universidad Nacional de La Plata, nº 6, 2003.

SCHWARTZ, Stuart B. *Burocracia e Sociedade no Brasil Colonial.* São Paulo: Perspectiva, 1979.

——. *Segredos Internos: engenhos e escravos na sociedade colonial, 1550-1835.* São Paulo: Companhia das Letras, 1988.

——. "The Landed Elite". Em: HOBERMAN, L. S.; SOCOLOW, S. M. *The Countryside in Colonial Latin America.* Albuquerque. University of New Mexico Press, 1996, p. 97-122.

——. "O Brasil no sistema colonial". Em BETHENCOURT, Francisco; CHAUDHURI, Kirti (dirs.). *História da expansão portuguesa.* Navarra: Círculo de Leitores, v. 3 — O Brasil na balança do Império (1687-1808), 1998, p. 138-155.

SCOTT, John. "Les élites dans la sociologie anglo-saxonne". Em SULEIMAN, Ezra; MENDRAS, Henri. *Le recrutement des élites en Europe.* Paris: Editions la Découverte, 1995.

SILVA, Augusto da. *Rafael Pinto Bandeira: De bandoleiro a governador. Relações entre os poderes privado e público no Rio Grande de São Pedro.* Dissertação de mestrado, PPGH/UFRGS, Porto Alegre, 1999.

SILVA, Francisco C. T. da. *A Morfologia da Escassez.* Tese de doutorado, PPGH/UFF, Niterói, 1990.

SILVA, Lina Gorenstein Ferreira da. *Heréticos e impuros: a Inquisição e os cristãos-novos no Rio de Janeiro, século XVIII.* Rio de Janeiro: Secretaria Municipal de Cultura, 1995.

SILVA, Maria Beatriz Nizza da. *Vida privada e quotidiano no Brasil. Na época de D. Maria I e de D. João VI.* Lisboa: Estampa, 1993.

——. *Ser nobre na colônia.* São Paulo: Unesp, 2005.

SISSON, A. S. *Galeria dos Brasileiros Ilustres.* Brasília: Senado Federal, 1999, 2v.

SLENES, Robert W. "Senhores e subalternos no Oeste Paulista". Em ALENCASTRO, Luiz Felipe de (org.). *História da Vida Privada no Brasil.* São Paulo: Companhia das Letras, 1997, v. 2, p. 233-290.

——. *Na senzala, uma flor: esperanças e recordações na formação da família escrava.* Rio de Janeiro: Nova Fronteira, 1999.

SMITH VASCONCELLOS, Barão de. *Archivo Brasileiro Nobiliarchico.* Disponível em http://geocities. yahoo.com.br/kajafreitas/ dedicado.htm.

SMITH, David Grant. *The mercantile class of Portugal and Brazil in the seventeenth century: a socioeconomic study of merchants of Lisbon and Bahia, 1620-1690.* Tese de doutorado, University of Texas, Austin, 1975.

SOARES, Márcio de Sousa. "Fortunas mestiças: perfilhação de escravos, herança e mobilidade social de forros em Campos dos Goitacases no alvorecer do oitocentos". *Revista Estudos de História*, Franca, v. 9, n. 2, 2002, p. 165-194.

SOUZA, Jonas Soares de (org.). *Araritaguaba: o Porto Feliz* . Porto Feliz: Edição Semana das Monções, 1979.

SOUZA, Laura de Mello e. "Estudo Crítico". Em *Discurso Histórico e Político sobre a Sublevação que nas Minas houve no ano de 1720.* Belo Horizonte: Fundação João Pinheiro, 1994, p. 13-56.

——. "Do Sacramento a Minas: a trajetória enigmática de Sebastião da Veiga Cabral — 1699-1720". *Imperial (Re)visions: Brazil and the Portuguese Seaborne Empire — Conference in Memory of Charles R. Boxer.* Yale University, 2002.

SOVERAL, Manoel Abranches de. "Argollo: Uma família brasileira de 1500". Disponível em http://pwp.netcabo.pt/0437301501/default.htm.

STONE, Lawrence. *La crisis de la aristocracia (1558-1641)*. Madri: Alianza Editorial, 1985.

SUBRAHMANYAM, Sanjay. *Comércio e conflito: a presença portuguesa no golfo de Bengala, 1500-1700*. Lisboa: Edições 70, 1990.

——. *O império asiático português, 1500-1700*. Lisboa: Difel, 1995.

SUBTIL, José. "Governo e Administração". Em HESPANHA, A. M. (coord.). *História de Portugal — O Antigo Regime*. Lisboa: Ed. Estampa, 1998, v. 4, p. 141-173.

TAUNAY, Afonso de E., "O Historiador dos Bandeirantes". Em PAES LEME, Pedro Taques de Almeida. *Nobiliarquia Paulistana Histórica e Genealógica*. 5ª ed. Belo Horizonte: Ed. Itatiaia; São Paulo: Edusp, 1980, v. I, p. 37-69.

TÁVORA, Maria José; COBRA, Rubem Queiroz. *Um comerciante do século XVIII: Domingos Rodrigues Cobra, procurador do conde de Assumar*. Brasília: Athalaia, 1999.

TEIXEIRA FILHO, Henrique C. Leão. "O Marquês de Paraná". *RIHGB*, n. 278, jan.-mar., 1968, p. 7-34.

THOMAZ, Luiz Felipe. *De Ceuta a Timor*. Lisboa: Difel, 1994.

TOURINHO, Eduardo. *Autos de Correições dos Ouvidores do Rio de Janeiro*. Rio de Janeiro: Oficinas Gráficas do Jornal do Brasil, 1929.

URIBE, Victor M. "The lawyers and New Granada's late colonial state". *Journal of Latin American Studies*, v. 27 n. 3, 1995, p. 517-33.

VALADARES, Virgínia Trindade. *Elites mineiras setecentistas: conjugação de dois mundos*. Lisboa: Colibri, 2004.

VASCONCELOS, Diogo de. *História antiga das Minas Gerais*. Belo Horizonte: Itatiaia, 1999.

VEIGA, José Xavier da. *Efemérides Mineiras*. Belo Horizonte: Fundação João Pinheiro, 1998, 2v.

VENÂNCIO, Renato Pinto. "Comércio e fronteira em Minas Gerais colonial". Em FURTADO, Júnia (org.). *Diálogos oceânicos: Minas Gerais e as novas abordagens para uma história do Império Ultramarino Português*. Belo Horizonte: Humanitas, 2001, p. 181-192.

VIANNA, Arthur. "As Fortificações da Amazônia". *Annaes da Bibliotheca e Archivo Publico do Pará*. Pará: Typographia do Instituto Lauro Sodré, 1905, t. IV.

——. *A Santa Casa da Misericórdia Paraense. Notícia Histórica, 1650-1902*. Belém: Secretaria de Estado da Cultura, 1992.

VIEIRA, Alberto. *Portugal y las Islas del Atlántico*. Madri: MAPFRE, 1992.

WALLACE, Peter G. "Between Bourbon and Habsburg: elite political identities at Freiburg im Breisgau, 1651-1715". *Austrian History Yearbook*, 2002, p. 15-42.

WEBER, Max. *Ensaios de Sociologia*, 5ª ed. Rio de Janeiro: Guanabara Koogan, 1982.

XAVIER, Angela B., HESPANHA, Antônio Manuel. "A Representação da Sociedade e do Poder". Em HESPANHA, Antônio Manuel (coord.). *História de Portugal — O Antigo Regime*. Lisboa: Estampa, 1993, 1998a, p. 113-140.

——. "As Redes Clientelares". Em HESPANHA, Antônio M. (coord.). *História de Portugal — O Antigo Regime*. Lisboa: Estampa, 1998b, p. 339-343.

XAVIER, Regina C. *A conquista da liberdade. Libertos em Campinas na segunda metade do século XIX*. Campinas: Centro de Memória/Unicamp, 1996.

Sobre os autores

João Fragoso

Professor titular da Universidade Federal do Rio de Janeiro. Doutor em História pela Universidade Federal Fluminense, cuja tese recebeu o 1º lugar do Prêmio Arquivo Nacional de Pesquisa, em 1991. Autor de diversos livros, artigos nacionais e internacionais, entre eles: *Homens de grossa aventura: acumulação e hierarquia na praça mercantil do Rio de Janeiro (1790-1830)*, 2ª ed., Rio de Janeiro, Arquivo Nacional e Civilização Brasileira, 1998 (tese de doutorado); em co-autoria com Manolo Florentino, *O arcaísmo como projeto. Mercado Atlântico, sociedade agrária e elite mercantil no Rio de Janeiro, c. 1790-c. 1840*, 4ª ed., Rio de Janeiro, Civilização Brasileira, 2001; organizou com Maria Fernanda Bicalho e Maria de Fátima Gouvêa *O Antigo Regime nos trópicos: a dinâmica imperial portuguesa (séculos XV-XVIII)*, Rio de Janeiro, Civilização Brasileira, 2001.

Antonio Carlos Jucá de Sampaio

Professor adjunto da Universidade Federal do Rio de Janeiro. Doutor em História pela Universidade Federal Fluminense (2000), tendo sua tese recebido, em 2001, o Prêmio Arquivo Nacional de Pesquisa. Autor do livro *Na encruzilhada do Império: hierarquias sociais e conjunturas econômicas no Rio de Janeiro (c.1650-c.1750)*, além de diversos artigos e capítulos de livros, entre os quais "Os homens de negócio do Rio de Janeiro e sua atuação nos quadros do Império português (1701-1750), *in*

João Fragoso, Maria Fernanda Bicalho e Maria de Fátima Gouvêa (orgs.), *O Antigo Regime nos trópicos*, Rio de Janeiro, Civilização Brasileira, 2001; "A produção política da economia: formas não-mercantis de acumulação e transmissão de riqueza numa sociedade colonial (Rio de Janeiro, 1650-1750)", *Topoi*, Rio de Janeiro, v. 4, n. 7, 2004, p. 276-312.

Carla Maria Carvalho de Almeida

Professora adjunta da Universidade Federal de Juiz de Fora. Doutora em História pela Universidade Federal Fluminense, em 2001, com a tese *Homens ricos, homens bons: produção e hierarquização social em Minas colonial, 1750-1822*. É uma das organizadoras do livro *Nomes e números: alternativas metodológicas para a história econômica e social*, Juiz de Fora, Ed. UFJF, 2006. Autora de diversos artigos e capítulos de livros, dentre os quais: "Homens ricos em Minas colonial", *in* Maria Fernanda Bicalho e Vera Lúcia do Amaral Ferlini (orgs.), *Modos de governar: idéias e práticas políticas no Império Português, séculos XVI a XIX*, São Paulo, Alameda, 2005.

Alexandre Vieira Ribeiro

Mestre em História Social pela Universidade Federal do Rio de Janeiro. Doutorando em história pela mesma Universidade. Autor de diversos artigos, entre os quais "O tráfico Atlântico entre a Bahia e a Costa da Mina: flutuações e conjunturas (1683-1815)", *Revista Estudos de História*, Franca, 2002; em co-autoria com Manolo Florentino e Daniel Domingues da Silva, "Aspectos comparativos do tráfico de africanos para o Brasil (séculos XVIII e XIX)", *Revista Afro-Ásia*, Salvador, 2004.

Carlos Leonardo Kelmer Mathias

Mestre em História Social pela Universidade Federal do Rio de Janeiro, em 2005, com a dissertação *Jogos de interesses e estratégias de ação no contexto da revolta mineira de Vila Rica, c. 1709-c. 1736*. Doutorando em História pela mesma Universidade. Autor de diversos artigos, entre eles: "As condições da governabilidade: um refinado jogo de interesses na América Lusa da primeira metade do século XVIII", *LPH — Revista de História*, Ouro Preto, v. 14, 2006.

Luciana Marinho Batista

Mestre em História Social, em 2004, pela Universidade Federal do Rio de Janeiro, com a dissertação *Muito além dos seringais: elites, fortunas e hierarquias no Grão-Pará, c.1850-c.1870,* Rio de Janeiro, PPGHIS/UFRJ. Doutoranda em História pela mesma Universidade.

Maria Fernanda Vieira Martins

Doutora em História Social pela Universidade Federal do Rio de Janeiro é professora substituta da Faculdade de Formação de Professores da Universidade Estadual do Rio de Janeiro — FFP/UERJ. Vencedora do Prêmio Arquivo Nacional de Pesquisa em 2005 (1º lugar), publicou recentemente o artigo "A velha arte de governar: o Conselho de Estado no Brasil Imperial", *Topoi*, v. 7, n. 12, jan.-jun., 2006.

Martha Daisson Hameister

Doutora em História Social pela Universidade Federal do Rio de Janeiro com a tese *Açorianos no Rio Grande de São Pedro e as redes econômicas e sociais no império português, século XVIII*. Professora substituta na Universidade Federal de Pelotas. Autora de diversas publicações, entre elas: "As informações do registro de Curitiba, a passagem das tropas vindas do sul e a importância dos gados (1751, 1769, 1770 e 1771)", *in* Antônio Carlos Jucá de Sampaio *et al.*, (org.), *História Quantitativa e Serial no Brasil: um balanço,* Goiânia, ANPUH-MG, 2001; "Notas sobre a construção de uma 'identidade açoriana' na colonização do sul do Brasil no Século XVIII", *in Anos 90*, Porto Alegre, v. 12, n. 21/22, p. 53-101, 2006.

Roberto Guedes

Professor adjunto do Departamento de História e Economia da Universidade Federal Rural do Rio de Janeiro. Doutor em História pela Universidade Federal do Rio de Janeiro. É autor de artigos e capítulos de livros, dentre os quais: "Autonomia escrava e (des)governo senhorial na cidade do Rio de Janeiro — Primeira Metade do Século XIX", in Manolo Florentino (org.), *Tráfico, Cativeiro e Liberdade. Rio de Janeiro, séculos XVII-XIX,* Rio de Janeiro, Civilização Brasileira, 2005; "Bibiana, Maria, Ana, Micaela Joaquina e outras escravas: estratégias de mobilidade social de mulheres cativas. Porto Feliz e Rio de Janeiro (primeira metade do século XIX)", in *Estudos de História*, Dossiê Escravidão Africana, Franca, Universidade Estadual Paulista (UNESP), 2002, v. 9, n. 2, p. 255-79; em co-autoria com João Fragoso, "Alegrias e Artimanhas de uma fonte seriada. Os códices 390, 421, 424 e 425: despachos de escravos e passaportes da Intendência de Polícia da Corte, 1819-1833", *in* Antonio Carlos Jucá de Sampaio *et al.* (orgs.), *História Quantitativa e Serial no Brasil: um balanço*, Goiânia, ANPUH/MG, 2001.

Tiago Luís Gil

Mestre em História Social pela Universidade Federal do Rio de Janeiro e doutorando na mesma instituição. Diploma de *Estudios Avanzados* pela *Universidad Pablo de Olavide*, Sevilha, Espanha (2006). Prêmio Arquivo

Nacional de Pesquisa (2005) pelo trabalho intitulado *Infiéis Transgressores: os contrabandistas da fronteira. Rio Grande e Rio Pardo – 1760-1810* (dissertação de mestrado). Autor de "Nos domínios portugueses: mecanismos de estruturação e manutenção do mercado muar platino (1750-1800)", *in Acervo*, Rio de Janeiro, v. 15, p. 33-54, 2002.

O texto deste livro foi composto em Sabon, desenho tipográfico de Jan Tschichold de 1964 baseado nos estudos de Claude Garamond e Jacques Sabon no século XVI, em corpo 11/15. Para títulos e destaques, foi utilizada a tipografia Frutiger, desenhada por Adrian Frutiger em 1975.

A impressão se deu sobre papel off-white 80g/m² pelo Sistema Cameron da Divisão Gráfica da Distribuidora Record.